JN108562

Tomorrow is another day 巻2

あたらしい旅のかたち てくてく日本一人歩きの旅
（和歌山・近畿・山陽・常磐・東北　編）

おだ ゆきかつ

はじめに

ＩＴ・デジタル化の世になればなるほど
人は何故かたった独りで
歩く旅に出かけるようになってくる
ＩＴ万能の世に真逆の愚挙
何の足しにもならぬような事に
セッセと精出す人は幸なり
誰にでも出来る事だから　誰もがあと廻しにする
そして　いつの間にか　本当に
追い詰められて　気が付く
かつて

遠くへ行きたい　という歌があった
いい日旅立ち　という歌もあった
自分を縛りつけているものから暫く離れて
いつか大きな一人旅に出てみたい　とは
多くの人が叶わぬ夢でもあるかのように胸に秘めている
やり直しのない自分の人生の中で
思い切ってたった一人の旅に出てみよう　すると
世の中には金に換えられぬ大切な事が　こんなにも
あったか　と気付かされる
生きている意味のようなもの
どうこれから生きてゆこうかの
指針のような力が心に
漲ってくるかも知れない

この本はサラリーマンを50年やって、会社をオサラバしてから始めた男の長〜い紀行文です。

レベルは中学生の修学旅行日記に毛が生えた程度の内容ですが、しかし長〜い。日帰り、一泊二日、二泊三日、三泊四日、四泊五日…といわば「四国お遍路」でいう「区切り打ち」スタイルのようなやり方で「出掛けては疲れ切って帰って来、また出掛ける」の繰り返しを延々とやったものです。

未だ旅の途上にある身ですが、若くはないので何時、何処で不慮の事故にあうかも知れぬ…と思い当たり「全国海岸線一人歩き一周・道半ば過ぎ」ではありますが、この辺でとりあえず文章にして記録に残しておこうと思い至ったものです。この「区切り打ち」の旅のやり方は、これから一念発起して一人旅をしてみようと心を決める方にとって、ささやかながら一つのヒントになるかも知れないなぁ…と。

勝手に想像したりしています。

Tomorrow is another day 巻2
あたらしい旅のかたち てくてく日本一人歩きの旅
和歌山・近畿・山陽・常磐・東北　編で歩いたところ

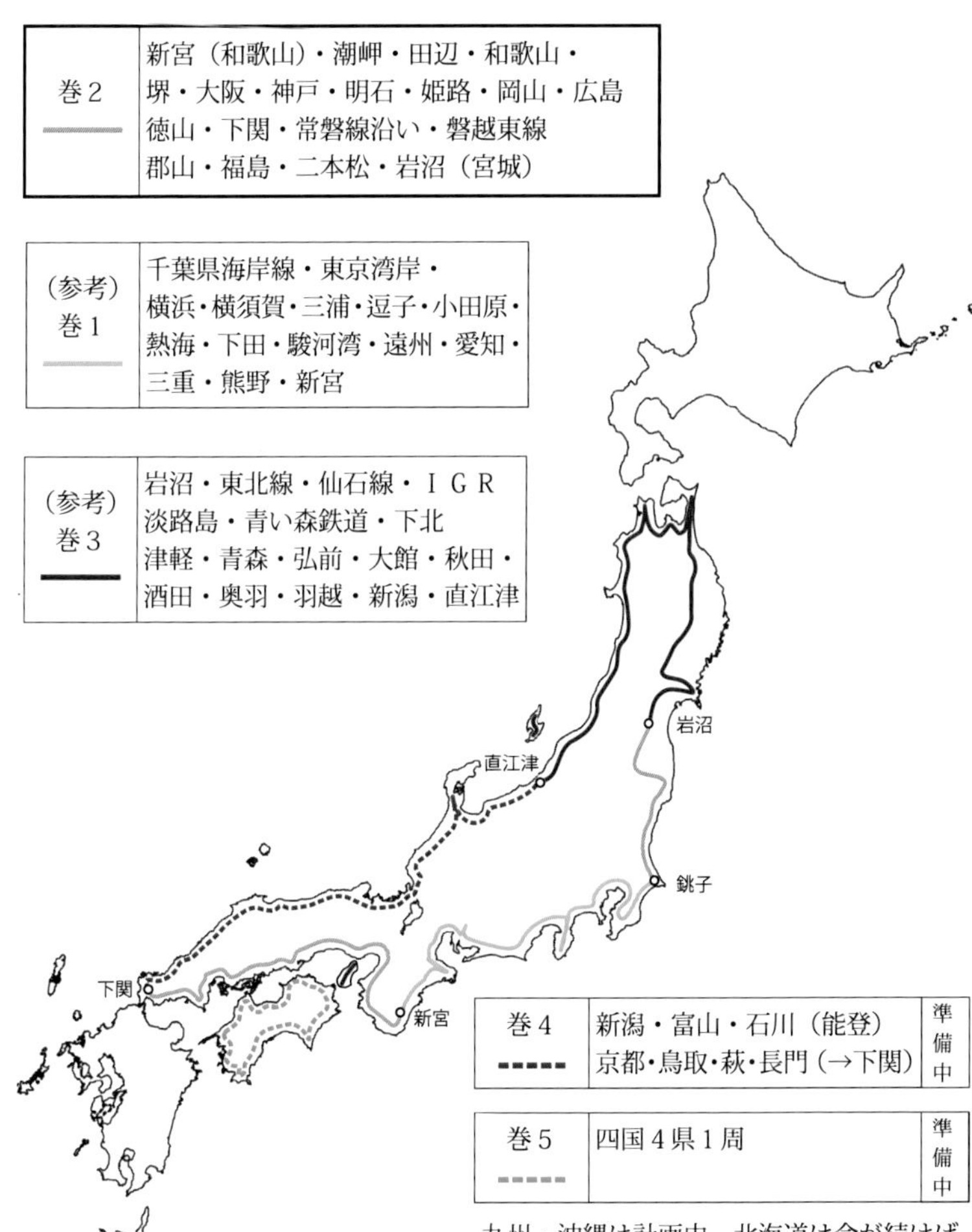

九州・沖縄は計画中、北海道は命が続けば

目次

〈福島県・東北本線沿い〉

〈福島県から宮城県へ〉

和歌山県ウォーク①　新宮→紀伊勝浦

（新宮駅から）

平成27年10月25日（日）くもり・晴れ

コメダ珈琲店→下田（熊野交通）～市田川～近畿大付属中・高～王子ケ浜・T字路～パーキング～松山橋・梅ノ木谷橋・あけぼの広角線～高野坂～金光大神～国道42号線へ～熊野荒坂津神社石碑～神武東征上陸地～三輪崎港・弁慶生誕地碑～新宮本港～新翔高校～漁協ホテル～黒潮スタジアム（交）～ＯＫＵＷＡスーパーセンター～佐野王子跡～クジラウォッチング乗り場～宇久井駅～小狗子（こぐし）トンネル～小狗子古道～那智勝浦ゴルフクラブ～那智の浜（交）～道の駅　那智・那智駅～町立温泉病院～紀伊勝浦港～勝浦駅－－－－
新宮駅へ戻る・泊　10／26新宮からレールにて東京・千葉に帰る

8：00～14：00　約5時間30分　約18km

新宮駅→ビジネスホテル→浜王子跡→王子浜→

朝曇りの中、簡単朝食で身支度。8：00前ビジネスホテル出る。日曜日とあってか、あちこちまだシャッターの下りた朝。徐福公園から熊野川そばの徐福の宮・阿須賀神社（徐福上陸地碑）に挨拶。古道らしき道を見当つけて進み、「新宮十郎行家屋敷跡」の表示に偶然出くわす。

市田川にかかる第一王子橋を渡る。市営団地（左）そばを上り気味にクネクネ進むと「浜王子跡・王子神社」を見る。グリーンベルトにぶつかり右折、少し進むとＪＲ線と交差（右へ行けば近畿大付属の中高学校）した。街中にはがし忘れか「紀の国国体」ポスター。左に「海・浜・堤防・レール・道路」と詰まってＪＲ紀勢線沿いを行く。左手は相変わらず見事な雄大な海岸。しかし「台風・満潮」が重なれば、まずレールが潮を浴びてしまいそうだ。

梅の木谷橋 ← 高野坂 ←

見晴らしの良いパーキング。若者7～8人、ワンボックスカーを駐車させ双眼鏡で海を観察している。この辺は寄せる波が少し穏やかなのか。しかし2～3人海に見えるが、波らしい波（うねり）は見えない。

松山橋、梅ノ木谷橋など渓流は見えぬが、うっそうと繁茂した谷間を陸橋で超えていく。右側（山側）に民家も見えぬ。浜とレールはこの道路より20ｍほど低いところにあり。その分この「県道あけぼの広角線」は見晴らしがよろしい。驚いた事に反対側を中年の男女がジョギング姿でやってきた。右手山の上に住宅があるのか。この熊野灘の暴れん坊を前に海際のレールは無防備すぎると思うがどうか。右前方に砂浜に代わって、ようやく小さいながらも半島と島々がせり出してきている。

熊野の地酒「熊野三山」「太平洋」などの看板を見つつ県道231号から左折して「古道」に入る。

「高野坂」へ。下り坂、海に向かって薄暗い竹林と杉林の中をトントン進む。ニワトリが2羽トコトコ出てきたり、オンドリの鳴き声がしたりして、やや！民家の庭先のようなところへ下りる。

←金光大神←分岐を国道42号線へ←三輪崎駅←三輪崎港←新宮港←黒潮公園←紀伊佐野駅←オークワスーパーセンター←

JRのレールが現れる。本当に海の波打ち際が近い。強風の時は波を浴びるだろう。更にうっそうとした松や杉、雑木の中をやや上り気味に行く。民家の畑をかすめて進むと、左手奥に赤い鳥居の神社あり。社の周辺に子猫を含めて猫が5～6匹、何とも気味の悪い社だなあ。猫の餌もある。部落の人が世話しているのか。「金光大神」とある。

この先、枝分かれあり。右へ行く。民家、畑出てくる。下って国道42号線と高速道路（那智勝浦新宮道路）の分岐に出る。廻り込んでコンビニに出る。そして国道42号線へ進む。坂を右へカーブ。そして下ると目の前に港を抱えた大きな街に対面。三輪崎駅が左、八幡神社も左。道路の左下前方、三輪崎漁港。続いて新宮港らしい。（今頃、新宮港？）神武東征上陸地（交）、JR横切る。港にぶつかった辺りに、なんと！「弁慶生誕地」とある。

岩壁をグルリと廻り込むと、倉庫・貯木場・住友大阪セメント工場・税関も公設市場もある。新宮エリアの一大センターを成している。左側一帯は明らかに埋め立て地だ。噴水のある公園で一休み。新翔高校・SWS工場・漁協経営による宿泊施設あり。初めて目にした。珍しい…。洗濯物・干し布団のオンパレードだった。国道42号線と平行して細長い「黒潮公園」。右手近くに紀伊佐野駅あり。少し先に「佐野の一里塚」碑。くろしおスタジアム（交）、そして巨大な「オークワ（OKUWA）スーパーセンター」…ある・ある何でもあるぞ！このショッピングセンターは凄い。映画館もあるし、マァー、新宮市街商店が全部かかっても、このセンターには及びもつかぬだろうが。これじゃ、旧商店街で店を継ぐ者もなくなり、早晩シャッター街となるだろう…。だが近在の市民のマイカーでごった返しているではないか。全国津々浦々で起きている現象だ。人口減少時代ではあっても、人々は便利な所へ集まってくる。…車で行ける、駐車場はある…多種多様な店や商店がある（一ヶ所で用が済む）…それに安い…となれば市民は正直だ。

駅前銀座が廃れようと、潰れようと…それはそれで再生の道を自分たちで考えよ。…という事だ。時代が変わるという事はこういう事なのだ…と。地方の行政が果たす役割も変って来ているとしたら…どういう方向に進むべきなのか…。

佐野王子跡←

王子橋 ♀、「佐野王子跡」の碑あり、那智勝浦町域に入る。少し進んで左後ろを振り返ると新宮港に巨大な鉄の箱のようなタンカーが横付けされるところだった。前方には堤防に囲まれた漁港、右手にトンネル出てくる。クジラウォッチング乗り場（左へ）、南紀マリンレジャーサービス、宇久井駅入口（交）（駅は右手）。ニュータウン勝浦入口（交）。

宇久井駅←

そして川を渡ってすぐトンネル。「小狗子トンネル・283ｍ」、幸い車道より20㎝高さで幅1間の歩道ありてルンルン気分。平行して旧道そのものを活用しての歩行者トンネルもあった。

小狗子トンネル←

トンネル出ると、左側岩礁地帯の海岸です。道のそばに「小狗子古道」の標識あり。15分ほど登って、あまりにも道の状況がぬかるんでいて引き返す。国道42号に戻って少し歩くと、平行して旧道のある事がわかる。これが浜の古道であるらしい。もう一つトンネルを抜けると雄大な弓なりの海岸。左側の旧道は格好の「サーファーマイカーの駐車場化」しており、10数台の車と、様子見の若者が沢山いました。左側レールを挟んで浜。サーファーの数はあれど、波乗りをしている者わずか、うねりが無いのだな。私の愚息もサーファーのハシクレで、付き添った時など、遠くを見るミーアキャットみたいに立って海を見ていたっけ！那智勝浦ゴルフクラブ（右側の山の上）の立派な入口に腰を下ろし、休憩とする。前面大海原、島影も多く美しい海だ。道路を行き来する車は多し。そうだ今日は日曜日だったな。ダンプがいなくてよい気分。赤色の浜 ♀、勝浦シーサイドホテル ♀、浜の宮　那智の浜（交）。「道の駅　那智」と「那智駅」朱塗り色、鮮やかです。緑の瓦・朱の柱・白い壁・広いターミナル…参拝者を迎える超立派な駅です。

小狗子古道←

ゴルフ場入口←

那智湾・那智の浜←

那智駅←

→町立温泉病院→勝浦観光ホテル→紀伊勝浦駅→（レールで新宮駅）新宮泊（2泊目）

駅前に着くと、すぐにビジネスホテルの有無で周囲を見廻す（私の習性のようなもんです）。「ビジネスホテル勝浦」などとあるが、あまり気をそそられないなぁ。先を急ぐ。臨海（交）、汐入橋、紀伊天満駅入口、右側に那智中学、町立温泉病院（左）、「陽出ずる紅の宿」・勝浦観光ホテル（これは大きい）。「歩道橋」を久しぶりに見ました。

勝浦（交）、紀伊勝浦駅ありました。13：10　観光案内所へ行き次回に備え市内ビジネスホテルの状況を聴く。そして駅前食堂（大和）で〝「マグロ丼」＋ビール〟で1，８００円。狭い店だが、やけに人気の高い店だとか。味よし！超満員となりました。駅周辺一帯にマグロ料理店多し。これは港周辺も同じだった。…（マグロ丼といえば、「三浦三崎港」もマグロ漁が盛んで名物「マグロ丼」あり。また、房総半島勝浦港は、カツオ漁盛んで、朝市と共にカツオの漬け丼がうまい）

駅前商店街を通って勝浦港に出てみる。広場のベンチに腰掛け、今日一日（少し早いが）の「てくてく」を振り返る。そして目の前の景観に目を移す。対岸の半島にある超大きなホテルへの、小舟による遊覧連絡船が発着している。港には漁船も多い。そして右からの半島にも大きなホテル。10年も前に妻と二人でこの地を訪れ、中辺路を歩き本宮大社・速玉大社・那智大社・神倉神社と参拝してこの大きなホテルに投宿したっけ。今度は一人ではるばる来たなぁ～と思う。福島県磐城市から海岸沿いを一筆書きで忠実になぞり、先日歩いた距離を概算集計してみると、なんと1，３００㎞を越えているではないか。この先、どこまでやれるか…などなど思案しました。港から駅に戻る。宿の予約をしてある（勝浦から）「新宮駅」まで電車で戻る。ザッと６００円。16：15　新宮駅そばのビジネス・ホテルに2泊目泊まる。昨日からの風邪気味はどうやら本物らしく、のどがヒリヒリし悪い事に鼻水まで垂れてきます。湯にゆっくりつかり早く寝なくては…と思いつつコンビニで買った５５０円の弁当を食べ、ウィスキーの水割りもちゃっかり一缶飲みました。明日、10月26日（今回20日から7日間だが）はウォーク無しでレールで千葉へ帰る。

○私のてくてく日本・一人歩きの旅が松阪から伊勢、尾鷲と南下して国道42号線を辿り始め、熊野古道伊勢路ともつれ合うように、時には国道を、またある時は〝古道〟を歩き峠を越え浜を歩いて、つないできました。道標となった国道42号線は熊野市、新宮市、更に勝浦、串本、田辺、御坊・海南・和歌山市中心部まで果てしなく続きます。「世界遺産　熊野古道とは？」地元のパンフレットを引用させてもらいます。

〔引用〕

平成16年7月7日に熊野古道を含む「紀伊山地の霊場と参詣道」が世界遺産リストに登録された。「熊野三山」「吉野・大峯」「高野山」の三つの霊場と、これらを結ぶ「熊野参詣道（熊野古道）」「大峯奥駈道」「高野山町石道」からなり、三重県・奈良県・和歌山県に広がっている世界遺産です。熊野古道は熊野三山（熊野本宮大社、熊野速玉大社、熊野那智大社）に参るための道。伊勢から、吉野から、高野山から、そして京都からと幾筋かのルートがありましたが、代表的なものが紀伊半島を西回りする「紀伊路」と、東廻りの「伊勢路（東熊野街道）」でした。紀伊路は、平安中期から鎌倉期にかけて盛んに行われた法皇や上皇らの御幸ルートで道筋には熊野権現の末社として九十九王子社が祀られていました。これに対して江戸時代以降に盛んに歩かれるようになった伊勢路は、伊勢参宮を終えた旅人や西国三十三ヶ所巡りの巡礼達が辿った、いわば庶民の道、起点の伊勢神宮に近い田丸で巡礼装束に身を改めた旅人が、いくつもの険しい峠を越えてあこがれの地、熊野をめざした道です。

（世界遺産）
熊野古道
・紀伊路
・伊勢路

和歌山県ウォーク②　紀伊勝浦↓下里

稲毛海岸駅～東京駅～名古屋…南紀3号～勝浦駅（JR紀伊勝浦駅からてくてく開始）

平成27年11月20日（金）くもり

勝浦港～海岸通り～南紀黒潮商工会～甫子浦（交）国道42号線へ～新聞配達所～KBスーパースタジアム（パチンコ）～光明宝院～湯川トンネル～南紀湯川温泉～ゆかしの湯～温泉診療所～教育センター公民館～二河～湯ノ浦隧道～鯨浦隧道～森浦湾（朝日・夕日百選）～鯨浦トンネル南～国道42号とわかれ県道240号線へ～森浦～与根子川～森浦橋～ゆるやかな美しい入江～大鯨親子モニュメント～右カーブ（左は鯨浜公園）～太地隧道～くじら博物館（左）～太地港～赤い飛鳥神社～漁協スーパー～鯨骨の鳥居～石垣の高みに様子のよい寺（右）～東新集合所　♀～小学校（右下）～クネクネ坂・地蔵堂（左）～太地町清掃センター～ミツバチの箱～坂を上ると道幅広し～下り坂右に折れ下里駅　レールで勝浦駅へ　ビジネスホテル「ホテル&レンタカー660」

14：00～17：00　約3時間　約12km

- きいかつうら
- ゆかわ
- たいじ
- しもさと
- うらがみ（きい）
- たはら（きい）
- こざ（古座）
- ひめ（きい）
- くしもと
- ありた（きい）
- たなみ
- たこ（田子）
- わぶか
- えすみ
- みろづ
- すさみ（周参見）
- きいひき（日置）
- つばき
- きいとんだ（富田）
- しらはま
- あっそ
- きいしんじょう
- きいたなべ
- はや
- みなべ（南部）
- いわしろ
- きりめ（切目）
- いなみ（印南）
- いなはら
- わさ
- どうじょうじ（道成寺）
- ごぼう
- きいうちはら
- きいゆら
- ひろかわビーチ
- ゆあさ
- ふじなみ
- きいみやはら
- みのしま
- はつしま
- しもつ
- かもごう
- しみずうら
- かいなん

プロローグ

紀伊半島とはどこからをいうのだろう?松阪・伊勢・鳥羽…この辺りは違うだろう。地図上で鳥瞰するに渥美半島と対峙する志摩半島は伊勢湾を囲む大地形と見ると紀伊半島といいづらい。9月18日に松阪から栃原まで歩いたが、私の気分からするとこの栃原辺りから紀伊半島を歩いている…という気分だ。それから5日かけて紀伊勝浦まで来た。その時から1ヶ月近く過ぎているが今回は6日間かけて半島先端を廻り田辺・御坊まで行き着きたいな。11月20日千葉の自宅を6:00前に出て東京から新幹線で名古屋、更に南紀3号に乗車。14:00に勝浦着。何やかんや8時間近くの列車の旅となった。中学生の頃までは、正直私は「紀伊半島=和歌山県」的な先入観のようなものがあったけど、実際は、和歌山県は、このデッカイ半島の〝西半分〟といったところか。三重県がなんと新宮手前の熊野川まで伸びてきて、また、山中も奈良県が十津川村(本宮大社に近い)まで下がってきている。

晩秋から初冬ともいえるこの時期、紀州はどんなものだろう。体調は特に悪いと嘆くほどのところもなく、今回Ｃａｓｈは少し多めの10万円用意した(私はカード決済はあまりしない…ローカルではカードが使えない店もあるし、紛失する恐れもあるから…)。天気予報では3日後の月曜日辺りが雨模様だ。

果たしてどこまで行けるやら。無理をせずに頑張りましょう。来月12月のてくてく催行は無理かなあ。今回悪くても田辺あたりくらい頑張りたい。今朝の京葉線電車は座れず、出だしの45分は立ちん坊だった。働くサラリーマン優先ですよね。朝早起きすると、(電車の中で)立ったまま居眠りができます…。

8月末、実の兄の不幸があった。76歳で旅行中体調急変、温泉地からドクターヘリで栃木県最大の病院に搬送されるも10日後亡くなった。二人と居ない兄の突然死!心の痛手は幾度も折に触れ、旅の途上で思い知らされつつも、世間でいう…「喪に服さず」「てくてく」に出かける不肖の弟です。

新幹線富士駅通過辺り、富士の高嶺はドンヨリ一面の雲の中、見えるのは前衛の低山のみ。空を覆った一面の深い雲に向かって地上からヨロヨロと幾筋もの煙が上がっている。その数、大工場から十数筋、まるで天に向かって次々と雲の元を送り届けているかのようだ。墨絵のような牛乳を薄く流した背景の中、折々大きな街のビルが過ぎていく。新幹線はそんな曖昧さを切り裂くように突っ切っていく。豊橋を過ぎる頃から晴れてきた。名古屋で乗り換える時、ホームで〝きしめん〟のスタンドあり。あ~食べたいな…と思いつつ、足早に在来線のホームに急がねば…タイミングが合わず、しばしの心残り。名古屋発５両の特急南紀３号、自由席は１両のみ。車中販売なし。指定グリーンはガラガラ。庶民の自由席は立つ人も少なくない。ＪＲめ‼近鉄に負けるわけだ…と心の中で悪タレをつきつつしばらく立っていました。

荷坂峠、銚子川、馬越峠、熊野古道センター、尾鷲から花の窟、七里浜、熊野川・新宮、高野坂、那智…と過ぎゆく車窓から既に歩き通り過ぎた景色や想いを浮かべ、反芻しながらようやく前回の歩き止め紀伊勝浦駅に降り立った。14：00

紀勢本線（きのくに線）今日は下里までぐらいかしら

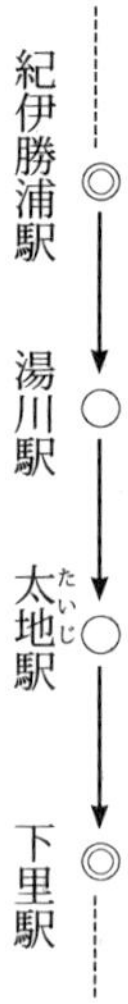

---◎→○→○→◎---
紀伊勝浦駅　湯川駅　太地（たいじ）駅　下里駅

紀伊勝浦駅 ←

せかされるようにして14：00過ぎ、中途半端な時間だがとにかく歩き出す。勝浦駅舎を背にし港へと進む。虫喰いではあるが営業中の店舗多数。見慣れた港風景。左は巨大ホテルへの送迎船発着。右手漁港。その港のヘリを右へ進み、（線路の山側から来た）国道42号線とぶつかり、左折。国道をやや上り気味に右カーブ。廃止されたガソリンスタンドが新聞販売所に。右、断崖の下に「ＫＢスーパースタジアム（パチンコ・スロット）」…う～んデカイ。光明宝院（右上）、

湯川トンネル ←

湯川トンネル３５０ｍ・歩道白線１ｍ弱。トンネル入り口に珍しく「歩行者に注意」の表示。車向けへの「追突注意」の看板はよく見かけるが、「歩行者に注意」の看板は何やら少しありがたい。

湯川温泉（湯川駅） ←

トンネルを出て左へ下り気味で南紀湯川温泉の町並みとなる。佐藤春夫命名「ゆかしの湯」前面に湖、河川公園、歩道立派。〝はまぼうの町〟という。湯川温泉診療所、平和長寿観音堂、教育センター、公民館、湯川河川公園（元の中学校？）、二河（交）、左手そば湯川駅、湯川海水浴場、綺麗な浜と海。しかしレールと海は20ｍも離れていないのでは…と大いに不安になる。

森浦湾 ←

この先、湯ノ浦隧道、大浦隧道、鯨浦隧道とレールも国道もトンネル続く。それほど長いものではなくホッとする。鯨浦トンネル南を出て森浦湾（朝日・夕日百選の場所）にご対面。なるほど、美しい所だなあ。

県道（２４０号線へ） ←

レールの下をくぐって進むと、国道42号と県道２４０号のわかれ森浦（交）。与根子川、森浦橋（イルカ３匹、風向計はクジラ）、落合博満の野球記念館の標識あり。これを県道２４０号へ進む。ゆるやか、美しい入江。右カーブからえぐれて左カーブ。

〈鯨親子のモニュメント〉

鯨のモニュメント ← 太地隧道 ← 太地漁港 ← 東新集会所 ←

えぐれた先の小島の右に鯨（親子）の巨大モニュメント。これを左に見ながら右カーブ。クジラ浜公園を左に送り、クジラのイラストの太地隧道（85ｍ）を出て左にくじら博物館をわけ、下り気味で港が見えてきた。赤い飛鳥神社、漁協スーパー、鯨骨の鳥居、そして左には太地港が開け、漁船も多い。イルカ騒動の片鱗も見えず、のどかな漁港だ。巨大量販店もなく、それなりにまとまった漁港の町だ。この町には、この町が昔から培ってきた風習・文化があるのだ。

イルカにも鯨にも、それだから感謝を抱いている町であることが実感させられた。右、石垣の上に感じのよい大きな寺あり。太地町循環バス１日２本（東新集会所 ♀）。坂を上り始めると右下に小さいが愛らしい学校あり。（太地小？）

お地蔵様 ← 下里駅 ←

クネクネ坂を上り切ると切り割の左側に階段10段ほどの地蔵尊あり。名無しの地蔵に清水あり。10円だがお参りする。緩く下ると何やら臭い。大きな清掃センター現れる。新設道路大工事進行中、ミツバチの箱多数あり。

右カーブを緩やかに上り切ると、道は広く立派になった。下里駅に向かって緩やかに下る。県道２３９号線駅入口を右に入ると小さな無人駅がたたずんでいた。レールで紀伊勝浦駅に戻りビジネスホテルに。今日は14時過ぎスタートだったので「本日のてくてく」はここで終わりとします。

○「ホテル&レンタカー６６０」
紀伊勝浦駅前ビジネスホテル。理想的なビジネスホテルだと思った。大温泉ホテルを避け滋味ある小さな宿に安く泊まりたい人にとってはグッドだ！と思う。レンタカーもある…という事だが。宿泊料金５，０００円、部屋は明るく清潔。そして天然温泉の大風呂。宿1Ｆのレストランでの夕食1，０００円は定食風だが充実。朝食も気分の良いメニューで５００円。〆て合計６，５００円也。ありがとうございました!!と思わず感謝の言葉を残しました。安くて内容充実・対応親切…珍しい宿に出会えた。今日は今日、明日は明日、気を許さずに行こう。

○太地(たいじ)町
クジラとイルカで知られた太地。近代にて人々は南氷洋や北洋で捕鯨に活躍。「勢子(せこ)船の乗り手＝背古」、「鯨の筋を解体する＝筋師(すじし)」、「山見の見張り番を称す＝遠見」などの珍しい苗字を持つ人々が住むまち。

○順心寺
太地・くじら漁の祖、和田忠兵衛の菩提寺。くじら突き刺し漁法をあみ出し、組織化した。

○勝浦港
勝浦は紀南を代表する温泉郷であるが、リアス式海岸に奥まっている港は天然の良港で日本有数の遠洋漁業の基地である。また、駅から港へと続く沿道に多くマグロ料理の店が多い（おいしかったよ）。

○反捕鯨団体シーシェパード
２０１５年4月、「世界動物園・水族館協会（ＷＡＺＡ）」は、「日本動物園・水族館協会（ＪＡＺＡ）」の会員資格を停止する…と発表。「イルカや鯨を飢えてもいないのに殺す。追い込み漁は残酷だ！」とする反捕鯨団体・シーシェパードから圧力をかけられたＷＡＺＡが、これを受けＪＡＺＡに圧力をかけてきたもの。「The cove」というアカデミー賞受賞の映画までできた。…一連の日本悪者騒動…も、和歌山県知事のメッセージなどもあり、現在は、シーシェパードは撤退し、沈静化している…という。

和歌山県ウォーク③　下里↓串本↓潮岬

平成27年11月21日（土）晴れ

（紀伊勝浦駅～レール）下里駅（下里駅から）

県道239号線・右折↓スーパーオークワ～国道42号線（左へ）～太田川（下里大橋）～八尺鏡野（やたがの）（交）～玉ノ浦トンネル～粉白（このしろ）～お地蔵さん～日本一短い川・ぶつぶつ川～瀬田 ♀～大岩～（あばた・えくぼの）大岩壁～天然の良港～浦神（交）～紀伊浦神駅～近大水産研究所～近大養殖センター～熊野古道モニュメント～来訪を乞う看板～串本町域へ～古道・清水峠入口～田の原電光表示～ラブホテル～荒船海岸周回コース（案内）～タロラ入口標識（左）～湿地帯・水路～大辺路の表示～古座あさかぜ～堂道橋～田原かじや前♀（左に川）～新田橋（左）～八幡橋西詰（交）～河口港～前面開ける～古座ヴィラ ♀～宝島クリーンセンター～崖・崩落防止策～鯨は熊野の食文化（看板）～異常気象時規制区間終了表示～津荷橋～岩（二つに割れた）～にしき園を右にわける～パノラマパーキング～「ながれこ」とは～国道42号港をまたぐ～九龍島（くろしま）～古座 ♀～赤い住吉神社～古座川大橋～第5福龍丸建造の地～右へ古座駅～重畳山入口～神野川橋～伊串港・伊串川～木造り校舎～弘法の湯（町営）～橋杭岩～串本駅・潮岬（東）（西）左折～左カーブで大きく出た半島への坂～平松 ♀・上地 ♀・測候所前 ♀～（公民館・右）～小学校（右）・上野 ♀～灯台前 ♀ 潮岬灯台～潮御崎神社～潮岬観光タワー前（帰り串本駅までコミバス乗車）

7：33～14：30　約7時間　約27km

下里（しもさと）◎→紀伊浦神（うらがみ）○→紀伊田原（たはら）○→古座（こざ）○→紀伊姫（ひめ）○→串本◎

（プラス潮岬灯台・紀伊大島・探索2時間半）

下里駅←

紀伊勝浦駅そばのビジネスホテル「ホテル&レンタカー」で5：00目覚め。6：30ホテル1Fで朝食。7：00過ぎホテルを出て駅へ。そして下里駅まで乗車。今朝は気持ちよく晴れているぞ!!昨日の歩き納め下里駅に戻って下車。そして7：33歩きスタート。駅前（店全くなし。0ではないが商売しているのかしら1～2軒）を進み

県道239号線から国道42号線へ←

県道239号とぶつかり右折。右カーブ、そしてレールを渡る。スーパーオークワ、そして国道42号にぶつかり左折して国道を行く。右カーブで大きな川にぶつかる。川幅は河原を入れて100mほどか。左200m程に海が見える。

太田川←

太田川らしい（下里大橋）。進んで八尺鏡野（やたがの）（交）。

玉ノ浦トンネル←

そしてトンネル322m（玉ノ浦トンネル）「歩行者注意」の看板あるも白線60㎝程か、恐いよう！出て進むと粉白(このしろ)地区を進むと左に気持ちのよい海が拡がる。玉ノ浦海水浴場。左レール、そして海、小さな砂浜を見ながら歩く。右には山肌・崖が迫っている。山肌から落ちたドングリがコンクリートの上でなんと！いくつも芽吹いているではないか。

お地蔵さん←

お地蔵あり…この先〝左・海、右・山肌〟のパターンで進むが、所々に背の丈70～80㎝のお地蔵を幾度も見る。決まって山肌を背に、海の方を見て立っている。「海の安全・漁の安全」を願ってのものに相違なかろう。それとも海で亡くなった人の為のものか。海（入江）の向こう側に島でもなく陸地が延々と続く。海を挟んで行っても行っても入江。奥の深ーい入江です。こちら側、時折大岩の鼻を廻りこむ。広くない道路。歩道という程のものもなく、車はビュンビュン飛ばす。陽の光も暑いくらい。景色は抜群なるも気は抜けず。

ぶつぶつ川←

円満地公園、ぶつぶつ川＝西日本一番短い川とある。大岩を巻く。右側、山肌崩れの土砂に先程から、橙色の花30～40㎝の背丈。何て名の花だろう。

さみしく独りぼっちで歩くジイサンの目を慰めてくれているかのように可憐且つ美しい…ちあきなおみの「野あざみの歌」を思わず口ずさんでいたよ。更にフックからスライスで大岩の下を巻く。奥の船溜まりから出ていく漁船、朝日を浴びて何かに陽が当たったかキラキラ光りつつ進んでいく。…何の花か見れば我が身の独りを思う…。

アバタ・エクボの大岩 ←

海蝕による見た事もない模様の凄い岩あり。その下に滴る雫を集めた小さな池、崖一杯に大きなお椀でえぐったような跡のへこみが無数にあり、名無し、標識なし、「アバタ・エクボの大岩群」と私は名付けました。大岩を廻っても入江は更に深く、天然の良港とはこうしたものか。うらやましい（房総館山生まれの私としては）。洗濯岩のような海岸。〝渡船・民宿〟の看板多くなる。

浦神駅 ←

小さな川を渡って浦神（交）、紀伊浦神駅の表示板あり。駅へは右に少し入る。近畿大学水産研究所現れる。「フィッシャリーズラボラトリ」、近大養殖センターです。熊野古道の大看板あり。

「近大」養殖場 ←

通る車の数が減ってきた。朝のラッシュ時を過ぎたからかしら。

道は山あいに入る。右奥の山並み、陽を受けてなかなか風情があり、絶好のハイキングコースが造れそう。英語の看板＝Ｗｅ ｌｏｏｋ ｆｏｗａｒｄ Ｔｏ Ｙｏｕｒ Ｖｉｓｉｔ Ａｇａｉｎ!!（あなたのまたのお越しをお待ちします!…ってこと?）どうやら長かった入江ももうおしまいです。

田ノ原・電光表示板 ←

レールくぐって上り、右カーブ、右上の山尖んがった岩山風。「今日も一日、無事故がおみやげ」「古道・清水峠入口」これを入り辿ると浦神まで40分とある。田ノ原、この地点、気温、今、14℃の電光標示あり。

湿原と清流 ←

ラブホテル、荒船海岸周回コース・タロラ谷入口の標識（左）。国道42号線と右手レールの間200ｍもあるか、湿地帯となっている。これが延々と続く。よく見ると辿る国道の右下に遊歩道がある。これに降りて入る。なんと気持ちよいではないか。歩道左側に清流が2ｍ程の幅で水草をなびかせ、せせらいでいる。かくれたる名所というべきか、清らかな水と湿原、約1㎞進むと大辺路の表示。「大辺路（おおへち）」・田辺から半島をぐるっと廻って、熊野詣するルート。日置川を辿る、富田坂、宮田坂から安居（あご）の渡しで日置川を渡ると、参詣道大辺路の急坂である仏坂の難所などいずれも大辺路から本宮大社に通じる峠道。

民宿・宝島 ←

田原川にかかる堂道橋、右からレール合わさる。田原かじや前・新田橋八幡橋西詰（交）、河口を見ると港が近い。小さな堤防の陰でＴシャツになる。延々と前方に広がる岩礁…そしてはるか遠く市街も見えている串本かしら。平たい海の中の岩礁の上で釣り人見かける。釣りではなく磯で何かを採取している人達も。

岩崩防止ネット工事 ←

古座ヴィラ〇ト、1日6本のバス停、民宿宝島前でたまらずジュース飲む。単調にもなる海岸ウォーク、右側に続く崖に張ってある岩崩防止ネット…これにも幾種類・方法があるのだな。↓「重厚機材吹付（崖の崩れ止め）コンクリート方式」、「ポケット式ロックネット方式」「コンクリート吹き付け、厚さ10㎝方式」～などなど1ヶ所ずつ観察すると興味深いなあ。

津荷橋 ←

「鯨は熊野の食文化」の大きな看板あり。「異常気象時規制区間・終わり」の標識（規制する時、遮断ゲートを下ろしてしまう区間がある）。串本町津荷橋。左は船溜まり。二つに割れた大岩見える。上野山、にしき園を分ける（右）。

港をまたぐ大陸橋 ← 九龍島（くろ） ← 古座川 ← 第5福龍丸の碑 ← 姫橋 ← 橋杭岩 ←

パノラマパーキングで一服し、今日の宿に連絡を入れる。右側、道端で干物を作っているオバサン。〝なかれこ〟って何?聞くと〝どこぶし〟のことだった。更に進むとタイコ橋。川を渡るのではなく、漁港の真ん中（海の上）をまたぐ大陸橋でした。橋の右側にも左側にも船溜まり（港）。70隻も見える。船はこの橋の下をくぐって出入りする。思い切って橋をかけたもんだ。渡り終えた右側にあるコンビニで休憩。ろこぎ船がくぐるのはよく見るが、中型船の出入りは珍しい。足ごしらえをして痛み始めた足を一旦空気にさらし、〝さあ、もう少し頼むぜ!!〟といって立ち上がる（足もやれやれといって、本当にもう少しなんだな！ともいった気がした）。

九龍島と書いて〝くろしま〟という。無人とのことです。湾に浮かぶ大きな島。バス停「古座」、右に赤い「住吉神社」。2級河川「古座川（大橋）」河口というよりは、半ば海の上の橋みたいだ。200mもあるか。右側は奥深く古座川で、大きそうな川だ。

ビキニ環礁で有名な〝「第5福龍丸」建造の地〟の碑あり。右へ曲がって少し行くと古座駅。国道42号を直進する。弘法大師ゆかりの山、重畳山（かさねやま）へは右。神野（この）川橋、西向（にしむかい）中学校、小さな港（伊津港）、伊串川（橋）、姫橋（10m）、レールの右側に、木造りの真新しい（真ん中に時計のある）2F建て校舎あり。コメリで水補給。国道42号が防潮堤を兼ねている。「玉砂利の浜、打ち寄せる波、危ういかなレール…」白浜まで42㎞とある。道路左に弘法の湯。赤い祠…この辺り湯が吹き出ているらしい。くじ川という恐ろしく難解な名前の川あり。そして何だ！何だ！何だ！急に賑やかになり観光バスも駐車多数。

海を見るととがった岩が海の中にニョキニョキ。橋杭岩という延長700~800mにも及ぶ海中岩峰群だ。観光客多数。売店・トイレ完備!…（なんでこんな奇観が生まれたのかなぁ…

海の中はどうなっているのかしら。後日調べたら、約1，400万年前、那智から熊野にかけて火山活動が活発になった時に、地層の割れ目から噴出したマグマが冷えて固まり、大きな直立した厚い板状の岩脈となったもの。…また、当地は「日本の朝日百選」にも選ばれている。
（和歌山県の歴史散歩より）

← 串本駅着 ←

串本駅到着＝「本州最南端・温泉の町」＝「トルコ友好の町」…とある。（まだまだ時間はあるゾ）。地図で見ると潮岬灯台まで2km足らず…思い切って歩き出す。串本港を左に見て。桟橋、岬東入口と進みコミバスが運行されているバス道路を辿って登っていく。右下に大きな入江、美しい海岸線が見えてくる平松・公民館・測候所前など頑張って歩く。

平松 ← 潮岬灯台 ← 潮岬タワー ← 串本駅へ一旦もどって
紀伊大島 ----(バス)---- 串本駅

坂を下るとようやく灯台前。「第5管区海上保安本部管轄潮岬灯台」と厳しい。入台料200円払い、灯台の中を登る。恐ろしく急なハシゴを上ると絶景グルリだった。降りて「潮御岬神社」に寄りお参り。更に半島を東に辿り潮岬タワー（7F建て）まで行く。太平洋の海原を眼下に広大な芝広場。芝生広場に俳人・山口誓子の「太陽の出でて没するまで青岬」の句碑があった。駐車場・ロッジなどあり、帰りは灯台前〇からコミバスで串本駅へ。「…あの紀伊半島突端の潮岬に立ったか…」と思うと、万感!!胸に迫るものあり。よくぞここまで歩いてきたか!!度々触れるが私は房総半島の館山（野島崎近く）生まれだが、黒潮に乗って伝わってきた文化や、台風襲来予報などで、足摺岬、室戸岬、潮岬、石廊

（紀伊大島）

崎…という名に接してきたせいか、そのうちの一つ、遠く離れていた兄弟分に合えたような気分だ。横文字で「SHIONO MISAKI LIGHT HOLLSE」とあったよ。

潮岬灯台に上がり、帰りはコミバスだったので串本駅に15：00過ぎに戻れた。潮岬灯台まで歩いて行けた。まだもう少し時間がある。気持ちに高揚感が残っていて、まだ歩けそう。観光協会のオバサンに聞くと、「紀伊大島にバスで良ければ行ってこれるよ」と教わった。ヨシ、それなら潮岬の東隣にドッカリと浮かぶ巨大な島を訪れてみよう…と心が決まった。

今度は往復ともコミバスで半島左に横たわる紀伊大島へ（15：35発・200円）。浅海○から半島にわかれて左へ、串本大橋を渡る。お客は自分一人。運転手としゃべり乍ら行く。グルグルループ橋を経て大島頂上付近からバスは一気に左下に下り、大島港へ（大島温泉の表示あり…温泉はもう出ていないみたい…と運転士の話）。小さい船が沢山夕日に照らされていた。バスはUターンして坂を上り、終点「樫野崎灯台」へ。トルコ記念館軍艦遭難慰霊碑、日米修好記念館…など多数あって…これらには驚きました。この地にこのような歴史があったとは。バスの折り返しに時間も少なく、灯台まで約500m往きも帰りも、かけ足だ。汗流す私をバス運転士さんは心配してなんと親切にも出迎えてくれました。こちらへもマイカーの観光客が沢山来ておりました。人柄のよい運転士さんの口調「○○スルトネ」。

この大島はもともと完全な島だった。「くしもと大橋」1999年（平成11年）完成。大部分は防潮堤で海を遮断して陸続きにしてしまった。だから内湾側は安心して養殖漁業にとり組めている…という。台風接近時など荒れた時は、通行止めとなり1～2日孤島になってしまう…という。潮岬も串本とは明治初め頃は海を隔てて島だった。その後砂州が拡がり、今では地続きとなり市街地の一部となっている。コミバスの運転手さんは「うちの曽祖父から、海だった時代の話をよく聞かされたものです。」と感慨深そう話していた。

○今日一日上天気に恵まれ、念願の灯台に立ち、素晴らしい展望にも会えました。タワー周辺キャンプ場あり、レストラン、ＹＨもあったよ。大島もてくてくではなかったが、訪れる意味は充分あった。…宿に着く頃は17：20過ぎ。すっかり暗くなってきました。今宵は「ビジネスホテルくしもと」に泊まります。メシなしでコンビニ弁当ですが、朝食付き、天然温泉風呂、それに清潔な部屋でＯＫでした。神様幸せな一日をどうもありがとうございました。

○（追）…大島港の一角に近大水産研究所大島分室があり、２００２年（平成14年）、世界で初めてマグロの完全養殖に成功した。

和歌山県ウォーク④　串本↓みろづ（見老津）駅

平成27年11月22日（日）晴れたりくもったり

（串本ビジネスホテルから）

桟橋～無量寺入口～潮岬入口（交）～串本高校～岬西入口～広い浜辺～上浦～マリンセンター～青銅の像～ゲートボール場～新二色（にしき）橋～学校（右）～古座川分岐～すさみ交通前～あづまめ～アカシャチ～高浜隧道～串本海中公園～逢坂山トンネル～（右）紀伊有田駅・有田（交）・有田橋～田並トンネル～（右）田並駅～道路遮断機～田並（交）・交番～ケンケン漁発祥の地～石碑（なむあみだぶつ）～双子島・田子ノ浦～富山隧道～磯釣り多し～（右）田子駅～急な上り坂～安指（あざし）漁港～平見♀～和深（交）～和深駅～滝尻谷・西平見～恵比須大明神～雨島♀～ホテルブルーマーメイド～すさみ町～浜辺の小さなレストラン～上り坂・下り坂～すさみ町里野～海来人の人形の家～（右）江住駅入口～道の駅すさみ～江住の川橋～日本童謡公園（左）～すさみ漁協・みろづ漁港～みろづ駅

みろづ駅↓すさみ駅・すさみ駅から特急で串本駅へ、ビジネスホテルへ

串本 ◎ → 紀伊有田（ありだ） ○ → 田並（たなみ） ○ → 田子（たこ） ○ → 和深（わぶか） ○ → 江住（えすみ） ○ → 見老津（みろづ） ◎

7：25～15：00　7時間30分　約26km

串本駅近くビジネスホテル　11月22日(日)今日は日曜日。5：00起床。ビジネスホテル提供の簡単な朝食を済ませ身支度し、一服して、7：30過ぎ、てくてくスタート。天候は「晴れたり曇ったり」…か。朝日を左から受けつつ桟橋入口を過ぎる。くしもと大橋にも陽が当たり光っていたよ。

無量寺 → 須賀の浜 → 袋港 → くじ野川 →

（右）奥200～300mに無量寺。ちょっと立ち寄ってみる。丸山応挙と弟子の長沢芦雪による障壁画など出土した遺跡品も所蔵されている…という。この寺は江戸時代中期の1707年（宝永4年）の宝永大地震津波に流されるまでは、1km西の袋地区にあったと伝わる。その袋地区（袋港）は、かつて「鯨追い込み漁」が盛んだったというが、1946年（昭和21年）の南海大地震でも大被害を受けたという。歩いていると「水門祭り」の看板あり。どんな祭りかなぁ…。後日調べると、紀伊大島・水門（みなと）神社の祭らしい。↓昨日訪れた紀伊大島・大島漁港近くにあった水門神社の祭で毎年2月11日に櫂伝馬レース（県民俗指定）が行われ近在から沢山の人が集まる↓看板の片付け忘れ？串本高校岬西（交）右カーブして岬方面とわかれ進むと、左側に弓なりの大きな浜、港も見える。須賀の浜、上浦、ダイビングのマリンセンターレストラン「おだ」だって。左カーブの坂を上っていくと左手に青銅の立像がある（誰だろう。読み損なう）。この辺りで腹の具合すこぶる悪し。袋港を覗く。左下にゲートボール場あり。

早朝とて人影なし。換気扇がカラカラ鳴って廻っている。〝わびしいトイレ〟を使わせてもらう。用を足せて幸せ気分になる。（この袋港は地形から津波が押し寄せやすいことから、過去大被害にあっている所…だという）難解な字＝くじの川＝潮浜橋、そして新二色橋（にしき）（二色川）、右手に小ぢんまりした学校。高富川・高富橋（たかとみばし）、右…「古座川峡」方向への国道371号線をわける・（七川ダムまで30分）。すさみ交通の前で一息入れる。振り返ってみると、左後方に潮岬。半島が大きく、遠く横たわり、手前の入江・磯・堤防で釣り人数人、薄雲で寝ぼけ眼のような太陽が入江を見下ろしていた。小さな漁船も数隻、あんなに岸近いところで漁になるのかしら？

←ダイビングショップ←「アカシャチ」←串本海中公園←紀伊有田駅入口←田並トンネル←田並駅←

〃あづまめ〃ダイビングショップ、派手なオレンジ色の店、幾棟かあり。若人がたむろしている…（日曜だからな！）。アカシャチ（ボンベが１００個もあろうか。ダイビングスポットらしい）。串本海中公園が見えるぞ。

高浜隧道62ｍ。海中公園にずっと近づく。入口、大人1，８００円。公園から最寄り駅へコミバス６往復／日。この海域は海水が特に澄んでいて珊瑚多数。やはりダイビングスポットなのだ。逢坂山トンネル２７２ｍ、歩道は白線のみ、70㎝ほど。（トンネル内だけで私の進行方向から車22台、大型２台・恐い!!）

○海中公園…日本で最初に海中公園の指定を受けた。大規模、高密度の珊瑚の群落多し。この地域も含め串本沿岸地域は２００５年（平成17年）ラムサール条約湿地に指定された。

出ると左手は入江。堤防でガッチリ囲まれた漁港。海への出入り水路さだかならず。自然の荒波の凄さを想う。右に旧い石碑あり。判読できず。

右、紀伊有田駅の表示あり（６００ｍ程、右）。有田（交）、有田橋（有田川）25ｍ位。さて右カーブのつらそうな上り坂、気合入れる。歩道の真ん中に大きなカマキリ。踏んづけるぞ！頼むからどいてくれ!!ダラダラ登り、リュックが肩に食い込む。峠の上に達する頃、トンネルとなる。田並トンネル２７６ｍ・70ｍ幅のドブイタ白線（例によって対抗してくる車を数えるとオートバイ10台、マイカー18台、観光バス１台）特に大型の時は壁に思わずペタッ！トンネル出れば大下り。右側に田並駅。しかし駅以外、な〜にもありません。オヤオヤ、ふと見ると電車が通る架線が見える。いつの間にか電化区間になっていたか。（新宮駅を境にＪＲ職員の制服が変わって少々驚いたけど…）。ここの道路にも異常気象時、車を通行止めにする遮断機がありました。田並（交）、才助の滝左へ５㎞、田並交番、ナナハン？大型オートバイ10台行く、カッコイイ！

田子の浦←←
双島←
私の駄句←
田子駅←
安指漁港←
和深（わぶか）駅←

左後方、潮岬灯台、はるかに遠い。切り割り越えると、また、堤防だらけの漁港。「ケンケン漁・発祥の地・田並」とある。入江を左廻りで石碑（なむあみだぶつ…と読めた）。双子島見える。〝ケンケン漁〟って何のこと。カツオ？（小型船で擬餌針をたらし船を動かし乍らカツオを一本ずつ釣る漁法で串本や周参見漁港で盛ん）。

「双島や　松も茂らせ　朝ぼらけ」

「田子ノ浦　出て行く船や　双島あたり」

「飼い犬はそばを通る車には吠えず、人間の私には吠える！うるさい」

「安全に通りたい〝橋・トンネル〟には歩道なし」

「海中公園では魚の方が俺見てる」

富山隧道78ｍ・９０㎝白線が歩道。５ｍ程の田子川。洗濯岩状の岩礁が延々続く。その先端辺り釣り人多し。あんな所で釣りして大丈夫か。坂を上ると田子駅右とある。下れば山影に港と堤防。釣りする人、あっちにもこっちにも。「とれとれ市場まであと4．３㎞」。厳しい上り坂です。安指（あざし）漁港、カラスがカーカーからかうように啼いている。上り切ると安指、平見 ♀（今11：15）、いけどゆけど「車と、たまにオートバイ」しか通らない。歩行者など居ないなあ。人が通りを歩かなくなったのはいつ頃からかなあ？足の裏がヤケにほてっている。〈人は皆、あるいていた↓自転車に乗るようになった↓車の味を覚えた↓歩行者０人となった。〉

和深（わぶか）（交）、すさみ住民バス ♀、和深駅、滝尻谷、西平見、木も生えていない岩の小さな島に釣り人・渡船業が成り立っている？小さいが赤い鳥居の恵比須大明神、崖の上から釣り人や漁の安全を願っているのですね。海水の色からして、深くて青くて良き磯だ！雨島 ♀、これから、また、「上り」では、書けば三文字、歩けばゼイゼイ。」「ツワブキが僕のお尻を押してくれ」「休み

〈道端の花…残念、名前わからず〉

→ レストラン 里野の浜 →

たがる僕を励ます黄の花」、「ホテルマーメイドどうした元気出せ潰れるな」周参見（すさみ）町域へ、「ツワブキと野菊が友の僕の旅」。「磯菊やおまえはいつも咲いておるのお」、「咲くまでは草といわれし野菊かな」

左が開けた小さな入江、砂浜、その傍らに「ラーメンレストラン（里野の浜）」…木造の小さな店。外にベランダありてテーブル3脚、この店に入る。オバサン2人でまかないしてる。テラスで光のキラキラする海を眺めつつビールとタンタンメンを食ス…。のど自慢、合格のカネ、喜ぶ歌い手さんの騒ぎが後ろから私の耳に入ってくる。やさしく注ぐ陽の光、ギコチない素人っぽいカウンターのオバサン。どちらかというと客が来てうれしくて戸惑っているかのよう。不思議なもので、一人目の私のあと、ドヤドヤと3～4人…すっかりくつろぐ私。〝まあオバサンしっかりやれや！〟と心の中でエールを送り、リュックを担ぎました。「名も知れず　渚の店の塩ラーメン　僕の為にとミカンくれ」。腹ごしらえしていきなり上り坂。フンドシならぬリュックのベルトの締め直しをして進む。

日本一周の女子 ← 道の駅周参見(すさみ) ← 日本童謡公園 ← 見老津駅

坂の途中、右後ろから古道「大辺路(おおへち)」が合わさってきた。都（京都）を出て和歌山・田辺・串本・那智と周る遍路道・気宇の大きさに、今更ながら感嘆する。オヤオヤあれは何じゃ！坂の向こうから何か自転車が来る。グングン近づく。よく見ると30歳がらみの金時のような女性。自転車に立てた旗には何と!!オオ「日本一周」とあるではないか。こんな女性があるものなのか。（近年の女性はたくましいのぉ！）一声エールを交わすだけで通り過ぎていった。張本さんでなくても〝天晴れ〟を。すさみ町里野、右側に赤・白・黄で飾られた地蔵尊が祠の中に奉られていた。大下りとなる。左前方に見えてきた浜は、「ほり崎」あたりだろうか。漁港＋砂浜、道の駅まであと1㎞とある。

道の駅「すさみ」のことか。海来人の人形を飾った民家(右)、右手に江住駅入口(交)、道の駅着「すさみ・エビとカニの水族館」真新しい。賑わってます。平成27年（今年）の9月にオープンしたばかりでした。パンフレットをもらい、ベンチで小休止。江須ノ川橋、大陸橋です。下の民家はよくこの橋架けるのを理解したねぇ…。

日本童謡公園（左の岬）「チルドレン・ソングスパーク」（珍しい公園です）。これを緩く乗っ越すとみろづ（見老津）海岸だ。漁港を見る。戎島など島が重なっている。さすがに疲れてきた足を引きずる。右側に公民館のような公の建物。今日は日曜だからドア閉まっている。その軒の下にリュックを下ろし、水を飲んで一口羊羹を頬張る。さあ、もう少しで見老津駅だと頑張る。なんと国道すぐそばの右側に駅はあった。

小さな無人駅！と思いきや、何か若者たち十数人が駅舎の中・外にいる。そして物品販売したり、簡単な料理（ケーキ・そば・コーヒー）を売っている。「紀勢本線無人駅活性イベント」で大学生達が活動している…との事。

この駅は「熊野古道・長井坂」の起終点に当たるらしく、数組の家族連れやアベックがホームで一休みしていた。しかし、駅はあれど町らしき家並みもなく、商店もなく、ここによく駅があるなぁ～の印象であった。↓全国各地で増える鉄道の無人駅…これの再活用方法はないものか…とは多くの人が気にしている。…見老津のように地元の大学や高校とタイアップして行動を起こす。…一つのヒントだと直感ス。

見老津駅15：00に歩き着く。今日の宿は、昨夜に続き串本泊まり（ビジネスホテルは違う）。見老津のエリアにビジネスホテル見当たらず、やむなく電車で串本へ戻る。がしかし、余りにも本数少なく、止む無くこの先（田辺よりの）の周参見(すさみ)駅まで行く15：20に乗り周参見へ、２００円。そして15：48（すさみ発）特急新宮行に乗車して逆戻りする。１，２００円奮発して串本には16：30着。駅前のビジネスホテル無事インでヤレヤレ！という事は、明朝今度は串本から見老津まで電車に乗って来て、「見老津から」歩き出すことになる。ローカルでの長旅はこうしたことを苦にしては成り立たず…しなやかさが肝心なのです。…それが嫌ならツェルトかぶって道端で！（もう少し若ければさして悩まず野宿するものを！）

○串本海中公園→ラムサール条約に登録された世界最北限の珊瑚群生地。（房総にも珊瑚はあるが？群生とは？）串本町錆浦は黒潮による熱帯の魚が多数観察できる。潮岬によって台風の荒波から守られた湾になっていて、テーブルサンゴ、オオナガレハナサンゴの群落は国内最大規模だそうです。（パンフより）

○ケンケン漁→船を走らせ乍ら疑似餌でカツオを釣り上げる一本釣り漁法。田並出身の者がハワイ先住民の使うケンケンという釣り道具を明治末期にこの田並港から拡めたもの。田並が発祥の地。串本港はケンケンカツオの集散地として有名。そういえば私が小・中学生の頃（今から60年以上も前）房総館山の港市場に網を広げて繕ったり、その傍らで大きな針に疑似餌のような物を針一本毎に付けていたなぁ。

○古座→古座川沿いは「日本の桂林」とも呼ばれる巨石・奇岩群が多い。一枚岩は高さ１００ｍ・幅５００ｍもある。高池の虫喰岩・牡丹岩などあり、古座川町では県立公園・カヌー・キャンプなどこの清流魅力を売り出している。私は古座川についてこれまで何も知らなかったが、紀勢本線（きのくに線）古座駅を通った時、「古座川・古座街道・大辺路」などについて少し知り、また、周参見では周参見川沿いに、古座街道があり、いずれも熊野古道の一角であることを知り、益々興味を感じた次第。

○枯木灘→江住駅辺りの国道42号線の左側の海、岩礁と青い海が美しい。突き出す断崖絶壁・無数の岩礁・白い波と海の青さ…見老津側からも枯木灘と称する看板あるもこの広い一帯をいうのか。パンフから→潮来橋から見た枯木灘は豪壮な断崖が水平線に向かって突き出し、枯木灘に浮かぶ島々が紺碧の海にアクセントをつけています。誰でも見とれてしまう大景観がこの橋から広がっている。

和歌山県ウォーク⑤　みろづ駅↓すさみ↓田辺

平成27年11月23日（月）祝日　雨風強し

串本駅～（レール）～みろづ駅・みろづ駅からてくてくスタート

黒島トンネル～黒島谷陸橋～千畳敷・高浜海岸～道の駅・イノブータンランド～天鳥海岸～黒崎谷～枯れ木灘～別荘地～西の浜～古道長井坂の標識～白島～白島トンネル～尾花組コンクリート工場～小さな峠越え～港と浜～串の戸慰霊碑6基～すさみ海水浴場～周参見駅

8：45～11：20　約2時間40分　約10km

周参見（すさみ）から紀伊富田（とんだ）　大雨・雷雨でレール利用（残念！）

とんだ駅～富田橋～国道42号線～日神社～体育館～平間神社～庄川口（交）～左へ橋を渡る～中沢建販～ゴルフセンター～住宅地～県道214号へ～線路沿い～白浜駅～駅前レストラン～堅田　♀～分譲住宅地～ゴルフ防護ネット～運動公園～県道33号牛太・内浦～レストラン丸長～北内の浦～海鮮せんべい南紀あべこべだんご～東急ハーベストクラブ田辺リゾート～龍神台～田鶴（たず）～新庄小入口～名喜里（交）～紀伊新庄駅～橋谷～南紀高・田辺高～礫坂～闘鶏神社～湊～田辺駅

11：50～15：10　約3時間20分　約13km　計約6時間　23km

プロローグ

串本駅前のビジネスホテルで5：30起きる。前日夜からのパラパラ雨は、早朝から本格的雨降りです。このビジネスホテルは、夕も朝もメシなしの5，500円だった。昨夕は外でラーメン大盛り、今朝はコンビニで買っておいたパンを2ケかじって持参インスタントコーヒーで済ます。

みろづ（見老津）駅 ←

前夜半、お腹ピーピー。原因は多分、一気に飲んだ冷たいビール2缶と熱燗2本（そば屋で）やったせいか。それに久しぶりにスーパーで買い込んだミカン、リンゴ、柿も頬張って食べた。それに疲れか。とにかく調子良くない。その上、今朝の雨だ。とにかく8：01の電車に乗り込み、「みろづ」まで行き下車。無人駅は海のすぐ傍なので、風と横殴りの雨。雨対策の合羽などしっかり着込む。情けない気分（昔の旅人を想え！お前なんかまだまだ甘い！と耳の奥に聞こえてくる）踏ん切りつけて歩き出す。雨がたちまちバチバチと当たる。靴の中までグショグショになるのも時間の問題か。レールを跨いだり潜ったり、黒島谷陸橋、なるほど左手海上にポッカリ、樹々を茂らした姿の良い島が浮かんでいる。黒島弁天さま・黒島茶屋は岬の突端に。海に浮かぶ二つの島、「陸の黒島、沖の黒島」そして黒島トンネル４８８ｍ、歩道は白線70㎝程。

黒島トンネル ←

車の往来が今のところ少ない。雨中の歩行にあっては、なんとトンネル内が安らぐ。いつもと逆にホットした気分でトンネル内を歩く。トンネルは怖かったはずなのに、雨、風の強い日にあっては、気分は反対か。千畳敷・高浜海岸、３００畳以上もあるか平たい岩場、そしてゴツゴツ豪快な岩場。豚が魚を抱いた像あり。ナンジャラホイ！

道の駅イノブータンランドすさみ ←

「道の駅イノブータンランドすさみ」で一服し、一部着替える。上衣の合羽の中、汗で濡れて気持ち悪い。国道42号線と離れた山側の上に「古道、長井坂越え」が通じているはずだ。天鳥海岸、ゴツゴツの大岩多数、荒れ狂う海、どこかでゴロゴロ鳴っている気がする。峠の急な登り、

黒崎谷 ←

そして大陸橋（黒崎谷）。枯木灘海岸（県立公園）の立て看板もあり。たしか黒島トンネル手前にも枯木灘とあったと思うが…？

古道・長井坂標識
←白島トンネル
←コンクリート工場
←国民宿舎 枯木灘すさみ（すさみ駅舎）
←小泊トンネル入口
←すさみ駅まで戻った

大下りしながら別荘地近くを行く。西の浜に出た。広―い浜だ。熊野古道・長井坂の大きな標識。（みろづに抜けるルート）。白島、そして崖沿いの鉄骨軒(ひさし)のトンネル、更に全長422ｍの白島トンネル（狭い白線歩道だが）、車が少ないので今日は雨宿りによろしい。確認出来なかったが、白っぽい島＝白島が海に浮かんでいるはずだ。

下りきると、左に入江状の海が食い込んできて、右側に尾花組コンクリート工場が操業している。昼間なので分かりにくいが確かに稲光、そして遠いがゴロゴロ…。雨混じりの風、靴も中まで濡れてグチョグチョ。のっぺりした峠を越えて下ると、また、港と海、垣間見える海にはその度に島が出現。景観は悪いはずもないが、今日は雨の向こうにぼやけて寒々と見えてくる。更に上り、下りを繰り返し進んだ。

上り切った左側に「串の戸慰霊碑（墓）」６基、下りに入ると左前方に湾が開けた。「国民宿舎、枯木灘すさみ」が左、更に進んだ右側奥に「周参見駅」とある。国道を真っ直ぐ行く。海の上を跨ぐ大陸橋、雨風強し、橋北（交）過ぎ、左側に漁協を見て、坂を上り始め、小泊を通過辺りで、ゴロゴロ結構強烈に来る。ここで寒気も感ずる身体（グショグショ）でトンネルを前に考え込み、ためらう。どうする?小泊トンネル入口で地図で確かめる。雨あり、風あり、身体は濡れている。雷も怖い。この先、ＪＲ線は右手を大きく迂回して山の中へ。要するにこの先約10㎞以上、エスケープルートなし!!とみて、決心した。すさみ駅まで戻り、レールで「紀伊富田」まで行く事とした（残念ながら…安全第一…）。（海岸線を歩き通す…信念無惨！）

また、来た道、橋を戻り、渡って左折して駅へ。すさみ駅へアタフタと入る。特急停車駅だから、それなりには町らしい。身体が冷たいなぁ。合羽を脱ぐ。しかし靴は替えなし、すぐに濡れてしまうが「靴下」は替える。20分後に各駅停車に乗れた。電車は大きく迂回をし、太間川沿

〔この間レール〕

すさみ駅 ■ 紀伊日置駅 ■ 椿駅 ■ 紀伊富田駅 ← 県道 ← 中大浜往復 ← 県道34号線 ← 県道２１４号線 ← 白浜駅 ←

いに山あいを、そして、長い安宅坂トンネルを出ると、下って相当大きい川を渡る。恐らく「日置川」だろう。雨と雷鳴の中を、ゴーゴーと電車は過ぎ、川に沿い乍ら、紀伊日置駅へ。駅を出たらトンネル、出て少し進んだら、今後は２㎞近くはあったか、長ーいトンネル（烏賊坂トンネル？）へ。（国道42号線を歩いて日置大橋を渡り、日置大浜も歩いてみたかったが残念‼）電車は下り気味に小さな川を渡り返ししながら。無人駅らしい椿駅、列車ドアーはボタンで開け閉めです。更に外よりもトンネル内の方が長いような山間を行き、平地に出ると、これもなかなかの川を渡る。富田川だ。国道42号線はいつの間にか海岸近くから上がってきてレールの右側（山側）になる。そして42号線は別名、熊野街道と称し、富田川に沿って北上していく。一方レールは左に大きくカーブしながら白浜駅方面へ。私は列車が富田川鉄橋を越え１㎞も進んだ「紀伊富田駅」で下車し、また、てくてくを再開する。

雷は去ったようだが、相変わらず降り続く雨。さぁ、歩こう。合羽類を身に着けザックカバーも付けて、また濡れねずみ再開！駅から一旦、元気を出して、小降りになったのを幸いに海岸を見にいく。８００m～１㎞位で鹿島神宮を過ぎると、広大な中大浜に出くわす。海に向かって左に見事な浜。確か富田地方出身の坂本冬美もこの浜を眺めたのかなぁ。そして大きな富田川の三角州。その向こうに断崖、やはりこの辺りまでも「熊野枯木灘海岸県立公園」というのだと分かる。駅まで戻り、県道34号線の駅前（交）へ。そして左折し、（栄から国道42号ではなく）県道34号を辿り白浜駅方向へ。富田中前（交）、歯科医院看板を見て、上り気味にせっせと歩く。頑張らなくちゃ。国道よりも雨天のせいか交通量少なく、歩く身には助かる。下って県道34号線は才野（交）で右から左へカーブして白浜空港方面へ。それを見送って私はそのまま真っ直ぐ県道２１４号線を進む。レールに沿って進む。支所前、堅田南、神社前、そして左カーブでレールを越え、堅田（交）右折すると商店が増え白浜駅前ターミナルに着いた。

駅前レストラン・めはり寿司←
県道31号線←
ゴルフ場ネットトンネル←
内ノ浦（交）←
東急ハーベストクラブ←
田鶴（たず）（交）←
名喜里（交）←
（橋）←

ここは低い山あいの様な地形か、狭苦しく、遠望はない。しかし悪天候にもかかわらず、結構観光客が行き交い、バス、マイクロなど出入り多し。どこか落ち着いて雨具を脱いで、昼飯も食べたい。駅舎を背にして右側に店あるも、喫茶の人で満杯。ターミナル左側の向かいの「1Fみやげもの、2Fレストラン」に潜り込む。客、私一人、ラーメンと「めはり寿司」を頼む。どちらかといえばマズイ。めはりは、包んである菜っ葉がペロンと取れてしまい食べにくい。店主に、菜っ葉は刻んでから包んだら…なんてアドバイスするも、全然取り合ってくれぬ（昔からこういうものだ…という）。改革意欲のない店は、潰れるしかないぞ!!…とはいわなかったけど…チト残念。

ターミナルは明光バスのオンパレード。東京にいてはあまり耳にしないが地方には地方で頑張っているバス会社はあるのだ。頑張れ！駅舎背に、右へ進む（方向の取りにくい駅…人に聞いてから）。堅田♀で左折、広い道・坂を上る。田辺方面のホテルや街か俄然、遠望がきく。三度目か、雨合羽また着ながら、雨足の強弱に一喜一憂しながら歩く。久しぶりに大きな街か。小降りになってきた。ランニングの上に直接合羽。「歩けば汗だく、止まれば冷え冷え、濡れ鼠」。ゴルフボール防護ネットトンネル。下り切ると、公園、内浦（交）。海と池は道路（橋）の下で繋がっていた。内浦とは海の事で、天然の入江、クルーザー係留、おびただしい。

釣り堀レストラン（丸長）、県道33号線沿いに進む。海鮮センベイ、産直野菜センター、あべこべ団子、大漁みやげ、正面に入江を挟んで高層の巨大ホテル、「東急ハーベストクラブ・南紀田辺リゾート21」（20F、白亜、只今分譲中だって）。神島台（交）、田鶴（たず）（交）、「暴力をふるうな！許すな！見逃すな！」新庄小、レストラン多し、ハーベストクラブ周辺を過ぎ、落ち着いた田舎風、但し車の往来ひっきりなし。人影は見えず、皆さん建物の中か車の中？

紀伊新庄駅←　名喜里（橋）、紀伊新庄駅…無人駅、駅舎ホーム誰もいない。15分雨宿り、一服つけるには助かる。

南紀高・田辺高←　大いに有難い。橋谷（交）で海岸方面の県道211号を分け、県道31号を直進。右はレール、左は一段高く、田辺の中心市街か、力を絞って進む。とにもかくにも15：10田辺駅前着。清潔な、好ましい

紀伊田辺駅←　可愛い駅。さすがに観光センターは充実。4人のスタッフの内、70歳がらみの案内人が、盛んに市内の見どころの説明をしてくれた。ずぶ濡れの哀れな私に斯くも親切にしてくれるか何故か涙ぐむ。

…おもてなしの極意「何かで落ち目・惨めな時こそ、人の親切・情けは身に沁みて忘れない。」

〈紀伊田辺駅前〉

○田辺市…人口8万人程で県都和歌山市に次いで2番目に多い。今回は白浜方面から歩いてきたせいか、統計上の人口より、元気の良い街！という印象。いうまでもなく西熊野の拠点であり、中心でもある。世界遺産熊野古道・中辺路や大辺路の分岐拠点で、10年前、妻と2人でこの地から出立王子・滝尻王子・近露王子・発心王子・伏拝王子を経て本宮大社へのお参りを果たしたのでした。

○南方熊楠（みなかたくまぐす）…なかなかトッツキニクイ名前だが偉人です。和歌山県出身だが、37年間、田辺に居住且つ永住。若くしてアメリカ・ロンドンで学び、1900年に帰国してから生物学、特に菌類の調査・民俗学の研究に没頭。今では日本民俗学第一の恩人（柳田国男曰く）・紀州が生んだ世界的学者…と評価されている。田辺駅→駅前通り→下屋敷町（交）右折、弁財天宮裏に「南方熊楠邸」があり、見学できる。

和歌山県ウォーク⑥　田辺↓御坊

平成27年11月24日（火）晴れ・くもり～小雨

（田辺ビジネスホテルから…てくてく開始）

南新町～銀座～6代目弁慶松の碑～新会津橋（会津川）～田辺漁港、田辺港（左）～浄恩寺・龍泉寺～地蔵寺・大関・千田川吉蔵の墓～明洋（交）で国道42号へ～みちひき地蔵～中の浜・「潮垢離所」の碑～供養里●、芳養漁港～新松井橋～牛の鼻～芳養松原～芳養駅（右）～芳養川～井原～大屋隧道（みなべ町～）～みなべ町漁港、堺漁港～堺橋～一本松～上り坂こえ、梅ケ丘～ヤシの並木・鹿島神社～南部湾漁港～南部中学～みなべ（交）～南部川・南部大橋～梅干館～熊平の梅センター～梅林・梅山～JR岩代駅（左）・岩代王子跡～印南町島田～ローソン～巨大な宗教法人～左に紅い橋～切目駅前（南）～中山王子は右へ～切り目川・橋～入江港～平和橋川～印南警察～叶王子（右へ）～御坊市域へ～宮子姫誕生の地モニュメント～名田中学～和歌山高専～日高農産直販～加尾 ♀～秋近～関西電力発電所～塩屋町、南塩屋～塩屋（交）～2級王子川～浜ぼう群生地（左）～日高川（天田橋）～松原通～市役所前～御坊駅

7：30～御坊駅17：00　9時間30分　35km　駅からタクシー1，050円、ビジネスホテルへ

（参考）

紀伊田辺↓はや（芳養）↓みなべ（南部）↓いわしろ（岩代）↓きりめ（切目）↓いなみ（印南）↓いなはら（印南原）↓わさ（和佐）↓道成寺↓御坊（紀勢本線の駅）

○昨日は一日中雨だった。苦行だった。だが楽しかった。情けなくなりながら、鼻水たらしながら、終ってみればみ～んな楽しかった。降りしきる昨日の雨の一生は昨日の私の一生だった。昨日の雨と今日の雨と去年の雨と今年の雨と…同じ雨でも同じ私でも違う雨であり、違う私なのだ。デッカイ紀伊半島をトボトボ歩くことは、私が同じ私ではなくなる…。田辺に着き、ビジネスホテルでひと風呂浴びて、（外での）夕食は「銀

「ちろ」という店で食った。うな丼と熱燗2本。切り干し大根のつけ出しがやけに美味でおかわりをねだったよ。

…歩いている時はホームレスです。ひと風呂浴びて着替えたらシャキっとしたかったのです私でも。

田辺駅ビジネスホテル スタート → 扇ヶ浜 → 熊楠顕彰館 → 銀座通り → 会津川 → 龍泉寺ほか

ビジネスホテル「ＨＡＮＡ」簡単なサービス朝食をすませる。昨夜はお腹「下痢ピー」にならずよかった。身支度をして7：30に歩きはじめる。今日の天気予報は「晴れ↓くもり↓ところにより一時雨かも」という変な予報。田辺駅ターミナルには「弁慶」の像あり。弁慶の出生地伝説は各地にある中、田辺市は「正真正銘の出生地だ」と名乗っています。まつわる遺物、遺跡は多く証拠は充分！と。

（「弁慶観音」「弁慶産湯釜（ウブユガマ）」「弁慶腰掛岩」などなど）駅前広場を横切っている弁慶通りを突っ切って駅前通りを海方向へ、海に通づる田辺大通りを約10分歩いて扇ヶ浜海岸へ。公園となっており「熊野水軍出陣の地の碑」の外、弁慶関連（井戸など）、「軍艦マーチ・作詞者の碑」「南方熊楠碑」、「野口雨情の碑」など多数あり。

広くて明るい砂浜、夏は海水浴でごったがえすという。松林群も豊かで大きい。市役所のそばを抜けて足向きを変えると熊楠顕彰館（早朝のため誰もおらず閉まっていた）。

私も民俗学について多少興味をもっているのだが残念だが邸宅も外観のみ。田辺市銀座通りに出る。街路が広く美しい。地方都市だが市民の誇りが感じられるよき街だ。

6代目弁慶松の立派なる碑、本町（交）新会津橋東詰（これを左折して岸沿いに行くと田辺城跡がある・・・という。会津川１００ｍ程の大橋、左３５０ｍ程で海です。

橋を渡り江川本通りで右側そばに何やら床しそうないい寺が三つあった。龍泉寺（サンマ漁で遭難者50人の供養碑）浄恩寺（１６８６年京都三十三間堂の通し矢で記録を作った弓の名手、

→潮垢離所←芳養駅←大屋隧道←堺港（千里の浜）←国道４２４号線分岐←

「和佐太八郎の弓」が奉納されている）。

それに西方寺（人形浄瑠璃名人竹本住太夫の墓など）・・・全部立て看板から受け売りです。「出立王子」跡。出立はこの地方の古い地名。「出立の松原」「出立の清きなぎさ」などと万葉集にも詠われている。海岸線に沿ってきた熊野詣の道は、このあと「中辺路」の山々に入ることとなる。王子社の前に広がる出立の浜で、いわば最後の潮垢離をした…と伝わる。およそ10年前、妻と2人で(田辺から)中辺路を歩いた際、この扇ヶ浜から歩き始めた。「潮垢離」浜旧跡の碑あり。地元出身力士千田川吉蔵の墓(大関?前頭?)。龍泉寺門前に「うらみは水に流す、恩は石に刻む」とあった。新熊野権現（闘鶏神社）……5院の一つ地蔵寺あり（地元の人、金比羅さんと呼び船霊のお札を出す・・という）。国道42号線にぶつかる。明洋（交）、左側にひろがる天神崎は、地元の人々が出資して自然を守った＝日本トラスト運動先がけ＝で知られる自然の景勝地だそうだ。少し下がると松林ごしに海（港）が見える。芳養＝はや＝漁港か?

市民球場前（交）、みちびき地蔵、中の浜（潮垢離の碑）、芳養一里塚、芳養漁港（堤防が迷路のように張りめぐらせて港を囲んでいる）。牛の鼻、東松原、芳養駅前、芳養大神社、そして芳養川にかかる新松井橋（80ｍ位、弁慶の人形付）、赤い鳥居の恵比須神社。竜神バス井原 ♀、大屋隧道（歩道あり20㎝高、全長88ｍ）こえてみなべ町域へ。

堺、左は漁港・漁協。漁港ながらなかなか大きい。漁船数も多い（堺港）。坂をエッサカ、ホッサカ上がると形の大きな美しい砂浜展開。左にみなべ温泉の看板、国民宿舎もあるゾ。広〜い砂浜を眺めつつ、ヤシの並木ヨシ!!七五三の人が目立つ鹿島神社（右）、右に県道２００号線を分けると、南部小・中・高とある。みなべ駅は右手５００ｍ程にあるか。みなべ（交）・・・右に国道４２４号線で、行けば南部梅林うめ振興館、鶴の湯温泉、紀州備長炭振興館方面へ。私

←南部大橋←熊平の梅（梅街道）←岩代駅（近くに岩代王子跡）←赤い橋←

は国道42号線を進む。美しい砂浜を左に見つつ南部大橋（南部川の川幅百m近いぞ）を渡ると右手にデッカイ「紀州梅干館」が目立つ。この辺りから長い登り、右に左にカーブしつつ高度を上げる。ＪＲを跨ぎ、右も左も梅林。登り切って岩代峠か、現地直販センター「熊平の梅」斜面至るところ梅林、梅がつけてあるのか巨大な樽があっちにもこっちにも。真に南高梅のメッカだ（もし国道42号からはずれ海岸沿いを行けば目津岬から「千里のはま」となる）。

この通りは別称＝熊野街道＝梅街道ともいうらしい。井上梅干食品、徐々に下り東中村、東岩代、岩代小と進むと左に海沿いから来た岩代駅、結橋、西岩代、橋ヶ谷（岩代駅西、１５０ｍあたり岩代王子跡がある・・・平安時代後期の文献に出てくる）このあたり海に大きく張り出した陸地のすそを左に広大な海を見つつレールと平行してひたすら歩く、ザックが左肩にくいこみ色々工夫するもリュックの重さに悲鳴をあげているようだ。リュックの重さは平均10kg位だが、毎回３日目辺りから、こたえてくる。ビラタウン紀の里（郷）（右側）、印南町島田入江を越えた遠くの山の上に白い建物のようなオビタダシイ建造物がかすんで見える、どうやら都会の臭いがしてきたか。（あとでわかったがなんの事はない一面ビニールハウスだった）。みなべ町からいつしか印南（いなみ）町域に入っている。「左側レールと海」、そしてレールを跨ぎ、左はすぐ海。がけっぷちも大きく廻り込んだ。長い単調の歩だ。

ゆるやかに廻りこみつつ下っていくと右側に巨大な建物、広竜閣？宗教法人かしら？更に下ると、左側にまっ赤っ赤の橋。左側に海を見下ろしつつ自分を叱咤しながら右にカーブしつつ下り続けるといつの間にか左に水路のような川のような鈍い流れ。赤い橋を左に渡れば左は島か、公園か。切目川が造った三角州状の地形だった。赤い橋はこの先にもう一つあった。

← 切目川 ← 切目（きりめ）駅 ← 切目王子神社 ← 印南（いなみ）港 ← 和歌山高専 ←

右側に「切目駅」（南）（交）「きりめ」と読む。２級河川「切目川」土手から土手までざっと１００m位か、このエリアでは大きな河・中山王子は右へ。レールのむこうの榎木峠を登ったあたりで鎌倉時代の日記など出てきた・・・という。切目橋（交）を越え、国道42号を進む。右手に「切目王子神社」の看板「切目王子跡＝切目王子神社」は熊野九十九王子の中でも重要な五体王子の一つで「保元物語」など度々登場しているという。境内に「ほるとのき」樹齢３００年の大木があるそうだ（国道を右へ少し入る）。（南房総市と館山市境の里山を散歩中、人目から離れた繁みに朽ちた標札付きで「天然記念樹・ほるとの木」があった。樹齢百年くらいだったか。初めて目にした木だった。）（常緑高木で関東以西・四国・九州・台湾・中国・インドシナ等に分布。一見ヤマモモに似ている…。）

ニューカドヤ（左）そばをゆるやかに登りくだりつつ頑張ると右カーブ、すると、前方に港をかかえた町が迫る。港は印南（いなみ）港。印南川口（交）で印南川をわたる。印南警察、印南港に面したこのエリアに、中山王子、切目王子、津井（叶）王子など熊野もうでゆかりの史跡多シ。印南港は古くから漁港および廻船の寄港地として繁栄。また「鰹節発祥の地」として知られている。左、畑野岬方面を見送り、民宿ホテルも過ぎ、汗を垂らして進むと、御坊市域に入る。名田町楠井地区（下楠井、中楠井、上楠井）を抜けて民宿はしもとを過ぎると左下に漁港（上野漁港？）。道路そばに「宮子姫誕生の地」のモニュメントあり。

上野♀、寺前♀、学校前♀と進む。名田小♀、名田中♀、左手に大きくてなかなかユニークな建物は「和歌山高専」左手、漁港も見つつ進む（加尾漁港）。秋近♀、（左）お首地蔵尊観音堂、野島、壁川、清姫草履塚、抜井戸と進む。

お花畑←野菜ビニールハウス←関西電力御坊火力発電所←塩屋（交）←王子川←新王子橋←日高川←

このあたり一帯「キヌサヤ、白、ピンク、紫色の花々」の畑のオンパレード。花の香りがもれてきます。路線バスも一日数本ある。南海御坊バスのバス停標識はちとひどすぎますなあ…。赤字で営業意欲に欠けているのかなぁ。それにしても見渡す限りの花と野菜のビニールハウス群（先程遠く前方の山の斜面が白く建物のように見えたのが、このビニールハウスだったのだ）。ハウスの中を国道が行く!!という感じだった。花の名はわからないのが残念!!

左前方海上に関西電力火力発電所の偉容、その手前、塩屋町南塩屋の国道沿いに海産物のおみやげセンターあり。元気のよろしい売子のお姉さんに敬意を表し、親戚2軒に宅配を頼んだ「クエの生きたままの血ジメ」を見せてもらう。1mもある大物、高級魚で一匹9，000円以上もするそうだ。

左前方に広大な煙樹ヶ浜が広がる。漁港入口（交）中塩屋〶、左に新エネルギーパーク、塩屋（交）、王子川（2級）渡る。左に埋立のような砂洲のような用地（北浜）、そして北塩屋（交）、左は水路をはさんで漁港加工工場グランドなどのある砂洲の台地、湊（交）、河口がテトラで3方、4方囲まれている。国道42号線沿いの左に川が流れていて、その海側に松林など樹林も多く〝浜ぼうふう〟の貴重な群生地があるらしい、また、アシが一面にはえ広がっている。

葦原もなかなか見事。突然目の前に広大な川があらわれた。天田橋南詰（交）、日高川だ。

こりゃたまげた！例によって河口ということもあるだろうが、雄大な眺めだ。土手から土手約300m（流水は250m位か）。疲れた身体ではあるが、こうした大きなゆったりした流れは長らく歩いてきたショボついた身体に何かの電流を走らせる。〝車で通過の人〟にはわからないだろうが・・・。

日高川（天田橋）

御坊駅前 ←――――――――― フォレストイン御坊

もう何やら夕ぐれ近し。松原通り、市役所前（4階建て・右側）に市電か何かがあるらしい・いやいや紀州鉄道線でした。ネオンチカチカ急に日が暮れてきた。見当つけて御坊駅目指し右折（警察すぎて小松原（交）あたり）。すっかり暗くなった中、人に聞いて（2度）やっと駅前へ。しかしこの周辺に目指すビジネスホテルはないという。（見知らぬ街でしかも、真っ暗闇・独りぼっち！）

たまたま通りかかったお巡りさんがフットワークよろしく少し待ってねといって、すぐスマホで調べてくれた。すると約2㎞も手前の日高川沿いだ（そのビジネスホテルは）・・・という。暗いし分からないので奮発してタクシーで行くこととし、1，020円（戻るかたち。通りすぎてきたのだ。なんだよトホホ！）。予約の際、駅から約5分位！をてっきり「歩いて5分」と早トチリしたのが間違い、（車で5分位！）左肩は痛いし、泣きべそものでした。「フォレストイン御坊」はもともとシティーホテルだったらしく設備は整っており、レストランもありました。17：30着。

○千里の浜：わたしは「みなべ」から海沿いそして国道42号線で山間部を歩いたので千里の浜をもろに見られなかった。岩代で一旦海岸ふちまで出た時に振り返えるようにひと目・ふた目しか叶わなかった。この浜は県指定の名勝で全長２㎞幅20ｍ～１００ｍの広大な砂浜で尽きる所が目津崎（めづさき）。伊勢物語や枕草子にも出てくるそうだ。また、アカウミガメの産卵地として知られている。

○南部（みなべ）の梅：和歌山県の梅生産量は全国の半分を占め日本一。特にその中心は「みなべ町」と「田辺市」（県全体80％を占める）南部梅林、岩代梅林は1月末～2月末に大観梅客が訪れ「一目１００万本！」と称するとか。地元「南部高校」の品種改良の協労もあり「南高梅」として全国に知られている。

○田辺のあがら丼：季節毎の新鮮な野菜・海の幸・熊野牛・梅酢パワーで健康に育った鶏など、山の幸・梅干・魚などによる丼ぶり飯。「あがら」とは…田辺方言で「私たち」の意という。日がわり、季節がわりのランチ。

○田辺の3偉人　①「歴史上の豪傑・弁慶」８００年の昔、熊野別当「湛増」の子として、この田辺で生れたという。②世界的な博物学者南方熊楠19歳で渡米。25歳で渡英、37歳から死ぬまで田辺に居住。植物学、博物学、民俗学の大家で柳田邦男にも影響を与えた。③合気道開祖植芝盛平（１９６９年死去）。19歳で修行の旅に出、各流の武術を学んだのち気・心・体が一体となる合気武術＝合気道を生み出した。田辺市生まれ。

（以上、パンフや和歌山県の歴史散歩による）

○スマホの威力…私も〝スマホ嫌いの頑固爺さんのひとり〟を自負し、人の薦めるのを無視し、「ガラケー一筋で」なんて意地を通していたが、今日は参った。真っ暗闇の中、目指す宿が見つからず、右往左往していたところ、通りがかったお巡りさんが、ヤオラ・スマホを取り出し、ピッピッと操作したら一発回答。地図付きで所在判明した。軽く敬礼して自転車で去るお巡りさんの格好良かったこと‼〝この旅を終え家に帰ったら、近くのドコモに行ってみよう〟とアッサリ変心したのでした。

和歌山県ウォーク⑦　フォレストイン御坊→御坊駅　（御坊駅→新大阪経由東京〜千葉へ）

（ビジネスホテル「フォレストイン御坊」から駅まで歩く。）

平成27年11月25日（水）くもりのち雨

熊野（交）〜御坊大橋（日高川）〜島南〜労基署〜御坊駅

前日は頑張って35㎞以上歩いたのは我ながら良く頑張ったのだが、1日の締めくくりでミスをした。それは、夕暮れて御坊駅に辿り着いた時は、もうどっぷり日が暮れてしまい、そう多くはない街灯りだけではホテルの所在がわからない。ウロウロ夜道を探しつつも、たまたま巡回中のお巡りさんをつかまえ、尋ねた。すかさず巡査は、さっとスマホを取り出し、駅周辺にはありませんネェ。と、いいつつ検索すると、ありましたよ！そのビジネスホテルは、駅から約1．3㎞離れた日高川沿いにあり、寂しい所ですよ。タクシーで行かれるのがいいでしょう!!と、いう。

「全国ビジネスホテル・ガイドブック」という本がある。土地土地のビジネスホテルを紹介しており、今日御坊市にも3〜4ケ所掲載されていた。その中から「フォレストイン御坊」に白羽を立て、TELにて事前予約した。その時のガイドブック、〝駅から5分〟の記述があり、これを鵜呑みにしたのがミスのもとだった。「徒歩5分」ではなく車で5分だったのだ。しかもタクシーでは12分もかかった。私の不注意によるものだった。

〈反省〉ガイドブックや電話によるにしろ「歩いて」、「車で」のいずれかをキチンと確認すること!!

そういう訳で、25日朝は、川沿いにあるビジネスホテルを出て、道のり約3㎞強歩き御坊駅に出ました。御坊駅は、その地勢に特徴があって、広大な煙樹ヶ浜、そこに注ぐ大河・日高川、その河口部分に天田橋を架けた国道42

和歌山県下の都市別人口（2012年）

	人口（千人）	財政指数
和歌山	378	(0.80)
田辺	80	(0.38)
紀の川	67	(0.47)
橋本	67	(0.50)
海南	56	(0.61)
岩出	53	(0.64)
新宮	32	(0.38)
有田	31	(0.55)
御坊	26	(0.52)

〈御坊駅前〉

号線（熊野街道）が通っており、港湾も含め商業地域は国道42号線沿いに多い。また、御坊駅からローカル私鉄の紀州鉄道があり、四駅を成して市役所まで運行している。即ちJR線は市の中心から離れた（1㎞以上ある）山裾に通じており、玄関口のＪＲ駅と中心繁華街が相当離れている。昨日の私の錯覚は、こうした地形をわきまえていなかった事にもよる。

昨日はよく歩き、よく頑張った。たどり着いた「フォレストイン」はもとはシティホテルであったらしく、ロビー、各部屋と設備は通常ビジネスホテル以上だった。朝食付き6，500円也。朝食を済ませ、7時10分、てくてくスタートです。県道25号線沿いの宿を出て、程なく、このエリアの大河日高川の御坊大橋を渡った。道なりに進むと県道185号線とぶつかり、これを右折。そして、島南（交）、島（交）を過ぎ、左に「金光教」、「日隈地蔵尊」、労基署（交）の先で県道26号線を横切ってそのまま直進すると、右側に「紀央館高校」に通う高校生（ほかにも日高高校の生徒もいたかしら）が大勢すれ違う。そして程なく紀勢本線（きのくに線）、御坊駅到着。8時到着。ざっとゆっくりで50分、道程3㎞程度のてくてくでした。御坊駅の山側には出口なし（?）、人家無く、直ぐ畑。その向こうの里山沿いに農家のような家がおよそ10軒か。今回11／20から5泊6日のてくてく小旅行はこれでおしまい。御坊から特急で新大阪に出て新幹線で東京・千葉に帰ります。無事帰れます事今回も全てに感謝いたします。

「てくてく日本・一人歩きの旅、時々山登り」

笹尾根（槇寄山（1，188m）＋西原（さいばら）峠＋丸山（1，098m）＋小棡（こゆずり）峠）（東京）

平成27年12月8日（火）
単独行

JR五日市線終点の「五日市駅」から数馬行バス「仲の平」下車
数馬 ♀～西原（さいばら）峠～槇寄山（1，188m）往復～笹ケタワ峰・数馬峠～笛吹（うずしき）峠～丸山（1，098m）～小棡（こゆずり）峠～笛吹入口 ♀、ここから五日市駅行バス乗車し帰路へ
10：10～14：32 約4時間30分（歩）

五日市駅

バス

奥多摩三名山（御前山・大岳山・三頭山）の一つ、三頭山（1，531m）から南東方向に伸びる笹尾根は、標高1，000m内外の緩やかな長大な尾根だが（この尾根は高尾山まで続く）山歩きするには、私はJR五日市駅から数馬行のバス便を利用する事が多い。南東に辿るほどにJR中央線の上野原駅へのバス便が有効になるが、三頭山、丸山あたりだったら、少々乗車時間が長すぎるのが傷だが五日市駅から南秋川沿いに上流に入るバスは沿線が素晴らしい。とはいえ、都心方面から数馬まで入るには、いささか時間はかかる。中央線立川で乗り換え、青梅行に乗り、昭島で三度目乗り換えて五日市線へ（土・日・祭日はともかく、平日の列車の下りは、大いに不便。都心方面への通勤ダイヤだから、平日、逆方向で山遊びをする人なぞ行楽客への配慮はない、当たり前だが）。五日市駅はJR五日市線の終点で、高架の駅です。広場も含め、なかなか立派なターミナル駅だ。さて駅前から数馬行きのバスに乗る。今日のルートのバス便は恵まれている。

秋川≡
檜原村
≡バス
北秋川とわかれ南秋川沿いへ

秋川沿いに奥に入るのだが、いわゆる南秋川渓谷沿いだ。途中、檜原(ひのはら)村役場付近で、御前山・大岳山山麓へくい込む北秋川と、浅間尾根と笹尾根の間から三頭山麓にくい込む南秋川に分かれる。今日は南秋川に沿い檜原街道を笹平、下川乗、上川乗、人里(へんぼり)、笛吹(うづしき)、数馬と進む。3年前、春の大雪でこの辺り一帯の集落は、雪に閉ざされ孤立し、大騒ぎになった所だ。東京都内といっても、その西部は、熊も猪も生息する深い丘陵地帯なのだ。

≡バス
仲の平 ♀
数馬 ♀
（ここから登る）

駅で約30人近く乗車。そのうちハイカーは6割ぐらいか（運転士さんが2人乗っています）。一人は補助か。このバスにゆるキャラ有り、「にしちゃん」。ホームページは「にしちゃんの部屋」だそうな。沿道、新旧民家から段々と、特に古民家が目立ってくる。植林は杉や檜で青々。雑木は葉を散らし、茶色。山彦食堂、鬼切(おにぎり)♀、日陰は霜で真っ白！「払沢の滝」入口、吉祥滝、バスフリー乗降区間（どこでも乗り降り可）、特製すいとんの「宮の沢」、人里、戸貫久保(とずらくぼ)、温泉センターと過ぎ、仲の平♀10：10降車。……ここから一人ハイキングで歩く。

歩く ←
西原峠 ←
槇寄山往復
1，188m ←

左の沢に架かる橋から尾根とりつきの登山口、ミスりました。結局、「数馬♀」をすぎ、左へ立派な橋を渡った所から、旧標識の（別の）登山口を辿って登る事とした。不安定な「踏みあと程度」のルートを辿ると、左から正規の立派な登山道に合流。太平分岐、国定忠治が遠見した木の碑。右手、谷越え、三角の形の良き山、大沢山か三頭山か。振り返り気味に仰ぐと、あのタコ入道のような大岳山のコブが見えた。うっすら汗をかきながら、気持ち良き登りを辿ると西原峠着。右手、槇寄山頂へは一投足で往復した。正面にドーンと富士山。八合目あたりから冠雪だ。あー、良き眺めじゃ。11：44～12：05。

← 笹ケタワー峰 1，121m ← 笛吹(うずしき)峠 ←

ガイドブックよりずっと佳き眺望なり。さあ笹尾根の稜線漫歩。師走、初冬の霜枯れの稜線を山の唄など口ずさみながら、午後の日差しを浴びつつ少しずつ高度を下げていく…これがやりたかった！緩やかに登ったり、下ったり。数馬峠、上平峠、そして1，120mピーク。笹平の笹はどこにあるのかな。結構、草、雑木がある。分岐ピーク付近、小広く眺めもよろしい。けれども10人から13人ほど休憩、食事中。私がくつろぐ場所なさそう（しばしば私が参加する「バスで行くハイキングツアー」30人から50人の団体だと休憩・食事で見晴らしよき場所占拠。今日はその逆。日頃の他人への迷惑、自覚する）。

笛吹峠…この洒落たネーミングにどんな謂れがあるのだろうか？ここからも檜原街道の「笛吹入口 〇」に下れるが、丸山を越えて小棡峠から下る事にする。（下れば笛吹集落、笛吹神社、笛吹沢などあるが…）。鹿、イノシシ害予防の為か、新たに植えた「桜やブナなど」苗木、幼木にテープが7重、8重グルグル巻き、その総数1，000本以上にもなるだろうか。涙ぐましい。憎っくき鹿め!! 少々喘いで丸山山頂、1，098m。南が開けて眺望あり。葉の散り落ちたる木々、眺望の為には邪魔でもあるが。丸山山頂を後に下る。小棡(こゆずり)峠分岐。

笛吹(うずしき)峠

← 丸山 1，098m

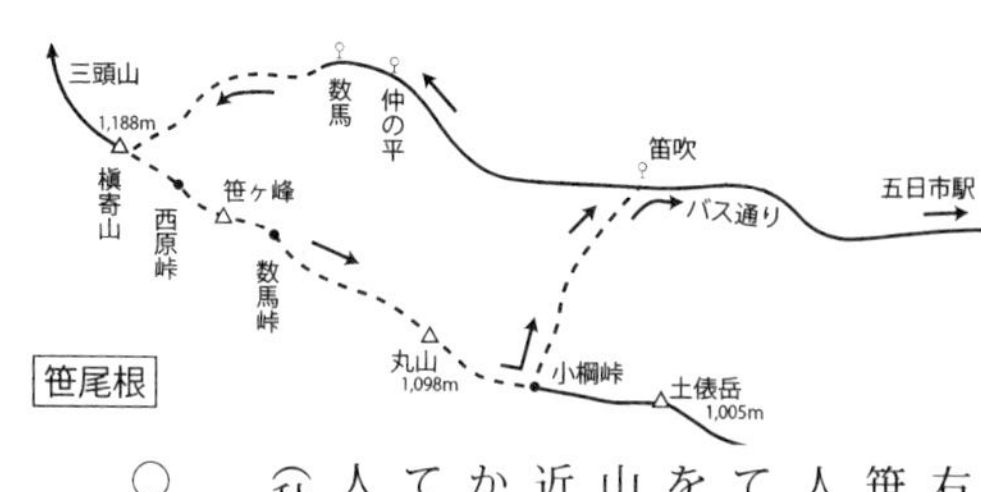

右下に下ると棡原という集落がある。小学校も中学校もある。その由来を指し示すのか（この笹尾根には東西に峠越えする旧き道が実に多い。旧き峠道…枯葉にまみれてはいるが、確かに人の往来した道。たとえてみれば、私などは**人間の峠道**みたいなものか…「忘れられつつあっても確かにまだある道」。私は峠を左に下り、「笛吹入口 ○」を目指す。下り稜線の一角で眺望を楽しむ。西に大沢山、三頭山、正面、御前山。そしてに右に入道頭の大岳山…低山脈なので山座同定はややっこしいが、この位は一目で判ります。下ると右下、林道見えてきた。更に下り近づくと、屋根も壁も空色一色の数棟くっついた怪しい？建物見えている。サティアン？まさか！石垣に張り付くように15基の馬頭観音さま（50㎝～1ｍ）。何れも苔むしています。一礼して通り過ぎる。「挨拶しよう、山菜取らない、山林守ろう」～檜原村三つのお願い～子供など住人に向けたものか。それともハイカーなど、よそ者へのやんわりとした牽制か？14：32バス停着（秋川に架かる馬駐土橋の傍）。14：53バス乗車。15：50五日市着。16：00拝島行電車の人となる。

○笛吹（うずしき）…という地名。この地域には〝西原（さいばら）〟、〝人里（へんぼり）〟、〝小棡（こゆずり）〟、〝時坂（とっさか）〟など〝笛吹〟以外にも難解な地名多し。なぜ笛吹というのか、その故事由来は解らなかった。笛吹も「うそふき」と呼ぶいい方もあるとか。人名、自治体名などにもはっきりしたものなし。最大公約数的には夫々の「集落の地名」として定着している…との見解です。単に〝ふえふき〟と読むなら引っかかることも無かったろうが。

○日がなの一日、心地よい疲れと筋肉が時折ピクピクする高揚感は堪らない。水場はなかったが落葉のラッセルには童心に返った。「電車代＋バス代＋α」で〆て5千円で一日充電しました。

和歌山県ウォーク⑧　御坊↓由良

平成27年12月11日（金）荒れもよう

稲毛海岸駅（5：58）～東京駅（7：33）～新大阪（特急くろしお）～「御坊駅」からてくてくスタート

北裏病院～斉橋南～国道42号線～丸山（交）～富安（交）～日高町～荊木（交）～コープ日高～紀伊内原駅（右）～内原駅前（交）～徳本上人生誕の地～萩原（交）～熊野古道と黒竹の里看板～山下産廃～紀南電設～ナナカマドの紅葉～若者広場～由良町～由良トンネル～富士山型の山～由良港～入路（交）～クエの町日高町～由良柑橘集荷場～里（交）～中紀バス本社～由良駅（15：20）（由良↓レール200円御坊駅にもどる。タクシーで道成寺へ）

13：10スタート15：20　歩約2時間　10㎞弱

プロローグ

12月11日（金）紀伊半島に向け出発。今日は松坂、伊勢を入れると紀伊半島通算4回目となり、のべ日数も15日程度になって、前回串本を廻って御坊まで到達している。今まで名古屋から「特急南紀」を利用して入っていたものが今回は新幹線で新大阪まで来て、紀勢本線経由〝特急くろしお〟で御坊へ…と大阪経由となった。

4：00起床　5：30家を出　5：58電車（稲毛海岸）東京発ひかり号で（7：33発）新大阪10：26着です。

数日間の天気予報をチェックしつつ、出来るだけ風雨にさらされぬようウオッチングしてきた。その結果11日出発となったが11日は午前中中心に風雨を伴う低気圧が足早に通過してしまうと信じつつで出発。そんな訳ながら朝家を出る時から残念、ザアーザアー雨。でも向こうに着けば雨は上がっていると思い雨装束に身を固め家を出た、15分程の歩きだが当然ビショビショ、ホームで合羽を脱いだりたたんだり、早くも泣きべそ。幸いにして座れたので雨の小間物を整理。早くも通勤の人、多シ。

小田原、菊川すぎるあたりで雨上がったか？名古屋過ぎたらまた降り出した。薄日と雨の繰り返し。新大阪にはほぼ定刻着、しかし紀の国線（紀勢本線）は雨風のため20分遅れ！という。私の特急は結局25分遅れで出発。9両編成が6両編成に変更、指定席の人は大迷惑。私は自由席、沿線は（午前中で雨あがる筈が）雨と風で荒れ模様で和歌山あたりで、また、雨あがる。しかし風が強そうだ。車内アナウンス「白浜～串本間」強風で運休とのアナウンスに乗客一部ザワめく。車掌は客の質問におおわらわ状態となる。

御坊駅（13：05）

今回なんとか頑張り堺ぐらいまではと思い、今年最後のてくてくウォーキングなんだし何とか天気にして!!と祈りつつ電車は御坊着。御坊駅前に立つ、雨やんでいるが風が相当強い。突風20ｍ以上か。駅を出てすぐ右折、ホテル紀ノ国前、病院前をすぎ斉橋南交差点右折して国道42号へ。斉前、左・日通、富安（交）すぎると日高郡日高町領域へ、荊木（いばらき）、左・丸大食品・・・小雨混じりの強風に耐えながら進む。ミカン・リンゴのコープ日高。

↓

内原駅

右側に紀伊内原駅、行ってみる。楠の大木1本あと何もない。商店といえるもの0件。高校生のために駅がポツンと残っている・・・といったらいい過ぎか。国道沿いの賑わいとは別世界。人はいるのにレールではなく車。時代はすっかり変わったのさ！と駄目押しされます。

↓

萩原（交）

左を流れる川の南側に役場あり、「徳本上人生誕の地・日高町」とある。歩いている国道42号線に路線バスはあるが南海御坊バス4本／日、中紀バスも4本。日高広域署、内原小、萩原（交）西川橋を渡る。右手線路の向こう「内原王子神社」、「広川まで19㎞」と表示アリ。「熊野古道黒竹の里」の看板あり。国道（熊野街道）は上り坂、山間へ、山下産廃、紀南電設、右下にレールが走る。右や左にうねりつつグングン登る。

↓

日高若者広場 ←右サイド、土手には思いもかけずナナカマド（ウルシ？）があっちこっち見事に紅葉していてホットする景色。日高若者広場（左、上）右下に堰を見ると、まもなく由良トンネル。峠の下を抜けます。597m長いぞ！1mの白線あり。今日は片側工事中、監視のオッサン居て大仰に安全に通してくれた。

由良トンネル ←右側には見えないけれどJRトンネル（小坊師）約1kmがあるはずだ、トンネルを出ると左カーブ、大くだり、入江が見えてくる。

由良港 ←富士山スタイルの形のよい山あり。続いて里トンネル185m、白線1m難なく通過。由良港です。大型クレーン4基稼働中なかなか港らしい風景。入路（交）。

由良駅 ←「潮風が運んでくれるおいしさ完熟の里」、「由良柑橘集荷場」、里（交）、中紀バス本社・車庫。港から奥まってはなれたヤヤ高台に駅。港は駅から見えぬ。港には海上自衛隊由良分遣隊がある外、麻生セメント、三井造船が進出している。（由良駅からレールで御坊へ戻り、駅前ビジネスホテルに投宿）本日の歩き・由良駅まで。今日は御坊駅13時てくてくスタート。由良駅15時20分。正味、3時間余りの短いてくてくでした。おまけで（御坊駅からタクシーで道成寺訪問）

■ レール（御坊駅へ戻る）

○日高町原谷地区：釣り竿や民芸品に使うクロチクの生産地、またこの地域の古道の一部が黒竹林になっているとか。

○徳本（とくほん）上人誕生の地：内原駅から8km程離れている。ひたすら「南無阿弥陀仏」を唱え全国を行脚し庶民の苦難を救った清貧思想のもち主。徳本上人は、日高町久志（クシ）の誕生院の在る地で生れた。誕生院は紀州藩十代藩主徳川治宝（はるとみ）により誕生地を記念して創建された。

○興国寺（由良駅・歩・10分）…由良駅を出て間も無く門前（交）があり、ここで左にわかれる県道23号線700m程で興国寺山門に着く。宋から帰国した「覚心（法燈国師）」が58才で住持となった。92才で入寂するほど、積極的に布教活動を行う。覚心はまた、宋で尺八の奏法を会得し4人の尺八の名手を伴って帰国。臨済宗の禅と結びついた尺八はやがて虚無僧により全国に広まった。「興国寺は虚無僧の本寺」といわれるようになった。更に覚心は宋で味噌の製造法も習得。この味噌を製造する過程で生成される醤油と共に湯浅地方で製造されるようになり、「興国寺は味噌と醤油の発祥地」とも広く知られるようになった。（和歌山県の歴史散歩より）

○煙樹ケ浜（御坊）：今回この浜は11月25日・朝・少しだけ見学したのだが不充分だった。この浜は小石まじりの砂浜と背後の松林が東西6㎞続いている。紀州藩初代藩主徳川頼宣が日高平野の農業を守るため、防潮・防風林として植林し以後一切の伐採を禁じたため現在でも最大幅500m長さ4．6㎞の大松林として残っている。松林が白波に煙るように見えることから煙樹ケ浜と呼ばれている。

○アメリカ村：煙樹ケ浜で海に向かうと右手ずっと広大な浜と松林更に大きく突き出た半島「日の岬」突端に至る1．5㎞手前にアメリカ村と称するところあり。1887年「工野(くの)儀兵衛」がカナダに渡る。バンクーバーで旅館を営むかたわら鮭漁に着目、続いて工野の招きで移民してきた青年達に漁業を仕込んだ（一時2，000人にも）。帰国者は母村でカナダの生活習慣をとり入れ木造洋館をたてたり独特の景観を呈するようになった。この三尾村はその後アメリカ村と呼ばれるようになり、「工野儀兵衛」の顕彰碑がある。

○道成寺(どうじょうじ)：紀勢本線御坊駅の一つ手前（田辺寄り）に「道成寺駅」がある。私は国道42号線沿いを歩いてきたのでこの駅（周辺）は通らなかったが、由緒ある所なので、往復1時間強のタクシー訪問だが訪れた。道成寺駅の裏手、３００m程に道成寺はあった・・・。

〈以下案内パンフ・うけうり〉

○道成寺：大宝元年（７０1年）創建された和歌山県最古の寺、国宝の千手観音菩薩、日光菩薩、月光菩薩をはじめ国文級が沢山、仁王門（朱塗り、62段石段・重文）本堂１３５７年建立。歌舞伎で有名な安珍・清姫」伝説。

○安珍清姫物語：延長6年、熊野権現に参拝の途中真砂の庄屋の家に一夜の宿を求めた僧安珍とその家の娘清姫。恋を裏切られた清姫は大蛇となって安珍を追い最後には道成寺の鐘の中に逃げた安珍を焼き殺した…という怖いお話。

○宮子姫の物語：日高の里で暮らす村長の娘。観音様のご利益によって丈なす黒髪にめぐまれやがて藤原不比等の養女として入内し、文武天皇の妃となる。黒髪を授けてくれた観音様と両親へのご恩返しをするために大宝元年に道成寺が建てられたという伝説。

○御坊駅前：「ビジネスホテルグリーンホテル」

一口でいって気持ちよいホテルだった。夕食は外ですませたが部屋は清潔、予約した私へのメッセージあり驚く。冷蔵庫その他備品にも気配りあり、コーヒーフリー、駅1分、女性らしい応対気持ちよし、朝食有料だが美味だった。５，７００円＋６００円＝６，３００円。…（女性）（男性）らしい…という表現は昨今、ＮＧなのかなあ）こういう宿にまた出会えるだろうか？

和歌山県ウォーク⑨　由良↓箕島

平成27年12月12日（土）晴れたり曇ったり

（由良駅から）

興国寺～門前（交）～畑～ゆら子供園～袋かぶったミカン山～山文農園直販所～国道・和楽路～水越トンネル（551m）～広川町河～直販所～いせき橋～井関（交）～広川IC入口～広川～殿井～殿～名島（交）～湯浅町域へ～久米崎王子～紀文生誕地～湯浅醤油～ネギ焼レストラン～東南道（交）～湯浅城公園（左）～湯浅（交）～有田（アリダ）農協～森崎（交）～有田創価学会・警察署～有田総合庁舎～中紀釣りエサセンター～水尻分岐～小島（交）～有田川沿いに～有田東大橋～宮原橋～鮎供養塔～有田中央大橋～学校2校（左）～保田橋南詰～古江見（交）～安諦橋南詰～箕島駅～もどって有田川沿い（安諦橋戻る）～有田市立病院～有田大橋（右に見る）～箕島漁港～箕川排水機場～公民館～ビジネスホテルこじま

歩8時間：約30km

由良駅 ← 門前（交）← 興国寺入口 ← 風力発電 ←

気持ちよく一泊をすごした御坊駅歩1分のグリーンビジネスホテルを7：45に出る（6：30朝食）。さあ、今日の天気はどうかな。朝の陽の光あり。8：00レールに乗り、由良駅下車。今日はここから歩く。昨日にうって変わっての天気だ。思わず頑張るぞ!!と小さく声に出す8：15駅を出てすぐ右折、国道42号線を行く。左に由緒ある「興国寺」の表示を見て、門前（交）を過ぎ、また、右側にレールも見ながら、左側の山裾の道を行く。左側100m前後の高さの山々に朝日がいっぱい当たっている。その連山の頂に、数えてみると、あるある…なんと20基もの風力発電の大きな竹トンボ(プロペラ)がキラキラ陽を散らしながらゆったりまわっている。ウーン、あっちこっちでこうした光景に出くわすが「あの3．11以後」全国で見られるようになった変化です。…原発の代替エネルギーの一つとして私も歓迎なのだが、早くもこのプロペラ騒音なる公害を訴えている地区もあるとか…日本は狭いのぉ！

← ゆら子供園 ← 有田みかん山文直売所 ← レストラン和楽路 ← 水越峠 ←

左に白山神社と鳥居・石碑、由良町畑地区・歩道橋、左、ゆら子供園、キヌサヤ栽培とミカン畑。畑（交）ここからクネクネ・左の山裾を登っていく。右下を4両の電車がトコトコ行く。つづら折り。グングンのぼる。時折の車にビクつきながら、行っても喘いでも登りとカーブ。風力発電の羽根もグッと近づき車の来ない時はブーン、ブーンと振動が聞こえてくるようだ。フーフー登れ！歩け！左側の急な山の斜面、よくもまあ、あんな所までミカン山を作ったもんだ。凄い傾斜の「ダンダンみかん畑」にも、クネクネの細い車道が通っているとみえ、とんでもない高い所に軽トラックがみえます。段々は、石（岩）積みで守られていて、50年、１００年とミカン栽培を続けてきたのだな。頭が下がります。所々、ミカンが袋をかぶっています。特別なミカン！なんだろうか。

「本場・有田みかん・山文農園直販所」あり。広い駐車スペース（10台位）に噴水があった。甲斐甲斐しく働くオバサンに恐る恐る聞いてみると、あの袋をかぶったミカンは…「セミトールというオレンジだそうです。袋は万遍なく色付かせる為のもの…」と親切に教えてくれた。正月になると収穫するのだそうです。

「気立てのいい胸の豊かなオバサンが育てしミカンはセミノール」

「気立てのいいみかん造りのオバサンよ、ミカンもあなたも今や完熟」

頂上付近レストラン和楽路。「見上げても、見渡しても、いづこも紀州はみかん山」「緑の山に黄金の粒は数知れず」「みかん山は、モノレールだってフル回転」「みかんづくり天まで届け千枚畑」。

水越トンネル ←
河瀬（このせ） ←
バァーバも働く直販所 ←
おまけどっさり ←
広川 ←
広川ＩＣ入口 ←
新広橋 ←

とうとう山越えか。そこに全長５５１ｍの水越トンネルあり。歩道区分らしきものがあるが、20㎝段差付の40㎝幅の歩道、これ結構怖いです。大型車通過の風圧で落とされそう。「道路造る責任者はダンプ走らせ、自ら歩いてみよ、水越峠」「幾人も通らぬ歩行者にかける金は無しと国交省」トンネル越えたら大下り。広川町河瀬（このせ）大きな下りカーブに直売所。オバアサンが一人で店番と箱詰め作業中。ここで私は親戚にミカン宅配。おばあさん曰く「…この時期は猫の手をも借りたい程で元気な者は皆～な、ミカン山へ、日の出から。…腰の曲がった私しゃ店番ですケ…」だって。20分程ミカン食べたり話し込んだりした。オマケたっぷりもらう（大きな袋いっぱい30ヶ位ある）。宅配３件￥１２，０００円。「ネコの手も借りたい程だと黒猫ヤマト」「猫の手は既に貸してる黒猫ヤマト」「腰折れのバァーバも店番、一役、みかん山」「勝負の師走・腰が駄目なら口と手でも働く老婆かな」私のザックは既に満杯。重さも10㎏近くなのに…そのうえ30ヶの大きなミカン袋！まさか結構です…といえるわけもなく、結局欲に負け、大礼をして頂いてきたが、うれしいような困ったような…バァーバに感謝しつつ、ムリやりポケットに５～６ヶずつ詰め、残りはリュックへ押し込んだ。毎日少しずつ歩きながら減らし食べましょう～。「紀州路はミカンと人情で大荷物」（笑）。

いせき橋を渡る。下に良き川が流れている。広川らしい。右から県道21号線が合わさる。井関(交)

広川ＩＣ入口（交）霊厳寺へは右に７㎞、二級河川「広川」、殿井橋。

「殿井 ♀」１日５本。南海御坊バス・停留所相変わらずオソマツ。殿（交）、熊野古道の表示も目立つ。名島（交）・湯浅まで４㎞表示（そんなにあるかなぁ?）。広八幡神社（国・重・文）への道を左にわける。湯浅町域へ。広川を渡る。「３ｍ程の堰乗り越えて師走の水流る」（新広橋…海まで１㎞ってとこかしら）。

← 紀文生誕生地記念石碑 ← 元祖・湯浅醤油 ← 重要伝統的構造物群保存地区 ← 森崎（交） ← 右に金慶橋（有田川） ←

「紀伊（きの）国屋文左衛門之碑あり、巨大かつ重厚です。坂道を上れば熊野九十九王子の一つの久米崎王子跡」がある。金山寺（きんざんじ）味噌店多シ。由良から湯浅の街に入ると、沿道、醤油の道です。

元祖、湯浅醤油（右）の工場。なかなか重厚だが臭います。空腹を感じ、道沿いのメシヤに入り〝ネギ焼き〟を頼む。ジーサンとバーサンが切り盛り。出てきたのはネギがタップリ入ったお好み焼きでした。半ライス追加９００円也。東南道（ひがしなんどう）（交）、湯浅城公園（左）、ＪＲ陸橋の上から右手に小振りながら五層？の天守閣が見えた。湯浅駅は左・後方にあったらしい。

（左）は湯浅広港への道。ＪＡ有田。このあたり一帯、全国で79番目県内初の「重要伝統的建造物群保存地区」に選定されている…との事です。虫籠窓（ムシコマド）手摺状の格子・出格子などが見られる。湯浅（交）、森崎（交）、有田創価学会・警察署。「汚すなこの海、世界へ通づる海」「湯浅タウン３名産…①三宝柑　②手造り醤油　③金山寺みそ」の大看板。70歳すぎのジィサンが自転車の前にもうしろにも空きカンの大袋を積んで自転車を押して、もうかれこれ１㎞以上も、私と前になったり後ろになったり。森崎（交）付近のツツジの陰でパンとジュースで休憩していた私はメモをとるため立ちどまるので追いこしても追いつかれてしまうのだ。中紀エサ釣センター（大きい）。（左）ジャンボコンビニ。水尻（高速分岐）（交）、明王寺（交）。

上りはじめ左カーブ、前方に高い山並み。10基ほどの風力発電の羽根、右に藤波駅があったはずだが…。ゆるやかに登り切るとあの有田川やその川沿いがよく見える。小島（オンマ）交、右・有田川橋（旧金慶橋）、右下・うす緑色の大きな建物（焼却場？病院？学校？環境センター？）。

有田東大橋 ← 宮原橋 ← 有田中央大橋 ← 保田大橋 ← 安諦（あで）橋 ← 箕島駅 ← 箕島漁港 ←

こんなに大きな川なのに有田川は2級・有田東大橋、川の堤防上の遊歩道を行く。巨大なクスの大木あり。左上に「くまの古道歴史民俗資料館」あり。広い河川敷の向こう岸には、こちら（左岸）と対をなすように住宅などがつらなっている。川をはさんで両岸に夫々はしる道路沿いに町がつづく。時折、紀勢本線の電車が行き交う。こちら国道42号線、あちら国道４８０号線だ。

宮原橋（糸賀）をすぎる。左側・山沿いとなり、ホテルサンシャインと鮎茶屋、その前の土手に石碑と鮎供養塔あり。このあたりの対岸に宮原駅ある？国道と国道を（有田川をまたいで）つなぐ橋は県道です。（…川の右岸、左岸↓川の上流から下流を見た時右側の岸は右岸、左側の岸は左岸という。）右に有田中央大橋（南詰）、川沿い土手に巨大なミッキーマウスの像（１ｍはあるか、交通安全用？）。川に堰のようなものあり（潮止の堰という）。左・保田小、保田中、称名寺、今歩いているソバの道＝ありだみかん街道という。「ありた」ではなく「ありだ」と読むらしい。有田川は右から左へ流れている地形だが、川を挟んで両岸奥には夫々山脈が走っている。海に向かって右側には長峰山脈で３００〜５００ｍの高さの山々。左側（東側？）にも２００ｍ程の山あり。この山肌（斜面）にミカン畑です。見事な金色の点点点のみかんです。

保田大橋（南詰）左・光源寺、仏願寺、「花の駅・おいなおいな」野（交）、中紀バス、古江見、なおも土手沿いを進むと安諦橋（南詰・アデハシと読む）。南詰右折、橋を渡る。箕島の中心街に入り直進で駅にぶつかる。「毛穴そうじ、エステ１，０００円から」…の看板。

15：00箕島駅着　周辺に有田市役所、市立病院などあり有田市のメイン駅のようだ（有田市駅というのはない）。通学生がレール利用のメイン。一部通勤者、特急利用で遠出の人々などが駅利用。商店街らしきものはあるが、概して元気ナシ。買い物客は駅というより、国道沿いのスーパーや海南、和歌山に流れているらしい。安諦橋を戻って渡り直し、左岸を海に向かって歩く。有田大橋左折して警察署（交）右折、港へ向かう（約1㎞余）。箕島漁港は有田川河口の一部を囲うようにして水門に守られた港。中型漁船の数はすこぶる多く、それなりに漁業盛んとみた。

〈箕島漁港〉

港を見学し、広大な河口をしばし眺め、もと来た道を戻る。ヤケに立派な民家のたち並ぶ道だ。警察署近くの「ビジネスホテルこじま」に投宿した。お疲れ様でした。

ビジネスホテルこじま

○箕島漁港に水揚げされる魚のメインは太刀魚です。その漁獲量は日本一で全国の11％はここで水あげされるという。

午前3時過ぎに帰港。約１２０隻の「うたせ船」の着岸、水揚げ風景は圧巻。

有田は「みかんと魚」の町といわれる所以です。水門の中に納まったうたせ船の壮観は上の写真のとおり。大きな船をうまく操るのぉ！

○広川町と湯浅町は、湯浅広港に流入する広川を境界とするが、湯浅駅を出て、広川をわたり広川町役場のそばを抜けると港に出る。広川町は古くから大地震と津波に度々、見舞われてきたそうです。

１８５４年の安政南海地震で死者30人も出して以後、豪商浜口梧陵は私財を投げうち高さ５ｍ、幅20ｍ、長さ６００ｍの堤防を築き、１９４６年南海地震では浸水防止に多大な効果を示した。明治時代の小泉八雲は浜口を「生ける神」と称賛した。〈広村（紀州）と下総調子（銚子）で醤油醸造業を営む豪商浜口七右衛門の長男として生まれた〉堤防は現存。

○ 熊野参詣の往来や港町として交通の要衝として町場が発達。醤油・味噌製造が盛んな藩内有数の商工都市として発達。醤油は興国寺の開山「覚心」が宋に渡り醸造法を学び帰国後、湯浅で布教の傍ら製法を伝授、味噌製造の過程で生まれる液体を醤油として活用、改良して湯浅醤油となった。藩の保護を受けて発達し野田、銚子にも進出し江戸への販路を拡大。１８１０年前後には、湯浅での醤油製造者は92軒にも及んだ。…今日この一帯は「重要伝統的建造物群保護地区」に選定されている。

○ 有田ミカンの起源については自生説、熊本から伝わった…などの説があるが、有田川流域は気候がミカン栽培に適し１６００年前後には既に上方に出荷、紀州藩の保護と奨励を受け、１６３０年代江戸で販売大好評となり１７００年前後には紀ノ国屋文左衛門などの豪商を生んだ。

○ また、蚊取線香は全国出荷量の70％が有田市で生産。有田市は除虫菊（殺虫成分）栽培と蚊取線香製造の日本の発祥地である。現在は殺虫成分が除虫菊から化学原料に変わったが「除虫菊記念碑」が有田市山田原に建てられている。保存会により今でも栽培保存活動が成されている。

和歌山県ウォーク⑩　箕島→和歌山

平成27年12月13日（日）晴れたり曇ったり

（箕島ビジネスホテルから）

有田大橋〜三菱電線工業〜源ショッピングセンター〜ノブタグループパチンコ123〜箕島球友会寮〜里（交）初島中学〜（左）初島〜海南市域へ〜東亜生コン〜鰈川トンネル〜下津港・下津駅〜下津歩道橋〜長保寺入口〜粟島神社〜海南市庁〜黒田（交）三郷八幡社〜小南（交）〜加茂川〜加茂郷駅〜塩津第一トンネル〜塩津第二・塩津第三・観音崎隧道〜海南市冷水（しみず）〜冷水第一・第二・第三隧道〜冷水浦駅〜〇〇隧道〜高速分流分岐〜藤白（交）〜豚骨ラーメン〜築地（交）〜（右に折れると海南駅）〜海南港（交）〜船尾東（交）〜琴の浦和歌山〜日本庭園温山荘〜王将〜紀伊三井寺緑道〜鵬雲洞トンネル〜紀三井寺公園・各種施設・競技場〜浜宮小〜紀伊三井寺参拝〜県立医大〜和歌山（旭川）〜和歌浦〜五百羅観禅寺（右）〜御坊山（右）〜水軒口〜平和塔前（交）〜高松（交）〜小松原通り・日赤センター前〜NHK〜（右）和歌山市域〜吹上1丁目（交）〜吉宗公の騎馬像〜3年坂通り〜中央通り〜城見学〜けやき通り〜和歌山駅南（交）〜JR和歌山駅

7：45〜15：30　約8時間弱　約30km

紀勢本線（JR）

……箕島駅↓初島—下津—加茂郷—冷水浦—海南—黒江—紀伊三井寺—宮前—和歌山……

プロローグ

昨夜泊まった「ビジネスホテルこじま」は三階建てのチンマリした、こざっぱり見えるビジネスホテルだ。客が玄関を入るとブザーが鳴り、経営者の旦那が、母屋の方からおもむろにやってき、ビジネスホテルのカウンターが始まる。本人曰く「私は農業が本業なのでホテルは副業だよ。素泊まり5，000円だよ。常駐していないので、出入り自由だ。食事は夜も朝も昼もご自分で！だって。部屋はまずまずだが、このビジネスホテルに自販機無し。ドライヤー無し…ナイナイづくし。それならそれでこちらもさっぱりするような気分。ただ「一昨日」のビジネスホテルがあまりにも感じがよかったので昨夜は〝ハズレ〟というわけだ。（ゴメン！）人それぞれ好みがあるもんで。

ビジネスホテル「こじま」スタート ←	6：00前に目覚め、昨夜コンビニで買ったパンをかじり、身支度をして7：45、誰もいないカウンター前を通り、外に出る。朝日はあるので天気悪くない。 警察前を左折して、有田大橋を渡る。この大きな河、数えてみると、近距離ながら六つの大橋がかかっている。この有田大橋が最も海に近く、海の上を歩くように長い。４００ｍ近くあるか。
有田大橋 ←	両サイドに完璧な歩道あり。
三菱電線 ←	左側一帯に三菱電線の大工場。ショッピングセンター「源」、新町（交）、猿田彦神社（右）、JRの下くぐる。箕島球友会野球部寮とある。あの高校野球（甲子園）で大活躍した箕島高校とはここだったのか？初島小（交）、里（交）、初島中学（左）、初島駅左方向、頑張って進むと、海南市域へ。右下に丸い池が見えるが、底が見えるほど水が少ない（星越池？）。ミカン山に簡単なモノレール動いています。右、東亜生コン、左、ミカン山。頂上までミカン、ミカン、ミカン…。
鰈(かれ)トンネル ←	鰈トンネル２４８ｍ。80㎝程の白線歩道。トンネル抜けると大下り。左前方が大きく開けた。クレーン、工場、海…と賑やかそうだぞ。いよいよ海南市街か？残念でした。左下、下津港、
下津(しもつ)港 ←	下津駅でした。下りに下っていくにつれ、潰れかかったホテルの廃墟。海南市下津（歩道橋）
下津駅 ←	和歌山まで20㎞と表示あり。レールと平行に粟島神社。久しぶりに出会ったセブンイレブンでコーヒー一杯、ついでにトイレも…。三郷八幡神社（国史）は右の山の上。

加茂郷駅←塩津トンネル第一、第二、第三←冷水トンネル←第一、第二、第三冷水浦駅←築地（交）←海南駅←海南港←琴の浦←

海南町丁（ヨロ）、黒田（交）、日本一のたい焼き屋（鯛にも養殖と天然がある。当店のたい焼きは……天然ものだ！）。左下、加茂郷駅。小南（交）善福院へは右。二級河川、加茂川幅20ｍ。この辺り海南市コミバスあり（1日4本）。バス停は南海御坊バスよりよほどマシ。

塩津トンネル（第一）４０６ｍ、白線30㎝。なんと危うい！歩行者に対し配慮ゼロ。怖いよぉ！

塩津トンネル80ｍ（第二）、(迂回路があったような気配もあったけど…)、塩津第三トンネル70ｍ。

観音崎隧道１１０ｍ。トンネルでると左、大きな入り江、港、高層マンション等々見えてきた。都会のにおいがしてきたぞ。

海南市ひやみず？（いいえ、しみずでした）バス停・冷水、冷水第一トンネル、冷水第二トンネル、冷水第三トンネル、いずれも短い。冷水浦駅バス停を過ぎると、左下に線路、ホーム、人が2～3人。国道42号はホームの上を斜めにまたいでいた。更に左下、海となり、冷水港、三菱セメント。名無しの80ｍ○○隧道(藤白？)。この先下りにかかったが、高速出入口と交錯して迷い込みそうだった。藤白（交）。

近くの豚骨ラーメン屋に入る。「ラーメン大盛り、瓶ビール」で気合を入れたぜ、１，２００円。「全身、手もみ、いやしの手」。そして巨大な「エンターテイメント・ホスピタリティ。パチンコＬＯＶＥ」。築地（交）、右へ行けば、海南駅。スーパーセンター「オーワク」。海南港（交）右折、船尾(交)で左折。この街の市街地の骨格はなかなかのものだ。海南港には石油精製、新日鉄住金、海南発電所などで活気ムンムン。またその先に海に突き出た和歌山マリーナシティが華々しい。

久しぶりの工業生産都市だ。琴の浦、温山荘前、県立自然博物館観覧車。日疋信亮翁の大石碑。「モシモシピエロ、泊、４，９８０円。ラブホテル？」。「琴の浦 ♀」を過ぎるといよいよ和歌山市域で、新毛見トンネルが登竜門です。

→紀三井緑道→紀三井寺運動公園→紀三井（きみい）寺→和歌川→

あのギョーザの「王将」が目立ってきた。「王将」には「和歌山王将」もあるんだね。…今朝ビジネスホテルを出るとき、テレビで王将社長襲撃犯人と暴力団の関与について報道していたのを思い出した。

バス停が和歌山バスになったら、途端に綺麗になった。ようやく超ローカルバスから都市近郊バスに扱いが変わってきたようだ。

「紀三井寺緑地」という所へ来た。左に国道42号を見送ると、右サイドに「自転車歩道専用」の素敵な道が現れてきた。トンネルに入る前、一服するにちょうどよいベンチも木陰にあるので少々休憩だ。両足の靴を脱ぐ。リュックを枕にベンチに仰向けに寝る。青空が視界いっぱいに拡がる。痛む左肩も休憩を喜んでいる。地図を見る。お菓子を食べる。何よりたくさんある「有田みかん」を立て続けに5個頬張る。甘い甘い、うま～い！そして水を飲む。いい旅だ。さあ和歌山市内へ進撃せよ！有田から海南は何故か和歌山らしいてくてくだったなぁ。

長い歩行者トンネルを抜けると、右側にスポーツ施設もある・「紀三井寺公園」（広くて長ーい）を右に見つつ歩く。浜宮小、やがて右手山の中腹に本殿や塔がそびえるように見えてきた。

「西国観音霊場第二番札所、紀三井寺」です。恐ろしく急な階段を上る。中国からの3人娘旅行者に写真を撮ってあげた。〝謝々、サンキュ、ありがとう〟三種類のお礼をいわれたよ。3人共いい娘でしたよ。寺の参拝、70歳以上100円也。山門を下り、JR線を跨ぐと国道42号線。少しで分岐。（まっすぐ行くと、紀三井寺駅そばを通り、和歌山駅へ一直線）私は国道42号線カーブなりに左へ行く。県立医大前を行くと大きな川に出た。そこは川とも海ともいえる和歌川の流れ。旭橋を渡る。

←和歌浦（交）←秋葉山公園←高松（交）←県庁前←和歌山城←けやき通り←

和歌浦（交）、これを左方向へ行けば、紀州東照宮、田野、雑賀崎（さいかざき）奥など、和歌浦の景勝地だが寄らずに国道42号通りを。山の上に灯台見えます。（左）、五百羅漢禅寺（右）。この辺り「催場」目立つ。今日は「先勝」だが、葬儀に3件出くわしました。お坊主さんは、先に催場から出てきて、黒い自家用高級車でお先にバイバイ…でした。喪服の参列者は、その後ろ姿に合掌したあと、マイクロにアタフタと乗り込み、警笛を鳴らして出てゆきました（千葉でも和歌山でも似たような風景です）。

右、秋葉山公園の御坊山です。秋葉山（交）、水軒口（すいけんぐち）（交）、このあたり、有田鉄道バス2回＋和歌山バス50回で合わせて一日52回の運行あり。平和塔前（交）、高松、西高松（交）…高松からは街路、俄然綺麗になった。電柱無し。歩道は5ｍ以上…。「美観特定地域」に入る。堀止、小松原通り4丁目（交）、日赤医療センター前、(源)の大きなショッピングがあって、ＮＨＫ前、真砂町、県庁前（交）。左手に県庁、県警本部、県民文化会館、右手は県立博物館・美術館。そして右上には小高く和歌山城です。吹上1丁目（交）、吉宗公の騎馬像、生誕地はＮＨＫの裏。通りから仰ぎ見る和歌山城の雄姿は印象深い。さすがは徳川御三家の一つ。観光客に交じり、城見学とする。天守閣下まで上る。おみやげ店や、レストランあり。忍者姿の若い男女5～6名いる。ボランティアの観光案内を務めているらしい。私のカメラで（私を）映してくれました。それにしてもアジア系の外国人が実に多い。天守閣へは有料なので諦める。広場で天守を眺めながら缶ビール一ケ。

今夜はＪＲ駅ソバの東横インに泊まるので、城からＪＲ駅まで今日最後のウォーキング（一直線のけやき通りで約２㎞）。50ｍはあろうかというメイン道路。

道路の植樹帯3本もある。片側5～6車線？けやき通り。約2㎞弱頑張って到着。人口40万弱の和歌山市。「南海電車・和歌山市駅～城～JR駅」間を中心とした繁華街。良い街だ。

JR和歌山駅←

東横イン←

〈和歌山城〉

○12月13日ウォークのおまけ

（長保寺）　国道42号線を海南方向に進み、下津駅を左下に見ると、まもなく長保寺入口がある。これを右へ入り、500～600m、台地上に「長保寺」がある。日本の中世を代表する本堂、多宝塔、大門の三つが揃って国宝指定されているのは法隆寺と並んで2寺のみとか。紀州徳川家の菩提寺で歴代藩主が眠っている。

（温山荘庭園）　42号線「温山荘前（交）」の海側に県立自然博物館と隣接して「温山荘庭園」があった。大正初期～昭和初期に造園された関西有数の規模を誇る14，000坪の大庭園。海水を引いた池の水位が干満により上下する。名は東郷平八郎大将命名。庭園は国の名勝に、3棟の建造物は重文に指定。世界有数の動力ベルトメーカー創業者、新田長次郎によって造られた。

（和歌山マリーナシティ）　国道42号線を下って下津港、塩津トンネルと進むと、海南港が展開するが、埋め立て地に突然超高層ビルが見えてくる。そのあたりがマリーナシティ。地中海の港町を思わせるテーマパーク「ポルトヨーロッパ」をはじめ、黒潮市場、温泉…などたっぷり楽しめるレジャースポットです。

（和歌の浦）　JR紀三井寺駅少し南海寄りで国道42号線は左カーブする。和歌川を渡り、和歌浦バス停から海側一帯には「関西の日光」ともいわれる紀州東照宮がある。（家康の10男、徳川康宣が紀州に転封となった1620年に起工し翌年11月竣工）。また、道真公をまつる和歌浦天満宮がある。

（漆器のまち黒江）　紀州漆器の町黒江は全国4大漆器の産地で、紀州連子格子の町家が通りに面して「のこぎりの歯」のようにジグザグに建ち並び問屋、仕事場兼住居が集まっています。国道42号線「琴の浦」バス停を和歌山に向かって右へ入る。伝統産業会館からの川端通がメイン。

和歌山県ウォーク⑪　和歌山→泉佐野

平成27年12月14日（月）晴れ時々くもり

（JR和歌山駅から）

南海和歌山市駅〜市役所前〜西汀丁〜小人町〜紀の川大橋北詰〜御膳松〜オークワショッピングセンター〜左側水路〜孤島〜島橋（交）〜孤島大陸橋へ延時（交）〜和歌山大学入口〜能率鋼機〜アリストフジト台〜和歌山大学前〜孝子峠越〜右下孝子駅〜金輪寺（左）〜高速道路工事現場〜深日（ふけ）〜ふけちょう〜有田交通バス〜大新東〜灰賦峠〜大阪ゴルフクラブ入口〜岬公園駅前〜岬高校〜淡輪（たんのわ）ランプ〜淡輪公園〜せんなん里公園〜望海坂〜箱作〜南海団地入口〜白鳥墓地〜下出（交）〜男里川橋〜双子池北（交）〜樽井（交）〜樫井川橋〜田尻（交）〜吉見（交）〜大陸橋〜羽倉崎〜泉佐野駅南口

7：50〜16：20　約実質8時間　約32km

南海電鉄本線（国道26号線と並行している）

……和歌山市駅→ーきのかわー和歌山大学前ー孝子（きょうし）ーみさきこうえんーー淡輪（たんのわ）ー箱作（はこつくり）ーとっとりのしょうーおざきー樽井（たるい）ー岡田浦ーよしのみさとーはぐらさきーいずみさの……

プロローグ

昨夜はビジネスホテル東横インに泊まった。朝食サービス付5，500円（会員で5％引き）。色々ビジネスホテルは利用するが東横インはさすが全国展開の大手だけありいろんな意味で安心感がある。

① 宿泊料金は、全国一律ではなく、大都会は高くローカルは安い、但し間取り設備はほぼ均一

②　平日はやや高く、逆に土日祭は安い（ビジネスホテルらしい発想）
③　朝食はサービスで用意され内容は朝食としては満足だ（惜しむらくは、狭く、せわしない）
④　ネマキ、カミソリなどはフロント脇から必要に応じ自分でチョイスして部屋に持ち込む
⑤　エアコンは勿論、加湿器あり、ドライヤー、湯沸かしポットあり
⑥　ベットを照らす自在ランプもよろしい（寝転びながらの読書には便利だ）
⑦　５００円で券を購入すると映画が見放題
⑧　社長は女性。各所のホテルも、全員女性社員で運営。恐らく日本一の「女性社員が運営する会社（ホテル）」だ。

訪日観光客が平成27年は、ほぼ2，０００万人に迫ったとか。特に中国、韓国、台湾が多く、それもあり日本各地で宿泊施設不足でビジネスホテルも例外ではなく予約は大変!!・・・との報道が目につく。実際私のてくてく歩きでのビジネスホテル確保状態はどうか。

東海～名古屋～伊勢～紀伊と歩いてきて、私の場合一言でいうと「報道されるような予約がとれず難儀した」という事は今までのところ無い。メジャーでない所を歩いていることもあるけど・・・。

問題があるのは3～5万人位の町で宿泊・ビジネスホテルがもともと無いところでは概して手こずってしまう。それも昔ながらの行商宿のような古びたものならあるかも知れぬが、これは余程その地に通じていないと使いづらい。それと後のことになるが・・・さすがに梅田、難波、神戸、姫路と都会へ進むにつれ、電話一本で予約できた例はなく、神戸などは7ヶ所目でやっと・・・宿泊２日前で・・・。というケースにも直面してます・・・。

和歌山駅（JR）←西汀丁（交）←国道26号線へ←紀の川（大橋）←御膳松（交）←狐島←和歌山大入口（交）←ノーリツ鋼機←

和歌山駅ビルには近鉄デパートとホテルがあり「私鉄資本とJR駅」が同居。このパターンは名古屋から関西に行くにつれ多くなる。昨日はこの駅ビル名店街で夕食を済ませた。翌（今日のこと）朝は南口近くのビジネスホテルを8：00前スタート。2列のイチョウ並木通り、3列のケヤキ通り、和歌山市民が誇りとする50m道路。昭和5年にはJR駅から和歌山城に向け1．5㎞市電が開通していたという貫禄充分の通りを進み、城を左手に見て市役所前西汀丁（交）直進して、国道26号線を歩く（三重県松阪市から延々国道42号線を一つの頼りとして歩いてきたがついに、ここでお別れとなった）長々とお世話になりました。

小人町（交）、気象台前（交）、そして目の前に大河、紀ノ川大橋・橋の長さ500mもあるだろうか。海までまだ2㎞近くあるか、満々の水量は見た目有田川の1．5倍くらいも広い。（有吉佐和子「紀ノ川」を今一度読み返したくなった）右横のビル群の中に南海電車の駅やレールのヤードがあるはずだ。こうして見ると駅は川を背負っている位置になるなあ。爽快気分で橋を渡る。渡り切ると左手一帯は住友金属中心の工場群、湊南（交）あたり何やら臭いが、クサイ!!御膳松（交）、「オークワショッピングセンター＝ガーデンパーク」だって。「土入橋 ○┴」左手に川のような広い水路、工場地帯との区分か（土入川）。

島橋（南）、狐島歩道橋（交）、河北中学、狐島大陸橋（南海加太線レール）、梅原（交）、このあたりから上り坂、右手前方の小高い丘の上にノッポビル！大学かな？和歌山大学入口（交）、大学城郭都市？ふじと台入口、左側は「ノーリツ鋼機」のグランドや会社事業所。

ゆるやかに登っていくと右手下に大きな貯水池、水がほとんど枯れています。貯水池の上は高台で戸建て住宅群、貯水池と土手上の住宅群の間をぬって南海電車が行く（4両もあり、6両もある）。

新駅（和歌山大学前駅）→孝子峠（きょうし）→孝子駅→第二阪和道路（工事中）→深日町（ふけ）→南海本線岬公園駅→淡輪（たんのわ）（交）→

アリストふじと台という高層マンション、そのとなりに南海電車の駅、ちょっと寄ってみる。30年前からの地元請願でやっと出来たという近代的な新しい駅。売り出し中のマンション広告、86㎡3，200万円台とある。結構な山の中だが駅前ということか・・・。

国道に戻り坂をグングン登る。高くはないが山の峠ごえ。孝子峠（きょうし）ごえ。右下のレールはトンネルに潜ってしまい見えない。このあたり低山の山脈となっており200～300ｍの高さで和歌山県と大阪府の県境なのだ。下りに入って右側、崖下に「孝子駅」商店見当たらず。なだらかな下り勾配、右側、レールも見えるが、何やら大規模な道路工事＝第2阪和道路（国道26号バイパス？）建設中。今歩いている国道26号は別称＝孝子越街道だ。狭い谷あいだ。橘逸勢の墓・標識。深日（ふけ）の標識。海も見える。坂を下りきって南海電車のレールをくぐって、深日町駅や、深日（ふけ）港への道を左にわけて右カーブ（岬町深日）。岬中学、そして上り坂、左側に大阪ゴルフクラブ淡輪コース入口。灰賦峠（石山合戦場跡・天正10年灰をまいて信長軍を撃退？）やや下り気味、左に公園入口「そして岬公園駅です。

レールをくぐって上り坂、公園裏東（交）少し進むと公園の観覧車が見えます。そのむこう（左手）はラブホテルの廃墟二つ、大阪府立岬高校（右、山の上）服装の乱れの男女生徒、もう少しちゃんとせんかい!!淡輪ランプ（国道26号バイパス分岐）またまた葬式に出くわす。今日は仏滅か？（実はそうではなかったが）。バイパスに車の流れ吸収されたか、車激減。淡輪公園、淡輪南、中、淡輪（交）淡輪北（交）まで淡輪（たんのわ）オンパレード（・・・・・淡輪氏は鎌倉時代末期に九条家領淡輪荘の荘官で、幕府の御家人であった。天正5年（1577年）信長の雑賀攻めでは信長方に味方、その後紀州浅野家に仕え大坂夏の陣で2男重政は樫井合戦で戦死、その後淡輪氏は紀

←望海坂（交）←鳥取中学

この部分が関東の墓と比べて異常に長くて高い。石塔がとがっている。

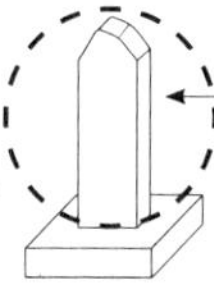

←男里川←双子池北←岡田浦駅←樫井（かしい）川（校）

州徳川家に仕えた・・・淡輪のミニ歴史！）

右手山の中腹、先程わかれたバイパスが見え隠れする。また中腹におびただしい戸建て住宅群。左の海は大阪湾です。淡輪すぎて大下り、せんなん里海公園（左）、右、山の上「ニュータウン」。淡輪口（交）ここから阪南市域へ（今12：00）。左に電車4両トコトコ・・・望海坂（交）・右に広大な泉南メモリアルパーク（墓地）、南山中（みなみやまなか）（交）、左カーブ下って箱の浦（交）、箱作（はこつくり）小（交）「ようこそピチピチビーチへ！」。南海団地口（交）右手遠くまで山ひだ一帯まあよく建てたものだ。左に箱作（はこつくり）駅あり。おおげさにいうと「全山住宅!!」。鳥取墓地前（交）右手一帯墓だらけ。左に鳥取ノ荘駅あり。黒田南（交）阪南市立鳥取中、上荘小、下出（交）葬儀屋＝セレモニー店の多い通りだな。下出北（交）で国道26号線は右折、私はまっすぐ進み府道２０４号、府道２５６号線へ。

↑このあたりのお墓の特長

２級河川男里（おのさと）川（橋）流れは10ｍ川幅は１００ｍもあるだろうか。

橋を越えて泉南市域へ、左に森並交通、ピンクの観光バス5台ある。洗車機も有蓋車庫あり。善良の貸切バス会社の陣容です。・・・双子池北（交）左はリンクウタウンの立派な幅広の道路（府道63号線）だ。樽井（交）、府立翔南高校（右）、そして少し先右手の土手に上がってみる。史跡と大きな池（君ヶ池・本田池）景勝よろしい。鳴滝西（交）左手大きな池（座頭池？）そのむこうリンクウタウン・イオンが見える。中小路南（交）1号、2号（交）左６００ｍで「岡田浦駅」府道63号線を歩いている。

樫井川橋（流れ50ｍ、川幅１５０ｍ）二級・なかなかの川。左１㎞程で海か。

大陸橋←　田尻（交）吉見（交）、南海レールを股ぐ大陸橋。泉佐野市域へ。

羽倉崎駅←　羽倉崎南、右に駅あり。大ショッピングセンターたち並んでいる。空港道をくぐる。大西（交）を過ぎる右手に泉佐野駅（右）

泉佐野駅（南海）←　の表示あり。なんとか予約しておいたビジネスホテルを発見し無事に到着。16：30にもなっていました。

〈13～14日のおまけ〉

○和歌山城：天正13年（1585年）小牧・長久手の役で敵対した雑賀衆や根来寺を討つべく羽柴秀吉は和歌山に進出、平定の傍ら秀吉は紀州支配の拠点となる城郭築造の地を物色。現在和歌山城のある岡（オカ）山と定め藤堂高虎に築城させ、弟の秀長に与えた。その後桑山重晴、浅野行長が入城し整備が進んだ。

1619年、家康10男の頼宣が入城。また、のち8代将軍となった吉宗の居城で徳川御三家の一つと遇された。天守閣は弘化3年（1864年）落雷により消失。その後再建されるも昭和20年（1945年）大空襲で焼失、1958年鉄筋コンクリート造りで復元。石垣の高さの異なる二の丸と西の丸間に斜めに架けられた全国でも珍しい「御橋廊下」がある。内堀の一部を埋め立て造られた見事な「紅葉渓庭園」もある。

○吉宗生誕地と無量光寺の首大仏：バス停日赤医療センター前で（城方向をむいて）右折・寺町通りを行くと、右手（数分）に無量光寺があり瓦屋根のやしろの中になんともおかしい巨大な首だけの大仏様がありました。
また、一つ先のバス停真砂町、ＮＨＫの斜めうら近くに、吉宗生誕の碑がありました。

○孝子峠（きょうし・・）
泉南郡岬町孝子駅から国道26号を1.7㎞（北東）行くとホテルのそばの国道をはさんで墓石あり、「橘逸勢（ハヤナリ）」「孝女・橘氏」の2墓。８４２年承和の変で捕らえられた逸勢は配流の中遠江の国で病死、父を追って遠江の国まで来た娘は尼となり妙浄と号し、父の菩提を弔った。のちに許され、当地に戻り父の分骨の墓をたて守り生涯をおえた。（他説もある）

○紀三井寺…早咲きの桜名所。西国三十三ヶ所第2番札所。日本名水百選認定の「吉祥水（きっしょうすい）」「揚柳水（ようりゅうすい）」「清浄水（しょうじょうすい）」の三つの井戸が名前の由来で、宝亀元年（７７０年）唐の僧であった為光上人により開かれた。紀州徳川家の歴代藩主がその繁栄を祈願したといわれ、現在は桜の名所としても名高い。
「見上ぐれば桜しまふて紀三井寺」（芭蕉歌碑あり）

○和歌山市内の電車について…「ＪＲ和歌山駅」と「南海電鉄・和歌山市駅」が両核でその間約２㎞以上間隔があり、そこに「城」、「県庁」等市街地が形成されている。また、ＪＲ駅から、和歌山電鉄貴志川線というローカル線がある。いちご電車、おもちゃ電車、たま電車（１０１匹のたま駅長のイラストシールが貼られている。）など、ユニークな電車が人気です。沿線に25．５ヘクタールの広大な敷地の四季の郷公園がある。終点貴志川駅では全国的ファンを持つ「ニタマ」がお出迎えしてくれる。（以上、和歌山県の歴史散歩・パンフレットより）

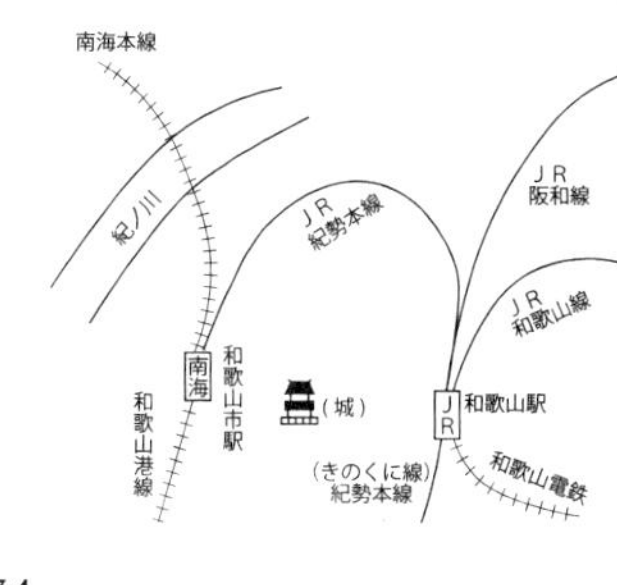

大阪府ウォーク①　泉佐野↓岸和田↓堺東

平成27年12月15日（火）

（泉佐野駅前から）

旭町～市立北中学校～駅下り（鶴原橋）～鶴沢橋～二色の浜～円光大師。萬徳寺（左）近木川橋　近木川　アドプトロード脇浜～脇浜（交）～脇浜一丁目（交）～新町（交）～田村医院～紀泉交通～昭代橋～津田北（交）～蛸地蔵駅下り～歴史散歩道～紀州街道本町一里塚～円成寺～岸和田本町（交）・市役所そば～岸和田城～堺町（交）池田泉州銀行碑（右）～岸和田駅前商店街～筋海町～南海岸和田駅～春村橋～123・ランパーク～大津川～戎町（交）～泉大津駅～大津神社～助松町田中家～高石（交）～高石神社～新羽衣橋～府立浜寺公園～阪堺電車のりば～公園正門～諏訪森駅～石津川～大浜北町～堅川橋～堺駅西口・東口へ～欅木並木～堺東駅～ビジネスホテル

8：00～16：20　約実質8時間　約32km

（南海電鉄本線に沿って）

……泉佐野↓いはらのさと―つるはら―にしきのはま―かいづか―たこじぞう―きしわだ―いづみおおみや―はるき―ただおか―いずみおおつ―はままつ―きたすげまつ―たかし―はごろも―はまでらこうえん―すわのもり―石津川―湊↓堺駅……

プロローグ

和歌山市から大阪にかけての臨海部には、ＪＲ線と南海電車が並行している。1～2kmの間隔があり、双方に住宅・商業の集積はあるが、南海電車の方にやや集積は著しい。関西は（関東にくらべ）私鉄がＪＲを凌駕している…といわれるが、この府南部でもＪＲのおおらかさに比べれば南海の方が商売上手か。

後に歩く事になるが、阪神間についても、その思いを強くするだろう。泉南市とか阪南市とか千葉生まれの私

にはなじみが強くないが、平成の大合併も影響しているのだろうか。泉佐野市を中心に〝関空オープンに合わせた開発〟に拍車がかかったようだ。関東・千葉の成田市もそうだが空港を抱えると市の財政力は向上するようだ。関西国際空港は海上埋立地に造成建設されたが、公共交通たる鉄道は「JR空港線」・「南海空港線」が夫々路線延長して乗り入れている。

泉佐野駅近くのビジネスホテル　昨夜は「エアポート・プリンスビジネスホテル」に泊まったが、空港利用者なのだろう大きなスーツケースを曳いた年配者も4～5人見受けました。今日の天気予報は「くもりから雨」。堺まで頑張りたいが、どこから降り出してくるのか…覚悟してスタート。早目スタートします。昨夜コンビニで買ったパンで朝すませ7：00ビジネスホテルスタート。栄町（交）旭橋、旭町、府道63号線を行く。「やみいち、とっくり」飲み屋、サンプラス関空ホテル（左）：観光バスが横付けしている。

←府道63号線

←サンプラス関空ホテル

佐野川←　佐野川渡る20m、「井原の里駅筋」（右へ）、いつの間にか府道204号線です。左に行けば佐野漁港、「駅下り」（交）、左「いこらもーる泉佐野」、下瓦屋地区（筋とは通りを意味するのかな）。通りの呼び名も「泉佐野岩出線」から「堺阪南線」です。朝ということもあり、犬の散歩者多シ、枝を切られた丸坊主の街路樹の並木つづく。「てっちりなべ食べ放題2，900円！フグ？」。

鶴原駅←　市立北中学校、「鶴原駅」下り…駅入口に相当する分岐（交）をこちらでは「さがり」というのか（また、「筋」とは？）。鶴沢橋、20mほど旧きよき橋だ。これより貝塚市域へ、「二色の浜」（交）で府道64号線突っ切る。

近木川←　円光大師の萬徳寺（左）、近木川橋…立派な橋だ、昭和12年築但し汚い流れ、葛城山あたりが源か。二色の浜で大阪湾に注ぐ。右奥遠く山波見ゆる。

← 脇浜一丁目 ← 貝塚駅 ← 津田川 ← 蛸（たこ）地蔵駅 ← 岸和田城 ←

「アドプトロード脇浜」とある「ヘルスアンドビューティーセンター＝ドラッグセイム」。本格居酒屋「ろくでなし」。右手すぐ南海電車高架で走っている。脇浜1丁目（交）…大きい。府道40号線も突っ切る。左・大きな道が二色の浜パークタウンへ・高層ビルが2～3棟、ハイテクニュータウンの様相です。

新町橋（大理石）７ｍ。右手に貝塚駅へ。田村医院：江戸時代の医院が営業中です。

南海本線貝塚駅から「水間観音駅」行きの水間鉄道が分岐している。

北町福祉バス＝紀泉交通。昭代橋50ｍ、海まで50ｍ見当。津田北(交)…昨日の後半からそうだが、とにかく直線道路がタンタンと続いている。ゆるやかなアップダウンはあれど、似たような景観の中を歩き続ける。道沿いには、なかなか公園もなく一休みすべくベンチもない。バス停の椅子に座っていたら路線バスが止まってしまったり…コンビニは物は売るけど店外にベンチはありません。つくづく歩き続けて旅する人には想定外の街づくりです。

これより岸和田市域です。「蛸地蔵駅下（さが）り」(交)、ここで県道２０４号線をはずれ左に入る、南町、大工町、大手前…うら通りに入ってビックリ。こげ茶色の格子のはいった旧い家並み。

歴史散歩の帰り道、「だんじり」の山車がヒョッコリ出て来そうな横丁。なにか懐かしい雰囲気がいっぱい。紀州街道本町一里塚の碑、円成寺も由緒ありそう。右カーブして堺町(交)、少しバックして岸和田城の姿のよいところまで戻る。だんじり会館のある本町あたりから、城の景観すこぶるよろしい。お城のなんと、ゆかしき姿よ。岸和田の知識といえば＝ダンジリ…という馬鹿の一つ覚え！でしたが、このようなスッキリした城まであるとは…不勉強でありました。新旧の町並みをうまく分けているように見えました。府道39号を突っ切る。左へは岸和田港、池田泉州銀行碑（右）、宮本町、（右へ３００ｍで駅）五軒屋町、岸和田駅前商店街アーケード街、

岸和田駅←
加守2丁目
（交）←
松屋（昼
食）←
忠岡駅←
泉大津駅←
大津神社←
助松町←
高石神社←

活況の程がわかりました。人口も7~8万人位とタカをくくっていたが、予想をこえて繁華なので、帰宅後、調べてみたら、なんと人口は20万人もありました。自分の足で歩き、目で見ることの嬉しさよ！再認識。筋海町、沼町（交）、岸和田ビル群も抜け、ようやく普通の郊外風景となる。今のところ、今日は良い事に青空は広がっています。

加守2丁目、春木川（橋）汚い流れ、スーパー玉出、ファストフード「松屋」に入る。牛めし３９０円也。春木若松町（交）、「パチンコ・スロット・１２３・ラパーク」巨大アミューズメント。

府道40号の高架くぐる（磯上南）、さつき通り（交）。右に（南海）忠岡駅あり。

忠岡町、一級河川大津川・約１５０ｍ・それなりに大きな川だ。海までおよそ１．５㎞か。高津町、ここも1本うら通り（南側）岸和田旧道で感じた旧街道の家並み、戎町（交）（エビス）、「笑顔で安心、絆で安心…泉大津」セーフコミュニティの旗多シ。泉大津駅は右、裏道へ入る。立派なアーケードのある中央商店街。大津神社で一服、なかなか、厳かな社で、40代半バのオバサンが境内4ケ所に、賽銭をあげたあと〝お百度参り〟をしていました。こういう生の光景初めてでした。ハダシになって！何を祈っていたのか…願いが叶いますように…。春日町北（交）、右、遠く信太山それとも葛城山？松の浜北（交）、上に高架。

助松町。近くに「田中家・元、紀州藩の本陣」あり。助松町田中本陣：紀州街道・府道堺阪南線２０４号線沿い。江戸時代に大庄屋となった田中清右衛門重景の家屋、紀州藩専用の本陣として修復。藩主の参勤交代時の休憩所として利用された。

助松町1丁目（交）、頭上を高架横切る。巨大交差点です。高石（交）で府道２１９号を横切る。そして高石神社（熊野詣の途中に位置するため熊野坐三社（くまのにいますさんしゃ）がまつられていて、熊野権現の碑があった（小栗街道に連なっていた？）。高石神社境内に３~４の、周辺部落のものと思われる

←南海高師浜（たかしのはま）線（分岐）←浜寺公園←阪堺電車のりば←石津川←南海本線堺駅西口←南海高野線堺東駅

山車（だし）庫があった（ダンジリか）。伽藍橋・南海電車2両、頭上横切る。羽衣駅から分岐しているたった2駅の支線新羽衣橋20m、ほんみち本部（この巨大建物は何？警察署のまん前に、宗教だろう？ベイサイドパークブライダル式場）となりにゲイヒンカン…キンキラキン！

府立浜寺公園、長大な松林、その向こうに水路（浜寺水路）、水路の更に海側は工場地帯？公園内の手入れの行き届いた松の緑が目にやさしい、入ってもいい芝生半ばのベンチで休憩。そして公園正門なかなか堂々たる公園入口だ。正門と南海レール浜寺公園駅が２００ｍもなく対峙している。左そばに「阪堺電車のりば」が、なんとも情緒的じゃないか、市電・チンチン電車みたい。広告だらけの1両がトコトコ発車していった。

諏訪ノ森駅、石津川（橋）ざっと１００ｍ水量豊かな川だ。「駅下り」（交）があり、右に石津川駅です。石津町（交）、大きな交差点だ。大浜北町（交）、フェニックス通りと交差、堅川橋１３０ｍはあるか。

橋のすぐ右、ＡＧＲＡ・Ｒｅｇｅｎｃｙ、巨大ホテル、反対側、堺化学のビル、「南海本線・堺駅西口」到着。予約の東横インは、「堺東駅」近くのはずだが、なんと1．５㎞以上はなれているらしい。疲れていても歩くしかない。東口にまわる。こちら側はは繁華だ。堺駅はホームの下が樫川だ。広場と駅ビルそして駅前から伸びる大小路・シンボルロード（通り）をまっすぐ行く。政令指定都市堺市の中心街だ。ビル、道路の広さ…圧巻の眺め。欅並木3列、圧倒的です。堺駅（南海本線）と堺東駅（南海高野線）の間がハイライト・東駅から更に1．２㎞程先にＪＲ堺市駅がある。小雨が降り出している。ともかくビジネスホテルへ「堺東」手前のバカデカイ交差点（国道15号線交差）傍に今宵の宿はあった。ヤレヤレ潜り込む。

〈12月15日〝てくてく〟のおまけ〉

○大阪府内で有数の海浜保養地として知られる浜寺公園。

浜寺海岸は白砂青松の名勝として名高かったが、水路を挟んだ海は埋立て工業地帯となってしまったが、水路を挟んで、公園は見事に整備されて、憩いの場所となっている（南北8㎞、450万㎡、わが国初の本格公園）。当時、浜寺の海岸は東洋一の海水浴場としてひと夏100万人をこえる海水浴客で賑わったといわれる。…かつて辺りは「高師（たかし）の浜」と呼ばれ万葉の和歌にも詠まれた。「大伴の高師の浜が根を枕き寝れど家し偲はゆ」。松林は戦後進駐軍が大量に伐採、浜も埋立られたが今も45000本が根を張っている。又、明治時代維新三傑の一人、大久保利通によって、伐採が中止され、松林を守った…という史実もある。

○不勉強の極み…私は岸和田が城下町とは…。岸和田は、岸和田藩5万3千石の城下町でした。

1597年、慶長2年創建。外観五層の天守閣をもった平城。落雷焼失後、昭和29年鉄筋コンクリート3層で復元。摂津・高槻より岡部宣勝が1640年入城し、明治4年の廃藩置県まで岡部13代が支配した。

○JR阪和線と南海高野線が交差する地点に夫々が「三国ヶ丘駅」を設けている。この南側に広大な緑の小山あり。これが日本最大の前方後円墳の「仁徳陵古墳」だ。空から見た全容は我々は知っているが、近くに立てば緑の小山だ。一切立ち入り禁止。高さは約35m、幅300m超、3重の濠を含めると周囲2,700m余。面積は46万平方メートルもある。5世紀中ごろの築造と考えられるが、考古学の成果により、年代や様式についてなど多くの新しい疑問が指摘されている。

（パンフレット・大阪府歴史散歩より）

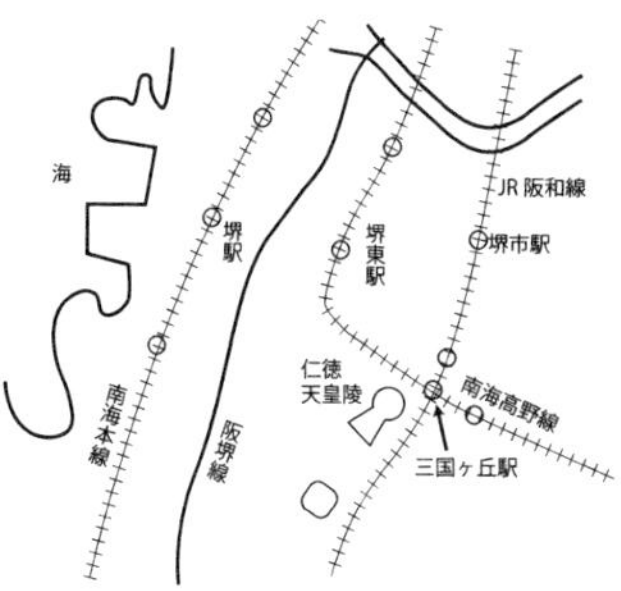

〈堺駅周辺〉

浜寺公園駅（南海）

１９０７年に建てられた日本最古（私鉄）の駅舎。

日銀本店、東京駅など手がけた辰野金吾・片岡安設計事務所の設計である。本造洋風平屋建て。南海本線高架化工事で取り壊される可能性が高い（平成27年末、健在でした）。

左手前は阪堺電車起点駅舎。１両でトコトコ走っている。

大阪市南部

	人口（千人）	財政指数
堺市	８３９	０．８３
岸和田市	２００	０．５８
泉佐野市	１０１	０．９７
貝塚市	９０	０．６９
泉大津市	７６	０．７１
泉南市	６４	０．７６
高石市	５９	０．８７
阪南市	５８	０．５６
大阪市	２５４３	０．９１

大阪府ウォーク②　堺東↓住之江↓JR大阪

平成27年12月16日（水）

（堺東駅から）

市電横切る〜鉄炮町〜大和川大橋〜北島（交）〜住之江駅〜地蔵尊〜浜口（交）〜玉出（交）〜岸里（交）〜西成駅〜天下茶屋駅筋〜じょう安寺〜花園町駅〜大鉄塔〜花園北（交）〜天王寺駅（右へ）〜新今宮駅〜大国（交）〜（左）大国神社〜難波元町〜四ツ橋筋〜千日前通り〜長堀通り横切る〜中央大通り（信濃橋・交）〜わたなべ橋〜靭公園〜土佐堀通り（肥後橋・交）〜堂島〜北新地〜大阪駅

8：00〜12：35　約4時間30分　約15km

南海電鉄本線（参考）

……堺駅ー七道ー住之江ー住吉大社ー粉浜ーきしのさとたまでー天下茶屋ーはぎのちゃやー新今宮ー今宮えびすー難波……JRおおさか……

堺東駅 ←

ビジネスホテルのサービス朝食をすませ、身支度し8：00に出発。南海高野線・堺東駅にまわり、高島屋前の「案内板」をしげしげ見ていると30歳前後の育ちの良さそうな兄さんが私に話しかけてきた。「どちらへ行くんですか、歩いていくのですか、どちらから…」と何の縁か色々聞く。「…しょぼくれたジイサンが、大きなリュック背負って、平日、朝…こんな所で地図をまじまじ見てる！」というところから、質問になったらしい。「かくかく…しかじか…」と説明してやると、いたく感心し、「将来いずれかの時、僕も日本中を歩いて廻ってみたい…」とのたまった。

← 南海本線レールくぐる ← 海山町（交） ← 国道26号線へ ← 鉄炮町 ← 大和川（大橋） ← 北島（交） ←

「今の、自分の漠然とした悩みのようなものを頭の片隅に放り込んでふらりと旅に出る。景色に誘われるまま歩く。すると刻々と変る知覚が抱えている悩みとスパークして思いがけなかった〝発想なり力〟が沸いてくる…」ことがあるらしいよ。何かで読んだ受け売りの話を…真面目そうな青年にしてあげました。〝人はパンのみにて生きるにあらず〟を捜しているような人でした。少年の将来に幸多かれ！だ。

ともかく高島屋沿いに駅舎を背に右手に行く。ビル群もデパート（長い）を過ぎるとビルも低く、小さくなってきた。「北花田口」、錦綾町（交）を左折。「綾之町東」で国道15号線の高架をくぐる。「阪堺電軌阪堺線＝市電」のレールを横切って南海本線の下をくぐり、海山町（交）これを右折して国道26号線に。

堺区三宝町4丁目、鉄砲町（交）、「地域に気配り、仕事に目配り、汗かく皆に心配り」。街角の標語あり。

イオンの工事現場（右手）、「一致団結、匠の技と職人魂」とありました。

大和川大橋・川幅１５０ｍあるか。河口近いせいか大河に見える。右手鉄橋を6両、4両の上・下電車すれ違った。〈大和川は奈良盆地の飛鳥川・高田川・竜田川などの水を集め、生駒山地の渓谷を通り河内平野に流入。そして柏原付近で石川と合流。１７０４年頃までは、流路めまぐるしく、大阪城の東付近で淀川に注いでいた。そして、度々、流域に水害をもたらしていたため、付け替え工事が行われ、現在では、流れは西方に向き堺の北を流れ大阪湾に注いでいる。この結果、広大な田園が生まれた…。大和川付け替え２５０周年記念碑、や顕彰碑が建立。２００４年には付け替え３００周年記念行事が行われた。〉

住ノ江駅 ←（南海電鉄本線）← 住吉大社駅 ← 天下茶屋駅 ← 新今宮駅（右）←

大和川大橋を越えると大阪市内住吉区です。右も左も市営住宅です。

国道26号線は紀州街道ともいうらしい。

北島（交）、頭上を高速の高架（国道15号線・堺線）が行く。

西住之江、穂ダリ、左に住吉商高、駅筋、住之江駅（右）、浜口（交）、左、住之江公園や埋立工場群へ。右は約2.5㎞で「長居公園」方面へ。右手にかわいい立派な地蔵尊（浜口萬目地蔵）あり。少し行くと右手に「住吉公園」、南海本線の「住吉大社駅」、そしてその右手「住吉大社」です。〈東の明治神宮・西の住吉大社、年初初詣客の多さでは、東西の横綱です。駅東側はすぐに「摂津国一の宮」として知られる住吉大社の大鳥居がある。住吉大社は全国2，000余社住吉神社の総社です。大鳥居をくぐると住吉大社の象徴、「太鼓橋」（反橋）も有名だ。参拝者は渡るだけで祓除（ふつじょ）になるという。表参道始め、境内各所には全国の商人から奉納された石灯籠（住吉灯籠）は700本余立っている。〉

左手、住吉高層団地。少し歩いて右に粉浜駅。玉出（交）、右に長～いアーケード商店街。このあたり西成区域、岸里南、岸里、岸里玉出駅（南海高野線と交差）と進む。右、西成区役所、西成署、駅筋、天下茶屋駅（右）（今からもう40年前にもなろうか、南海電鉄天下茶屋大事故…あったなぁ～）、柳地蔵尊。浄土真宗・じょう安寺。萩ノ茶屋駅花園北（交）、新今宮駅・ここは南海とJR駅ドッキング乗換駅。今宮高校（右）「磨け知性、輝け個性」。

大国（交）、右、今宮戎駅…私の歩く先を偶然だろうが杖をついた人、片足を曳きずって歩く人など身体の不自由な人が目立った。…なにやら生活大変そうな人、少なくない？浪速（なにわ）区域、右に区役所前、この先、道路の地下に「地下鉄・御堂筋線」。アーケード街も含めて店は小さいが（昔ながら）あらゆる店がこれ以上ないと思える程ひしめいている。

（地下鉄）←
大国町駅←
難波西（交）←
南海ターミナル←
難波（交）←
道頓堀橋←
南海（難波駅）←
御堂筋←
（三津寺町）
御堂筋←
（周防町）←

花園小路・狭いが商店がビッシリ！橙色の大鉄塔（右）、花園北（交）大きな歩道橋の上に立つ。右手に抜きんでて高いビルあり。あれが日本一ノッポビル「あべのハルカス」か。という事はその下が近鉄の天王寺駅ターミナルだな。

元町3、元町2（交）、ここで地下鉄四つ橋線の通っている通りを左にわけて、やや斜め右へ行く。難波中1（交）、そしてジャンボな「難波西口（交）」。右うしろ、南海電鉄の難波ターミナルだ。ホテル、デパート、銀行…大きなビル群。圧倒されつつ右手のマルイを見つつ、いわゆる御堂筋を進む。難波（交）。ここは地下鉄・私鉄・高速道路が、地上でも地下でも交差している。御堂筋ビル、近鉄ビル、阪神ビル、グランドビル…ビル、ビル、ビルえらいこっちゃ！突っ切る通りは千日前通り。関西は私鉄ターミナルを中心に盛り場が発達してきた証かしら。それにしても集中の巨大なエネルギーが充満しています。

マルイを右に見て難波（交）。近鉄難波線のターミナル、頭上は阪神高速堺線。

道頓堀川の道頓堀橋。この右手奥にグリコの看板、戎橋、そして松竹座、更に法善寺、千日前…大阪都心に迷い込んだ千葉の田舎っぺ！（私のこと）にとって、有名な地名、建物、通り、出てくる出てくる、本物だあ！

道頓堀川（橋）を越えて、大きなホテル（右）の奥の方には、宗衛門町だぞ！（♪きっと来てネェ～と、泣いていた～）。

御堂筋を進みます。道頓堀橋を越えると宗右衛門町。宗衛門町ブルースの街。また、藤島垣夫の法善寺横丁など歓楽・流行歌にうたわれた世界です。（包丁1本サラシに巻いて旅に出るのも…♪）。三津寺町、1番地と進めば、右も左も心斎橋界隈です。御堂筋周防町（交）、左はアメリカ村、右はヨーロッパ通りなどという。

←大丸三館←（地下鉄）心斎橋駅←土佐堀川←中之島←堂島川←

右側に風格あるビル＝デパートだ。大丸三館か（南館、本館、北館）。私のような関東人にとっては、三越や高島屋だが大阪では、大丸となる。大阪市中央区…ど真ん中だ。時代は変わりつつあり、これからの名門デパートの戦略や如何に！心斎橋オーパ（オーパとは開高健で海？）、ホテル日航（左）。

心斎橋駅、（ここも地下鉄同士交差です）緑地帯あり。大都会には緑のベルトがよく映える。御堂筋の街路樹は貴重品です。

南船場、南船場3丁目、博労町、南久宝寺町、船場中央本町駅。左、相愛大、高中。歩いても歩いてもビル。ビル群の中を行くのは気疲れを感じる今日この頃だ。（私が30代、40代の頃はこうしたビルと共にまだ自分も発展途上だった。上に伸びる高層のビル街歩きは元気が出た。…なんて気分だったが）今や古希を越えるとビルがやけにチカチカするし、行き交う人や車がどちらかといえば煩わしい。でも齢を理由に遠ざかるだけでも駄目だ。ビルの谷間で挟まれることもまだまだ必要なのかも。

淀屋橋駅、土佐堀川を淀屋橋で渡る。細長い中之島を挟んで土佐堀川と堂島川は中之島西で一本の安治川となる。

ここは「♪中之島ブルース」の中之島だ。左・日銀。右・市役所、公会堂などなど。堂島川を大江橋で渡る。緑と共に川にホッとする。だが、圧迫感はある。阪神高速の高架も鬱陶しい。左、銀行、右、堂島ビル。梅新南（交）のY字路で左へ行く。国道423号線への新御堂筋をわけて、まっすぐ進む。

梅田新道←
（交）←阪神デパート←JR大阪駅
阪急梅田駅
阪神梅田駅

左は北新地地区、梅田新道（交）、あの国道1号線が右から合流してきてここで国道2号線となり、西に向かう大きな交差点で歩行者は地下へ。迷い子にならぬよう、地下道内の案内板で確かめて地上へ。左は大きなビル連続している。右に「お初天神」道標あり。そして「♪大阪しぐれ」の曽根崎あたりだ。もう大阪駅は目の前のようだ。阪神デパート前を左へカーブして、ビルをすり抜けるとJR大阪駅はあった。汗が12月だというのにひどい。大きな安堵感です。アア!!

これで紀伊半島一周はどうやら完成しました。

8：00スタートして今、12：35。堺駅から大阪駅目指して約15km。国道26号線を忠実にたどり、排気ガスもそれなりに吸わせて頂き歩いてきた。概ね一直線だった。

私の「てくてく日本」を尺取り虫のように歩き進む中で、「大阪に辿り着く」ということと、「巨大な紀伊半島を一周する」ということはいずれも「辿り着く。着かねばならぬ欠かせぬハードル」だった。名古屋の熱田神宮から三重県桑名に歩きついた日を第1泊目とすれば、三重県内は（9月から10月にかけて）10泊しておよそ歩行距離は２２６km。更に新宮から和歌山県に入り、グルリと周って今日の大阪駅到着まで14泊。そのおよその距離２９０km…合計で24泊５１６km見当かけて巨大半島を廻ってきたことになる。世界地図の中で見れば蟻一匹ほどの点にも過ぎないが、歩いてみれば果てしなく広く長かった。地図上の一つ一つの出っ張りが如何に長く広いものであったことか。ただ歩き、腹が減って日が暮れて寝て、また歩く…この先もまた、時には喜び時には感動もしたりして「泣き笑いのてくてく」は続くのだ。

〈12月16日のおまけ〉

○1522年・堺の裕福な町屋に「千利休」は生まれた。究極まで無駄を取り除いて緊張感を…と「侘茶(わび)」を完成。堺の豪商、今井宗久の推薦で信長に茶頭として仕えた。のちに秀吉にも仕えた。1585年、天皇から「利休」の居士号(ごじごう)を与えられた。北野大茶会など主管したが、絶頂期1591年、突然秀吉から切腹を命ぜられた。12月15日てくてく歩く中、堺市内海岸通り「大浜北町」(交)で素敵なフェニックス通りを行くと「宿院」(交)傍に「千利休屋敷跡」あり。

○明治11年(1878年)、市内老舗和菓子屋の三女として堺市甲斐町に「与謝野晶子」は生まれた。1900年(明治33年)、歌人与謝野鉄幹の「明星」に短歌を発表。恋愛関係となるも結婚に至らず「みだれ髪」発表。1904年(明治37年)「君死にたまふこと勿れ」長詩発表。生涯5万首を詠んだといわれる。64歳病没(大戦中の昭和17年)。故郷を捨てて東京の恋愛相手のもとに走った…として批難も浴びた。JR堺市駅前の市立文化館で紹介されている。…与謝野晶子の生家は前出、「千利休屋敷跡」とほんの400m程の甲斐町にあった。(大道筋に面して)

○堺が世界に誇る日本最大の仁徳天皇陵古墳は、甲子園球場の12個分の広さ。全長486mはJR阪和線三国ケ丘駅〜百舌鳥駅間とほぼ同じ長さ。陪塚といわれる中小古墳が周囲に10基。一帯に現存する古墳とあわせ44基をもって百舌鳥古墳群と呼ばれている。ユネスコ世界遺産暫定リストに記載されている。(前出、491頁に追加)

○大阪城…１４９６年本願寺8世、蓮如が隠居場所としたのが始まり。その後10世証如（しょうにょ）が本山として城塞設備をもつ大伽らんに整備し、「摂州第一の名城・石山本願寺（大阪本願寺）」と呼ばれる事となった。信長と11年間の合戦ののち焼失（異説・異地もある）。その後秀吉により、現・復元面積の5倍の広さをもつ大阪城が完成。その後の大坂冬の陣、夏の陣で落城・徳川の世となり10年がかりで再建。更に１６６５年落雷で消失。有為転変を経て、大阪市民の寄付金を基にして１９３１年・現存仕様に復元。大阪市民にとって城は江戸＝東京に対する精神的なシンボルともなっている。今回歩いた御堂筋・本町駅から、ざっと２㎞弱20分歩いて。環状線（ＪＲ）なら「大阪城公園駅」がある。今回、大阪城公園まで足を延ばさなかったが、歴史的にも大阪の最大のシンボルなので「メモ」を付け加えた次第。

大阪府ウォーク③　ＪＲ大阪→尼崎→西宮

平成28年1月13日（水）くもり・雨

（ＪＲ大阪駅から）

中央口・南口～曽根崎通り（国道2号線）～新出入橋東～福島駅～野田阪神（交）～中海老江5丁目～淀川橋～歌島橋五差路～神崎大橋～左門橋～ようこそ尼崎～抗瀬駅～稲川橋～ホテルアルカイック～（神）尼崎駅～阪神尼崎駅～中央三番街アーケード～尼崎戎神社～竹谷小～阪神出屋敷駅～プールセンター前駅～武庫川駅～兵庫医科大～武庫川女子大～甲子園駅～阪神今津駅～津門川～ＪＲ西宮駅～東川～検察庁～西宮病院～札場筋～阪神西ノ宮駅

10：30～16：15　約5時間30分　約20km

プロローグ

「何の足しにもならぬことにセッセと精出す人は幸なり」…自分でいってれば世話無い！

さて、平成も早28年に入って厳寒期の1月、さぁ今年も「てくてく日本、一人歩きの旅」を性懲りもなくやるぞ。寒さでひるみたくなる中、「他に能のないお前はただ歩くのじゃ」と心で叱咤し準備し身支度を整えた。

自宅最寄り駅5：58発、7：03東京発ひかり岡山行乗車。さむ～い。ネックウォーマー、手袋、マスク、ダウンジャケットを身にまとい出発。寒さ厳しき朝も家を出てしまえば何とかなるさ！

東京駅ひかり自由席1～5号車、音もなく発車。1両に5～6人。急ぐ人は「のぞみ」だから、ひかりはいまのところガラガラ。私も「のぞみ」に乗りたいが、大人の休日クラブ割引切符では「のぞみ」に乗車できない。ＪＲ東海のドル箱、東海道新幹線〝のぞみ〟には割引者は遠慮せよ！ということだ。ま、ともかく年金生活者にとっての3割引きは大きい。ひかりで不満はありません。品川で5～6人、新横浜で（さすがに）ドッと乗車。めぼしい座席は大体埋まった。今日はよき天気のようです。外は朝日に照らされ、ビル群が黄金色に輝いています。多摩川の河原は霜でまっ白です。湘南を疾走する車窓から、家並みや木々の葉は白く、雪かと見まごう白さです。丹沢箱根の山々、白く砂糖をまぶしたようなうっすら雪景色。これらも朝の陽を浴びてキラキラしています。

今日スタート時の私の体調…特別悪いところなしだが、ここ1週間歯茎がおかしい。虫歯か歯槽膿漏か…気にかかります。「日替わりメニュー。今日はどこが痛むやら！」今回のてくてくは13日から17日（日）を一応の目安、よければもう1～2日延長して歩いてみたいと思っています。東京～新大阪＝6，500円（乗車券）＋3，400円（ひかり）＝9，900円です。

小田原通過あたりで車内販売コーヒー310円也払っていただく。コンビニで昨今安くてうまい100円コーヒーでてから車内コーヒーがやけに高いものに思えてきた。（新幹線も少し考えて次回50円引きの券をくれるようになりました。）三島駅通過後、右手に富士の雄姿。しかしどうしたことか、1月中旬にしてはやけに雪が少ない。山頂部でも沢筋に雪の刃が数本かかる程度だ。暖冬！晴れ続き！しかし冬の富士としては情けない姿だ（それでも5日後帰りの車窓から見た富士は低気圧通過後でまっ白でした）。静岡では30～40人大量に下車したが、それ以上乗車してきた。ひかりは、（のぞみは停車しない静岡・浜松の人にとって）名古屋・大阪等に出かけるのに利用価値が高いのだ。私の隣の席に30歳代後半位の若手が乗ってきた。これがやけに臭い男なのだ。座ったとたんにスマホ。そして相当の体臭！何の臭いか、香水かニンニクか、そのミックスか。時代は変わりつつある。男も化粧する。ガマンガマン！（君は、今日も仕事だね。ガンバレよ、ぬかるなよ、今日も戦いだ。臭いはその意気のあらわれだ。）いつの間にか右手に雪模様の伊吹山。京都では薄日もあったから大阪は時々晴れも期待できそうだ。

JR大阪駅中央口南 ← 福島駅 ← 海老江西小 ← 淀川 ← 歌島橋五差路 ←

10：20過ぎ、JR大阪駅中央口南に立つ。そして大きなビルの間を右斜め方向に進む。すぐに国道2号線に出る（大阪駅前が国道1号線から国道2号線に引き継ぐようだ）。曽根崎通りを進む。桜橋西（交）、新出入り橋東（交）、頭上を阪神高速池田線。雨降りだす。

右に大阪環状線福島駅、福島4丁目（交）でJR環状線くぐる。右手、阪神本線レールと併行。野田阪神（交）でやや右カーブ。阪神野田駅。「松下幸之助創業の地」記念碑左側にあった。

「他店価格に徹底対抗！他店を見てきてください!!」とヤマダ電気のえげつない広告。中海老江5丁目♀（阪神バス）。「創立90周年・海老江西小」（左）、このあたりまで来ると高層ビルはなくなり落ち着き、一般商店もチラホラ。

下水の蓋は「大阪城」です。「タクシーの名刺、アメリカのカラー名刺つくります！」看板。淀川小橋の門構え、石造りでやたら立派です。肌色のレンガ造り。2m以上もある。幅15m程あるも水なし。淀川大橋にも立派な門。渡るのに約8分かかった。幾多の歴史を見てきた大河です。水量は豊かだが流れの大阪寄りの2／3は水汚い。どういうわけか兵庫寄りの1／3はそれなりにきれいな流れ。一級河川。淀川大橋北詰、野里（交）。左ゆけば「阪神姫島駅」へ。後ろ振り返ると淀川の向こうに大阪の高層ビル群、ニョキニョキ並んで見える。右手野里アーケード商店街、少々落ち目の雰囲気あり。「歌島橋（交）・水のない川に公園。・五差路」御幣島（みとじま）（交）、千舟2丁目（交）…〝とりじん〟という店でてんぷらうどん850円。思わぬところで思わぬ味に出会う。スーパーライフでトイレ拝借ス。この辺りは東淀川・淀川・西淀川区と称し、淀川水系にからむ、水運の良き所だ。

神崎川 ← 尼崎市域へ ← 杭瀬駅 ← ホテルニューアルカイック ← 阪神尼崎駅 ←

神崎川大橋：東京の隅田川位の流量。一級河川。（西淀川区佃2丁目）。左門橋も渡る（いずれも二つにわかれているが神崎川）。この神崎川、大きな流れだが、上流を辿ると、東淀川区と摂津市の境あたりで流路でつながっているようだ。橋には封鎖用水門がいかめしく設備されている。両サイドは5～8ｍの強固なコンクリート堤防だ。

橋を渡ると、兵庫県尼崎市域へ。「ようこそ尼崎へ」西宮まで10㎞の標識。今福東（交）杭瀬本町1丁目（交）、杭瀬（交）、左に杭瀬駅。右はアーケード商店街＝杭瀬本町商店街。この辺りの銀行は尼信（あましん）です。東長洲（阪神バス）♀、市営バス（大阪の）見かけなくなる。「洗濯しませんか！コインランドリー」稲川橋（交）、川は見当たらず。右に行けばＪＲ尼崎駅。1.8㎞位あるよ。左行けば（神）大物駅（難波線と本線合流）。ＪＲ駅方向に高層ビル数本そびえている。鉄板焼き「甘えん坊」。この広い通り国道2号線のずっと先、はるかに高層ビルが立ちふさがって見える。あましんのアルカイックホール・ホテルニューアルカイック（右30階はありそう。）…都ホテル系か。左に6階建ての茶色の立派な消防署、総合文化センター、旧左門殿川にかかる玉江川（交）で国道2号線と別れて左折する。国道2号線はこの先両側中高層ビル群だ。

左折して進み、神田北通り1丁目で右折。阪神尼崎駅前ターミナル着。広く、植栽ありベンチあり、噴水あり。市民憩いの場。天気も良くて平日の昼下がり。高齢者が多く寛いでいて縁台将棋等に興じていた。「尼崎に青空を!!」楠の根元に碑あり。公害に悩まされた時代の産物か。中央公園スロットパラダイス。「悪質な客引きに注意しよう」の立看板あり。先程の神崎川からは兵庫県だが、俗にいう阪神地帯で、尼崎・西宮と夫々人口45万人内外の市から芦屋・神戸へと人口密集の都市部を歩いていく。駅舎を背にして左に「中央三番街アーケード」（屋根付きアーケード）

三番街アーケード街 ← 尼崎戎神社 ← センター ← プール前駅 ← 武庫川 ← 武庫川駅 ← 鳴屋駅 ← 甲子園駅 ← （阪神・阪急）今津駅 ← 津門西口町右折 ← JR西ノ宮駅

があり凄い。賑やか。閉店している店ほとんどなく、人通り多く、尼崎の活気を思知らされた。1㎞程の長さあり。「中道3」の十字路左へ。恐ろしく赤い大鳥居。「神田公園・尼崎戎神社、〝えべっさん!!〟」「祝！目指せ日本一、金本新監督誕生！兄貴任せたぜ」の旗多数（タイガースは幸せ者だよ）。丼丼亭。〝防犯カメラは見ています〟三和本通アーケード街も繁華です。アーケード出て300mで左折。竹谷交番、琴の浦通り突っきる。竹谷小（右）、市制100周年ポスターあり。右、阪神出屋敷駅（高架）・駅広あり。その先右折して国道43号線に入る。蓬川を渡る。道意（交）。ニトリなどのショッピングセンターあり。尼崎センタープール前駅・右そばに池と競艇場あり。左、道意神社（赤い）。青い制服のジーサン、通りの角々で交通整理中（子どもの見守り隊か）。そして大きな川と駅です。

武庫川駅です。この付近平面交差。武庫川は幅が100m程もあるか景観の整った清潔な川です。駅舎ホームが川の上にかかっており、ホームに沿って南側が歩けた。渡り切った一番先の下に小さな駅舎とレールの別線（武庫川線）がドッキングしている。高架にしづらい事情があるのだな。左手に兵庫医科大、そして武庫川女子大と続く。雨降ってくる。医科大学病院玄関で20分雨宿り。合羽着て歩き出す。鳴尾駅、また阪神線の高架工事現場沿いとなる。場所柄女子学生多し。高架工事、完成すればきっとシャレた鳴尾駅舎になるでしょう。

線路進行方向、右側上、複数赤い鳥居の並ぶ神社あり（八幡神社）。そして甲子園駅。駅舎は大きくはないが、野球開催日はこれで大丈夫なのか？と感じた。久寿川駅（駅の真上に高速）ここは高速化は無理そうだ。地下化かしら。そしてなおも歩いて、阪神今津駅。ここは阪急今津駅乗換駅で別々だが連絡している。阪急線は宝塚方面へ。ちょっとした津門川をまたぎ直進。津門西口町で広い通り右折。数分でJR西ノ宮駅に到着。駅舎があまりに小さく拍子抜け！

国道2号線に戻り右折 ←
札場筋（交）左折 ←
阪神西ノ宮駅 ←

改築工事始まりそうです。駅広ターミナルはバス発着多し。フレンテ西宮、ニトリ、新井組。駅舎は小さいが商業ビル多数。広場近くの国道2号線まで戻り、国道を右に。東川（交）六湛寺（ろくたんじ）町、市役所前で左折すると程なく、阪神西宮駅とターミナル。駅は横長箱型でショッピングセンターを飲み込んでいた。ＪＲに比べ、尼崎も西宮も阪神の企業努力が勝っているようだ。

○戎さま（西宮神社、尼崎神社、今宮戎神社）

阪神西宮駅南口近くに西宮神社（西宮えびす）がある。西宮神社は、えびす神社の総本社。本来は海上交易、漁業の神様であるが、七福神信仰により福の神として信仰され、商売繁盛の神となった。正月の9日～11日の十日戎には100万人の人出があるという…えべっさん。大阪今宮の戎さんは、創建600年、四天王寺の西方の守護神として祀られたとされ、難波津に近く、漁業の守り神を経て商売繁盛・福徳円満の神とされ、正月の9日～11日の十日戎には押し合いの大混雑という。

〈甲子園駅〉

○甲子園

プロ野球阪神タイガースの本拠地。また、高校野球の聖地ともなっている。1922年、阪神電鉄が甲子園大運動場として造成した。NYヤンキース球場に匹敵する広大なもの。収容人数53，000人。ホームプレートからライト、レフト共に96m、センターは120mもある。∴駅広には阪神バスが沢山駐車中。また、駅舎には幅広ホームが3面あった？いずれも球場開催日対応らしい。それにしても「天下に聞こえた「甲子園球場」と「阪神タイガース」は阪神電鉄グループのドル箱であり宝なのだそうな。（電鉄幹部）

○武庫川女子大

阪神間には西宮市を筆頭に沿線には大学ミッションスクール多し。関西学院キャンパス、神戸女学院キャンパス、武庫川女子大外がある。「武庫川女子大・建築学科校舎」は「旧甲子園ホテル」で東の帝国ホテル、西の甲子園ホテルと称された名門ホテルだった。戦中・戦後の一時期、海軍、米軍に接収されたが、1965年、学校法人武庫川学園が譲り受け、改修。教育施設として今日に至る。

兵庫県ウォーク① 西宮→神戸→板宿

平成28年1月14日（木）くもり

（阪神西宮駅から）

西宮戎神社〜産所町（交）〜神楽町（交）〜夙（しゅく）川橋〜森具町〜郷免町〜楠公園前〜楠田（交）〜打出町〜上宮川（交）〜芦屋駅前〜業平橋〜森南（交）〜小路（交）〜田中（本山駅入口）〜東灘区役所〜住吉駅前〜大手筋〜御影公会堂〜徳井〜灘区役所〜大石川（交）〜西灘（交）〜岩屋大交差〜灘の浜〜脇浜3丁目〜春日野（交）〜葺合署前〜新生田川〜中央区役所〜三宮東〜三ノ宮駅〜生田神社〜元町駅〜アーケード街〜西元町駅〜神戸駅〜湊川神社〜多聞通（交）〜新開地駅〜新開通り〜大開駅〜2番町1丁目〜長田（交）・長田駅〜長田神社〜新湊川橋〜西代駅〜板宿駅

8：30〜16：20　約8時間　約25km

プロローグ

〈人はだれ一人として自分が、どんな時代のどんな国のどんな両親のもとで生れ出るのか、誰も何も知らない。生まれ出たら、その日から、その時代、国、環境の中で自分の一生の旅が否応なしに始まる。どんな一生の旅になるのかもわからない…昨夜の夢見から、私はどうしてこんな想いが浮かんだのだろうか。〉

昨日は変わり易い天気で何度か小雨にもたたられた。特に武庫川近くの降りはいささか強く雨宿りしながら、前途を悲観したりもした。でも、その後幸いにもなんとか雨も小康状態で日程はほぼこなしました。西宮駅周辺にしかるべきビジネスホテル見付からず、尼崎駅近くの東横インとしたので、西宮からは阪神電車190円乗車して尼崎に戻って宿泊。近くのラーメン屋「神座」で1,000円夕食。また、明日（14日）の泊まりがなかなか予約とれず、7件目のTELでやっと神戸元町駅近くにゲット。さて、今朝は尼崎のビジネスホテルのサービス朝食を済ます。米と汁がうまかった。今朝の空模様は、陽はあるがヤヤ気がかりな朝焼けです。８：00すぎビジネスホテルを出て、電車に乗り、西宮駅で下車。そして８：30に昨日の続き、今日のてくてくスタート!!と相成った次第。

西宮駅（阪神）←

戎神社にお参りし産所町（交）で国道2号に出て左折。神楽町（交）、右行けばＪＲさくら凪川駅。左へ下っていけば西宮港・工場地帯へ。ほどなく夙川、幅10ｍ位。左右にオアシスロードとなり川沿い松林の茂った公園風ロードだ。川沿いに少し下ると、阪神「香櫨園」駅、上流に向かえばＪＲの」「さくら夙川駅」。更にＪＲ線を越えて上流に阪急神戸線の「夙川駅」にぶつかる。

夙川 ←

ここから阪急甲陽線が甲陽園まで延びている。国道2号線を進むと、郷免町（交）、西宮市域は南北に長く、東西は案外狭い。郷免町（交）をすぎると芦屋市域に入った。国道打出（交）左に下れば（神）打出駅へ。楠町、楠公園、「大楠合戦跡」３ｍ程の石碑。右、芦屋霊園、芦屋病院。上宮川（交）、芦屋駅前、右に坂をゆけばすぐＪＲ芦屋駅。

郷免町 ←

芦屋駅 ←

なにやらこのあたり、街並みがオットリしているように見える。コンビニも見当たらず、国道右手一帯は六甲山麓ともいえる斜面となって狭いところに行儀よくギッシリと、マンション、戸建てが並ぶ。「幸せそうな高級住宅街が神戸の海を見下している……」というわけ。業平橋東詰（交）芦屋川渡る。茶屋町北、交通安全の赤い頭巾の地蔵あり。桜並木（横切る）、10ｍ程の傾斜のある流れも両岸コンクリで完全護岸。１００％管理の行き届いた河川だ。お金持ちが沢山住んでいると、川一つとっても公園風に整備され、安全も完璧というわけか。しかし南北に山から下る斜めの川は大雨の際には、激流となるのだろう。右ずっと奥、六甲の山並みは壁のようにのしかかっており、山頂の稜線らしき峰々チラリと見えた。地震（１９９５年）では酷い被害にあったとの事、よくここまで立ち直りました。平成7年（１９９５年）1月17日・阪神・淡路を襲った大震災から20年、死者は6，４００人を超えたという。その20年追悼に関し、こちらのテレビ・新聞など、さかんにニュースとして取り上げていました。……今年もあと3日でその命日が来る。

森南（交）

前田町（交）、右も左も桜並木（坂）、森南（交）右手ＪＲ甲南山手駅その上に阪急神戸線そして更に山の斜面を開発して、甲南女子大、神戸薬大など学校も多数あり。文教の香りも高い地域です。これら大学のある山手から、海まで約1.5㎞強の幅の中に3本の鉄道・2本の国道が通じている。公共交通の便よし。南斜面は眺めよし、陽当たりよし…などの条件下、繁栄しない訳は無い。真に恵まれたる地域だと思う。…けれど油断大敵・地震・大雨土砂崩れにご用心。

小路

籾取（交）、左角にスーパー「ライフ」（ファッションアンドライフスタイル）、小路（交）3列並木ある美しい街路、ばんしん（播州信金）。めずらしや右側、国道地蔵尊3ｍ（保存会もあるそうな）。

摂津本山駅

「ラーメンたろう、神戸」本山駅南（交）、右手にＪＲ摂津本山駅。国道まっすぐ前方遠く、高層ビル（マンション?）群が立ちはだかっています。田中（交）、東西南北に12間道路が延びる。甲南ショッピングセンターアーケード街です。

東灘区役所

住吉川渡ると東灘区役所です。川の両岸は完全整備され、植栽の松林が盆栽みたいです。段々の勾配があるので水流に勢いがあります。ベンチに座り「アンパン1ヶ＋水」の一服です。（12分間）いつの間にか高層マンション傍に来ていた。住吉町東（交）右はＪＲ住吉駅（150ｍ位か）。三宮まで8㎞の標識。（頑張らなくっちゃ！）このあたりから、住吉川に沿って下っていけば（六甲ライナーというモノレールあり）住吉浜に出て、六甲大橋をわたり埋立人工島、六甲アイランドに出られる。

（…私の肩や足が疲れや痛さで文句をいっています！「私達はロボットではありません、人間の一部です…」「文句をいわずに歩け!!」と、叱咤しておきました。）

住吉神社 ←

「是より北　九十丁　有馬道」古くて大きな石碑あり。本住吉の宮＝住吉神社です。海に向かって下っていけば、灘の名酒＝白鶴酒造です。（宮へ行ってみたら、山車小屋八つ。お百度石もあったよ！）

←

国道沿い中高層マンションがたち並びその1、2Fが店舗、抑制の効いた聞き分けの良い子といった街造り！だ。バス停で発着しているのは、（西宮発着の）阪神バス、それに神戸市交のバスです。セブンやファミマのコンビニも3～4F建てのビルの1Fにちんまり納まっているので駐車場はゼロみたい。（子供の躾が教育なら街造りの躾は条令という事かしら。）

←

御影中前（交）、大手筋（交）、御影高校（右）、御影公会堂前（交）、石屋川（例によって完全人工管理の川・キチンと整備された松並木もある）。「大きいサイズの人」の店「フォーエル」…わかりやすいネ。「根性、純情、男のらあめん5訓」だってさ。徳井（交）、右手に伸びる県

大手筋（交）←

道95号線をドンドン進むと、六甲山トンネルへ。六甲山は山頂付近に点々と白いものあり…聞いてみると、大きな会社の保養所などだそうで。そのなかには放置されているものも少なくない……。この辺りは、海と山にはさまれた2km程度の幅の中に「高速道路＋国道＋阪神電車＋

御影公会堂前（交）←

阪急＋JR」が横に通じ、2kmの幅に納まりきれぬマンション、戸建ては、急な山の斜面に緑を切り裂いて林立している。その標高400mの地中を新幹線も。よくもまあ、こんなにひしめき合って…と半ば呆れました。神戸にこだわる人が多いのか、六甲にトンネルを掘り、ケーブルをかけ、そして山脈の裏側にもなんと、ニュータウンがいくつも出来上がっている…。（20

友田町（交）←

年前の）1月17日を忘れてはいないが、フト或る学者の指摘を思い出す。「…密集性ゆえに

都市の優位が揺らぎ始めている。日本には約2千の活断層が走っている。そのうえで我々は暮らしているのだ…」と。

→ココス（昼食）→灘区役所（右手六甲道駅）→大石川（交）→阪神西灘駅→岩屋（交）→脇浜3丁目（交）→

ココスとココ壱カレーの店を勘違いし、カレーを食べるべくココスに入ってしまい、メニュー見てカレーが無い…のに文句をいって、恥をかいてしまいました…残念也。店を出ると間も無くポツポツと雨粒が落ちてきたので通りすがり〝モンベル〟に入店し、ザックカバーを買った。2,500円の臨時出費（家に忘れてきた。帰れば二〜三つはあるのに…）。「古稀こえて　自分にあきれる　忘れ物」。六甲道南公園（右）、灘区役所、島帽子町（交）、やたらいい匂いがしてきました…。アッ、神戸牛の焼肉だ!!「いつの日か　神戸牛を　腹いっぱい…は叶わぬ夢かなあ」「牛さん牛さん草食べて上等な牛肉になる不思議」

琵琶町、大石川（交）。右も左も200m程でレールあり。山の中腹、20年前震災で多数の死者出た神戸大学があります。人知れず小さく頭を下げる。ひとごとではありません。

船寺（交）、左へ大きくカーブ（阪神）西灘駅ガードくぐる。岩屋（交）、蜘蛛の足のような歩道橋のある大交差点。すぐ側に「ナフコtwo・one・style．灘店」とある。なぎさ海道コース。10月桜満開。灘の浜、右折して国道2号に戻る。凄い高層マンションの林でした。（あんな大地震があったのに！「超高層ビルの安全神話」…想定外の自然の力が襲っても本当に大丈夫なのかなあ…）

脇浜3丁目（交）、片側5車線もあるよ。灘名物、タコ焼き！タコ福！電車単線くぐったよ。右、春日野道アーケード商店街、まさに繁華です。葺合署前（どうも国道の下にレールが走っているらしい、阪神？）右奥、アーケード大安亭市場・生田川（新生田川交）を渡る。

阪神・JR・阪急の三ノ宮駅 ← 元町駅 ← JR神戸駅 ← 湊川神社 ← 新開地駅 ← (左側少し離れてJR兵庫駅)

中央区役所、神姫バス登場。湊観光乗合バスもある。「三宮東 ♀」、ポートライナーのマッチ箱6ケつなげたような6両が海の方へ高架で横切りました。阪神三宮・JR三宮くっついています。マルイ・そごう・ダイエー、高層ビル街、さすがというか、とにかくゴチャゴチャしています。関西空港へのリムジンバスのりば、約30人並んでいます。官幣大社、生田神社お参りしました。センター街のアーケード驚きの規模です。私はスッカリお登りさんよろしくキョロキョロしながら歩くと重厚な大丸デパートに出くわした。

三宮から元町界隈は一帯となった一大商業地域です。まだまだ続くよ高架下（狭い通路をはさんでギッシリ、小さな店のオンパレード…驚きつつもあきれました）。丁度この時、事件ありて、消防車4台、救急車1台駆け付けものものしい騒ぎ！（幸いボヤで済んだか？）

西元町（右）、「兵庫県里程元標の石碑」高さ2.5m程もあり（旅する人の為か）。多聞通り県道21号線から国道28号線へ。湊川神社前（交）。左にJR神戸駅貫禄あるなぁ。正面北側に道路挟んで楠公の湊川神社です。その奥に神戸大医学部。湊川神社にお参りして国道28号線に戻る。並木のある立派な有馬道を突っ切った。更に福原の柳筋も横断。私鉄高速神戸線が地下に走っているらしい。桜筋、そして三角屋根の新開地アーケード街が多聞通りを南北に伸びている。右手アーケード街をのぞいてみると巨大な「日の丸」が掲げられていた。右に新開地駅、新開地(交)。南北の通りは広く、街路樹もあり、立派です。これより進行方向「大開通り（国道28号線）」です。大開通り5丁目（交）、この辺りの南北道路は相変わらず良く整備されている（片側4車線＋自転車専用帯＋歩道）。大開通り左右には相変わらず高層マンションが多い。「阪神神戸高速線大開駅」。2番町1丁目（交）・JR兵庫駅は左。神戸市西市民病院（左）、病院も巨大なビルです。更に大通りを歩く、病院のそばを通り右カーブ、左カーブで高速長田駅（地下）。

長田駅（長田神社）← 右手に長田神社、行ってみよう。赤と緑と白の社殿・大楠の大木2本あり。「皇室守護・国土統一の神」毎月1日、おついたち祭り。また、国道へ。新湊川橋。兵庫永代講の大きな石碑。幅30mはあろうか細長い大道公園＝レールの跡？

西代駅← 西代駅。右、山の上に巨大な円筒の建物、何だ？右、板宿アーケード商店街。地下に板宿駅。本日ここまで…とする。アーア、疲れました。

板宿駅← 16：20終了。地下鉄電車で16：50元町駅まで戻る。阪神電車と直通のり入れの神戸電鉄線が、地下鉄化されている偉業にビックリ。よくここまで投資出来たものだ。神戸・大阪と姫路まで直通で行けるとは…関西の私鉄頑張ってるなぁ。

〈1月14日のおまけ〉

○生田神社（生田の森） 三ノ宮駅を北に出て、西へ４００ｍで縦断する生田ロードに出たら、北へ２００ｍで繁華街のつき当りにある。古来、大きな戦乱のあった地。「源平一の谷合戦（源範頼軍と清盛四男の知盛の激戦）。」「14世紀・楠木軍・新田軍ＶＳ足利軍の戦。」「16世紀・織田軍と荒木軍の戦」…の軍事上の要衝に位置（生田の森）。神社は神功皇后の命により建立。水害の際、松は水に最も弱い…とし、神意を受けて生田神社では今でも松を一切用いない。門松の代わりに門杉を用いる。神社は平成7年の震災で完全崩壊。現在は鮮やかな朱色の拝殿が再建されていた。

○湊川神社 ＪＲ神戸駅の通りを挟んだ反対側に位置する。明治天皇が神社創始の御沙汰書をくだし、１８７２年、楠木正成（大楠公）を祭神とし、別格官幣社として創建。九州に一時敗走した足利尊氏・直義軍を迎え撃った正成であったが、弟、正秀と刺し違え一族は自害して果てた。１６９２年水戸光圀が「正成墓碑」を建立。「嗚呼忠臣楠子之墓」とある。（大楠公を祀る神社。光圀建立の正成墓碑）…１３３５年（建武２）後醍醐天皇の建武新政府に叛旗を翻した尊氏は京都周辺での戦いに敗れて九州に下がったが、やがて都に凱旋し室町幕府を開いた。（兵庫県の歴史散歩㊤より）

○長田神社

地下鉄長田駅、長田（交）近くに赤い大きな鳥居。これに導かれ参道を数百m。神社は生田神社と同じく神功皇后の神託を受け創始された。本殿、幣殿、拝殿の文化財あり。「おにやらい」の祭事あり。鬼は災いをもたらすものではなく神々の使いとして災いを追い払うもの。東北地方のナマハゲなどと共通するものあり。市民には〝ながたさん〟として親しまれている。

生田神社

兵庫県ウォーク②　板宿→明石大橋→魚住

（山陽電鉄　板宿駅から）

平成28年1月15日（金）晴れ時々くもり

須磨区役所～県道2号線～三ノ井橋～須磨橋東詰～月見山駅前～行幸町4（交）～千守（交）～一の谷町～須磨浦公園～ロープウェー登り口～塩屋駅～平磯公園～下水処理場～海釣り公園～東垂水駅～福田川～海神社～垂水駅～漁港～商大筋西（交）～舞子駅～海峡大橋～舞子延命地蔵・舞子六天神～山田橋～ココ壱カレー～朝霧駅～厄除・八幡神社～桜町（交）～明石駅～大観小～明石大橋（明石川）～西新町駅～石見町2丁目（交）～和阪松の内（交）～西明石北口～山陽本線新幹線西明石駅～小久保西（交）～アルカ（交）～雲楽池～森田東・森田（交）～大久保駅～富士通前～コカ・コーラ～三菱マテリアル～金ケ崎 〒～長坂寺西（交）～JR魚住駅

8：15～16：00　約7．5時間　約25km

プロローグ

今日は山陽電鉄本線・板宿駅からのウォーキングスタートです。前日の宿泊は（てくてく終点の板宿から元町までレールで戻り）元町のビジネスホテルだったので、よって今朝はレールで板宿まで来てのスタートとなった。神戸元町・RアンドBホテル神戸元町、6，690円サービス朝食あり。5：30起床。パンの朝食、身支度ののち、7：35宿を出。7：50地下鉄電車に乗り8：10には板宿駅着。昨夜、夕食2，500円のトンカツ専門店で食ス。目まぐるしい神戸繁華街を抜けて来て気疲れもありバテ気味だった。でも料理と熱燗で生き返った。（…単純な男だ！）

板宿駅 → JR須磨海浜公園駅 → 国道2号線と合流 → 須磨一の谷公園 → (山陽)須磨浦公園駅 →

今日の天気〝晴れ〟だ。気持ちよく歩きはじめる。駅前の県道22号を海方向へ。須磨区役所を右に見て太田町（交）で県道21号にぶつかり右折。公園になっている三ノ井橋（妙法寺川）を越え、須磨橋東詰（交）、頭上高速3号線、「福原西国第6番札所、大理石石碑（2ｍ）」。……月見山妙興寺参道、立派な石碑と灯籠あり。月見山本町2丁目（交）、ここから右側の歩道広く並木もあり立派。右ゆけば月見山駅。左へ行けばJR須磨海浜公園駅。行幸（みゆき）町4丁目（交）、下り気味に左カーブ（右に須磨寺駅）して、「菅の井」遺跡。「須磨楽歩のウォーク看板」を見て、千守（交）で左後ろからの国道2号と合流。左、海側にJR須磨駅、更に下り気味に行くと〝大海原〟です。国道2号とJR線がセットで視界に入ってきた。一面の青い海、明るいなあ～。海際にJR線、国道2号、右手に山陽電鉄線が出そろう。斜め左前方、海に腕を伸ばしたような海中展望塔?が見える。海おだやかです。甘～いミカン10ヶ350円で買ったものをリュックから取り出し、傍らのベンチに腰下ろし食ス。景色がいいと一段と美味しい。

須磨浦通りを行く。須磨一の谷公園は休憩によろし。犬の散歩者が2～3人（どこから来るのかな?）。須磨浦公園の中を歩いていくと（山陽）須磨浦公園駅。

ここの駅舎から背後の山(鉢伏山)山頂に向けロープウェーが発着している。折角だから…と思ったら10：00から運転。今、9：30だからアウト！駅前の芝生に座って海を眺める。目の前に海に長く伸びている堤防は海釣り公園でした。(海中展望台ではない！）国道2号はさすがに交通量多く、トラック、ダンプもビュンビュン！JR山陽本線もすごいよ。複々線です。3～6両の短い編成の緩行線と10両以上の快速線電車が上り下り、ひっきり無しに行き交う。阪神だ阪急だ！と私鉄に追いまくられていた阪神間とは様変わり。JRの迫力を感じる。背後の山際を

← 史跡・敦盛塚 ← (JR・山陽)塩屋駅 ← (山陽)滝の茶駅 ← (三陽)東垂水駅 ← 福田川 ← (JR・山陽)垂水駅 ←

走る山陽電鉄は3~6両でトコトコ、しかしこちらも頑張っております。

「史跡・敦盛塚」の石碑。敦盛塚石造(せきぞう)五輪塔・入口に〝敦盛郷之墓〟の石碑あり。五輪塔は丸い石のダンゴを五つ程重ねたような外観で4m近くある。(失礼!)

この付近は源平一の谷合戦場として知られ、寿永3年(1184年)2月7日に当時16歳の平敦盛が熊谷次郎直実(なおざね)によって首を討たれ、それを供養するためにこの塔を建立したという伝承から〝敦盛塚〟と呼ばれるようになった。このほか鎌倉幕府執権 北条貞時が平家一門の冥福を祈って弘安年開(1228年代)に造立した…ともいわれている。(森繁久弥が独特の節回しで唱う「青葉の笛」を口ずさみました♪)左、海、右、崖。その間の狭い地形にJR+国道2号線+山陽電車が行く。塩屋駅に下る陸橋(下をJRがくぐる)から眺めると駅も含めて山の斜面を整地し、雛壇型に一面の住宅。日当たりはよかろうが、密集している。下をJR貨物が過ぎる。50両余の貨物にまじって「ヤマト」と記した貨車が15両あった。こうして見ると「ヤマト」は、船もレールも道路も使って物流配送に精出しているのだ…と実感。

この先、もっと険しいよ。山陽電鉄でいえば「滝の茶屋駅」「東垂水駅」「垂水駅」「霞ケ丘駅」にかけての3~4km区間は、左にすぐ海(今は、埋立地に各施設があるが)。右は崖のきびしい地形だ。特に右手の崖には夫々5m以上の段差をもって国道、JR線(上り2線)、JR線(下り2線)、山陽電鉄、そしてその上が住宅街…と、のしかかってくるような高さだ。崖を削って、今の景観になっている。地形が厳しく大動脈建設もこうするしかなかったのだ。

海を長方形に埋立ててそこに「平磯公園」「スポーツガーデン」「市営海釣公園」等が並ぶ。公園から国道(いつの間にか国道2号と国道28号が重なっている)に出て、福田川を渡る。右側は崖もなくなり待ってましたとばかりの大マンション群だ。山側近くに垂水区役所があるはず。

海神社←
商大筋（交）←
マリンピア神戸←
舞子公園前←
孫文記念館←
明石海峡大橋←
（JR）舞子駅←
（山陽）西舞子駅←
山田橋←

左、垂水港、右、垂水駅。官幣中社「海神社」があって学生が集団でお参りしていた。海側に赤くて大きな鳥居。商大筋西（交）、マリンピア神戸前（交）、左側はアウトレットパーク。正面前方に巨大な明石海峡大橋が空中に大きな虹のように浮かんでいる。公園清掃のおじさんの話では〝自転車や歩行者は渡れませんけん〟との事です。国道2号線（28号）に「商大筋」とか「商大筋西」という名の交差点あり。周辺に大学か…と思いしが、見あたらず。「商大筋」から北にのびる県道？をグングン地図上で辿ったら、ありました。少なくとも五つの単科大学からなる「神戸学園都市」が。

マンション群にまぎれてやたら古い民家あり。右、高台に舞子ビラ。左にアジュール舞子（介護施設かな）、アジュール舞子海水浴場。巨大な大橋・眼前に迫る。「舞子公園前（交）」、公園に入り東端、岸壁近くに「孫文記念館」あり。日本で実業家として材を成した「呉錦堂」が建てた別荘。中国革命の父と仰がれる孫文は、大正2年、神戸を訪れ交流が始まる。この別荘は日中国交正常化10周年を記念して兵庫県に寄贈された。明石海峡大橋工事で一時解体そして復元された。２００５年10月から「孫文記念館」と称す。孫文自筆の「天下為公（天下をもって公と為す）」碑もある。

頭上に海峡大橋。行き交う車見える。舞子六神社にお参り。山田橋10ｍ（石造りの立派な橋）左すぐ海。国道沿いには一列の商住宅が並ぶ。左は海が近い。大風・大潮で水浸しにならぬのか…よく辛抱できるなあ。また、左側、埋立地になるところ「ココ壱カレー」看板見たら腹減った！ここにインする。８３０円也。（12：20）

「このレストランでテレビが騒いでいたニュース」
①軽井沢でのスキーバス大事故
②ジャカルタで発生のテロ事件
③ココイチカレー廃棄処分品の下請け横流し事件…（廃棄された品が実は売られていた！）
④20年たった「大震災追悼」ニュース
これらでガナリたてていました…にも拘らず、私はひとりぽつんとてくてく歩く毎日です。

JR朝霧駅

山田橋を越え間も無く明石市域です。振り返ると大橋が海を渡っています。という事は明石海峡大橋とはいえ兵庫県本土側は神戸市垂水区です。
淡路島との海峡があかし海峡、よって明石海峡大橋なのだ…と妙に納得。（明石市にある大橋ではありません。ナーンチャッテ！）JR朝霧駅を右に見て進むと、朝霧橋5ｍ（古い石づくり）。左、側道に入る（海側国道28号と国道2号の間）。
途端に古い民家のオンパレードです。往時の街道でしょうか。厄除け、八幡神社、銭湯「東湯」あり。懐かしい煙突、煙がムクムク上へと出ていたよ。一番風呂は3時かな？（今13：00）。

（JR・山陽）

人丸前（交）で国道2号へ。「正一位〇〇」の碑（字が判読不可）。（山陽）人丸前駅（右）、桜町（交）。

明石駅

そして右手に明石駅です。明石の駅はJRと山陽電車と一緒（並列）。

明石城跡

北口に廻ってみると、眼の前から明石城跡を中心に広大な明石公園が目に飛び込んできた。明石城は「喜春城」という別名をもつ。将軍秀忠の命で小笠原忠政が元和5年（1619年）に築城。白亜の巽櫓や坤櫓（ひつじさるやぐら）はともに国の重文だそうな。松林の高台にへんぽんと日章旗が翻っていた。南口広場はやや細長く、グルっとビルに囲まれている。現在、改造の大工事中。明石駅西口（交）。明石川の手前、海側に岩屋神社ほか、13～14の神社、寺が集積している地域あり。

明石川 ←
和坂（交）←
川崎重工 ←
（ＪＲ山陽本線）←
（新幹線）西明石駅 ←
雲楽池 ←
ＪＲ ←
大久保駅 ←
富士通工場 ←

これはなぜじゃ？

明石川、川幅70ｍ位だが水量たっぷり。海まで１㎞弱かしら。明石大橋、これを渡ると、山陽電車が高架で斜めに横切って左側に「西新町駅」です。このあたりから国道は上りです。和坂（交）、これを左に行けば林崎漁港や林小学校があるが、この地区も狭いエリアに10を超える神社、寺あり！なんじゃ、これは？また、和坂（交）で右へ国道１７５号線が北へ伸びています。

左手に川崎重工明石の大工場。右から左にＪＲ（山陽本線）が下をぬけています。市バス車庫が（右）にあり。和坂川重前 ♀。大工場の更に左の海原＝播磨灘という。

左にＪＲのヤードを見て、ドンドン進み、松の内（交）をすぎるとバス停西明石駅前。駅は右後方から一直線に入ってきた新幹線ガード手前を左に入るとすぐ。今晩泊まる西明石ビジネスホテルも見えた。天気は上々、ＪＲ西明石駅、そして新幹線西明石駅。西明石駅（在来）前には商店街少なく、新幹線側は駅広も広く、高架下商店街の外に商業ビルも多い。時代の流れか、両駅は長い高架橋でつながっている。駅を通過して国道２号線を進むと小久保西（交）、中谷西（交）、その先で右手に土手。これを上ると大きな池。（雲楽池）１／３は蓮の花です。池をグルっと取り囲んで２階建の戸建て住宅がビッシリ取り囲んでいるではないか。布団干しのオンパレード、池とミスマッチの景観甚だ悪シ。藤江水利組合「旧蠶井跡」の記念碑。土手上のベンチに座り、池の方を向いて地元のジイサンが詩吟をうなっている。雲楽池（交）。

森田東、森田、森田西（交）大久保市民センター前、小学生の下校時です。歩道橋を40～50人の生徒が行儀よく渡っています。大久保駅へは国道から左へ廻り込む。前方にそびえる高層マンション群は半端ではないぞ（３：08）。大久保西（交）、右手、「富士通明石工場」、歩いても歩いても富士通です。反対側７～８階建てのミリオン（パチンコ屋さん）。

溜池オン ← 進んでMAXバリューショッピングセンター、マルハンパチンコ、日本人は本当にパチンコ好
パレード ← きだねぇ。コカ・コーラ工場。左に三菱マテリアル工場。明石市は固定資産税・事業所税など
寺西（交） で笑いが止まらないでしょう。金ヶ崎♀、やっと畑が目に入り何
左折 ← かホッとします。右下に貯水池（亥の池か）。住宅密集の右山の手に巨大な円筒建築物（あかし
JR魚住駅 ○○と書いてある）。道路の左下にも池、池だらけの明石です。「儲けるだけか、吸い殻入れ置け、潰れろ、クソバス会社!!」バス停にとんでもない悪戯書き。少し悲しくなった。
（西明石のビジネスホテルへ戻る） 「長坂（チョウハン）寺西（交）」、左へ行くとJR魚住駅。交差点から約800mも歩いてやっと駅でした。16：00　魚住駅から西明石の予約ビジネスホテルに戻る。

〈1月15日ウォーク付記〉

○須磨公園駅から須磨海岸に沿って国道2号線を500m西へ行くと須磨区と垂水区の境界標識がある。そばに鉢伏山急斜面から流れる3m程の「境川」がある。この一帯は鉢伏山が海に迫り荒磯が続く険しい地であった。畿内に出入りする重要地点で古代の須磨は畿内と山陽道を結ぶ交通の要衝であった。…と伝わる。

○山陽電車、須磨寺駅から5分（北へ）。参道を越え竜華橋を越えると「須磨寺」に着く。源頼政再建による。運慶・快慶の作による金剛力士像あり。また、境内に弘法大師像があり「須磨のお大師さん」と親しまれている。平の敦盛と熊谷直実一騎打ち再現の源平の庭あり。古来より源平のロマンをしのび訪れた芭蕉・蕪村らの句碑もある。一騎打ちの時、敦盛が身に着けていた愛用の青葉の笛など宝物がある。

○須磨浦公園駅北東・一の谷公園に「安徳宮」ある。安徳天皇は1780年、2歳で即位した。祖父は清盛、父は高倉天皇、母は健礼門院徳子。源義経の奇策に敗れ、屋島に逃れたが下関壇ノ浦の戦で清盛の妻・二位の尼に抱かれ8歳で海中に没す。冥福を祈るためまつられた。

安徳宮横に、幕末の政略結婚で知られる「皇女和宮像」がまつられている。有栖川宮たるひと親皇と6歳で婚約したが、黒船来航による動乱期、公武合体策の一環で婚約を破棄し、14代徳川家茂に嫁いだ。家茂死後、徳川家の為に尽力し、和宮は国のため・家の為、わが身を犠牲にし生涯を献げた。女性の鑑として尊崇された。

皇女和宮像は神戸高等女学校など3校に寄贈され、職員生徒一同、登下校時、必ず像の前で最敬礼をした…ということです。…NHK大河ドラマ「天璋院篤姫」にも出てきたね。

○明石市についての雑感。お恥ずかしい話だが、千葉県から遠い明石市については「日本標準時のまち」程度で「近年はそれに明石海峡大橋のある街」が加わった程度の御粗末な認識でした。今回、てくてくで歩きぬける道すがら見るにつけ思うにつけ認識を大きく変えました（四点ほど）。

〈明石海峡大橋〉

①大阪・尼崎・西ノ宮・神戸と連たんした一連の市街地であること。

②人口も30万人にも迫っている規模であること。

③新幹線は西ノ宮あたりからトンネルに入り、一旦神戸で山中のトンネルから顔を出し、「新神戸駅」とし、また、トンネルに入り、山中を抜け本命の山陽本線明石駅ではなく一つ先の「西明石駅」に斜めに切りかかるように乗り入れている。

④今や播磨灘に面した明石・高砂・姫路・たつの・相生・赤穂の沿岸は、日本有数の播磨工業地帯となっている。昭和30年代以降、高度成長時代と期を合わせ牽引するように大発展を遂げていた。こうして出来上がった神戸〜明石一帯は〝背に山、前面には海〟の限られた地形の中、（脳天気な余所者の目には、）あまりにもキッチリギッシリ詰め込み過ぎたような圧迫感を受けました。もっとも、「東京・横浜・川崎…と続く地域」にも似た印象はあるのだが…。

兵庫県ウォーク③　魚住↓加古川↓姫路

平成28年1月16日（土）

魚住駅〜鴨池〜市民センター北（交）〜大溝下〜若宮ノ上（交）〜清水町（交）〜幣塚橋（瀬戸川）〜福里（清水川）〜皿池（左）〜清水（交）〜土山（駅）西（交）〜加古川市域へ〜イオンセンター〜播磨町大中遺跡〜城の宮（交）〜高畑（交）〜加古川平岡小学校〜東加古川駅前〜加古川在家（交）〜県立農業高校〜東播磨高校〜イオンショッピングセンター〜念仏山・教信寺（交）・野口神社〜野口（交）〜坂元（交）〜別府川2号橋〜加古川町平野（交）〜鶴林寺（1．2㎞）〜県立加古川高校〜粟津（交）〜（名無し）三差路〜消防署前〜加古川改修記念碑〜加古川（橋）〜共立会病院〜平津（交）〜宝殿駅前（交）〜島（交）〜JR大陸橋〜高砂北ランプ阿弥陀町魚橋と池（交）〜高砂成田山（右）〜姫路市別所町北宿〜鹿島口（交）〜豆崎（交）〜白陵高（右手）〜別所（交）左は駅へ〜別所西・別所口（交）〜佐土（交）〜御着（ごちゃく）（交）〜御国野（みくにの）〜播磨国分寺〜神姫商工〜市川橋姫路天神様〜幸町東（交）〜北上口3（交）〜下世町（交）〜大手前（交）〜姫路駅

7：50〜15：50　約27㎞

プロローグ

西明石ビジネスホテル、5：00起き。こざっぱりした部屋。朝食サービスはない。コーヒーだけはフロント近くで1回だけ無料サービス。素泊まり5，500円。OK、OKです。贅沢いわない。今朝は前夜コンビニ購入のアンパン2ケ＋コーヒーで簡単にすませる。天気もよさそうだ!!

7：30すぎビジネスホテルを出て、西明石駅に向かう。オオ寒ブルブル。スキーバスの惨事、テレビニュースで大騒ぎしています。

魚住駅まで電車にのる。あぼし（網干し）行、200円也。8：10、魚住駅下車で歩きスタート。舗装道路水たまり。水が張っています。

魚住駅 →

左へ坂を登っていく。右、溜池あり。更に進んで通りにぶつかる。しばらく登っていくと、国道2号線にぶつかった。国道2号線を左へ進む。神姫バスのバス停汚いよ。若宮上（交）、左はキャピラー、敷地内で従業員がラジオ体操しています。身体をほぐして事故のないように!!ヤヤ！左手に、あの巨大な円筒建物が…。大きく「あかし」と書いてある。下って魚住町清水（交）、幣塚橋、ま横にあのデカい建物。浄水場の巨大タンク？…オリンピック聖火（トーチ）を巨大化したような格好だ。

貯・給水塔タンク？ →

タコバス（Taco）…こちらコミバス？…やる気感じる。同じ所に神姫バス停…こちらやる気感じられないなあ～。福里（交）○┤、すぐ左側、2ヶ所連続でため池（皿池と稗沢池）。ところで、「溜め池、数が多すぎないか？」この国道2号線、溜め池街道ともいえる。地図で見れば国道250号線沿いにも。はじめは水不足か、飲料水、農業外の為の水ガメか…と思いしも、こうも多いと水不足に備えているよりも雨が多い、水が多い為の溜め池なのか…とも思う。

溜池だらけの街 →

その上、明石市内に何ヶ所か、あの円筒の巨大な塔（あかし…と書かれた）は貯水塔だと思うのだが…。一説には10000ヶ所もある…と聞くが…。後で調べたら→兵庫県下には約24，000箇所の溜池があり、日本一。山と海の距離が短く、降れば海に流れるなど保水面、潅漑面、また遊水機能を持たせる為とか。東播磨地域は、溜池の集中度も日本一だそうです。

清水（交） →

清水（交）この交差点は大きい。〝播信みなと銀行（兵庫信用金庫）、姫路信用金庫…まだあったぞ〟但陽信用金庫もある。土山西（交）。加古川市域へ。左、土山駅です。約150m両サイドさび

JR土山(つちやま)駅 ← 播磨工場地帯の煙 ← JR東加古川駅 ←

れた商店街に見えます。イオンショッピングセンターは栄えてます。旧い商店街は潰れます！
土山駅から西1㎞の地点に喜瀬川の橋を渡ったところに大中(おおなか)遺跡がある。弥生時代からの複合遺跡で竪穴式住居あとが80軒余、見つかっている。国道2号線を歩き、JR陸橋の高みから左手を見ると、300〜400mあたりの位置に5重塔がスッキリと建って見える。

まわりは、畑。あとで地図等調べても詳細不明。大中遺跡関連かなあ？左手、遠く4〜5㎞もあろうか、海岸線の工場地帯。白い（工場の）煙。幾筋も。10本以上のまっすぐ空にのびる煙。三菱重工、川崎重工、神戸製鋼の大工場。…播磨工業地帯…。繁栄の象徴。右手、100m前後に併行して旧道があるか。古い家並みが慎み深く並んでいるように見えます。JRの複々線が、複線となっていました。右手、奥に幾棟も重ねた大工場みえます。城の宮（交）。高畑（交）左側の景観は「畑＋池＋大工場煙突＋空」です。平岡小学校＋幼稚園。東加古川駅前（交）。駅は右。加古川新在家（交）、県立農業高校、東播磨高校。右にまたまた、イオン中心のショッピングセンター。

右へ教信寺 ← 坂元（交） ←（国道２号線） 平野（交）（左折） ← 加古川東高 ← 加古川駅入口 ← 中央署右折 ← 加古川橋東詰（国道２号線へ） ←

〝激安の殿堂ドン・キホーテ〟右、野口神社、「念仏山・教信寺」、右へ１００ｍ入って立ち寄ってみる。ちょっと寄った筈が由緒ある広い寺だった。

国道2号線（西国街道）から少し入ったところにある。近くに駅ケ池(うまやいけ)がある。この辺り古代に〝賀古(かこ)の駅〟があったところ。ここに約40頭の馬が常備されて旅人、商人の役に立っていた。大駅は20～30頭、小駅は馬５頭を常備。「賀古の駅は全国有数の大きな駅だった。興福寺修行僧「沙弥教信」は諸国を流浪し、この地に庵を結んだ。ひたすら南無阿弥陀仏を唱え、念仏を勧め、旅人の荷を運び、わらじを作り、百姓の手伝いをして生計を立てていた。人々は〝阿弥陀丸〟とか「荷造り上人」と呼んだ。毎年９月には追善の念仏法事があり「野口念仏」を唱えている。鎌倉時代には、親らんや一遍らに敬慕された。１５７８年、故あって秀吉により焼き払われた。なんと、あの、黒田官兵衛の奥さん「光」ゆかりの寺でもあるという。…（兵庫県の歴史散歩より）

国道に戻る。野口(交)、坂元(交)横切った県道18号線は片側2車線、分離帯付の立派な道路です。別府川2号橋、約10ｍ。加古川平野（交）で左折して市道?に入る。（直進は1方通行規制…ただし、後で分かったが、対象は車の話で私は直進できたのだ。ドジ！車なみで左折して1㎞は余計、疲れた）。ここで姫路まで16㎞の表示アリ。鶴林寺（左へ１．２㎞）。県立加古川高校（右）粟津（交）（右へ行けば、まっすぐ加古川駅にぶつかるが、約1㎞あるので、）そのまま進む。「武蔵・伊織ゆかりの泊神社」左１．１㎞。名無し三差路・消防署を見て右折し進むと左から土手うえの道にあわさり国道2号線の「加古川橋東詰」に出た。

加古川（橋）←県道43号線横切る←宝殿駅前←JR大陸橋←高砂北ランプ←東姫路ゴツゴツアルプス←ひめじ別所駅←

加古川改修記念碑（4ｍはあろうか。石の巨大碑）を右下に見て、加古川と対面。久しぶりの大河だ。加古川西高・運動部の生徒、隊列を組んでジョギング。加古川橋、ざっと200ｍはあるか、一級河川。兵庫県下最大の河川。流域に播州平野を形成。ここから、川をさか上って約25㎞強、加古川線・「たき」駅近くに闘滝灘（中国自動車道をこえたあたり）と呼ばれた奇岩怪石の流れあり。かつて加古川は高瀬舟を利用した舟運が発達。東播磨の物産を河口の高砂港まで運んだ。この闘滝灘や浅瀬部分は難所で1594年から2期にわけ開削、浚普請（さらえ）を行ない、舟運は重要な役割を担った。1913年（大正2年）に播州鉄道が開通して、その役割を全うした。現在は広い河川敷でスポーツを楽しむ人々が散見された。

橋のまっすぐ正面遠く、形のよき山あり。「高御位山（304ｍ）」あたりかなぁ。共立会病院、臨海工業地域へ連なる県道43号を横切る。平津（交）、宝殿（ほうでん）駅前（交）（駅は右）、島（交）、高砂市域へ。右、イオン中心のパワーセンター。JRをまたぐ大陸橋、ここからの眺めよろしい。進行方向、正面は砕石採取の山、無残也。左にも同様の山々痛々しいぜ!下ってバイパスをくぐる。高砂北ランプ（交）、小さな川あり。しかし濁って汚い。砕石場のセイかしら?

「阿弥陀町魚橋と池」（交）、右に100ｍ程で大鳥居、右手に、先程高く見えた山か、岩山?山頂に建物が見える。阿弥陀（交）、一つ池公園（右）、高砂成田山（右）、右手に続く高さ200～300ｍ内外の連山はハイキングによろしく見えます。姫路市別所町北宿。鹿島口（交）、豆崎東（交）、左に池。白陵高校（右）うらの山々…トンガリアルプスとあだ名スル。左は駅か（ひめじ別所駅）。別所（交）、別所西（交）、別所口（交）。左は、またまた、性懲りもなくイオンパワーセンター。あきれる商魂!右手一帯に、相変わらず思わずハイキングしたくなるような連山…

アダ名変更、「東姫路ゴツゴツミニアルプス」でどうだ!!
佐土（さづち）、御着（ごちゃく）、右に御着城跡（黒田官兵衛ゆかり、小寺大明神）、「天川（あまかわ）御着橋30ｍ」。左・ＪＲ御着駅。そして左に国分寺（播磨国分寺・その昔・聖武天皇の詔により全国に建立された一つ）。国分寺から1㎞東に黒田家廟あり（前述）。（ミニ社が15もあったよ！）、自動車学校すぎたら、相当大きな川あり。市川という。…土手から土手で約２００ｍ、流れは70～80ｍか。「育てよう、豊かな緑と愛の灯を・いちかわ」。「王将」でチャーハンと餃子の昼食。王将も味が落ちたかな。厄除け札所「御霊天神社」（右）、姫路天神前（交）、…ちょっとお参り、本殿の前・牛の置物、横たわっていた。「少にして学べば、すなわち壮にして成す有り。老いて学べば、すなわち死しても朽ちず」。電柱も消え、街路も広くなってＪＲ播但線をくぐると下寺町（交）、左折して進むと巽橋（交）、これを右折して更に白銀（交）で左折すれば、姫路駅北口でした。今日のてくてくはここまでです。今日の宿は5分歩いたグリーンホテルです。ともかくひと風呂浴びて仰向けにひっくり返りた〜い。

←播磨国分寺←市　川←姫路天神前←姫路駅
・新幹線
・山陽本線
・播但線
・姫新線
・山陽電鉄線

〈本日のおまけ〉

○加古川駅近くの加古川をＪＲ加古川線で10㎞上流・途中粟生（あお）駅で更に山陽電鉄粟生線・三木上の丸駅５分で「**三木城跡**」がある。１５７７年（天正５年）信長の命を受け羽柴秀吉が侵攻。別所氏をはじめ反旗をひるがえし抵抗。秀吉は城を包囲して兵糧攻めをした。「三木の干殺し」と呼ばれ餓死者続出。２年にもわたった。１５８０年別所長治以下自害し、城兵、町民は助かる。「今はただ　うらみもあらじ　諸人（モロビト）のいのちにかはる　我身とおもえば」当時23歳、長治辞世の句碑が、今なお建っている。（てくてくの秘かな歓びはローカルでかつての「今では懐かしい男の中の男」に出会うことです。）

○

地図上で明石市域を俯瞰すると、ＪＲ朝霧駅から播磨灘海岸線に沿って土山駅まで、細長く続いている。山側は神戸市西区が、かぶさっている。押し潰されそうだ。市役所は極端に東に片寄った海べりにある。また「人丸前駅」のホーム上に子午線があり、北側２００ｍ余のところに市立天文科学館がある。その高台は「人丸山」と呼び、柿本神社と月照寺もある。日本標準時東経１３５度の子午線通過地点に建てられた天文科学館（白亜）の大時計も遠くから見える。東経１３５度の子午線が日本標準時となったのは明治21年（１８８８年）１月１日です。）平成7年〈１９９５年〉の大震災で、塔にヒビが入り、時計も止まってしまった…とのことです。

2012年3月 〈兵庫県各市勢〉

	人口（万人）	財政指数
神戸	151.2	0.73
姫路	53.4	0.83
西宮	47.3	0.87
尼崎	45.7	0.83
明石	29.4	0.76
加古川	26.9	0.87
宝塚	23.0	0.88
伊丹	19.8	0.86
川西	15.9	0.77
三田	11.4	0.83
芦屋	9.5	0.91
高砂	9.4	0.93
富岡	8.7	0.40
三木	8.1	0.69
たつの	8.0	0.59
丹波	6.9	0.44
南あわじ	5.1	0.45
赤穂	5.1	0.72
小野	5.0	0.68
洲本	4.8	0.47
淡路	4.8	0.35
加西	4.6	0.60
山	4.4	0.44
西脇	4.3	0.52
宍粟	4.2	0.38
加東	3.9	0.77
朝来	3.3	0.46
相生	3.1	0.57
養父	2.7	0.24

兵庫県ウォーク④　姫路→相生（万葉岬）

平成28年1月17日（日）くもり晴れ間・小雨

姫路駅～南口（交）～延末1丁目（ノブスエ）～山陽本線に沿い左廻り～手柄山入口～中地西（チュウジ）3差路～水尾川～棚田（交）～荒川神社～苫編（とまみ）3差路～付しろ3差路～英賀保（あがほ）駅～矢倉3差路（交）～春田神社前（交）～京見橋東詰～夢前川～北河原（交）～正門1丁目（左）夢前川駅へ～早セ町北（交）～一ツ橋川～県立姫路南高校（左、0．9㎞）～能見（交）～播磨勝原駅～大津町1丁目～山戸橋～宮田北（交）～宮田大橋～ツカザキ病院～三差路和久～高田（交）～網干し駅分岐～播磨の祭り（ポスター）～太子町糸井・県立太子高校（右へ200m）～立岡（交）～鵤東（イカルガヒガシ）～斑鳩寺（いかるが）右700m～寺へ戻る～東芝太子工場～一級林田川～阿曽～加ト稲荷大神・是従北町～宝林寺～門前（交）～西構（交）～揖保川～（左）たつの駅～正条（交）～揖保川町原（交）～池ノ内（交）120号（県道）～相生駅…～市民病院～市役所前～ポート公園～相生港～学院高校入口～東部工業団地～播磨シーサイドロード～野瀬～椿園～国民宿舎～万葉の岬（バス）相生駅

8：20～16：00（万葉岬）約7時間30分　28㎞位

プロローグ

今日は阪神・淡路大震災から20年の日です。震災の年に生まれた人が20歳になる…ということ。また、震災当時の年配者もそれなりに世を去った…という事などで、慰霊行事のあり方も、考え方も変わりつつあるようです。朝からテレビが騒いでいます。5：30起床。6：45サービスの朝食も済ませた。さあ朝日を浴びてスタートです。ビジネスホテル、1泊サービス朝食付5，600円、グリーンホテル立町店。お世話になりました。気温0．1℃。

姫路駅南口

セブンイレブンで地図買って南口へ。駅前南口（交）を右折。南畝（交）、延末1丁目（交）…左に行けば姫路港・右へ行けば城…まっすぐ広畑方向。延末西（交）右折、地下道くぐる。正面・山陽本線の高架、これに沿うようにして左廻り。左側は手柄山中央公園の森です。二級、船場川15m、モノレール解体工事中。

←

千柄山中央公園

文化センター、市民プール、遊園地、本日臨時休園日とある。観覧車もあるよ。朝日の光はあるが一面高曇り。線路を右に見て進む。中地（ちゅうじ）西3差路をまっすぐ。水尾川（橋）10m。棚田（交）踏切からんだ変則交差点です。「東町坪（ちょうのつぼ）♀」、西町坪と県道415号を行く。荒川神社（レール向こう側）、「苫編（とまみ）三差路（上は高架道）」、「付け城（つけしろ）三差路。」すっかり空は一面の雲、わずかに薄陽。

←

英賀保駅

JR英賀保（あがほ）駅（平屋）、駅広・広い。駅舎を背にして県道516号は工場群へ。県道502号は（広い道）は広畑製鉄所へ、私はレール沿いを更に県道415号を進む。このあたり中心に山車の出る祭りがあるそうだ。春日神社前直進。矢倉（交）三差路、京見橋東詰。

←

夢前川

しゃれた名前の夢前川。相当大きいぞ。130m位あるか。流水はその半分、川沿いを右（上流）に行けば国道2号に、川を渡ってすぐ左に下れば山陽電鉄あぼし線夢前川駅です。

←

正門一丁目

川をわたって左側、広畑天満宮。北河原（交）、中内歩道橋（姫路方面・渋滞中）正門一丁目（交）製鉄所へ一直線に続く広くて立派な道、広畑区正門通り。記念碑複数有り〝空間のメウイウス?〟…この地区への製鉄所進出が与えたインパクトの大きさを感じます。

←

小坂公園

姫路名物〝ドロ焼〟?・早瀬町北（交）県道419号（左製鉄所へ）横切る。左に小坂公園。

←

（10：30）・10分間この公園でリュックを下ろし、水分補給。なかなか腰を下ろして休む場所はないものです。3～4歳の子供と子犬を連れた30代の若い散歩ママと雑談…。一つ橋川（汚い川です）。県立姫路南高校（左へ）。熊見（交）片側一車線道路ながら歩道側に1mの自転車専用レーンあり。ところが、それでも自転車は歩道を走行してくることも多い。

自転車は道路のどこを通行すべきか？

道路交通法では、自転車は車の一種で、車道左側を通行すべし！となっているが、これがちっとも守られていない。自転車が歩道通行可能なのは、特に指定された区間（自転車通行可）のみ。ところが一般的な歩道を殆ど自転車が当然のように通行している。実態は誰でも知っているように、車道を自転車が安心して走れる状況には必ずしもなく、また一方、歩道に歩行者の数も少ないことから…矛盾を生じている。そんな中、自転車専用レーンを設ける（車道や歩道に）例も多く出ているが実験的な意味が強い。道路を歩く側からしても、自転車通行についてのルールを実態を踏まえて明確にされるべし。火野正平さんが〝こころ旅〟で自転車走行のお手本をやってるようだが、誰でもが安心して車道（左）を走れる現状ではとてもない。自転車への指向は強まっている中で。

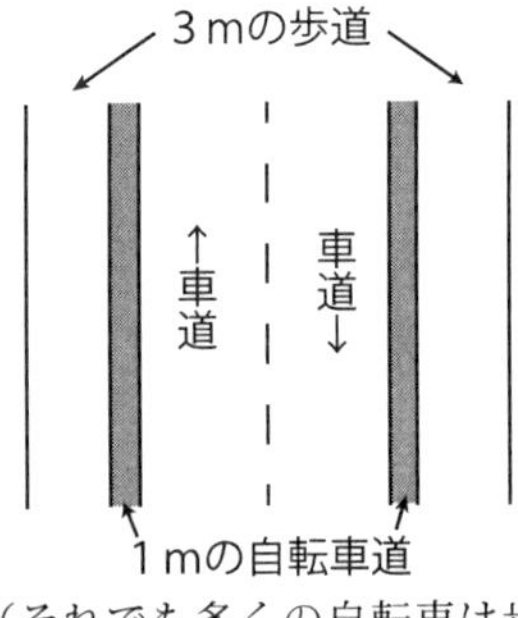

3mの歩道
↑車道
車道↓
1mの自転車道
（それでも多くの自転車は歩道を走りたがる！）

播磨勝原駅 ←

右、JR播磨勝原駅（300mで）近代的な駅施設です。大津町1丁目（交）左側にイオンの大ショッピングセンターです。道路左側に3m程の水路その南側一帯は、延々と戸建て住宅群です。山戸橋7m、宮田北（交）、県道421号を突っ切る。両サイド畑（田んぼ）となる。

宮田大橋 ← ツカザキ病院 ← ＪＲ網干駅（右） ←県道27号線― 鵤東（交） ←県道725号線― 斑鳩寺 ← 東芝工場 ← 林田川 ←

大津茂川（宮田大橋）80ｍ。水たっぷり。バス釣りヤングマン数名・キャスティング。一匹釣り上げ、友人とスマホでピース！やっていた。私も橋の上から拍手!!

樹齢20年程度の欅並木。右にツカザキ病院（畑の中に忽然と大きい）。右手、１㎞弱程度にある小山の中腹に由緒ありそうな寺院が見える。日曜なので閑散とした病院ながらサイレン鳴らして救急車が吸い込まれた。静寂戻りました。和久（交）で県道27号へ右折。（左へ行けば山陽電鉄網干し線終点の網干駅です。）

右へ行ってしばらくしてＪＲ網干駅（右側）です。意外にさびれている。播磨の祭りのポスターまた、目に入る。山車、御車でスゴそうだ。県立太子高校（右）。新幹線をくぐって鵤東（交）左折、県道７２５号へ。斑鳩寺（いかるが）、右７００ｍとある。行ってみる。

聖徳太子が推古天皇から賜った鵤の地に開創した寺で、飛鳥の法隆寺をしのばせる寺院建築群。戦火にあい焼失したが、その後、修復もなされ、数々の「国重文」が残る。１５６５年当時の三重塔もある。門前に伝尊大師のお言尊「隅一千照」（いちぐうをてらす）の碑あり。有難い気持ちにさせられるお寺です。例の如く10円でご挨拶した。

東芝太子工場（右）の巨大建物続く。正門の中・傍に50ｍもあろうかメタセコイヤの大樹あり。阿曽（交）、一級・林田川（70ｍ、流れは10ｍ程）、網で漁をしているオッサンあり！加ト稲荷大神「是従北町」の大きな赤い鳥居あり。

「県道４３７号つっ切る・松原口（交）」、雨つぶ顔に当たる！宝林寺（禅）左傍。門前（交）立体工事中。右、たつの市街へ。国道２号線です。

揖保川(いぼ) ← たつの駅 ← 相生駅(あいおい)
・新幹線
・山陽本線
・赤穂線
← 新境橋 ← 県道64号線 中央通り ← 国道250号線ポート公園(交) ←

(「そうして　そのたび　わたしの花が　ふしぎと　ひとつ　ひとつ　ひらいて　いった」禅)

左を新幹線・西構(にしがまえ)(交)。何やら前の方が盛り上がりつつあるか…川が近いか。

揖保川(交)、日曜なのに交通量多シ。揖保川(土手~土手、300mはあるか、100m程の水の流れ)このエリアの大河だ。左、たつの駅近し。大阪から106㎞。正条(しょうじょう)(交)、揖保川町原(交)、山坂にかかります。大門(交)ゴルフ練習場、相生市域へ進みます。

〝ようこそペーロンの町へ〟相生自動車教習所(右)、ハリマタツノ企業団地(右へ)池の内(交)那波野東(交)、国道左下200m在来線、その向こう高架で新幹線。国道と分かれ県道は12号線へ。相生陸橋こえたりくぐったり。相生の街は山あいの谷間にあるのか!という第一印象。各停電車4両でトコトコ走っているが、相生は鉄道の要衝です。山陽本線と赤穂線、それに「新幹線」の停車駅でもある。相生駅は北側は国道が通るだけでなにもなし。南口に廻ると、ひらけている。しかし駅広正面と横に一棟ずつビルはあるが、とても新幹線と在来線のある駅にも見えず。

地図を開くと、約2㎞近く離れた海岸線に向かい市役所、病院、港、工場があることが分かる。行ってみる。再開発中と思える区画をすぎ県道64号を南へ。苧谷川橋にかかる新境橋を渡ると左側からの県道121号と合流。ここから港までがメイン通りか。中央通り、播磨病院、市役所、電柱もなく歩車道しっかりした通り。国道250号線にぶつかり大きな川のような相生港です。

そして、ポート公園(交)で海と対面。製鉄所、水産物市場、右には深い入江となっている相生港。相生港・相生湾を前にして、これから湾の左手に張り出している東側の海沿いを突端の万葉岬を目指して歩く。国道を歩くと、相生湾(漁港)、左に龍山公園を見て張り出している遠見山の裾をまわり込む。野瀬(交)で相生学院高への道を分ける。(通学大変そうだなあ)。ここからしばらく対岸の工場に負けじと「東部工業団地」が湾に張り出す。

相生学院←高校入口←東部工業（右下）←万葉岬←

（帰りは相生駅までバス）

右側、相生湾、相生港、が開け海の青がまぶしい。対岸にはとりわけ大きいＩＨＩの造船所（かつて、相生港といえば石川島播磨といわれた大工場で大規模な雇用を生み出していたが、日本の造船業が苦境になるにつれ、勢いも、雇用も相当減ってしまった…とのこと）。こちらの工業団地には中小工場群。…はりまシーサイドロードを歩く。（相生湾の相生港…漁港としては30～50隻の小型船が主か。）全体として相生港は工業港として栄えてきたようで、今でも倉庫群あり。相生発電所もあり煙を上げている。鰯浜から、坂道を登る。少々喘ぎつつ頑張ると、右下、眼下に青い海。対岸の「突崎」、「釜崎」の半島が美しい。とにかく岬まで乗り掛かった船だレッツゴー！

あと少し、あと少しと頑張った。願船寺の先でバス通りから右に入って、歩き進むと万葉岬へ。驚いたことに眼下の海におびただしいカキの養殖イカダが海面を覆っていた。こんなにもカキ漁が盛んなんだ!!島（蔓島）も浮かんでいました。やっとこ、ここまで歩いてきた。リュックを駅に預けてくれれば良かった…と思いつつ登りはきつかったが達成感は十分でした。

帰り相生駅へは路線バスに乗る。15分待って、バスに乗り戻った。文明の利器は楽チン楽チン！アッという間でした。なんと私の月2回のゴルフ仲間の友人がこの相生出身です。相生から千葉へ。人生色んな縁があるものです。「相生の街が、となりの赤穂に負けている」…と彼は悔しがっていますが、そんな事はありませんよ。慎ましく、奥まった天然の良港。工業も漁業も自然の豊かさもあり美しき良き街ですよ。

相生駅前・東横イン

駅と中心市街地が1㎞も2㎞も離れている…という都市は、他にもあります。再開発中の駅前整備が完成するのが、待たれます。万葉の岬からのバス、駅まで490円。約25分かかった（行きは歩いてやっとこ約2.5時間余…）。バス車内に「Please pay the fare on your out」とあった。田舎の親切バスにしては、ドライバー終始無言でした。今日はバイオリズムが良くなかったのか。ともかく相生駅帰着。そして駅前ビジネスホテルに入ったのは18時近くで、小雨が降ってくる頃でした。13日からスタートの今回のてくてく。相生で区切りです。6日間てくてく終え、明日は電車の旅で千葉に帰る。明日は東京方面朝から雪との予報です。

〈おまけ〉

○西播磨の中核都市姫路市は、現在人口50万を越える大都市だが、もともと、東は市川、西は夢前川にはさまれた下流域が中心に形成されてきた。新幹線ホームから、鳥瞰すると、北側はビルラッシュ。中心に世界遺産の姫路城が白亜の偉容を真正面に見せている。南側は播磨臨海工業地帯とし、煙の絶えることはない、新日本製鉄、発電所、パナソニック、大阪ガス、山陽特殊製鋼など日本を代表する一大工業地域だ。

○姫路城はもともと、播磨の豪族小寺氏・御着城の支城（小さな館）にすぎなかった。１５６７年、北近江を出目とし流浪を経て姫路に来た黒田家は、官兵衛が21歳の時家督を継ぎ、小寺家の家老として姫路城主に就いた。「親・信長・秀吉」の立場であったが小寺家は毛利家支持であったため、板挟み。結果、伊丹城の土牢にて幽閉される。御着城は秀吉に滅ぼされた。信長全国統一の過程で播磨の既存勢力中心であった中世勢力の多くは消えた。織田と毛利にはさまれ苦悩して滅んだ城主も少なくなかった。戦国時代に羽柴秀吉が３層天守閣をもつ姫路城を築城。江戸時代には池田輝政が５層７階の今日の城を築いた。家康の孫の千姫も10年間、この城で過ごし持参の化粧料10万石にて西の丸の化粧櫓を増築。また、姫路城西御屋敷跡・庭園の好古園は、姫路市政１００周年記念庭園である。（名は藩校好古堂にちなむ）官兵衛は才知を恐れた秀吉から徐々に遠ざけられ晩年は実子の黒田長政の居城・九州福岡城で過ごす。（地元パンフ・兵庫県歴史散歩参考）

○網干（あぼし）

今回のてくてく歩きでは、ＪＲ網干付近は歩いたが、山陽電鉄網干線終点・網干駅方面へは行かなかった。しかし網干という名は、その読み方も易しくはなく、また、電車の行先方向にも「網干行き」となっていたり気になっていた。

元来、この地は揖保川の水運と瀬戸内海運の中継港として多くの廻船問屋や豪商が居たところという。網干陣屋跡があり「歴史資料館」になっている。新日本製鉄進出により、飾磨と網干の町も様相は一変。高度成長期はその恩恵を受け栄えた。しかし高炉の火は１９９０年に消えたが、網干と名の付く駅はＪＲ駅と山陽電鉄網干駅と二つあるが、ＪＲ駅周辺では神戸・大阪への通勤圏との様相あり。製鉄所企業城下町の残影や、江戸時代以来の古い町並みや史跡の多くは山陽電鉄網干駅周辺や南部に残っている。

○1月18日（月）、今日の兵庫県内は雨。今朝東京は積雪5センチ、昼過ぎには止むとのことです。７時前ビジネスホテルの朝食。８：20宿を出、８：40ひかり乗車、帰途へ。私は昨日から風邪気味。喉ヒリヒリ痛みます。５泊６日の「てくてく」を終え、車中で居眠りしたりボンヤリ考え事したりして、また、充電すべく帰ります。…小椋桂はどうして50才過ぎてから母校東大で哲学を学び始めたのか…この世に本当に駄目な人間っているのだろうか…。偏差値が高くなくても、裕福な家庭に生まれなくても、身体に障害があったとしても、不器量と思っている人でも、この世は己の心の持ち方一つで〝いかなる人物〟にも変身できる潜在能力は秘めているのではないか…。何を考えているのか私は。心地良い疲れと眠気が私を朦朧とさせてきました。

兵庫県ウォーク⑤　相生↓赤穂

平成28年2月9日（火）晴れ・くもり・小雨

相生駅～警察署前～カトリック教会～普光沢橋～みずべの散歩道～那波大浜（交）～那奈美港～IHIビジネスサポート～イオンタウン～左方川（こうわばし）～相生生産工業高校～播磨シーサイドロード～赤穂義士ゆかりの旧街道・峠の茶屋跡～高取延命地蔵菩薩～高取峠・上りカーブNo8～下り坂小舟放置～右下ユニチカ工場見える～下りNo12～高野（交）～千種川～高瀬舟・船着場跡～坂越三差路～亀甲跡碑～川沿いジョイフル昼食～加里屋（交）～中広（交）～赤穂城南緑地～大蓮寺～花笠寺（かがく）～城跡内散策～大石神社～赤穂駅前
11：15～16：20　約5時間　18km位か

プロローグ

4：30起床、5：58（稲毛海岸駅乗車）、7：03東京駅ひかり岡山行乗車。歯痛が続いており、注射・クスリ、そのせいか腹下り体調良くはないが中止する程でもなく出発。各駅・各ホームには、いつもの事だが、平日とあってサラリーマン、サラリーウーマンの出勤と重なる。黒いコート、スーツ姿などの男女…3年前には私もその1人だった。皆さん健康に気を付け、頑張ってネ!!私はこうしておかげさまで、また1週間程の予定で播磨から備中を歩かせていただきます。

丹沢の大山・うっすら曇景色、富士山は真っ白。東海・近畿と日本は長いので天候も変わります。11時、相生駅に降り立った時は小雨模様。身支度チェックして、11：15歩きのスタートです。お天気雨（日射しているのに雨）の中、雨装備完了。頑張るゾ！オ!!

相生駅→国道２５０号線→相生産業工業高校→赤穂義士ゆかりの旧街道→高取峠記念碑→大下り→ユニチカ工場→坂越（さごし）三差路→

相生駅前（南口）は再開発中。警察前、長沼医院、カトリック教会、テレジア幼稚園、普光沢橋、「１年カキ、相生カキ」の旗。本通りを行き、ひめしん（姫路信用金庫）前、みず辺の散歩道。那波大浜（交）左へ。那波港（小型船40〜50隻）、ＩＨＩビジネスサポート、イオンタウンマックスバリュー、なんでもあるよ！右の山裾を電車（赤穂線）が行く。工和橋北（交）国道２５０号まっすぐ進む。佐方（さがた）川渡る。左にＩＨＩのカマボコ五つの大工場。右へカーブ、相産高校（交）・相生産業工業高校（右）、（左へ行けば古墳、発電所方向）。…国道２５０号線を歩いている。

高取峠トンネル早期開通実現！の大看板。カーブ連続、ハリマシーサイドロード（でも山の中ですが…）上り坂。右側は谷を挟んで、おむすび型の程良い連山…ハイキングに申し分なさそうだな。「赤穂義士ゆかりの旧街道」との表示あり。「峠の茶屋跡」、左、高取延命地蔵菩薩のお堂と像。峠をのぼり切ると高取峠、ここから赤穂市域へ。ここに記念碑と新谷洋子さんの像あり。背後は砕石中の赤茶けた痛々しい山肌が迫っている。立派な岩山一つを崩している。「江戸より百五拾里」とある。上りのカーブ八つ？下りのカーブ12ヶあった。ダンプ、トラック、マイカー排気ガス吐いて私に浴びせる！景色は美しいがひどい公害です私には。峠道赤穂へ４㎞。チョコレートかじる。「カーブ９」で右下に小広い平野ひらけ、川が流れ、電車が行き、左前方には海（入江）も見下せます。ユニチカの大きいけど古ぼけた工場。何か臭いぞ。まだ下りきらない山裾の藪の中に小舟が２隻、何故かこんな所に放置。ユニチカ工場の上にマッターホルンのような形の良き山あり。

川は千種川か。新しい大きい橋建設中。改修道路工事中（坂越道路）。坂越橋渡って旧坂越橋北（交）、左手、千種川の向こう側に赤穂高校。この川の流れは水清くサラサラ流れている。坂越港の碑あり。高瀬舟「船着場跡」、坂越（さごし）三差路。ＪＲ坂越駅。土手道を歩いている。左側の流れ、サラサラと美しい。右側、麦畑、太陽光パネル、住宅、国道２５０号線、そしてレール…。亀甲跡碑（右）、コミバス「ていじゅうろう ♀」、右側の民家の庭、キンカン、ユズ、ナンテン…見事に鈴生りです。左側の河原マスマス広く海が入り込んでいる。２：15 川沿いのレストランジョイフルでハンバーグ８５０円也。南野中三差路、右から水門通って川が合流。左の本流は大河の趣に。文化会館前。コミバス「ゆらのすけ ♀」。毎年12月14日は義士祭で行列ねり歩く。

←

平成８年３月に国の特別事業として復元された「国史跡赤穂城跡」本丸門

赤穂城跡公園 ←
・大石神社
・大石良雄邸跡
・武家屋敷
他

赤穂駅ビジネスホテル ←

日本キリスト教団・播州赤穂教会。加里屋（かりや）、（交）学習塾・吉田道場、「朝日山永慶寺・２．５ｍ×３．５ｍの超大鬼ガワラ」と大きな本堂、蓮如上人像本堂わきにあり。まるで城みたい。赤穂城南緑地、東沖（交）、発電所の煙突モクモク。中広（交）、「ゆらのすけ大石神社前 ♀」。城南緑地入口、「街路・植樹」整然としています。大蓮寺・お城通り。花笠寺（かがくじ）…このあたり城跡を1.5時間かけ散策した。

〈おまけ〉

○水・赤穂塩を積み込んだ廻船は、この港で潮待ち、風待ち。千種川上流からの年貢米の積み出し港となり高瀬舟と廻舟で坂越は港町として栄え、多くの遺跡が残る。…坂越（さごし）の港

○赤穂に城下町が成立したのは戦国時代後期16世紀・宇喜多氏によるといわれる。江戸初期浅野長道が藩主となり城を整備。孫にあたる長矩の時、刃傷事件（1701年、元禄14年）が発生し、浅野家断絶になった。赤穂城の受取りは、隣のたつの藩、脇坂氏であった。城そのものと主なものは、明治時代に廃棄された。

・あら楽し、心は踊る身は捨つる　うき世の空にかかる雲なし！（大石蔵之助）

・風さそう　花よりも我はまた　春の名残を　いかにとやせん（浅野長矩公）

○今日は千葉から出てきた初日。よって、てくてく開始は11時過ぎ。歩き終わり16：20。まあ半日の行程だった。〝陽なた雨〟の中ではあったが、いつもの足指は痛まなかった。どうも一日30㎞近く歩くと痛んでくるらしい。今宵の宿は赤穂駅舎続きです。「赤穂塩ラーメン・チャーシューをおつまみに別注文し＋熱燗」で今日一日を腹に収めた。

岡山県ウォーク　播州赤穂→日生（ひなせ）→備前片上

平成28年2月10日（水）くもり時々晴れ

赤穂駅～かりや新町（交）～塩屋惣門（交）～旬鮮食材館～塩屋橋～関西福祉大～塩屋川～新田橋～近道～石ヶ崎橋～国道250号へ～撫島～三菱電機～JR天和駅～赤穂西小～鶴和西（てんわにし）（交）～模地区～砕石トンネル～福浦～奥州塩釜神社分社～法光寺～福浦峠～寒河東～寒河（そうご）駅～日生東小～西谷川～浜山西（交）～殻付きカキ直売所～日生（ひなせ）藩・駅～駅そばのレストラン～漁港～日生西小～木生峠～夕立受山（ゆうだちうけやま）入口～新田川～井田地区～伊里（いり）駅（右へ行けば）～穂浪人道橋～真魚市（マナイチ）漁協～正宗白鳥生家跡～寿鉄工所～藤原啓記念館～金平鉄工産廃所～井伏ますじ碑～宇佐八幡宮～市民センター～西片上駅～備中市役所～歴史民俗資料館～備前片上駅

8：15～15：30　約7時間（実質）　約26km

◎てくてく歩きとはあまり関係ないけど、この2～3週で起きたこと正直に記します。

・10年ぶり日本出身力士・琴奨菊が優勝しました。

・松山秀樹がアメリカゴルフツアーで2勝目の優勝です。

・プロ野球、清原さんが覚せい剤で逮捕されました。

・日経平均株価一気に900円値下がり。

・俳優・渡辺謙・胃がん手術。

・高梨サラ選手12勝目です。

・私が3年連続10km（南房総若汐）マラソン駆け抜けました。（どうってことないけど！）

・台湾で大地震。35人死亡100人行方不明。
・北朝鮮がミサイル発射しました。
・ドイツ列車、正面衝突、4人死亡100人負傷。
・2016年秋の米大統領予備選・トランプ狂騒曲です。
・倅の太朗が結婚しました。
・歯が痛み医者へ行き、処方された薬で下痢をしました。
・この世は嬉しいことも起きるけど、それ以上に悲しいこと、辛いこと、残念なことが起きます。〝何くそ〟
それでも歩きます。

プロローグ

昨日は、あの忠臣蔵で有名な播州赤穂市を相生からてくてく歩き、訪れた。千葉県の一地方都市で生まれ育った私が70歳台になって仕事をリタイアし、自由の身でとても遠いところまでてくてく歩いている。継なぎつなぎ、とうとう、赤穂浪士で有名なこの街に来ているなんて…幸せというしかない…と実感します。JR赤穂駅は新しく近代的に駅前広場・街路もよく整備されている。駅舎コンコースには「忠臣蔵の街」「大石良雄・辞世の句」夫々巨大な額が掲げられていた。駅舎続きの近代的なビジネスホテル、東横インに泊まった。サービス朝食付で5，400円は有難い。しかし昨夜の部屋は1Fだった。窓の外は宿泊者のマイカー駐車場ソバ…であったため、夜間車のライトには気分を悪くしましたよ。…それ以外、〝難はなし〟だったが。

○高取峠…元禄14年（1701年）3月19日の午前4時ごろ、ここ高取峠をエイホ！エイホ！の声と共に、

2挺の早籠が赤穂城目指して突っ走っていきました。これは江戸城松之廊下で突発した赤穂城主浅野内匠頭の殿中刃傷を知らせる第一の使者、早水藤左エ門、萱野三平の両氏の姿でした。この早籠は江戸から155里（約600㎞）の長途で昼夜兼行わずか4日半で江戸の事件を家老、大石内蔵助に知らせ、使命を果たしました。…と、今回てくてくで辿った高取峠に横7～8ｍ、高さ4ｍもあろうかという大岩の上に、4人の担ぎ手による籠の像がありました。私のてくてく旅と較べるべくもないけど、その〝偉業〟にはただ驚くばかりです。（高取峠モニュメントから）

播州赤穂駅前
←国道250号線
赤穂線レールくぐる
←
ショートカットに挑戦
←
関西福祉大
←
（国道復帰）
←国道250号線
石ヶ崎橋
←

今朝、体調悪いところなし。足先の具合・昨日は問題なし。今日はどうか。備前まで5㎞、日生まで15㎞…の見当。上町（交）、カリヤ新町（交）、歩車分離・マテバシィの並木です。電柱なし。塩屋惣門（交）右折国道250号を行く。レールくぐる。

前方右、山の中腹に「赤」という植林でつくったか、大きな文字が読み取れる。「穂」という文字もあるかと思ったが見当たらず。「旬鮮食材館」ＰＡＯＮＥショッピングセンターもう営業しています。何でもありそう。塩屋中（交）、塩屋橋15ｍ、塩屋川が左へ赤穂港にむかって流れています。大まわりの国道250号をショートカットのつもりで左へハリマシーサイドロードを行く。関西福祉大を右に見て進む。ショートカットでめでたく国道に合流。自転車で後から来たオッサン、何かと私に追い付いて話かけてくる。朝の出だから、付き合ってもいられず、曖昧に応えつつ別れる。大きいリュックを背負ったショボくれた同年配くらいの私に親近感を持ってくれたのだろうが…先を急ぐので…ゴメン。石ヶ崎という大津川に架かる橋の手前から国道を進む。

左側、割りに近く、工場地帯、発電所、住友セメントなどの煙突からモクモク白い煙が天になびいている。煙突10本はあるぞ！

三菱電機 ←右手、おむすび型の山つづきます。大津川、橋西（交）、ゆらのすけ「循環バス〇撫島」。ようやく右カーブでもまだ三菱電機関連工場（左）「三歩一声運動」ののぼり旗……〝玄関から3歩出て子供達を見守りします〟…の運動だ。左にJR鶴和駅。3両の黄色い古ぼけた電車がホームにいた高校生2名を運んで行きました。自転車が2台、施錠されて草むらに放置です。

てんわ駅 ←新道建設でとり残された（三日月湖のような）旧道沿いにくすんだ民家が十数軒あります。車の通らなくなった広い通りは幸せそうです。草花は多く、犬も遊び、年寄が植木に水をさしています。これが自然の姿だなぁ。

鶫和（てんわ）←赤穂西小・幼稚園。その入口右に大きなモニュメントと石仏（延命寺地蔵?）。「鶫和西（てんわ）」（交）、（字は異なるけど駅名と関係あるのかなぁ。）国道250号も左カーブで上りにかかる頃、右手、奥の山裾に寺をかこむように大きな百姓民家が密集しています。1ヶ所2ヶ所…どうしてなのかなぁ〜?

槇地区 ←槇地区、上り坂、途中、右、赤穂カントリークラブ（山岳コースです）。坂上り切ると頭上を砕石運搬用の大きなモノレールの様な円筒。ゴウゴウ音がしています。右手山の中腹から削り取った砕石を港（福浦港）まで運んでいるらしい。

鳥打峠 ←下り（鳥打峠）にかかると、左前方下に、山に囲まれた田んぼ拡がる。右に大きな石碑あるも字、読めず。更にぐっと開け、正面に⋀⋀形の標高400mもあるか、よき連山が続く。左下に駅らしきものあり。

備前福河駅（峠）←福河駅…見廻したところ、この駅の受け持ちは、点在する300〜400戸世帯の人々の為か。塩の里、福浦、塩田2丁目、奥州塩釜神社の分社あり、交番となりのミニ公園ベンチで一服です。

寒河 ← 市営住宅 ← 廃墟 ← 寒河駅 ← 巨大な島？ ← 日生運動公園 ← 殻付きカキ直売所 ←

上り坂にかかる。右、法光寺（巨大な石垣に囲まれた大きな寺）。この上りはキツかった。ここは福浦峠、県境でした。「ようこそ、岡山へ」巨石に刻んだ派手な歓迎です。ここから下りです。右に大きく高く丸い山、備前市バスの「福浦峠 ♀」。クマゲラ?が鳴いているよ、ゲェ、ゲェッ！寒河忠魂碑、「天狗山ハイク募集」小さな住宅群なのにこんなチラシがバス停に。寒河東 ♀、すぐ左手に大きな堰（東奥地?）、水満々でした。寒河（交）左手、奥の山裾になんと６棟の２Ｆ建て市営住宅群、全部廃墟です。何がどうして、こうなるのか。人口減＝入居減＝交通不便＝廃墟へ…か?左すぐ下にレールが出てきた。寒河中、左に寒河駅。

何にもない住宅跡の草むらに、リュックを下ろし、腰も下ろし…「髪も薄くなったジーサンが、ツタの絡まったゴミ収集Ｂｏｘに腰掛け、ペシャンコになったコッペパンをリュックから取り出し、パクつき、水筒の水をゴクゴク…様にはなんねぇなぁ…だが気分は知る人ぞ知るだ」。河内橋、寒河歩道橋、「日生東小」、備前焼陶芸店・沢山陳列してある…ウーン、見事なもんだ。西谷川５ｍ越える。右へ県道３９７号ラインが分かれた。浜山西（交）、頭上を赤穂線のレールが越えていく。真っ黄っ黄の２両電車がまばらな客乗せて横切っていく。流れる小川は海に近く、しかし、やや汚れて見える。ようやく海とご対面。目の前に巨大な島?陸続きのようにも見える。↓地図を見る。これは島だ！という事は入江だ。（鹿久居島というらしく、数年前・大橋が架けられつながった…とか。後述）河か入江なのか、左手に日生運動公園、沈みかけた小舟など見つつ、対岸の大きな島に圧倒され、縫うように海辺を進み、右に急カーブ。

道沿い、カキの収穫・集荷店あり。オバサンが作業している。〝殻付きカキ直売所〟とある。気の好さそうなオバサンに話しかける。「この殻の中、みんなカキ入ってるの?」「殻付きで買っ

日生（ひなせ）駅（港）←カキのおいしいレストラン←中南米美術館←岡山ブルーライン分岐←

ていくの？」など、我ながら愚かな質問をする。〝一つ食ってみっか〟と冗談半分にいってくれたが、あのヌルヌルしたものは苦手なので辞退。〝ちょっと前までは海の中におったカキ〟だそうだ。左前方、目前の大きな島に架かる吊り橋が鈍く輝いて見える（備前ハート日生大橋で開通して間もないそうな）。「島と光と緑と海のひなせにようこそ」と大アーチ。

左に病院を見て進むと、日生駅、日生港に到着。予備知識も殆どなく、〝にっせい〟かな…ところが**ひなせ**と読み、瀬戸内諸島へのフェリー発着、観光ホテルも複数あり、ここは、知る人ぞ知る歴史ある港町でした。駅舎も小さいながら近代的だし、海は目の前で特急も停車するし…特に小豆島フェリーは運行本数もあり、カキの養殖も盛ん…まぁ、驚きでした。早速「カキフライ定食」を賑やかに旗の出ている駅前レストランで賞味。ウマシ、ウマシ！こんなに美味しいとは!!今までの中でトビキリ美味じゃ！海にはカキか、生け簀だらけだ。日生総合支所。小振りだけど良き港だなぁ。登り気味に「切り割り」一つ越すと漁港・東備港です。

右手に中南米美術館あり。〝カキオコ〟の旗がズラリ！なんだろう？カキオコとは、カキを使ったお好み焼きの事でした。備前市日生西小（左）、右、土手・レール。木生峠から下り、左にセキ、右にレール。左、「夕立受山（ゆうだちうけやま）２０９ｍ」、優雅な名です。「あの道、この道、慣れた道、安全確認今一度！」。左、新田川、汚いぞ。「伯父が奥○┼」、右に岡山ブルーラインの瀬戸大橋方面を分け直進。すぐ左は海で、ブルーラインの下をくぐり右カーブの海沿いです。井田地区で左カーブ海沿いです。入江で湖のように静かな海、ゆったりしている。どこから外洋か分からぬ山々と島に囲まれている。レールはここから右、山の中へ。私は真っ直ぐ海の中を歩いているみたいな所を行く。右へ行けば伊里（いり）駅、閑谷学校方面。私は伊里川に架かる穂浪人道橋（交）を渡り国道２５０号線を進む。真魚市（まないち）・穂浪漁協。

穂浪漁港 ← ← 藤原啓記念館 ←

右手に正宗白鳥生家跡あり。国道の左側、歩道もない道路の左側にバス停小屋あり。1.5坪程度の簡素なバス待ちの小屋だが、何と海に突き出て立っている。大丈夫かなあ。すぐ下は海だぜ！

生コン、造船など工場群。右手に藤原啓記念館とバス停。金平鉄工産廃所（この先、度々、金平の看板と工場あり）。

〈備前片上駅〉

金平鉄工産廃所 ← 品川リフラクトリーズ ← 市民センター前 ←

竹田鉄工所（タケダマシーナリ）。「うるさいけど親に勝る者なし」井伏鱒二碑、市民センター、宇佐八幡宮（200m）、JR西片上駅着（本当に何もない駅、小さな駅舎、無人）。一旦、市役所前まで戻り、一つ手前の備前片上駅まで緩い坂を頑張ると自販機に入口を固めた駅に到着。

こちらも駅前に店舗は何もなし。でも西片上駅より少しマシ。駅舎には60歳過ぎのオッサン駅員がいた。客もおらぬので私と話し込む！東京で働いていたが、定年になり戻ってきて、改札を手伝っている。今日はひどいよ。朝からまだ客が20人しかいない。普段はもう少しいるのに…備前市は、日生、伊部（いんべ）、備前をまとめて市になったので、ヘソが分散しているよ。日生、伊部、備前、夫々が並存状態で、JR駅も日生か伊部駅か…ということで、片上2駅はすっかりダメだという。

西片上駅←
（ひと駅戻る←ようにして）
備前片上駅←------（赤穂駅前ビジネスホテルへ）

このオッサン駅舎内に子袋に入れたみかん(小粒10個くらい)を100円で売っていた。1袋買って食べたら実に甘かったので2袋購入。今日はミカン2袋売り上げ！と喜んでいたよ。15：30着で備前片上周辺に2軒ほど宿はあったが、1軒満室、もう一軒は遠すぎる。よって前泊赤穂駅のインにTEL。OKとのことで、レールで410円乗車し戻って泊まった。昨日は1階、「こんばんは上の階にしてくれ！」と頼んだら8階になり眺望絶佳！朝食サービス付き5，740円でした。

備前西片上→伊部（いんべ）→岡山

平成28年2月11日（木）晴れ

片上隧道～備前焼きの里・伊部（インベ）～伊部駅～市立備前病院～大ケ池～こっくり稲荷～香登（カガト）駅～たまちゃん発電所～備前長船造剣の跡（?）～吉井川（一級）～一日市（交）～これより岡山市～国道2号と国道25号分岐～樽原（交）～砂川橋～帝人工場～古河運輸～セキスイハイム工場～長岡（交）・右・東岡山駅～ココ壱カレー～高屋（交）～百間川橋（交）～浜3丁目～中央警察署～プラザホテル～ほう来橋～旭川～後楽園内見学～城下筋～陸橋～清心町（交）～中島歩道橋（交）～岡山駅西口

8：20～16：00　約25km超（見学含む）（東横イン西口）

2月9日（火）・10日（水）の2晩、赤穂駅前の東横インに連泊。10日は、赤穂駅前からスタートし、歩き始めて7時間備前片上駅・西片上駅まで歩いたが、適当な宿がなく、やむなく電車（410円）に乗り赤穂駅前・ビジネスホテルに戻り宿泊した…という次第。

よって本日は同ビジネスホテルからレールに乗りなおして、西片上駅まで行く。

驚いたねえ、7：10の電車、3両編成なのだが、赤穂で満員すし詰め！と　思ったら次の無人駅「天和（てんわ）」でほとんど下車です。学生＋勤め人!!

それからは、ガラガラ！

駄作…恥しながら…（川柳）

・ジーサンが今日もてくてく備州路参り
・陽が射せばマフラー外して気合い入れ
・カキオコやカキヤキ自慢の海の里
西片上駅下車（無人）

・きさらぎの備州路てくてく一人旅
・陽が射せば春の息吹きの菜花かな
・赤穂の街よ海よ山よいざさらば

今朝の予報では、概ね、晴れで気温は日昼12～13℃になるとのこと、よろしい予報だ。

昨夜は充分休養し、今朝は足裏のマメ対策も一応施した。昨晩の外食でのカキフライうまかったな。チャーハンもおいしかったし、ビジネスホテルの部屋でポットによる燗酒も抜群だったしな…なんて思い出し乍ら、さあスタートだ!!

西片上駅 ← 片上隧道 ←

駅の右側、そばに国道2号。これを辿ります。右手上方に新幹線の姿。左下手に市役所建物、そして片上湾の入江が見えます。家の屋根、干からびた田んぼ、雑草は一面霜でまっ白です。そこに出て来たての朝日が当り繊細にキラキラ笑っているように小さく輝いています。朝日は何物にも変え難く嬉しい。右側国道そばに何やら由緒ありげな堂屋と三重の塔、それに入口に案内看板あります。少し立寄ってみます。御瀧(おたき)山真光寺(真言宗)。739年行基が開基した。本堂(1516年)、三重塔(1613年、牛窓から移築)が中心。

真光寺三重塔は国道そばにあり室町時代の様式といわれ美しい。国道とJR線により伽藍は分断されていた。

寺入口に江戸時代の郡医師「万代常閑」の像と看板があった。

国道に戻り歩む。山の斜面(右手)に大きな墓地、けれども欠けたり壊れたりしているもの多シ。(先祖の墓参りも厳しくなり放置されているのかしら…)。片上隧道現れる。トンネル歩行苦手なのでドキンとする。245m、しかし完璧な歩道あり。(車が入ると凄い豪音、車が抜けると以前にも増して静寂が戻ります)

トンネル出ると下りとなり視界広がる。「備前焼の里・伊部（いんべ）」に入る。トンネルの上に峠が通っているのだな。旧道が下りてきています。伊部東（交）では左下から国道２５０号が合わさり、国道２号と国道２５０号がダブって進みます。右・伊部小、忌部神社・矢保窯跡・南大窯跡。ふるさとセンターなどなど。周辺を大きく見渡すと歴史ある赤レンガの煙突など多数あり。「やきものの里」の雰囲気充分。

伊部駅 ← 大ヶ池 ←

伊部駅（左側）は産業会館とセットで近代的な駅でした。

（昨日、西片上駅の定年リタイアの臨時の駅員さんとの話「駅員さん！私は備前市は初めて来たのだけど、市のヘソ（中心）はどこですか？」との私の質問に、駅員いわく「…この周辺をまとめて市にしたのでドングリなんです。日生かな、片上かな、歴史的には伊部かな……」私は伊部という場所が見当つかなかった。
でも、今、備前焼きの里、伊部の駅前にたち、一応の繁華な通りを見ると、伊部＝インベが主たる中心に思えてきた。）

ご当地キャラメルを２箱買う。焼きものを飾ったカフェギャラリーも目立ちます。「なんじゃ　かんじゃ　バージンじゃ　パチンコじゃ〜」。この辺を運行しているのは「宇野バス」です。

県立備前緑高校、市立備前病院（右）その後ろに迫ってきている形の良き連山あり。これを「備前アルプス」と名付けよう。この周りを鳥瞰すれば、左から「在来レール＋国道２号＋大ヶ池＋新幹線＋ビゼンアルプス」といえようか。右側にいつの間にか、大きな横長の池、国道２号の右

香登駅 ← 長船（オサフネ）町長船 ← 吉井川 ← 国道分岐

側に沿うように展開。その池の真ん中をなんと新幹線が橋脚を並べて、突っ切っている。国道２号を挟み、左側は赤穂線３両が時折トコトコ…右側は白蛇のような新幹線が池の上を泳ぎ渡るようにシュル、シュル、シュル―と疾走していく。

池灘（交）で右側の池ようやく終る。どこまで行っても、まっすぐの道。大内（交）・田んぼ・鉄塔沿い山沿いに住宅、たまに右を並走する新幹線の右側を３両の黄色い電車がコトコト。陽気もポカポカしてきて、あったかいよ。　香登（交）、左・こっくり稲荷、両サイドから家が寄ってきて倉庫や店、民家が集まった町です。左１００ｍで香登（かがと）駅です。

「西濃運輸・特急便配送センター」大型トラック30台はあろうか勢揃い。…宅配・航空便・海上便……が「商い」のメニューのようです。

両側は店舗続きとなった。二ノ樋（交）、タマちゃん発電所・備前長船町、左、赤穂線に沿って下ると「刀剣の里」「刀剣博物館」ＪＲ長船方向。

「備前長船造剣の跡」「長船サービスエリア」、右側に大きな川、現れる。「吉井川」だ。岡山まで19㎞とある。それにしてもこの吉井川、河口まで16㎞もあるというのにこの川幅。川幅は５００〜７００ｍもありそう。備前大橋から左をみると左岸に「長船カントリークラブ」の河川敷ゴルフコース。一級河川、堂々たる流れ。

川を渡って吉井（交）、一日市（交）、吉井川とお別れ。右カーブ、左、岡山市を示すモニュメント。西祖（交）国道2号と国道２５０号の分岐。山の端（交）、両備乗馬クラブ（左）、お馬パカパカ、歩行訓練中。右手民家の紅梅おみごと満開。「見える、聴える、心よろこぶ…補

← 東岡山駅 ← 宍甘（しじかい） ← 古都（こず） ← 上道駅（じょうどう） ←

聴器」の看板。国道分岐、左国道2号行けば西大寺岡山バイパス、瀬戸大橋鷲羽山方面。右、国道250号を行く。赤磐・東平島（交）・南古都（交）、川幅60～70ｍの砂川橋、越えて緩やかな右カーブ、ずっと右手を新幹線。沼歩道橋「見上げる青空に7～8条の飛行機雲！」ヤケにはっきり見える。明日は天気崩れるのか？（天気が下り坂に向かう時、ヒコーキ雲は消えにくい…って本当？）

どこの穴から出てきたのか？在来線が右側に現れた。貨物列車が通り、コンテナなど貨車76まで数えた。（あとで地図を見たら、ずっと離れていた山陽本線だった。右手に上道駅らしき有り。セミが干からびているよ。左・帝人工場、ナカシマプロペラ工場、北方（交）「なかなか着かないなあ～、でも上天気です。頑張っぺし!!」、岡山市鉄のバス停までも「鉄」！この沿線、プラスチック、金平鉄鋼、など化学、鉄の中型工場多シ。どの小川の水も汚ない。三石深井、古河鉄工、あと9㎞です。セキスイハイム工場（左）、左後方から単線のレールがカーブしながら合わさってきた。赤穂線が山陽本線に合流。右、ダイナム（何の店？な～んだ巨大パチンコか）、パチンコらしからぬ造り、昔ながらのパチンコ店とは外観、イメージも一新！…パチンコ屋も変わる。世の中も変わるのだ。

古都宿、宍甘、長岡（交）、右に行けば東岡山駅。ココ壱カレーに入り腹ごしらえ。802円味よし。トイレで忘れ物の財布発見！大分入ってそうだ！カウンターに届けました。お互いさまです。（一日一善、誰でもできる小さな親切）。両サイド郊外店舗何でもあるぞ。宇野バスが前部に日の丸2本掲出。そうだ、今日は建国記念日だ!!……（私は、館山の実家では未だに旗日には日の丸を掲げているよ）。

百間川←　百間川橋（交）130m近くの幅あれど流れ10m。河原広く、サッカー場、野球場ありだ。（百間川に水が少ないのは、「城下を旭川の洪水から守るため」江戸時代に「津田永忠」中心に工事をした人工河川だから通常は水量が少ない。2018年の洪水で威力を発揮した。）国道250号と分かれて右斜めに、原尾島（交）、浜3丁目（交）、中区御所（左）、岡山中央署前、操山高校（右）、大きな岡山プラザホテル、宝来橋、旭川、後楽園内見学140円也。

後楽園←　園を出ると城下筋、万町橋陸橋、清心町（交）左折（西口筋へ）。笠岡まで25㎞の標識を見る。

岡山駅到着←　海の方は薄日・青空見える。気温ヤヤ高シ、8～9℃か。岡山駅西口、ビジネスホテルへ。今日はここまでです。

おまけ

（備前長船の刀剣）　長船は古くから日本刀の一大産地として有名、当地で産する刀は「備前長船」と呼ばれる名刀で誉れ高い。長船の刀匠の菩提寺として知られる慈眼院もある。また、周辺に犬養毅揮毫になる「造剣之古跡」の碑あり。

（伊部の備前焼）　伊部は備前焼の町、JR伊部駅の北側を中心に窯元・商店が多数ある。窯跡も多い。12世紀頃から本格的な生産が始まり、鎌倉・室町時代を通じて西日本を中心に流通。駅ビルは備前焼伝統産業会館となっている。となりに岡山県備前陶芸美術館もある。南大窯・北大窯・西大窯跡の国史跡もあり。毎年10月中旬には、この一帯で「備前焼き祭り」が開かれ愛好家が多数集まる。

（備前福岡）　吉井川にかかる大橋東を県道464号を川沿いに1㎞程下ると長船町福岡という地名に出会う。ここ備前福岡は中世には備前随一の町として栄えた。堤防近くに「福岡の市跡」の碑あり。岡山城の城下が盛んになるにつれ、次第に衰退していったが、市場小路・横小路・七小路…往時を偲ばせる地名も残っている。

（新田開発と吉井川）

元禄年間前後に、吉井川、旭川、高梁川沿いで新田開発が進展。旭川、吉井川の河口に倉田、沖等干拓され、合わせて運河建設も進められた。18世紀以後農業商品生産も増大し、各河川に高瀬舟が発達。吉井川の高瀬舟は津山城下備前西大寺、金岡などと水運で結び、盛んに交流交易した。

（後楽園・岡山城）

1597年、秀吉の信頼厚き、宇喜多秀家が築城。外観から烏（カラス）城とも呼ばれる。関ヶ原合戦で東軍に敗れ八丈島に流される。以後、小早川秀秋・池田家と城主が替わる。池田家五代（治政）つづき、改修の合間、休憩地としての庭園だった。1872年（明治4年）、後楽園と改称され、のち池田家から県に譲られ一般公開も始まった…と伝えられる。

岡山→備前西市→倉敷散策→倉敷

平成28年2月12日（金）

柳川（交）〜大雲寺（交）〜十日市（交）〜青江（30号）〜JR宇野線交差〜米倉（交）〜笹ヶ瀬川〜大樋橋西（交）〜古新田（交）〜妹尾西〜岡山少年院〜産廃ゾーン〜ロイヤルホスト〜宇島町役場（西1㎞）〜早島中（交）〜152号（県道へ）〜右へ行けば不洗祝音寺・貴船神社〜国道2号に戻る〜加須山（交）〜上名田で県道22号へ〜船倉町（交）〜中央（交）〜散策〜倉敷駅へ〜ビジネスホテルビジネスホテル・1・2・3へ

8：20〜16：15＝ 8時間00分 25㎞相当

岡山駅東口

岡山駅西口ビジネスホテル，東横イン、サービス朝食は今朝「トースト＋卵」でした…（6：30からパン、7：00〜ゴハン　ダブルメニュー）

今朝の予報では今日は曇り。

岡山駅周辺は、東口がメインで繁華です。西口はこれから…といったところか。東口は駅から100ｍ幅と思わせる街路です。片側4車線、緑地帯も素晴らしい。（ところによっては片5車線、歩道幅、片面10ｍ近くある）。懐かしい市電が道路中央をトコトコ走り、駅前ロータリーから発着しています。

西川緑道公園も気持よい。県庁前通りを横切る。片3車線＋市電＋5ｍ歩道国道53号に出て南下。田町（交）で「あくら通り」横切る。岡電バスの方向幕（うしろ）をみると「すみません回送中です」すみません…とあるのが珍しい。駅へ向かうバスの前面幕は「岡山駅・てんまや」となっている。

国道30号線 → 青江（交） →（国道30号線から国道2号線へ）→ 備前西市駅近く →

（岡電バス・中鉄バス・両備バスも走っています）大雲寺の丸い交差点で国道２５０号を横切る。

市内循環めぐりんバス運行中！

国道30号を歩く。大学病院通りをつっ切ると市電が見えなくなった。（片2車＋歩道に）清輝橋3丁目（交）右に行けばＪＲ宇野線の大元駅へ、「岡電バス・観光センター」（大きな営業所）、南高校、岡山港方面への国道40号をわける。十日市・まん丸交差点（円型の大きな歩道橋）。日赤救急センター。

青江北、青江中、青江南、そして「青江（交）」を右へ。（左は備前へ、まっすぐは国道30号、玉野方面）、西川緑道横切る、新保（交）左に巨大ショッピングセンター（イオン）潰れている？ヤッタ！バンザイ、ハリウッドも一緒に店仕舞い……。片寄ったいい方をするけど、こうした巨大ショッピングセンターが出来る度、近くの伝統ある個人中心の商店街が崩壊したのだ…イオンはイオンで共喰いもしているようだ。…〝シャッター街生み出したスーパーも撤退し〟

国道2号高架道に入る。「備前西市駅南口駐輪場」を右下に見つつ、宇野線をまたぐ。米倉（交）…複雑で大きな交差点・歩行者（私のような）はウロウロ、迷います。倉敷へ13㎞。笹ヶ瀬川、土手～土手１００ｍはありそう。流れは60～70ｍ、相当大きな川と見た。国道2号渋滞出現！大樋橋ノロノロ。古新田・妹尾東（交）このあたり車だらけ、郊外店だらけ、騒音排ガス……レストラン、ラーメン大統館、アールエコ「雷神館」何これ？上り坂です、左足の指の先2本痛みます。また、水ぶくれになったか。かばうように歩くと他にも伝染する。左肩が「リュックが重い！」と痛み出す。

（宇野線は別名、瀬戸大橋線とも称し、のちに四国一周てくてくの際幾度も利用した。）

笹ヶ瀬川 ← 岡山少年院 ← 産廃ゾーン ← ロイヤルホスト ←

「なんとかなるさ、なんとかなったさ！」と自身にいい聞かせ歩きます。まだ薄日が射しています。ガソリンスタンド「エネフリ」って何？市立妹尾病院（左）、岡山高校、岡山中学（左）、妹尾西（交）、妹尾川らしきものあり。

「246店舗、4700台駐車場、イオンモール倉敷」のデカイ看板…上り坂グングン、左、みのるゴルフ。更にぐんぐん上って、左、岡山少年院、「マスカットスタジアム・コンベックス岡山」は左へ。RSKバラ園（左上へ）、現在11：15、今日のスタートからざっと3時間経過。倉敷まで9㎞弱か。

国道2号線車だらけで参ったよ！

峠の右も左も産廃ゾーンだ。産廃処理事業者は、その立地が都市計画で厳しく制限されているのだろう。こうした人家から離れた峠近くに集中しているケースを幾度も見ました。都市生活、生産活動がある以上、産廃施設も不可欠なことはわかりますよ、私にも…。都市生活・生産活動…に伴う「社会のウンコ」みたいなものか。…なぜか市川崑監督「どら平太」の堀外を思い出した。峠らしき高みに立つと、視界が拡がる。はるか先、ルートを遮るように一面戸建住宅が丘を埋めている。吸い寄せられるように下りに入る。倉敷の中心もそう遠くではなさそうだ。「電話占い、10分2，100円：アイズ」…占いも今じゃ電話でOKなのじゃな。

お腹ペコペコ、疲れていないが、椅子に座って一服すると、食欲が出るはずだ。左側のロイヤルホストにもぐりこむ。ステーキまがいの昼定食1，500円、おいしいがヤヤ値段が高めでした。洗面所もドリンクもそろっており、1人歩きのヨレヨレジーサンには、まあオアシスのよう

早島IC ←

ショートカット失敗 ←

一旦国道に出て今一度ショートカットへ ←

県道22号へ ←

倉敷川 ←

なもんだ。

また、国道2号に出て歩く……くもり雲、雨は降らねどこの殺風景な国道歩き、見るべきものは何も無し。機能一点張り、文化のカケラも無し！などひとりごとブツブツいいつつ進みます。

無津（交）、南岡山医療センター（右）、早島中（交）、長津（交）、山陽自動車道とのインターチェンジ、下をくぐって金田口（交）、早島町役場1㎞（左）、この先でどうやら倉敷市内へ入ったか。右斜め奥方向が倉敷繁華街とみて、右、国道わきの県道に入る。（倉敷・妹尾線）トタンに静かな田舎道となり歩き易い。しかし進む程に中心地に向かっている雰囲気は出て来ず、右に入ったのが早すぎた！と反省し、左側の車行き交う国道にまた、戻る。ヤレヤレ、ショートカットで楽をしようと思ったのが見事ハズレ。国道2号「どんどん亭」そばの加須山（交）をすぎ、気をとり直しての歩きもつらいが、頑張って、小さなインター風の交差点で今度こそ！国道2号とわかれ右へ、県道22号線へ、上名田バス停（下電バス……下津井電鉄バスのこと?）ここまでくると、前方・右側・倉敷中心街、目の当たりです。

雨が少々降ってきたぞ。まだ我慢できる程度です。「はなまるうどん」手前左に行けば、市役所。左側の小川（10ｍもあるか）のせせらぎは倉敷川か、現金なもので、汚らしかった感じの川も、中心街に近づくにつれ俄然、護岸も整備され、せせらぎを感ずる。流れには、藻も繁り見た目も涼しい。オヤオヤ魚がいるぞ、フナよりも細長い魚群がおびただしい。コイでナシ、フナでナシ、イナ、ボラでもなかろう。行きづりの下校時らしき中学生3～4人グループにきいてみる。情けない、「わかりません」という。今時の子は、ふるさとの川に乱舞する魚の名もわからないのか!!

前神橋・高砂橋 ← 大原美術館 ← 観龍寺・鶴形山 ← 阿智神社 ←

いやあ！白壁、蔵の街、整備は行き届いている。いかにも女性好みだなぁ。船倉町、船倉公園、川の対岸には市芸文館（何故か今日は閉館）、前神橋・高砂橋、ここから北に向け、景観が一望でき、しきりに観光客がシャッターをきっています。この交差点、右に行くと倉敷アイビースクエアー（赤レンガにツタがからまる諸施設アリ）だし、左に行けば市立美術館や星野仙一記念館がある。民芸店、おみやげ屋、珈琲館など軒を連ねている。対岸に、大原美術館現れる。

倉敷の屋なみを抜け、石段を上り「別格本山観龍寺」にあがる。重厚で見事な寺院です。振り返れば眼下一望です。

小高い鶴形山の通路階段を更にたどると、倉敷総鎮守「阿智神社」へ通ずる。厄除け坂33段あり、堂々たるお社です。鐘楼の鐘は朝夕を除いて日昼などは自動装置で鳴るそうです。まさにこの鶴形山山頂からは実によき眺め。

川柳〝山寺の鐘が時打つ全自動〟…読み人知らず（毎日川柳？）

前神橋、高砂橋付近から北側の中心街を写したもの
（倉敷市街の一部）

散策のち←

倉敷駅

ビジネスホテル←

「1・2・3」

次にどこを散策しようか？という時にはこのような高台に登るに限ります。倉敷市自慢の眼下の町並を、坂を下りつつ店に頭をつっ込み、倉敷紡績とその関連施設など小一時間散策した。女子学生のグループが腕章巻いて〝FRee Guide〟として英語による案内サービスを笑顔でしておりました。〝オヌシ達、やるのぉ〜〟知る人ぞ知る。民俗学者・宮本常一（地球一周分、4万km以上歩いた人）の旅のモットー↓見知らぬ土地へ行ったなら必ず高台に登れ！

歩き疲れて今宵の宿「ワン・トゥー・スリー」はレールに沿って約1km歩いたところでした。駅から離れている分、部屋は広く朝食もサービスでした。

おまけ

（大原三代）

・初代：大原孝四郎　：1888年（明治21年）倉敷紡績設立・初代社長就任：赤レンガ造り、イギリス式紡績

・二代：大原孫三郎　：二代社長、労働理想主義、向上的人道主義による革新的格言、日本キリスト教団倉敷教会設立に参加、また、キリスト教的人道主義に基づいて患者のための治療・東洋一の理想的病院を目指し倉敷紡績中央病院→（現）倉敷中央病院設立、美術館設立。

・三代：大原総一郎　：三代社長、「三つのコウ」＝交流、思考、工作の実現を目指し、倉敷アイビースクエアー設置。工場リニューアルした赤レンガ造りホテル、記念館、児島虎次郎記念館、アイビー学館、等々実現。現在も、クラレ、倉紡として全国有数の紡績会社。

〈大原孫三郎と三つの研究所〉

・大原社会問題研究所（現：法政大学・大原社会問題研究所）

・倉敷労働科学研究所（社会問題研究所の医学的労働研究所を独立させた。現：財団法人労働科学研究所）

・大原農業研究所（小作問題・小作救済事業展開、自作農奨励・農業の本格的研究機関として設立。

（観龍寺）1866年（慶応2年）長州奇兵隊脱退者100人が倉敷代官所を襲撃した倉敷浅尾騒動での本陣。

（鶴形山）倉敷紡績初代社長、大原孝四郎による鐘楼がある。（鶴形山阿智神社）

観龍寺脇の山道を進むと樹齢300～500年の日本一の「阿知の藤」があった。阿智神社は、本殿、拝殿、能舞台、絵馬殿などが建ち並んでいる。春・秋・例大祭が行われ、若者による「素隠居(すいんきょ)踊り」が催されるという。

（倉敷市について）岡山県は大正～昭和にかけ、軍事都市化・重工業化を進めた、軍事産業・軍医団なども在り、米軍空襲を激しく受けた。1945年（昭和20年）6月には、岡山、倉敷ともB29の集中攻撃を受け甚大な被害を出した。戦後は産業構造の高度化を掲げ、水島コンビナート造成、大企業進出で県全体を農業県から工業県に押し上げた。中心は、岡山市、倉敷市、玉島市であり、臨海埋立地（水島臨海工業地帯）は公害問題、汚染問題も抱えつつも繁栄は維持している。

私が大学生で「産業論」を選択していた頃（昭和40年頃）先端を行く重化学工業地帯としての水島地区は京浜、中京、阪神、北九州の四大工業地帯に取って代わるだろう…といわれた地域だった。

・余分なことだが、平成28年４月、三菱自動車工業で62万台にも及ぶ乗用車燃費偽造事件が発生！まさに倉敷市水島地区に操業する工場からであった。３６００人の社員の１／３がレイオク。

会社は日産グループ入りとナル。

・県全体人口は１９４万（約）で、「岡山市＋倉敷市」２市人口が全体の60％を占めている。

・特に倉敷市は、遠く離れた私のような千葉県人にとって、「倉敷市とは、蔵の街、大原美術館…など観光イメージ」が浮かんでくるが、広く瀬戸内全体を見ても、倉敷市は堂々たる工業都市でした。

2013年

	人口千人	財政力指数
岡山市	692	0.74
倉敷市	476	0.85
津山市	106	0.54
総社市	67	0.59
笠岡市	53	0.52
真庭市	50	0.32
赤盤市	45	0.47
井原市	44	0.59
瀬戸内市	39	0.51
備前市	38	0.50
浅口市	37	0.46
高梁市	34	0.29
新見市	33	0.24
美作市	31	0.26

特別後記

平成30年７月。いわゆる西日本豪雨が広島、岡山、愛媛を中心に襲い、２５０人の死者、不明者を出した。岡山県では、倉敷市真備地区・高梁川支流小田川で高梁川に合流する地点でバックウォーター現象が起き、小田川が決壊、大惨事となった。私が「てくてく歩き」で高梁川の雄大な景観に感激した霞橋からおよそ10㎞ほど上流がその合流点です。高梁川はかつて暴れ川として知られ、過去再三にわたり氾濫を繰り返してきた歴史を持つ。それだけに今日まで莫大な費用と年数をかけ、改修、治水に取り組んできたわけだが、地球温暖化などによる異常気象でかつて経験したことのない大災害にみまわれ茫然自失してしまう。

倉敷（在来）→高梁川→新倉敷（在来＋新幹線）

平成28年2月13日（土）小雨もよう

倉敷駅〜老松西（交）〜早瀬橋・総合グランド〜四十瀬球場（右）〜中島（交）〜水島高校入口〜武田鋳造工場〜江口電機工場〜高梁川・国道42号と県道430号分岐〜長田〒〜BP美袋線（交）〜新倉敷駅
8：15〜10：20　約2時間約10km
（在来線・新倉敷〜岡山まで（相生行500円）乗車、岡山から新幹線ひかり号で帰京）

プロローグ

日本経済は、自国の政策の善悪の影響というよりは、昨今、世界の情勢変化の波に翻弄されている。今朝のテレビニュースでも、昨日、株価日経平均で15，000円台となり、昨年末のピーク時から、なんと4，000円も大幅下落。今後も乱高下は避けられぬだろう…と叫んでいる。中国景気低迷、原油価格下落低迷などなど論じられている。そんな今朝の出だしだが、天気予報は、雨降り60〜80％の予報。5：30起床、身支度を整え　8：12　ビジネスホテルスタート。既にパラパラと時折小雨。

国道429号を行く。老松西（交）、早瀬橋、倉敷総合グランド、武道館、右、四十瀬球場。左、体育館、中島（交）、水島工高入口。武田鋳造工場（右）、このあたり何やら空気が臭うぞ、クサイ！薬品の臭いだ。「FA化のパイオニア、江口電機工場」（右）、国道2号の高架をくぐります。笠原まで24km標示。大西（交）、西阿知新田（交）、山陽新聞印刷センター、巻倒地区、片島（交）、霞橋東詰（交）。右手になんとも大きな川です。

これが「高梁川」だ。目の前に2本の橋がかかってくる。南側の橋が自動車道で霞橋のようだ。手前の橋、むしろ見た目こちらの方がアーチ型で立派に見えるが、歩行者・自転車専用橋だ。歩いてみて、どうもこれは国道の旧道ではないか…。それ位幅広で立派。おかげでノンビリと楽しめた。上流にも大きな橋あり。あれは国道2号の橋だな。下流に目をやると、すぐ左側川沿いになんとゴルフ場。河川敷のゴルフ場だ。（岡山霞橋ゴルフクラブ）プレーしている人の姿、数人見えます。なにより特筆すべきは、この川の水流の豊富なこと。中州もゆったり横たわっているが、中州を挟み、別の川でもあるかのような大きさだ。河口が近いことを割引いても大したもんだ。小舟にのって、3～4人、バスラーがキャスティングしていましたよ。上流の左側の小山、頂上部分にビニールハウスが、一面、白く見えました。川を渡り、右から土手沿いの車道と合流し少し左へ行くと霞橋西下（交）、ここから国道429号とはなれ、新倉敷駅への近道と思われる県道54号におり進む。堤下（交）、福島、長田町、BP美袋線（交）で国道2号高架をくぐった。前方やや左に新しいビルも数棟が見え、区画整理された街区を進み、左折して歩くと、「新倉敷駅」ターミナルでした。新幹線駅と在来線の駅となって、にわかに街造りが進みつつある…という印象です。今現在、これといったものは無し。5年か10年もすれば、ビルの建ち並ぶ市街地となるだろうが、今はまだ開発の端緒だ。今朝は山陽本線倉敷駅から歩き出し、約2時間てくてく10㎞程でした。これで今回の4泊5日の小さな旅を一旦終了します。

今日は予定通り新倉敷駅から千葉への帰路とさせていただく。今日は幸い予想より降雨も少なかったが、明日、明後日にかけてまとまった雨になるとのことです。10：34発、各駅相生行きに乗車。六つ先の岡山駅下車。（この各停3両編成だったが、倉敷駅からほぼ満員。立っている高齢者も多く、もう一両あれば…と思う）岡山駅で駅弁・飲み物・切符等手配して、当駅始発。12：24ひかり号にゆったり陣取り、ようやくのべ5日間の小旅行を無事に終えた安堵感に浸りました。

〈おまけ〉

○高梁川

岡山県にとって中国山地は父親であり、瀬戸内海は母親であるといわれるそうだ。

中国山地は鳥取県と岡山県との県境に連なる1，000mを越える山々があり、このおかげで岡山県は温暖な気候に恵まれた。

この山地から高梁川、旭川、吉井川等の大きな川が流れ瀬戸内海に注いでいる。これらの川の流れを利用した水運が発達。高瀬舟により、日本海側と瀬戸内側とで物資の交流が発達。高梁川は途中の「新見、高梁」そして瀬戸内の玉島を結んでいた。中流に当たる高梁は川に沿った細長い城下町として発達。物資の集散地となり、市街の北にあたる臥牛山（がぎゅうざん）には、日本で一段高いところに築かれた山城＝「備中松山城」がそびえ、東の山裾には城塞さながらの石垣を備えた寺院が連なっている。

高梁川の名は少々難しく「たかはし川」といいます。

このトウトウたる流れを見、想いを江戸時代にまで空想して逆上ると、今に生き、通りすがりの一旅人にしか過ぎ

高梁川の雄大な流量！

ぬ私でも、はるか遠くから続く人々の営みに圧倒されるのでした。

高梁川は、かつては暴れ川として知られ、再三にわたり氾濫を繰り返した。１９１１年政府により「河川改修工事（内務省直轄）」が行なわれた。総社市域から河口までの東西二川にわかれていたものを一つに付けかえた。（中州はその名残りかしら）江戸時代から水争いの絶えなかったこの地域の取水を南北の配水樋門による分流で解決を図った。（主として農業用水）このうちの一つ「南配水樋門」は15連のアーチが並ぶ日本最大の農業用樋門として評価されている…という。（岡山県の歴史散歩ほかより）。

○無人駅が語りかけるもの

人口減少時代到来といわれる中、社会のすべてのシステムがダウンサイジングを否応なくされています。公共交通機関の鉄道バスもまさにその渦中でもがいています。三大都市圏や、太平洋ベルト地帯に住む人々にとっては、単なる知識の一ページに過ぎないでしょうが、実は今北海道で、九州で、四国で、東北、山陰で……いわゆるローカルと呼ばれる地域では、鉄道はマイナスの大変革の波に洗われています。行き着くところ、廃線にも至るわけですが、そこに至るまでの過程にあって（そうならないための）必至になっての努力が繰り返されています。施策がよき方向に奏功しなかった場合は、約これから30年もしないうちに国土の２／３は猿、鹿、猪が跋扈する草深き１００年以上前の姿に戻るでしょう。

私のようにただてくてく歩いて旅している者にとって、ひと踏ん張りふた踏ん張りしてたどり着いた駅が事実上無人であるケースは驚くほど多いです。「３６５日24時間無人」もあれば、「臨時バイトの駅」もあるし、少し元気のよいのは三セク化。（業務がＪＲルールから解放されている地元運営の駅です）融通の利かないＪＲ運営の有人より、町や三セクの人による駅は（歩く旅人にとっても）居心地が良いのです。炎天や、雨から逃れて汗をぬぐう。着替えをする。パンやお菓子を食べる。しばしメモの整理をする。…そしてオバサン、オッサンと気軽に地元の会話をする…。長時間歩いて旅をする者にとってオアシスは駅であり、寺であります。道の駅も大助かりです。コンビニは物資の補給には抜群ですが、気楽に座り込んで休めず、会話もありません。適当な宿を見つけ、そこにたどり着く移動にはローカル線で2～3駅乗車ということもままあります。私は西部劇が大好きで、ＤＶＤでもよく見ます。私のてくてくは、ステーションワゴン（駅馬車の）駅を伝い歩いているようなもので相矛盾しそうですが、「てくてくとレール」は私にとってセーフティネットの基本です。都会と田舎がバランスよく共存し、奥行きのある日本に進化させてゆく中では、何らかの形でレールのネットワークを必要以上に壊してはならぬ…と思うものです。

〈或る地方の駅（ローカルステーション）の一生〉

・華々しく開業
↓
・その町のシンボル
↓
・人も荷も駅へ駅へと集まる
↓
・駅は町のシンボル（ヘソ）ー駅前商店街発達
○○銀座通り
↓
・最盛期（人口減少、マイカー普及、高速バス発達）
↓
・ピーク過ぎ、利用者年々減少
↓
・高校生、交通弱者が主として利用
↓
・運転本数、編成車両数減少（６両→３両→１両）
駅前商店街衰退。
新しい大型施設は国道、バイパス沿いへ
↓
・駅業務縮小、駅売店閉店
↓
・ＪＲ社員削減、退職者再活用、パート採用、業務委託
↓
・窓口業務・時間短縮。切符は自販機。定期券は基幹駅で。
↓
・窓口業務は、曜日、時間限定 （駅近くの人でも買い物、病院は車利用）
↓
・有人から無人へ。最低限の情報は遠隔操作で
↓
・駅舎簡素化、ホームは使用縮小
ホーム２面→１面に、片側のみで上り下り使用
跨線橋取り壊し
↓
・運行は２両ｏｒ１両のワンマン化（乗合バス並）
↓
・停車する列車限定、通過（不停車）列車増
↓
・トイレ使用も不可
駅周辺町内会が清掃、見回り担当
↓
ＪＲ・地元合意あれば第三セクター化へ
地元住民意向に沿ったプロジェクト中心
・駅業務町民が受託
・物産、喫茶、販売
・町民憩いの場に（駅が）
・簡易図書館
・小規模イベント
・高校生等の自習室
・町博物館
・ＰＭ５：00 以降居酒屋　ｅｔｃ
・万策尽きれば廃止も…

新倉敷　里庄→笠岡

平成28年3月8日（火）くもり

駅前通り～国道2号へ（玉島バイパス）～消防署～高架道玉島阿賀崎～クリーンセンター～大谷東（交）～植木のまち浅口市域～金光駅入口～トンネル～金光教本部（右）～須恵（交）～佐方（交）浅口市鴨方町～六条院中（交）～JR鴨方駅（右）～Happy town（天満屋鴨方ショッピングセンター）～岡山自動車大学校～鴨方西（交）～里庄町・手ノ際（交）～シャープタカヤ電子工業～アマノフーズ～新庄東（交）～富岡（交）～竹喬美術館（左250m）～笠岡市2番町・3番町（交）～伏越港（左）～トンネル（城山）～笠岡市住吉～笠岡駅

12：00～16：10　＝実質3時間30分約　15km

はじめに

私の「てくてく日本一人歩きの旅」は、各月、1週間程度、現地宿泊をしつつ歩き進み、そして一旦、千葉に帰る。そして後始末といえる自分なりの「道中記」を記す作業を行なう。この〝道中記〟が結構大変で労力を使う。その為にも、歩行中見聞した事を出来る限りその場で立ち止りメモ帳に記しておく。これが無いと、10日も後ほど記憶のみで記そうとしても散漫かつ、誤りの多い、いい加減な道中記となってしまう。メモにしても、橋や川、建物、そして交差点など、歩きながらのメモであるため、順序が前後してしまうケースもある。また、メモ字が判読しにくいケースも多々でてくる。〝道中記〟となると、どなたに読んでもらおう…と思うわけでもないけれど、万が一、人さまの目に触れた時、誤りが多くては…と思う。

従って、家に帰りデスクに向かって、メモを見、地図を開いて書くにしても、手近にある当地に関わる参考書などを見つつ、書くことを続けている。

当初、まさか芋づる式にそこまで大変になるとは、思いもしなかった。書き記すということは、道中記である為、嘘は書けず、調べて書けばドンドン長くなってしまう…という蟻地獄に陥ってしまう…。

まことに書き記す…ということは手間、暇のかかる事だと今さら思う。

…そうして…

月も新たまって、次の月となり、また、旅の準備等して、およそ1週間程度の予定で出かける。新幹線を利用して、前月終了した街まで、時には在来線も乗りついでいくのだ。

この繰り返しを、もう1年半ぐらい続けていることになる。

もう直に、73歳となる身ゆえ、足腰が元気でこうしたてくてく歩きが出来る事に、先ずは感謝しているわけだけれど、何時まで続けられるかどうか…と思うと、焦る気持ちになります。

やれるところまで、ベストを尽くしてやってみる!!という一点で続けています。

そういうわけで今回（3月）は、2月に歩き終えた新倉敷駅までは、自宅からレールで行く。
稲毛海岸5：58、東京発岡山行ひかり7：03に乗車。今朝は一面の霧です。気温は朝10℃ぐらいある。予報では、広島地方：今日・くもり、明日・雨、明後日・くもり…という。明日の雨は織り込み済、覚悟して出掛ける。今日は火曜日、今週土曜日に大事な用事があるので、今回は3泊4日の短い旅です。
東京・横浜一面の霧、そして平塚あたり、右手の霧の上に相州大山の上半分が顔出してきた。丹那トンネル抜けると、霧も大半なくなり、雪を被ったまっ白の富士。……静岡をこえて右前方遠く、南アルプスの頂稜部分見参…ここも雪をかぶって白くまぶしい。
11：29、岡山から在来線三原行（4両）に乗車、当地、うすぐもり。

新倉敷駅←国道2号線←高架道←道口川←里見川←

庭瀬、中庄、倉敷、西阿知、そして新倉敷駅…12：00少し前に着く。さあ歩こう…。その前に駅コンビニで270円の安い弁当を買い、駅広のベンチにかけ、これを平らげ腹ごしらえ終了。新幹線開業で区画整理したような駅前街路を行く。片側2車線、10mもある程の歩道、植栽もあります。

右斜めに小川沿い（新川の散歩道）を行き、国道2号に出る。県道42号線をつっ切る。国道2号の頭上に2号バイパス高架、其の下を頭を切られるような気分で歩く。右、消防署・救急車サイレン鳴らして出動した。玉島警察署、そして右手近く、山陽線の向こう側を新幹線が疾走していく。そして、更に、右遠く、山裾の高速山陽道を行く車が見えます。

国道2号線の高架上にあがり歩道を行く。下に、大きいような小さいような川を渡る。高架道から一段下って歩道が続いており、これを行く。

乗用車がパトカーに捕って、何やら絞られている。（他人の不幸は蜜の味とか…ゴメンナサイ）また、高架にあがる。玉島阿賀崎、右クリーンセンター。高架道右下の側道を歩く。側道の右側に10m前後の忘れられたような水路というか川が平行している。水路の更に右手は工場だったり草地だったり…こんな場所の小川は普段、本腰を入れて手入れされぬから動植物にとっては極楽そうに見える。水鴨の親子が自由に餌をあさったり、水のこない砂地に亀が甲羅干しをしたり…束の間の楽園を楽しんだ。私が今、歩いている国道2号の南側に国道429号があって、もう少し先で国道2号に合流する。この国道429号は玉島地区の中心部を通るが、玉島地区は従来玉島市であった。（同じ倉敷市内の児島地区は児島市だった）

浅口市

植木のまち

金光教本部

水島コンビナート（工業地帯）の建設が進む中の1967年に、共に倉敷市の一部として合併した。玉島中央町あたりに史跡が多く残されている。

昭和40年当時、学生であった頃、水島工業地帯の「中核としての玉島市、児島市」を記憶していた想い出がある。

そんな事を思い浮かべているうち、浅口市金光町の大交差点・大谷東、「植木のまち浅口市、おいでよ、はまるよ、浅口へ」の大看板。成程、国道両サイドに植木屋が並んでいる。金光駅入口（右へ）、トンネルに入る。「金光隧道」（こんこう）約1．5mの歩道、強固なガードレール、これなら安心。金光教本部は右へ・交差点・右方向目をやると巨大ないかめしい建物、数棟みえます。凄い建物だ！と感じつつ、坂を上り、坂を下る。ウグイスの死ガイが歩道にアリ、カラスかヒヨドリに襲われたのか。ナンマイダブツ!!須恵（交）、紅白のシダレ梅、マンサク、コブシ……満開で美しい！弥生の陽射しの有難いことよ。

右、キングスター（巨大パチスロ）、佐方（交）、浅口市鴨方町の標示、「Ｊｕｍ30」何これ？やっぱりパチンコ。国道だがこのあたりバス停見当たらず。ゆるやかだが大きな坂、上って下る。阿藤伯海記念公園（左へ1.6㎞）、六条院中（交）、
ＪＲ鴨方駅、右傍。駅舎から国道またいでの立派な歩道橋アリ。大きな「ＨＡＰＰＹ　ＴＯＷＮ（天満屋鴨方ショッピングセンター）」

ＪＲ鴨方駅

〃海鮮、ぶりの花道〃…これ飲み屋？岡山自動車大学校（この裏に岡山山陽学校）、左「竹林寺天文台」、鴨方西（交）、右、ケーズデンキ、団地入口（交）、里庄町（手ノ際交）、久しぶりのバス停。鱒…こんな字あったかなぁ〜。

↓

二科芳雄先生・生家

「日本の現代物理学の父、二科芳雄先生」生家（左）、道の駅笠岡ファーム（左5.5㎞）、「今日の安全・明日の希望（荻原工業）」、浜中（交）この数㎞…国道両サイド、いわゆる郊外店・レストラン・車の販売会社など切れ目なく続いている。浜中橋ここから笠岡市域に。富岡交、カブトガニ博物館は左へ。

↓

竹喬美術館

笠岡市2番町、このあたりから電柱なくなり歩道も整備され街燈も並んでいる。竹喬美術館左へ２５０ｍ、三番町（交）、左、伏越港、目の前にトンネル。もう既に笠岡中心地到達したと思いきやこのトンネルを越えないと中心地には着かないか（オットドッコイ）、「城山トンネル」約３００ｍ、１．５ｍ歩道・強固なガードあり。小城山（右へ）、トンネルを出たら笠岡市住吉、右・笠岡シーサイドモール（ショッピングセンター）、〃かさしん〃の看板出てくる。

↓

城山トンネル

（笠岡信用組合）

↓

笠岡港（左側）

笠岡港、西の浜のバス停左側は、笠岡港が広がっている。笠岡港は干拓で地続きとなった神島の先まで細長い入江となっており、駅から眺める笠岡港は両サイドに山が迫り、全体が見通しにくい。

↓

国道2号を歩いていくと、JR駅舎の南側に着いた。南口にはこれといった繁華街もなさそう。北口にまわる。こちらは立派な駅前ターミナルとなってバスも発着している。コンビニ、ベーカリーもあり、駅前通りといえる商店街もひろがっている。笠岡銀座というべきところだろうが、店を閉じているケースも多く、巨大ショッピングセンターにやられた典型的な姿だ。地図を買った書店のオッサン、ここで本屋を40年やってるが、こんな事になるなんて！としきりに嘆いていた。

笠岡駅←（ビジネスホテル・三洋館）

JR笠岡駅北口商店街をちょっと引っ込んだところに今宵の宿〝三洋館〟があった。中高年のオバサン2人とオジサンが切り盛りしていました。16：10

（以下、玉島（倉敷市）、浅口市、笠岡市についてのおまけを記す）

●●●

玉島港
笠岡港

江戸時代玉島港は、備中の国、有数の商港として繁栄。玉島地区にはムシコ窓、ナマコ壁の商家や蔵が残り、県の町並み保存地区に認定されている。

1970年（昭和45年）、神島大橋が開通して神島は本土とつながった。また、それより前、1966年（昭和41年）から笠岡湾干拓が始まり、生江浜（オエハマ）海岸が陸地になるなど大きな変貌をとげた。

竹島や神島は干拓や架橋で本土と地続き、干拓地農家のほかJFEなどの大工場も進出。反面カブトガニ生息がおびやかされるなど、マイナス面も出始め、それらがあって、現在のカブトガニ保護思想や施設が充実されることになった。と伝えられている。

円通寺
良寛記念館

国道429号から更に南に1km内外行くと円通寺がある。この付近は広い円通寺公園となっており、国民宿舎「良寛荘」もある。500m以内に歴史民俗海洋資料館も近い。玉島港を見下ろす山上に「星浦の観音」あり。円通寺は行基によって開かれた。良寛はこの寺で10年以上修行得度した。漢詩・歌・書など残した。円通寺境内に良寛記念館があって、作品は展示されている。

寺の街・笠岡

笠岡駅付近の三洋旅館のオカミ曰く、「笠岡の自慢といわれても何もないが、お寺とカニかなあ～」という。

笠岡駅から500m西の浜にある遍照寺は、もともと駅北東のいちょう公園にあって、多宝塔（2重の塔）をはじめ寺の町、笠岡のシンボルだった。また、神島には神島霊場八十八ヶ所があり札所めぐりの巡礼が行なわれている。

仁科芳雄博士

「日本の現代物理学の父」と呼ばれる仁科博士は、湯川秀樹、朝永振一郎を指導。生家は代々代官の家柄。付近に「仁科会館」がある。文化勲章受章。

カブトガニ

カブトガニは、今でも姿や形を変えずに2億年前から生きているそうだ。北アメリカ東海岸、アジアの東南海域に生息し、国内では、瀬戸内海～九州北部にかけ生息しているという。繁殖地の一つ、神島水道の繁殖地が天然記念物と指定。

笠岡市は「カブトガニ保護条例」をつくり保護育成につとめている。

神島大橋傍に「市立カブトガニ博物館」がある。カブトガニ専門の博物館としては世界唯一という。

金光教(こんこうきょう)

ＪＲ金光駅５００ｍ、国道23号傍に本部がある。天理教、黒住教とともに日本三大新宗教の一つ。「天地金乃神」（共に助かり立ちいく世界）を目指す宗教。教祖金光大神は、金光町で生まれ70歳で没。本部の周辺は門前町を形成し春・秋の大祭は参詣者で大変賑わう…という。

笠岡 → 福山 → 鞆の浦（福山）

平成28年3月9日（水）雨

JR陸橋〜国道2号〜笠原原爆被災慰霊碑〜生江浜〜用之江（交）〜左手・シャープ工場（福山市域へ）〜大内交番前〜（大内駅）入口〜（左）英数学館〜右手・銀河学院・中・高〜伊勢丘（交）〜引野町4（交）〜東福山駅入口〜センチュリーホテル別館〜明神町（交）〜手間土手中（交）〜天満屋Happy Town〜御船町〜福山局（市役所）前〜福山駅〜中央公園〜草戸大橋（芦田川）〜水呑大橋西詰〜水谷薬師〜福山商店街入口〜佐須良池〜金崎〜石の塔〜13仏〜鞆の浦マリーナ〜安口寺下〜とも鉄バスセンター〜鞆の浦〜福禅寺対潮楼〜鞆港〜常夜燈、（かえり福山駅までバス）

8：00〜12：45　4・5時間　約17km（笠原〜福山）

13：15〜16：30　3時間5分　約13km（福山〜鞆の浦）

昨夜の宿「三洋館」は年とった姉さん2人とジイサンの3人で時間割りを作って客対応しているらしい。

4階の畳の部屋に通された。昔ながらのセンベイ布団にくるまって寝ましたよ。部屋風呂もあったけど共同風呂もある…ということでそちらにお邪魔する。同時に3人は入れるひのき風呂でした。

同時入浴は0だったのですっかりご機嫌になりました。昨晩の夕食は1階に併設のひなびたレストランがありそちらでタイのアラ定食を勧められ、それをいただく。合わせて熱カン2本で。まあ、こんなところだ。ビジネスホテルというよりは〝旅館〟で予約入れると、今はあまり流行らない畳の古びた旅館！となるのかな。おかげで2名のオバサンと1名のジイサンと話が弾みました。こういう宿に泊まりたい…という人達の気持ちもよくわかりました。

ところで今日は朝から雨です。気が沈みますが、こんな日はイジイジしていると思わぬ事故にあったりするから気をしっかりもって、雨装備バッチリ！で出かけることとス。今朝は朝食サービスなし、なので、コッペパン1ヶとお茶で済ます。

オバサンもジーサンも見送りナシ…で宿を出た。　8：00

笠岡駅

JR陸橋を渡って南側に廻る。高架橋の下がミニ公園となっていて、現役引退した電車一両が保存展示してあった。すぐ傍は笠岡港で、雨に煙りボヤけている。国道2号に出て入江に沿って歩く。

←笠岡・原爆被災慰霊碑

「笠岡・原爆被災慰霊碑」があった。（被曝して頑張った人たち…とある）「非核宣言都市　笠岡市」というモニュメントも。生江浜橋を渡る。海なのか、川なのか判然とせず。ドシャぶりです。

←用之江（交）

用之江（交）、民家＋パチンコ＋スーパーがあるのみ。

←

このあたりしばらく小さい上り、下りの繰り返し。完全装備ながら、身体中に水が染み込むようなイヤな気分です。岡山県とはさよならして広島県に入ります。

駅近くの国道2号をまたぐ高架橋の下にあった小公園＝笠岡鉄道ってあったっけ？

大門駅 ← 伊勢ヶ丘 ← 東福山駅 ← 巨大ショッピングゾーン ←

福山市大門町に入りました。野々浜(交)左手にシャープの工場。おまえも台湾に売られたのか。

川柳：「台湾も目のつけどころがシャープです」（読み人知らず）

右手、大門駅（交）は地下道です。駅前からまっすぐ南下する道路は埋め立て地の日本鋼管（ＪＦＥ）に続きます。そこに勤める人の住宅でしょうか、平均的文化住宅地です。

メモを取るのも、雨の日は大変です。でも我慢してメモ取らぬと、後日、思い出して書く（整理）のは困難ですから…。（長い過去の人生の中で、そろそろ嫌になった頃、もう少しの手間を惜しんで何度あとで後悔したことか）

雨に打たれ、車のハネ返しに濡れ泣きベソです。………（気の毒な私です）

新幹線が右から左へ、シュルシュルと通過です。２００ｍ程のゆるやかな坂を行くと、頭上に大きな高架道路。

伊勢ヶ丘というところか。英数学館高、中、小学校(左手)。左に大きくカーブ切って下り気味です。

左右の丘の上には、住宅・マンション・学校など並んでいます。少し手前の右手丘に一風変わった?学校あり。＝「銀河学園・高・中・小（学院）」

引野町４丁目（交）、駅口（交）右の奥に東福山駅あり。

明神町（交）、右手「ヤマダ電機、ニトリ、コジマ」…「他店徹底対抗はあたり前、他店を見てきて下さい!!」どぎつく訴えている。今をときめく「ヤマダ電機、ニトリ、巨大店舗作戦！」（それもこれも儲ける為や、文句あっか↓ありません）国道2号線を「手間土手中」を通り、更に進むと「府中分かれ」（交）で今度は、左手に「天満屋ハッピータウン＋イトーヨーカ堂＝ポートプラザ」が迎撃中。思わずハッピータウンにもぐり込む。屋根におおわれた広場、ベンチ多数、大いに助かります。ベンチのひとつにビショビショの合羽の上衣を脱ぐ、キレイなトイレも使える。長崎チャンポン大盛り！（８００円）をフードコートで食す。ウマシ、ウマシ。身体大いに暖まる。今から10年も前なら、どこへ行ってもイトーヨーカ堂の店が席巻していたが、今はイオンが目立ち、イトーヨーカ堂は落ち目かも。スーパーマーケットの業界も厳しい。このあたりバス停も都会風で立派に。運行回数も1日70～80回はありそう。バス会社も井笠バスから中国バス…と変わった。それにしても井笠バスは客のマバラな地区のみだったな。ドトールコーヒーSサイズ２２０円奮発してイタダキました。

福山局前（交）←

「府中分かれ（交）」を左に行けば、バラ公園方面。……広島県に入ってから交差点名に「○○交番前」が一気に増えた。また、信号機に掲出してある交差点名板は小さく、読みにくくなった。「かなよみ」もないし…。

ＪＲ福山駅（福山城）←

福山郵便局前（交）ハス向かいに市役所、ここを右折して幅50ｍもあろう、というメインルート、中央植栽帯あり。立派な通りです。

両サイド大きなビル林立、リッチモンドホテル（左）、天満屋デパート（右）正面に新幹線ホームを覆ったような、例の長方形箱形の大きな福山駅、福山駅舎の上に、福山城の１／３がニョッキリ見えるではないか。見た目、大都会の雰囲気。今12：45。

芦田川・草戸大橋 → 福山商高前 → 鞆の浦 → 弁天島・仙酔島 →

時間が早いので、一服したあと思い切って鞆の浦まで歩くことにする。どの位の時間になるか、17：00過ぎにはここへ帰りつきたい。

駅前大通りを南下、霞町1丁目、まなびの館前（交）、野上町（交）で右折。野上10丁目、草戸町を過ぎると道路がもり上がって見える。橋だ。川だ。イヤー広い川だな。こんなデッカイ川あったっけ。橋は250mぐらい。水が満々としています。海の水も上ってきているようだ。少しケバ立って見える。きっとボラやセイゴも上って来てるだろう。

芦田川の草戸大橋です。渡って川沿いを下ります。沢山のアシ原です。今度は、水呑大橋がかかっています。川のこちら側、西側は、まあ田舎町の風情です。繁華なビル街は川の東側です。芦田川橋のところまで川沿いを行き、大橋のたもとを右折。対岸、東側は埋め立て工業地帯のようです。

福山商高前通過。少し海とはなれて歩いています。右、佐須良池です。

民俗資料館を右に見て進むと、また、海が迫ってきた。小さな港です。広がる海は備後灘というのかな。海も広いが島だらけです。金崎、石の塔、十三仏入口、このあたり県道22号線は海のキワを進んでいます。目の前の海は〝燧灘〟とも称し、潮の流れの厳しい海です。雨霞といった風情ですが静かです。

なぜか、道路の左側、海との間の一皮に、金物、鉄工、造船などに関わる工場が軒を並べています。右手の山にある寺、安国寺下。シビキ岩、そして鞆です。正面には小雨にけむる弁天島と仙酔島が重なって見えます。江戸時代、朝鮮通信使が瀬戸内海を航行する際、鞆を寄港地とし高台にある福禅寺に滞在。客殿からの眺めを「日東第一形勝」と唱え、客殿を「対潮楼」と命名したと伝わる。

常夜燈
雁木・波止場
焚場・船番所 ←（いろは丸館）←

鞆の浦の渡船場から、道路挟んで後ろを見上げると、いかめしい石垣に囲まれた頑強な寺が見えます。どうやらこれが有名な福禅寺・対潮楼であるようです。バス通りをもう少し行くと、バスの終点、鞆港のバス停です。目の前に小ぢんまりした鞆港が展開しました。港（の岸壁）に沿って歩くと、何やら時代が古にタイムスリップしたような家並みです。家並みが途切れた、海に少しつき出して、常夜燈がありました。

雨も小雨になって、オバアサン通りを歩いている。私は「オバアちゃん、鞆はいい所ですネェ～」と声かけた。

するとこのオバアサン「アンガイイモンデスカヨ、ヨウ風は吹くし、便はワリィシ」という。

「住みにくいさぁ…って」

鞆港 ←

目の前に弁天島、その後ろに大きな仙酔島が浮かんでいます。絶え間なく雨が降る今日はどう見ても一つの島に見えます。このノートにある写真は仙酔島の手前にある弁財天とのことです。雨に霞んで美しい!!

「鞆港の一辺を埋立て、港外に橋をかける」という開発案に住民反対!!この運動の結果、架橋と埋め立て計画は白紙に戻った…と今年3月、マスコミが報じた。

鞆の浦・鞆港

鞆の浦は紀伊水道、関門海峡、豊後水道からの潮の満ち引きが境目となる海域で、干満の差大きく瀬戸内海交通の上での潮待ちの重要なポイントだった。内海交通の拠点として栄え、常夜燈、雁木、波止場、焚場（たでば）、船番所など、今にして現存している。室町幕府足利義昭は織田信長に京を追われし時、この鞆の地にとどまり再起を待った…として知られる。

また、江戸時代、朝鮮通信使が瀬戸内を航行する際、鞆の地を寄港地としていた。

その鞆の浦（鞆港）について

県は交通混雑解消等を目指し55億円かけて、浜を2Ｈａ埋めたて、港内を横断する架橋計画をたて、これに反対する側と訴訟になった。２００９年広島地裁は「鞆の浦は国民の財産ともいうべき公益でアル」との立場から、県と市に埋めたて許可を出さぬよう、県知事に命じた。２０１６年2月、県が（埋立て）許可申請を取り下げる…こととなり9年間に渡った訴訟は終了した。（…保存はされるが渋滞、騒音等に悩む地元住民にとっては、日々の生活を考えると複雑な心境ともいわれる。右記したオバアサンのタメ息は消えない）

鞆の津・宵雛

私が今回訪れた3月9日はこの「鞆の津・宵雛」祭りの最中でした。午後3～4時過ぎ小雨そぼ降る風情の中、家々に祭りを示す飾りがあり各家は開け放たれ自慢のお雛様を飾り、見学者を楽しませていた。

玄関にともる提灯の明りが幻想的でした。ライトアップもあったようです。

3／9は一日中雨降りでした

○ゴアテックスの防水力＋雨衣上衣のフードをかぶる

・頭は濡れぬが若干視界がわずらわしい。

・フードかぶらなくても2時間ぐらい頭濡れぬ。但し3～5時間ともなるとゴアテックスといえどもどこからか濡れてくる。ゴアの帽子も併用したが、帯に短しで雨粒入り込む。シヤシヤ雨の時はフードも突っ張る。…雨の日はとかく煩わしい。

・雨は通さぬが身体の汗と湿気で4～5時間するとアンダーシャツが濡れて気分悪し。

○くつ（完全防水型）

雨具のズボンから流れてくる水分と直接靴にふりかかる雨で3～5時間すると、くつ先（つま先）の中までグショグショになる。

対策としてスパッツの改良型を購入。うまくいくかも。最強は長ぐつか？

〝鞆の浦、永雨にふるえる常夜燈〟　〝降る雨に地団駄踏みつつ耐えていく〟

〝降る雨に宮も島も滲んでます〟　〝3月の雨は身に沁むひな祭り〟

鞍の浦から福山駅傍の今夜の宿（ビジネスホテル）までバスにて戻りました。

福山→松永市街→尾道寺巡り→尾道

平成28年3月10日（木）くもり

駅南口へ～宮通り～国道2号～西桜町2丁目～通安寺～吉岡整形外科～本庄町西（交）～芦田川～神島橋西詰～佐渡町（交）～近大附属高・中～津の郷町～東部運動免許センター～岩足橋北詰～みるくの里（交）～赤坂トンネル～神村第一トンネル～神村竜王トンネル～神村高架橋～バイパスおりる～天神様～今伊勢宮～松永市街～福山警察署～私立松永高校～今津町（左、松永駅）～三成わかれ（左）～今宮東（交）～東尾道駅～尾道造船～中国電力山汲変電所～尾道大橋入口（交）～浄土寺～御袖天満宮～文学のこみち～千光寺～宝土寺～持光寺～ＪＲ尾道駅

7：45～16：20＝7時間30分＝25km（坂の登り下り、疲れた。）

福山城は１６１９年、備後10万石大名として入封した水野勝成が築いた。当時は、海とつながっており、直接城から海と行き来できた。１７１０年阿部正邦が入封。廃藩置県（１８７１年）まで阿部氏の居城。幕末のペリー来航当時に老中として幕政を主導した阿部正弘はこの時期の藩主。

昭和20年福山空襲により天守閣と御湯殿焼失。市制施行50年の記念事業として再建された。

福山駅北口側は、シティ、ビジネスホテル問わずホテル多シ。確か7年前にもなるか、この一角でホテル火災（死者も出た）があった！と記憶するが…。

昨晩はローズガーデンホテルに投宿。（さすがに3軒目でやっと予約できた）素泊まり6，８００円。濡れた衣服を脱ぎ、部屋の風呂に飛び込んだ。コンビニ購入の飯を食い、ワンカップを燗酒にして飲む。ホテルの部

屋から夜間、ライトアップされた天守閣が幻想のように夜空に浮かんでいました。明けて3月10日（木）、今朝はどうやら雨も上がっており、柔らかい日差しも見えて来そうだ。朝食はコンビニで買った「コッペパンと冷えたオニギリそれに茶」ですました。お腹がシクシクしそうなイヤな予感！

〈福山城〉

昨夜のうちに干しておいた濡れた服も大半乾いたようなもんだ。それを着て今日も頑張って行きましょう。7：45スタート。

城の敷地内に入り、通り抜けるような感じで城をウォッチング。平日のこんな時間ながら敷地内で散歩している人もチラホラ。駅への近道であるらしく、スーツ姿のサラリーマンも三々五々。

南口へ廻る。

福山駅（ビジネスホテル）→国道2号線へ→芦田川→明王院→

改めて駅前南口ロータリーを見る。ビルに囲まれた広いターミナルだ。駅舎を背にして駅前の広い街路を進む。赤い鳥居のある「宮通り」が左手、福山局前（交）で右折し、国道2号に入る。西桜町1丁目、2丁目、このあたりバラの植込み多シ。（もしかしてバラは市の花？）左に大きな寺「通安寺」「尾道まで20㎞、三原まで31㎞、広島まで105㎞」とある。寺岡整形外科という大きな病院。

本庄町、本庄西（交）ここから道路はせり上がり高架となる。ウワァ‼大きな川だ。芦田川という。土手～土手250mはあるか、流れの幅は100mもあろうか。（昨日、午後下流の橋を渡った）前方右側の峯に赤いヤグラの寺院が目立つ。橋の上、上り、下りとも大渋滞。このあたりグルリ見渡しても高い山は見えません。川に架かる神島橋（上・下分離の二橋）を渡る。上流には新幹線と山陽線鉄橋。下流には堰と橋が見える。

神島橋西詰、福山こころの病院（左）、左波町（交）、左手丘の裾「近大附属高・中学」…近大マグロなど最近有名だが、それらの積極性が功を奏し、大学受験生の数、日本一‼とか…。

「明王院と草戸千軒町遺跡」

・橋の上から左手斜めに見えた寺院＝明王院：真言宗、弘法大師空海がこの寺の前身を開基。本堂（国宝）は鎌倉末期の建築で瀬戸内海地域では尾道の浄土寺（金堂、多宝塔）と並び最も古いものとされる…とか。

・五重の塔（国宝）は1348年建築による…とされ南北朝時代を代表するもの…という。

・草戸千軒町遺跡…芦田川河口、明王院の門前に営まれ、瀬戸内海を通しての交易活動で繁栄した港町。地図で見ると「草戸千軒町遺跡」は川の中です。
・市場町の遺跡…芦田川は本来、福山城あたりに蛇行して流れていたものを洪水対策としてつけ替えた。現在の流路とした際に遺跡の存在が明らかとなった。
全盛期といわれる室町時代前半頃には１０００軒内外の集落であったと推測されている。（県立歴史博物館）

←**東部運転免許センター**

福山市津の郷町、郊外店舗が道路沿いにうち続いている。左に川がつき添って流れており、コガモの数おびただしい。…「10ｍ程の流れ、草ムラ、アシ、砂地、とり残された水溜まり…こうした小川は、野鳥にとっては天国なのだろう。それにしてもカモのファミリーオンパレードだ!!」

右手に「県東部運転免許センター」の大きな建物。

←**大きなロック道路**

岩足橋北詰（南側）（子供家庭センター入口）、ゆるやかに上り、そして左カーブ。（右に大洋家具の大きな建物）分岐、中央分岐帯に大きな岩が並べて飾ってある。おやおや進行左も右も、特に右手の歩道にもゴツゴツした大岩が植栽のかわりに、およそ５００ｍに亘って置いてあります。

これは珍しいロックンロードだ！

岩石の産地なのかなあ～？　左、みろくの里（交）。

←**神村竜王トンネル**

国道2号赤坂バイパスを歩いているらしい。赤い塀で見えぬが右側にＪＲ備後赤坂駅があって赤坂町という。塀が切れて右側に福山高校。そして赤坂トンネル現れる。３１５ｍ、歩道１．５ｍ（段差アリ）あって安全。続いて神村一区トンネル、１６７ｍ。やや下り。左に池、またトン

高村ランプ ← 松永駅入口 ← 今津町3丁目（交）←

ネル。神村竜王トンネル、これは長いぞ、577m。急き立てられるように早足でも7分かかった。段差のある2m歩道。安全だが車の疾駆する豪音がものすごく、頭がおかしくなりそうです。下り坂から右手を見ると山の斜面に2階建て住宅がビッシリ！このあたり神村町なのか。立ち並ぶ家々が山に生えている色トリドリのキノコの群生みたいに見えるぜ!!

高村高架橋（下にJRのレールと旧道？）その先、尾道の街らしいビルも混じった市街が見える。神村ランプ・この先は（トンネルが見える）、松永道路と呼ぶらしい。私は（自転車や歩行者は通行止）、このランプで下に旧道として走っている国道2号におりました。

一般国道に戻ると、なんとなく〝地に足が着いた〟ような安心感みたいなものあり。すぐ左側（並行するレールのむこう側）に神社鳥居あり。行ってみる。「孝敬事天神・忠誠尊星堂」と読んだ。（石堀りの文字、よく読めません）そして右側には〝今伊勢宮〟というものあり。陽が射してきました。尾道の市街か…と思ったのは、間違い。松永市街でした。（福山市松永…たしか松永市という市があったはずだが…合併、合併でちっとも楽しくない気分です）

左を走る電車は4両、黄色い古ぼけた車両。客も少ないし…老朽車両でも仕方ないか。電車本数と同じくらい、貨物列車の本数は多いよ。こちらは40両以上の連結です。在来線山陽線は貨物輸送のウエイト、相当重い…とみました。

福山西警察署・尾道まで10㎞。（エッ、まだそんなにあるの）宮前町・松永駅入口（左に200m）、トモ鉄バスセンター（それらしきものナシ）、今津町3丁目（交）これを左に海に向かっての県道47号を行けば、松永湾に面した松永工業地帯に至る。（先程の松永駅に至る200mにアーケー

〈西国寺〉

高諸神社（交）←三成分れ（交）←真川橋（藤井川）←今宮中（交）←東尾道駅←三渡陸橋←

ド商店街あるも、一見したところシャッターを閉じている店多シ、アーあ）（3丁目の交差点を右に行くと高速経由で瀬戸内しまなみ街道で今治方面へ）末広大橋70m。（流れ15mほど）更に進むと高諸神社。（右角）歩いている国道で軽自動車の事故に遭遇、追突?片側大渋滞となる。ドライバーが車から引き出されていたよ。「三成分かれ」（交）左側の蕎麦屋で「尾道ラーメン750円を食す。まあまあの味。（何が尾道ラーメン?…はっきりいうと特長なし！）

真川橋75m（流れ30m）、尾道市内へ、今宮東、今宮中・左に高須八幡神社、今宮西・左に行くと東尾道駅、バイパス東口（交）、「スーツ販売着数世界一達成＝洋服の青山」、JRをまたぐ山渡陸橋、橋の上から左手、工業地帯（埋立地）、前方に大型クレーン4・5機が見える。いよいよ尾道港か。右カーブ海沿いを進むもまだまだです。

←尾道造船←尾道大橋入口←浄土寺←西国寺←千光寺←文学の道←

左は尾道造船のドック工場、広島電気（株）尾道発電所跡、中国電力山汲変電所、対岸の島にも造船所、日立造船らしい。してみると、左手は尾道水道に入ったか。対岸は向島、そして巨大な橋、尾道大橋入口（交）、右へ行けばグルっと廻ってしまなみ街道。向島、今治（四国）方面デス。尾道大橋と新尾道大橋（高速）と二つの橋が並んでいる。橋（高速道）の下をくぐって進むといよいよ尾道の由緒ある古刹巡りの様相だ。右に浄土寺。聖徳太子設立といわれる中世寺院、本堂と多宝塔は鎌倉後期のもので国宝。南北朝時代足利尊氏も滞在した。尾道屈指の古刹という。

西国寺下のバス停から右手に坂を登っていくと先ず正面に仁王門。奉納された巨大なわらぞうりに度肝を抜かれた。石段を登りきって金堂・その奥に三重塔がそびえていた。

西国寺下のバス停の少し手前右側に浄泉寺あり。ここの本堂の鬼ガワラは巨大で凄い！御袖天満宮の境内に楠の巨木あり。尾道文学のこみち、猫屋敷、ドビンチャン。（没後5年のガイド犬の供養に出くわした）…その度に坂を登ったり降りたり。

千光寺：手前に天寧寺（てんねいじ）・三重塔（塔婆）雄大な古びた塔で去り難し。弘法大師開基と伝えられる千光寺、巨岩が迫る千光寺山々頂、眺望絶佳、文学者の碑多シ。岩を鎖でよじ登った。女学生のグループが「フリーガイド」の腕章を巻いて、外国人中心にガイドしていました。その他寺多シ。巡回させてもらった。坂の上り下りでたっぷり疲れました。

東尾道駅（入口）を過ぎてから尾道駅までの道のりはすぐ隣かと思いきや、結構長かった。概ね山陽本線と国道2号線は、右から迫る山に押されるように海沿いを並んで進む。一方、左側は尾道水道ということで、挟まれるように右回りで歩く。それにしても尾道水道はこんなに狭いのかなあ。向島にかかる新尾道大橋が５４６ｍということだから、水道自体は３００ｍ台でしょうか。

林芙美子像前 ← JR尾道駅 ←

そこを結構大きな船も行き交ったりしています。国道2号線も窮屈な狭いところを、左側は主として工場。右側にも工場、民家という所で、歩く私もあまり安心できぬ雰囲気でした。うらさびれた漁村のようにも感じたり…。意外に廃屋も目立つなぁ。右手、山の斜面にお寺が目立つようになると、観光エリアに入ってきたか。寺巡りと思しき人々も増えてきた。右手の山の斜面に家々も多く、病院さえも斜面にあります。そしてやたら寺院の黒瓦、それも大きなお寺とその数に驚かされます。よくもまぁ、海に滑り込みそうな斜面に家も寺も建てたもの。そして国道、鉄道、造船所も…。右斜面の家々に、寺も含め、マイカー利用も困難そうなのにどう日常暮らしているのか、余計な心配もします。実際に私も寺巡りで急坂を歩いたけど…。たとえば、郵便の人は幅1mちょっと程の舗装道をオートバイでくねくね迂回しながら高度を上げ配達していました。下の国道あたりからは建ち並ぶ家々で見えなかったけれど、非常に狭いけれど、生活の通路はありました。それでも昔ならいざ知らず、今の時代足回りの不便さはどうにもならぬようで古い住宅など、住むことを諦めたか、放置（廃屋）された家も少なからず…でした。

16：12、JR尾道駅の待合室に腰を下ろした。16：20、α－1ホテルへ。今日は正味7時間30分、約25㎞の歩き。しかし坂のアップダウンで＋αのエネルギーを消費しました。夕食は外で。しかし呑み屋はたくさんあれど、一人静かに食事を…というレストランは（夕食ともなると）少ない。結局コンビニで飲み物と弁当（チンしてもらって）、バナナを買って宿で。尾道駅南口は再開発して間もないのか、超近代的駅前ターミナルとなっていた。それに比べれば、北口は旧市街そのもの不揃いの古いビルと民家です。山の斜面、谷すじ、そして明日辿る海沿いの細長い街路です。

むしろ対岸、向島には開けた市街地、日立造船、ＪＦＥ等の大工場も見えて、尾道水道を挟んでこちら側と一帯のような街並みです。「坂の町、尾道」というが、まさにその通りです。開発されつくした市街地にはあとから造る高速道（尾道バイパス）や新幹線が入り込む余地もなく、いずれも旧市街地から2.5～３㎞も（一山越えた）離れた山中に建設されています。

（川柳みたいなもの）

・この坂を　上って下って　３６５日　尾道の人よ！

・眺望は得たが　老後に苦労　この坂よ！

尾道私立高等女学校卒業の林 芙美子（放浪記の中で）

「海が見えた。海が見える。五年ぶりに見る尾道の海は懐かしい…」

尾道水道を隔てて向島

財政力指数

基準財政収入額（自治体が標準的に収入しうるものとして算定された税収入の額）を基準財政標準需要額（一定水準の行政を実施するのに必要な一般財政源額）で除して得た数値のこと。この指数が高いほど、自主財源の割合が高く財政力が強いとされる。（データで見る県勢（2014年）・第23版より）

広島県内各市	人口（千人）	財政力指数
広島市	１１６４	０．８０
福山市	４６６	０．８２
呉市	２４０	０．６１
東広島市	１７９	０．８４
尾道市	１４６	０．６１
五日市市	１１７	０．６９
三原市	１００	０．６４
三沢市	５７	０．３４
府中市	４３	０．５１
庄原市	４０	０．２６
安芸高田市	３１	０．３３
竹原市	２９	０．６３
大竹市	２８	０．８８
沼田市	２６	０．３７

・財政力指数　2009年～2011年平均指数

・人口　　2012年3月（全国も同じ）

財政が豊かで余裕がある・・・
とみられるベストテン（指数）

	市	県	指数
1	浦安	千葉	1.56
2	武蔵野	都下	1.48
3	神栖	茨城	1.45
4	成田	千葉	1.35
5	戸田	埼玉	1.35
6	東海	愛知	1.35
7	みよし	愛知	1.32
8	豊田	愛知	1.30
9	刈谷	愛知	1.28
10	御前崎	静岡	1.26

以下　調布
　　　厚木
　　　府中

全　国

都道府県	財政力指数	都道府県	財政力指数
北海道	0.38	滋賀	0.54
青森	0.31	京都	0.57
岩手	0.30	大阪	0.72
宮城	0.51	兵庫	0.59
秋田	0.28	奈良	0.40
山形	0.31	和歌山	0.31
福島	0.42	鳥取	0.26
茨城	0.60	島根	0.23
栃木	0.56	岡山	0.48
群馬	0.55	広島	0.55
埼玉	0.74	山口	0.41
千葉	0.75	徳島	0.29
東京	0.96	香川	0.45
神奈川	0.91	愛媛	0.39
新潟	0.37	高知	0.23
富山	0.44	福岡	0.58
石川	0.45	佐賀	0.31
福井	0.38	長崎	0.29
山梨	0.38	熊本	0.36
長野	0.44	大分	0.34
岐阜	0.49	宮崎	0.30
静岡	0.68	鹿児島	0.29
愛知	0.93	沖縄	0.29
三重	0.55	全国	0.47

尾道 ↓糸崎↓三原

平成28年3月11日（金）くもり

国道2号～県営上屋～新浜橋～尾道国際ホテル～船客待合所～尾道商高～吉和交番前～吉和漁港～扶桑工業～登山口～弄本鉄工～右からバイパス合流～福地浜～木原（？）道路建設中～糸崎神社～山陽セメント・三菱重工・糸崎駅～三菱病院～古浜橋東詰～浮城橋～三原駅南口

8：00～11：00　約3時間12km

尾道は明治31年（1899年）に市制が敷かれ、その後周辺の町村を合併し今日の市域になっている。およその人口は15万人弱、隣りの三原と共に、10世紀内外から、尾道水道の発達のなか、東西経済、文化の交流中間点でもあった。

尾道水道（狭いところで250ｍもあるだろうか…という程度の対岸との距離）を挟んで尾道は向かい側にあたる向島と船便が往復セットで乗れた。両岸には造船関係のドックや工場が今でも多い。水道の東端に近い山波（サンバ）町から向島の対岸に「尾道大橋」と「しまなみ海道の尾道大橋」の2本がかかり、渡船交流のウエイトは大幅に下がった。また、今回終日、尾道水道を左に見て歩いた時の尾道から三原に向かっての感想として、古来・水運で有名なこの尾道水道を行き交う船はフェリーが中心で、貨物船の行き来は、こんなものか！と思う位、少なかった。島々へ渡るフェリーも含めて、水運は往時より大幅に低下して…といったらいいすぎかしら。

「α－1」ビジネスホテル　昨夜の宿泊はビジネスホテル「α－1」での一夜は気持ちよく過ごせた。新規会員登録した。今朝の気温3℃、日中11℃との予報。8：00宿を後にし、スタート！

「尾道駅南口」←「サイクル・イン」←県営上屋←尾道商高←2号バイパス合流←鉢ヶ峰入口←

広い通りを行くと、国道2号にぶつかった。国道を行かず、つっ切り、海辺の県道（？）を右折して進む。左は尾道港湾部。

「RIDELiFe」近代的長屋とでもいうか「サイクル・イン」がある。ヘェーこんなものがあるのだ。新浜橋。「おのみちバス」♀あり。市営バス？それとも老舗バス会社の子会社かしら。

「サイクルイン」とは、自転車で旅する人の宿泊もできる休憩スポットだ。

海沿いに県営上屋と称する横長の倉庫のような建物、栗原川を挟んで、なんと7棟ぐらいある。漁業海運関係の倉庫だと思うが、ひとつの壮観といえる眺めです。瀬戸内海には大小多数の島があり、今や夫々、大橋などで行き来できる。特にここは、しまなみ海道の起点でもあって、サイクリスト＝チャリダーともいう自転車によるツーリングが極めて盛んだ…と実感!!（NHK、こころ旅の火野正平の影響かしら？）本州と四国を結ぶ3本の大橋（明石、瀬戸、しまなみ）のうち、歩行者も自転車も通行できるのは「しまなみ海道」のみです。

亀井静香氏の後援会事務所あり。新浜旅客船待合所（左）、尾道商高（左）、合同庁舎（左）。左、第2種吉和漁港、国道2号線に出るとすぐ右にレールです。遭難軍人の碑、〝登山口〟というバス停と標識有り。

右後ろから国道2号尾道バイパス高架で下りて来て合流。左側、海沿い、道路沿いに小規模の造船、鉄工などの工場並ぶ。たぶん海から直接、船を受け入れているようだ。

木原町（交）、バイパス合流してからドッと、トラックなど車が増えたぞ。厳島神社、灯籠と石碑は線路の山側に。観音寺下。右、線路をくぐる箇所に〝鉢ヶ峰〟の標識、右側には連なって山が迫っている。

新幹線のトンネルの上あたりかしら、鳴滝城山（322m）、鳴滝山（452m）、そして鉢ヶ峰（430m）が迫っている。地元ハイカーがハイキングを楽しんでいる山のようだ。〝尾道アルプス〟と名付けましょう。水道を挟んで左側、島々が浮かび、これをつなぐ吊り橋がかすんで見える。

糸崎8丁目（交）、右へ三原「（2号）バイパス」が上がっていく。山が迫る絶壁を削って木原道路建設中、すごいところに造るもんだ！地元にとっては悲願なのだろう。

三原駅南口

← 三菱重工 ← 浮城 ← JR三原駅

山も崖も涙ぐんでいるように見えたよ。糸崎ランプを越えて進むと、右手に糸崎神社、国道2号とわかれ左側の道に入る。工場群（埋立て）を行く。水路はセメント工場のためか水が汚れています。山陽セメント、三菱重工、この二つの工場は広くて大きい。糸崎駅は右側。大工場の貨物を受けて、JR側の貨物ヤードは広大です。

レールを跨ぐ陸橋の上で一服。右側に三菱病院の大きな建物あり。三菱（三菱重工業）の企業城下町ともいえようか。「浮城・やっさ祭り」の看板瀬戸内三原築城450年！とある。浮城橋を越えるとJR三原駅（新幹線も）南口。

迫る山襞と海に挟まれた狭い国道を辿ってきたてくてく歩きのこの身には、この駅前広場は違和感を覚える程、新しくて立派でした。11：00着。

今回、3／8～3／11の3泊4日の「てくてく」は、新倉敷駅（岡山県）をスタートして、笠岡、福山（広島県）、鞆の浦、松永、尾道、三原〔笠岡、福山、尾道に夫々宿泊〕と左に瀬戸内海を見るようにして山陽道を歩いてきた。倉敷や福山の町は想像以上に大きな街だったし、松永、尾道、三原は海沿いスレスレ。特に尾道水道にかかると向島、因島などの多島地域は、海に浮かぶ夥しい島々が重なり合い、一つの陸地のようにも見えたし、その背後に巨大な四国大陸がぼんやりと控えているようにも見えました。それにしても尾道水道は（川のように）狭く、対岸の町、工場・ビルが水道を挟んで常に見えました。大小のフェリー、中小型の貨物船が折々航行していました。山の斜面に貼り付く家や寺は、眺望絶佳ではあるものの、こんなにもマイカー万能の時代がきて（或る意味）取り残されることになろう…とは想定外だったろうに。また、この尾道水道を左に見る国道2号線沿いには、鉄工、造船、鉄くず、リサイクルなど重厚長大時代を下支えしたような古い工場などが多く、最盛期を越えた感は否めないようだ。新鮮な魚のイメージはわかなかったなぁ。

「中国バス、鞆鉄バス、おのみちバス（両備バス）」この地域一帯を営業する乗合バスは栄えてはいない。人口が減り、マイカーが増え、列車、バスの利用者は減るばかり。町の中心街も衰退。列車もせいぜい3～4両…。免許証を持たぬ高校生、運転しない高齢者、病院通いの人たち…が、今現在の主たる利用者。大都会を走る列車やバスとは真逆の実態です。どうしても明るくない話になるけど、国道やバイパスの郊外店はマイカー客でにぎわっているが、駅前周辺の昔ながらの商店街は人通りもサッパリです。若者や働き手が朝仕事に出ると、（若者や働き手は仕事の帰りに郊外店やスーパーで買い物してくるので）残るは年寄り主体です。私が「てくてく」しながらリンゴ、ミカン、トマトなどを買おうとしても小商いの八百屋さんなどはなかなか見つかりません。立派な駅のある駅前でも夕食時、呑み屋は必ずあるけれど、普通の食事をする店を探すのも苦労することが多い。(せっかくのお楽しみごころ充分あったけど)

働き盛りのいわゆる〝成人世代〟にとっては、駅前というよりは、郊外の大規模店舗の方が効率的に大量購入出来て便利になった！との実感もあろうが、更に人口が減り、高齢者は増え、ますます長寿も可能となるにつれ、衰退した公共交通網の中で、日常の買い物や通学や通院は大丈夫なんだろうか…と考えることが多くなりました。…一人でてくてくと幾日、幾時間と歩き続けていると、出くわす場面に刺激されて知らず知らず様々なことに思い巡らすようになりました…。さて3泊4日の旅を終え、千葉に帰ります。「12：33発こだま」に乗車。岡山から始発のひかり号に乗り換え18：00前には東京駅へ帰着です。

〔三原城(浮城)〕

毛利元就の3男隆景（たかかげ）が、竹原と沼田小早川氏の家督を相続。そして、隆景は三原に浮城を構え、三原発展の礎とした。塩、酒、鍛冶…経済活動が活発化、城下町が形成。合わせて瀬戸内水軍を掌握すべく、本丸、二の丸、三の丸も築き。軍港機能も兼ねられた浮城を完成。

当時、城の南側は海に接していた。

明治以降、南側は埋立てられ商業地となった。

城の東西に商人町、北側に寺社を集めて配置した。

現在、新幹線駅の北側に三原城跡がある。

本丸跡には、三原駅がとってかわって今日に至る。海から見た時、海の上に浮かんで見えた…という…〝浮城〟。

明治27年、山陽鉄道が本丸を貫き、城郭の殆どが壊されてしまった。

高松城・今治城と共に日本三大海城と称されている。(いた)

「てくてく日本・一人歩きの旅、時々山登り」ここで一服!!

平成28年3月30日（木）晴れ

川乗（苔）山

奥多摩駅～タクシー～川乗橋～竜王橋～細倉橋～百尋滝～川苔山～舟井戸～コル～鋸尾根～大ダワ～合流～765ｍ峰（大根ノ山の神）～鳩ノ巣駅

前週、久しぶりに妻と箱根へ一泊旅行。電車バスを乗り継ぎ、おいしいものを食し、立派な宿に泊まっての旅行。それなりに幸せ感に浸れた楽しいものだった。それはそれで良かったのだが、箱根の整理整頓された美しさに触れた反動か、却って丸一日、ひとりぼっちで自然の中に身をさらして歩きたい！と血が騒いできた。ようやく春たけなわでもあり、奥多摩の雄峰、川乗（苔）山に出かけた。

奥多摩駅 ←（タクシー）― 川乗橋 ← 歩く

前日の天気予報も悪くなく、平日ではあるが、いつものように5：56稲毛海岸駅発に乗る。東京駅で中央快速に乗る。立川で乗り換え。およそ15分待ちで河辺行に乗る。河辺で降りる。遅延の青梅行に乗る。青梅で降りる。ホーム待合室で待つ。奥多摩（折返し電車）行に乗る。（なんだかんだ乗換え待ちで40分はロス）

奥多摩駅までの各停は意外に駅が多く、駅間もあり、終点奥多摩には9：00を過ぎて到着。あえなく目当てのバスは10分前に出てしまった。次のバスまで1時間20分待ち。グズグズイライラしていると、駅前に2台しかない…というタクシーの一台が、客送りして帰ってきたので、これをつかまえ奮発して川乗橋まで飛ばした。（2，000円ちょっと）おかげで登山口には9：30分に着いた。

→ 細倉橋 → 百尋の滝 →

川乗りなのか、川苔なのか、ガイドブック、地図などで異なる…が川乗とする。

乗ってきた林道を左に見送り、ルートは右へ（車両通行止の車道）林道を行く。右側下には、川乗谷が小さな滝を見せながら平行している。左の絶壁、人工で積み上げられた石垣。そして川の流れ…を見て歩くうちに、竜王橋で右へ。渡ってすぐ左に細倉橋を渡る。ここで、再度林道と別れ、本格的な沢沿いのハイキングコースに入った。大きく深呼吸。旧友と再会したような気分。冷たそうな清らかで豊富な流れを右、左と渡り、小滝、淵、釜など幾度も現われ飽きる事がない。こんな素晴らしい沢だったっけ。今から40年以上も前に確か2度程訪れているはずなのに新たな感動に嬉しくなった。２人連れの大学生らしき兄さんと遅れず離れず、おしゃべりしつつ進む。春休みも終盤に入り、仲良き友人と山登り！自分の昔を想い出すように、まぶしい2人の後姿について歩いた。やがて左岸（上流に向かって右）に移り、張り出した岩尾根の裾をたどる。山中は春まだし！狭い小道は茶色の朽ちかかった落葉に埋もれた小石を踏んだり歩きにくい。

注意深く裾を廻り込むと大滝（百尋の滝）に出くわした。若者達は「写真を撮るのだ」といって滝ツボ近くへ。私は眺めたあと、沢筋から離れ岩っぽい尾根に辿い上がっていく。ルートは鼻歌まじりに歩ける雰囲気ではなく、油断して転落しないように気をつけ登る。火打石谷らしきを横切り、なおも登ると左右の分岐。右の足毛岩をまくルートに入る。傾斜はそれなりにゆるやかとなる。ダラダラと意外に長いルートをハアハア息を切らして登る。途中、沢の上流部に小さいが雪渓あり。これをトラバース（約10m程）、谷底を見下ろすと樹間の向こうには残雪が谷に詰まっている。あっちにもこっちにも…。

山頂 ←

息せき切って小広い稜線を登り切ると、防火帯のような切り拓かれた歩き易い頂上部の一角に出る。左手、防火帯の尽きる小さなドームの台地が見える。あれが頂上らしい。元気出して登る。山頂には3～4人憩っている。中高年2人、夫婦らしき男女2人…5分も後から例の2人の若者、到着。

2人まとめて（彼らのカメラで）シャッターを切ってあげた。そのお礼にと私のカメラで私を写してくれた。それが左の一枚です。

川乗山は、大岳山、三頭山と並んで奥多摩を代表する山で、いい山だ。易しからず難しすぎず…或る程度、体力があれば登れる人気の山だ。

西北に石尾根・雲取方面。南西に丹沢、道志…（富士は今日は見えず）。本日山頂には、未だ花は見えず。

舟井戸～鋸尾根経由で「鳩の巣」目指して下る。ひと下りで東の肩に出て標識に従い舟井戸を目指す。舟井戸で標識あり、左は山腹の巻き道。直進は鋸尾根へ。多少逡巡したが直進する。小さなピークが三つ程あり。

三つ目のピークからの下りは慎重を要した。岩尾根で小広いのでルートがわからず、急な岩場を過ぎるとホッとした。目の前のコブタカ山は敬遠して左へ、山腹をグングン巻いて下る。

右側の尾根上部に男女の話し声、本仁田山から下山の人達だ。３人一緒のような形で林道に下りたつ。（大根の山の神）

振り返ると、川乗山、鋸尾根方面がよく見えた。

先の２人連れ、林道を下っていった。（私は直進が近道と伝えたが…）多分、あの２人思わぬ時間を費やしたことだろうか。

祠を左に見て急坂の山道を下る。「急がない、かけ出さない、ゆっくりと歩け」が足指を痛めない基本だ。

この熊野神社への下りルートは、山頂から一度も沢に合うことなく、冷たい水にも出合えず私にとってはガッカリのルートだった。里におりると桜は八重桜に早くもかわりつつあり。

ソメイ吉野の大木はまるで熟女のような爛漫の花を咲かせ見事でした。

棚沢の集落に出、アスファルトの急坂をことさらゆっくり下った。春の日射しを受け、低山ではあるけれど心楽しい日帰りハイキングでした。顔もポケットも緑色にすっかり染まった春の一日。

三原→安芸幸崎→竹原

平成28年4月8日（金）晴れ

フェリー発着所〜三原桟橋〜臥龍橋（西野川）〜警察署前〜須波駅前（300ｍ右）〜須波山〜瀬戸田フェリー発着所〜須波海浜公園〜急坂・住宅地〜芸南街道（国道185号）〜久和喜♀〜宇和島橋〜黒幸マリーナ〜幸陽ドック〜安芸幸崎駅〜賑橋〜ＪＲまたぎ〜久津路〜東町〜忠海（ただのうみ）〜県立忠海高校〜長浜自然海浜保全地区〜安芸長浜駅〜Ｊパワー（発電所）〜大乗橋（交）〜大乗駅（右、100ｍ）〜県栽培漁業センター安芸の国高崎岬城・村社高宮神社跡〜天然記念物・スナメリクジラ回遊碑〜高崎洞門（第3〜第1）〜たけはら海の駅・港〜竹原大橋（陸橋）〜新港橋〜ＪＲ竹原駅（北口）

12：50〜18：00　計5時間10分＝22km

千葉から再スタート時の定番ですが、5：30出。5：47電車のる。6：32東京駅発ひかり461号岡山行。

・せがれの太朗は、自分のマイカー中古車買い替えで250万かかる。親父、助けてくれ！という。35歳にもなるというのに…。

・私の伴侶は、風邪気味で気分優れず。私の事には構ってくれない。ツレない素振り。結局家庭を顧みず好きな「てくてく」やるんだから…と思い直し、私の事は自分でやる…という幾分心寂しい原点に戻り、元気を出してのスタートなのです。こんな時もあるさ！よくあることさ、ドンマイ、ドンマイ…。

（稲毛海岸〜三原、片道、切符7，930円＋新幹線4，460＝12，390円）大人の休日クラブ3割引を使ってこの値段です。所要時間も5時間以上乗車…再スタート地点まで行くのに「時間もお金も」大分、かかるようになってきました。私が所属するゴルフクラブ（メンバー）での1日のプレー費に相当するなぁ〜。

右手の丹沢・雲にスッポリで見えぬ。三島に出たら雲上に雪を被った富士！掛川あたりから右手奥、稜線の上に南アルプス、浜名湖・名古屋をすっ飛ばすと右手に霧氷で灰色の伊吹山、中腹から下は桜らしきお花の世界。トンネル出ると近江は琵琶湖が近い。湖面が一面銀色に光って見えます。ここを列車で抜ける度に胸に浮かぶ詩がある。河野裕子の「たっぷりと真水を抱きてしずもれる昏き器を近江と言えり。」京に向かう低い山波は既に新緑で真ッ黄ッ黄（まっきっき）です。田畑も春です。こうして車窓から眺めていると「人間の造ったものは貧しい。（アリが地中に作った巣みたいなもの）それと比べ自然界のうつろいは、何と精巧で偉大で美しいものだろう!!」緑のジュウタンとなった田園をオモチャみたいな車がつながって動いています。

〈私の心の呟き〉

- 大きすぎる街は醜いものです。
- 東京駅ホーム：人々は小綺麗な服を着て、スマして早足です。システムに乗れぬと「置いてけ堀」です。
- 京都駅ホーム：日本の中高年＋外国人さん、キョロキョロしてます。（京都が無いなぁ〜て）
- ホームに降りても、アッ京都に来たな！と思うのは駅アナウンスだけです。街に出て歩けば「京都をやっているところ」に巡り合えます！
- 大阪駅ホーム：セカセカしてゴチャゴチャしてます。忙しそう。見た目グロテスクなコンクリートビルの街お化け！
- 新幹線神戸駅は難しい地形に造った感あり。土砂崩れなど起きませんように！
- 「こだま」か「さくら」で「みずほ」の通過待ちしていると突然ドーンと大きな衝撃でビックリします。青函トンネル内で時速３００㎞出せぬ理由に納得！

・こだまは追い越される為に殆ど各駅で5～7分停車します。
(あとから来たのに追い越され～♪水戸黄門の歌)
(地元の人は、おとなしいネ)
・日本は、ひろ～いというより、なが～いということです。
・他人の（早死した人の）余齢をもらい生きて歩いています。
・お前さんが、てくてく　てくてく日本中を歩くにしても誰
～もなんとも思ってないよ。
悪いことでも仕出かさない限り無関心の中でてくてく、コチコチ歩きます。
・一体、どこまで歩くの？　わかりません
・歩き続けて何になるの？　わかりません
・「うちの宿六」は　今日は　どこまで　行ったやら！
(愚妻のため息)

1週間ロングウォーキングのスタートです。今回は三原～呉～広島～岩国～徳山を辿ってみるつもりです。

〈忠海湾〉

（前置きが長くなったけど）

ＪＲ三原駅 ← 三原港 ← 三原大橋（沼田川） ← 三菱重工工場 ←

早朝千葉の自宅を出て、前回ウォーキングの終了地点・三原駅には12：00過ぎに降りたった。駅前の蕎麦屋さんで、腹ごしらえのため〝尾道ラーメン〟を食す。６５０円也、お腹が空いていたせいか今日はペロリとおいしくいただいた。

12：50歩き出す。駅舎を背にして港方向へ、3～4分で国道2号まで来ると三原港が目の前。対岸に埋立地が横たわり、港が川のようにも見え、〝小ぢんまりとした港〟という印象。ところが港を上空から俯瞰すると全体的には工業港なのだ。

歩いてきた糸崎駅から三原駅にかけての臨海部には、三菱重工業やセメントの大工場があり、対岸埋立地には帝人三原事業所、化成など進出、そして沼田川を挟んだ向う側に、もう１ヶ所三菱重工の大工場がある。

目視しにくいけれど、工業の盛んな三原市デス。

三原港から離島航路フェリーが少なくとも2ルート以上発着している。臥龍橋を渡り、ＪＲ呉線をくぐり、国道2号を警察署（交）で左折する。国道１８５号を行き沼田川にかかる三原大橋を渡る。３４３ｍもあるのか。

初めての私にとって大橋のかかるところは、入江なのか、川なのか…と見間違いそうだが、この地域では、代表的な河川沼田川でした。

和田（交）、三菱和田沖グランド（左）、左側は水路を挟んで、グランド＋工場で三菱の施設、右側は、国道１８５号とＪＲ呉線が山裾を走っている。左側の５ｍ程の水路、これは海水が入っ

←須波駅←（国道185号線の右）山の上の住宅←宇和島鉄工←幸陽ドック←

てきていると見え海の生物…海藻、カニ、フグ、ボラの子供…など多数目撃できた。右側の山裾ではウグイスがしきりに囀っています。春たけなわデス。左側の工場が途切れると、左側は海沿いとなる。

須波駅前（右へ300m）、須波港口、赤い鳥居、右、神社。須波小、左側は、道に沿った細長い公園が続く。本当の須波港がありました。桟橋があり、須波造船あり。フェリーも出ている。更に須波海浜公園（左）、細長いキレイな公園。みはらし温泉ホテル、右手に急坂ルートわかれる。これ登ったら眺めよさそうなので、S字形の急坂を登る。いやぁ!クネクネ大変。けれど道端の桜並木満開で眼下の海と相俟って美しいなあ!ヤヤ、更に坂を今少し登ると、なんとこんな地形の山の上（斜面）に、瀟洒な住宅がビッシリ、驚きました!!

汗をふきふき国道まで、元の道を戻った。

また、海沿いとなる。海の左、向こうの島に造船所と港が見える。「左が島々を浮かべた海、足元には国道とJRそして山」この構図は変らず進む。

久和喜♀住宅も増えてきた。宇和島橋、左前方巨大なクレーン大造船所か?宇和島鉄工。

瀬戸内海を行く小型貨物船が、ゆったりとすれ違う。「小さな漁港+巨大なドック」、黒幸マリーナ、幸陽ドック前♀、右手10階マンション?「今治シップ、ドック」だって。↓「船主と共に伸びる、共に世界の海へ!」と大きく書かれている。

安芸幸崎駅（右）、栄橋20mほど。賑橋、久津地区、小さいけれど清潔な砂浜（左）。国道は右カーブの坂でJRをまたぎます。そして、呉線レールとしばしの別れで山の方へ。

← 安芸幸崎駅（あきさいざきえき） ←

久津バス停、右手山裾に細長くこギレイな住宅がならんでいます。レール駅までは遠いのに車があれば…というところか。坂の途中にベンチあり、こしかけて一服。山間から湧き出てきた水がコトコト音をたてて、ウグイスと競演です。ウグイスが身近なとこで、アッチにもコッチにも、まるで私に話しかけているようで、私も江戸屋猫八気どりで口笛で応対しました。偽物に気づいたか、どこかへ行ってしまいました。「陽も射してウグイス啼きて久津路をゆく」「イタドリ生えて、セリ踏んで久津路」「アケビの赤いツルみて久津かな」「大きな島・小さな島々の間に海がある」

竹の子とジーサン ←

右・八十八ヶ所、大師堂です。クネクネ登り坂を行くと反対側から自転車を転がしながら、ジイサン登場。なんとジイサン、立ちションし、終わってから私に話しかける。風体からチョット、私、身構えた。彼曰く、竹ノ子採りをしているのだ…という。成程このあたり、左右、山中の坂で、孟宗竹が繁茂、これを分け入って捜し、採っている…という。「少し遅かったかなぁ、皆、掘られてしまっている…」という。獲物を見せてもらい、それじゃ！といって別れる。どうも採ってはいけない所で採っていたようだった。「イノシシと人間の（竹ノコ採りの）競争だ！」ともいってました。「竹の子さん、猪も人もお世話になってます。」

安芸の小京都（看板） ←

「安芸の小京都竹原へどうぞ!!」という看板。道の駅まで11km

下って右カーブ、「二窓（フタマド）」ＪＲ踏切。山中、ウグイスと私の合唱もおわり。（2～3羽、私にまとわりついていたが、私の噂話でもしていたか。「目白には姿で負けて声で勝ってるウグイス」。芸南学園（右）、左に小さいけれど綺麗な杜あり。芸南学園とは中国人対応の学校のようです。工場アトム本社（右）、右手・「房州伊予ヶ岳」にソックリのとがった山あり。

忠海港(ただのうみこう)・忠海駅 ← 県立忠海高校 ← エデンの海・碑 ← 長浜自然海浜公園 ←

小中一貫、忠海学園、忠海港、大三島行フェリー発着所。国道左側、ＪＲ忠海駅。黒滝山登山口あり。なる程、右手に小高い形のよい山あり。黒滝山２７１ｍ、白滝山３５０ｍ、平家山３８３ｍなど…。（左）アオハタジャムデッキ？みなと忠海・立派な常夜燈あり。大三島、田口方面盛港行フェリー。雰囲気のよさそうなアオハタジャム工場。左カーブＪＲを陸橋で越える。左、石風呂の標識。左へカーブ、下って右へ。左に海に近づく。左方後方見れば、しまなみ海道の巨大な島々です。…海と向き合ってみれば左から因島・生口島・大三島・大崎上島が視界を塞ぐように黒々していた。右手に学校グランド、県立忠海高校。前面いっぱいに海。島だらけ、私は〝島の奥に四国が見えているのか…？〟と工事人夫に聞く。〝イヤイヤ、四国は見えないよ！あんさん、どっから来なすった。もっとずうっと奥だよ〟と私の頭の先から足元までマジマジ眺め品定めしつつ答えてくれた…。パーキングありて「エデンの海、瀬戸内絶景ポイント」とある。案内板によると11の島が重なりあっている…とある。「かたむきかけて、紅くなりはじめた夕まづめ、鏡のような静かな海、浮かぶ無数の島々」…これは美しい眺めだなぁ!!

竹原シーサイドホテルと砂浜。右、さざなみサイクルポート…最近サイクリストの為の施設は増えつつある…が私のようなロングウォークの人を歓迎する言葉や施設はないものねぇ。歩き続ける旅人なんてマイナーだからな…。「長浜自然海浜公園保全地区」の碑。右、安芸芝浜駅。左、Ｊパワー竹原火力発電所。竹原市福田町、左・Ｊパワー　右、道路傍汐だまりに30㎝前後の大きなボラが１００匹ぐらい泳いでいる。どこかで海とつながっているのかな。大乗橋（交）左は70～80ｍで海。「レストラン・民宿、パクパク」だって。

← 大乗駅（おおのりえき）← 栽培漁業センター ←

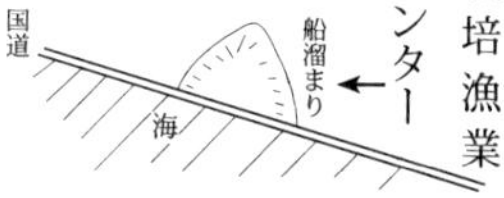

船溜まり
国道
海

← スナメリクジラ碑 ← 高崎洞門 ←

左、協和の家具、右、郵便局。右、大乗駅（おおのり）（１００ｍ）。「大乗の朝市」の標識。どんな賑わいなのかな。

左・Ｊパワーグランド、桜並木、満開の花吹雪。左カーブして右下、池。右、県栽培漁業センターです。左が開け、静かな瀬戸内の海と島に再会。

国道を挟んで右はすぐ傍から水路と田んぼ、少々海に近すぎないか。国道が防波堤！きわどいなあ。

竹原市高崎、国道（つけかえた）が海を横切ったか。海が国道下をくぐって右側の小さな港と通じている。舟溜りあり、小舟だが30隻はあるぞ。それに今は引き潮なのか、殆ど水が無く小舟は泥の上…のように見えます。

天然記念物「スナメリクジラ回遊の海」の碑。

右に寺、赤い実のなる凄い大木…おみごと！（モチの木かしら）

右上、バンブージョイハイランド。

今井政之展示館前、この辺は海に張り出した大きなでっぱり（半島）であり。これもぐっと廻り込まぬと竹原市街に着かない。もう少し頑張れ、小田君‼

豊山窯は右上、せり出した崖に「高崎第３洞門トンネル」これが三つ続いた。洞門第一は長かった。２５０ｍ。

左、広島大学竹原ステーション実験所。

竹原湾←
港町一丁目←
（交）←
新港橋東詰←
市役所南
（交）←
竹原駅

ようやく廻り込んで「的場」、「仮屋谷橋」、竹原化学工場（左）。前面が大きく開け竹原湾らしい。対岸に工場多数（三井金属工業の工場群だ）。「町なみ保存地区3㎞」俄然、道路が拡がり、ゆったりしてくる。長い歩行で左足先が痛む。指先と足ウラの甲が腫れていそう。

竹原湾（駅と大分、離れているが）から長距離フェリー航路出ている。フェリー前・大石、港町一丁目と進むと港は川に吸い込まれるように狭くなる。

対岸は三井の工場、頑張って陸橋を越えてJRをまたぎ遡るように進む。磯宮八幡、新港橋東詰（交）、右に行けば道の駅たけはら、直進すれば町並保存地区（小京都）。東詰（交）傍に頼山陽の銅像あった。私は（交）を左折して、橋を渡り足を引きずり、市役所南（交）を左折、アーケードのある寂れつつある駅前商店街を通り、竹原駅北口に到着。18：00

ビジネスホテル　18：15着
（グリーンスカイホテル）

JR竹原→安芸津→安登→広

平成28年4月9日（土）うすぐもり

市役所南（交）～竹原高校～新本渡橋（加茂川）～吉名～木谷（交）・吉名駅～木谷隧道～湯盛～東浜～安芸津湾～榊山（交）～榊山神社～金丸（交）～風早駅前～豊田高校～大芝大橋～黒地隧道～深入津～安浦漁港～安浦駅前～住吉神社～野呂山登山口～安登（あと）駅～小用入口（交）～安芸川尻駅～安芸灘大橋入口～仁方駅～仁方トンネル～白石（交）～広駅

6：00～15：49　計9時間強＝34km

昨日は、千葉から出てきたので、ウォーク開始は、三原駅13：00近くだった。でも、結果として頑張りましたよ。夕闇迫る頃、竹原到着。そして宿としたのが、駅近くの〝グリーンスカイホテル〟、事前に「市・観光案内所」から教えてもらったホテルの一つだった。素泊まり7，500円、今まで利用したビジネスホテルの中では、一番高いホテルだ。事実上のシティホテルです。でも築2年という事で、新しく設備も良く、まあ納得できました。

昨夜の夕食は外のレストランで「チャーハン＋カラアゲ＋熱燗1本」1，400円也。翌朝朝食のためコンビニでパン・オムスビ購入。

21：30就寝

今朝はその「コンビニパン・オムスビ1ケ」で朝食。さあ、今日のスケジュール、道程は長いぞ！

5：00起床

足指の点検、危いところはテープを貼って補強。足よし！腹よし！気力よし！

JR竹原駅 ← 国道185号へ ← 賀茂川 ← 国道185号線 ← 吉名（よしな）駅 ← 木谷隧道 ← 安芸津港 ←

6：00早々、ビジネスホテルを後にする。陽射しは出て来そうだ。駅前バス発着所から「竹原発・広島行・高速バス・かぐや姫」が出るようだ。停車中の路線バス車内をチョイと覗くと、このあたりバス乗車のＩＣカードは「バスピー」というらしい。

駅北口をスタート・市役所南（交）を左折して国道185号を行く。

竹原高校入口(右上)(交)、そして賀茂川にかかる「新本渡橋」を渡る(二級河川)。…桜並木の土手、満開で美事です。両側の歩道広シ、歩きやすい。左にレールが平行している。竹原市大井、左側は畑と住宅とレール。右は小山が迫ってくる。

「こもれ陽を浴びて笑顔のさくらかな」右、左と道はゆるくうねって上り、「毛木（ケギ）」「吉石」「小浦尻」「八代谷」と小さな峠も越え、くねくね、グングンのぼる。旧い住宅もある。海岸線を離れて歩いている、左手、出っぱり（半島）の赤崎方面に行けば、瀬戸内ゴルフリゾートや竹原マリン施設があるという。

国道185号＝芸南街道を行く「吉名」（交）、木谷（交）、左に吉名駅。（離れている）浦尻あたりグングン下る。山間も左カーブ。木谷橋（交）、木谷隧道・100ｍ、両側に住宅が目立って更に下る。「砂原」「湯盛」（交）、左に海のひらけたループ高架をくぐる。東浜、左に港近づく道狭く歩道なし。漁師町の雰囲気、カキのカラのようなもの山積み。あっちにもこっちにも。右、正福寺山公園。（カキの殻のように見えたものは、実はカキの養殖のために青森から買ってきた帆立貝の殻でした）安芸津港…漁港としては小型船中心の小ぢんまりした港。離島フェリーが発着している。

榊山神社 ←

三協化成（相当大きい工場でした）。右手に安芸津駅。そして三津大川橋（30ｍくらい）、宮崎側道橋。「榊山神社」（交）、階段をのぼって森閑とした境内、お参りをする。この境内の両側、桜並木の満開の花。眼下に想像以上の工場、ドック群を見下ろし、驚いた。安芸津港全体はこれか。

安芸ノ島関碑 ←

ドックには大きくて紅いタンカー横付けしていた。小公園がありて、かつての名大関・安芸ノ島関の記念碑があり、また、ビックリ。「精出して押してみんさい、力石」の銘。

新来島ドック ←

安芸津町立三津小入学、中学無差別級柔道県大会2連覇。大相撲、幕内金星16個（歴代一位）年寄藤島襲名。…たしかに強かったなあ。ファンでしたよ。

安芸津海洋センター ←

（株）新来島広島ドック（左）、来島ドックといえば想い出すねぇ、名物社長さんが居って、大手造船会社救済劇を演じたよね。有名なセリフ「経営とは、こうするもんや」。工場群です。市立安芸津中学（東広島市立）、安芸津海洋センター（右）、このまっすぐの道、郊外店など両側に並び安芸津町の中心街です。金丸(交)、右にレール、左は工場で海見えません。スーパー「藤之」左。この見馴れぬスーパー、この先、

岡本綾子 ← 早田原漁港 ← カキの養殖 ・収穫 ・加工 ・出荷 ← 「万」の字の山〈白い貝の山〉帆立貝の殻をカキの種付のために使ったもの。貝に穴をあけ糸を通し海中へ…。←

所々に見かけ、地元資本なんだろう。頑張れ!!

道路工事交通整理のオッサンと立話し。「ゴルフの岡本綾子さんも、こっちの出身だよ。今は西条に家があるけどね！」という。エッ！国内女子ゴルフの無敵の女王、渡ってアメリカツアーの賞金女王、日本が今まで生み出した最強の女子ゴルファーだなぁ。今はどうしているのだろう…。

住宅もヤヤ、途切れてきた。「カキの殻のような貝を幾十枚もハリ金で貫いた、子供の夏休みの工作みたいな貝の山があっちにもこっちにも。その白さが目立ちます。空き地にはタンポポが花を終え、スピッツの毛のような白い胞子が並んで春の微風に揺れています。陣ガイ（交）、宮岡水産、左傍海となる、小型漁船アッチコッチ。しかし浜は大潮で干からびて、水のない泥の中に船がほっぽらかしになっているかのよう。早田原漁港。私はカキ小屋というものを初めて見た。湾曲した入江（港）に整然と並んだ家々が、軒並み海に向けて長い樋を出し、浜から直接、貝をローラーで運ぶ。カラカラと音がしている。国道側からは、変哲もない浜の商店のようにもみえるが…数十軒はならんでいようか…。（表は玄関、裏は水揚げ作業場！）。

私もグルリと安芸津港（三津湾）を回り込むように進み、左下に港を見下ろすようになった。東向きの山の斜面に、「万」を示す大きな表示。何だろう？聞くべき行き交う人も無し。左にクレイトン（株）風早工場と大きい配送センター。市民グランド前、むかいじょうばし。カキ小屋、オリジナルカキオコ…魚屋の店先にはミニイケスに入ったカキ、サザエ、タイ…などドッサリ生きています。カキの殻だと思ったのは、間違い。ホタテでした。万葉の里。「育てよう・良い友・良い家・良い地域」（とれたてのカキが入ったオコノミヤキ↓略してカキオコ）

風早駅 ← 豊田高校 ← 大芝大橋 ←

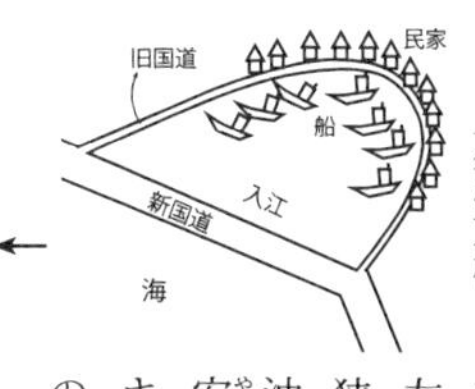

右から近づく電車、踏み切りカンカン、ゴトゴト4両、風早駅です。海辺のカキ小屋でオンドリがコケコッコウ！のどかな日射しが海一面にふりそそいでいます。右手山スソ、草ムラ…ドテッコ、タンポポ、ツクシ、野イバラ、花あり、新芽あり。程よいサイズの漁港。海近くまでチョッカイを出した里山。海の幸・山の幸で生きている人々。咲く花、飛ぶ小鳥。ウットリする春模様です。

春の息吹、ムンムンしている。ビワの花に袋をかぶせています。

康宇神社、県立豊田高校が左手、海に突き出ているよ。まあ、珍しい立地ですなあ。

道端でしゃがんで海を見ているオッサンに聞いてわかりました。

張り金（糸）に幾十枚もつながった貝は、カキカラでなくホタテ貝のカラでした。北海道などから、金を払って買ってきて、こちらで糸を通す。そしてカキのタネを植えつけて、海の中に吊す。そして3年もすると収穫できるカキになる…との事でした。（…そんでのお！だっぴや！…おお、なつかしい房州の漁師もいうよ）

東広島市立小松原小（左）、法徳碑（右）、呉英製作所（身の安全は車次第！…意味不明）

左前方に島にかかる大吊り橋が見える＝大芝島にかかる大芝大橋らしい。海側を行く国道は道幅狭く、歩道全く無し。

油断ならぬ。カーブして上り、そして下る。また、海沿い。農免農道（川尻間15㎞、大芝の朝市）、安浦（やすうら）町、黒地トンネル118ｍ（歩道アリ）、下って右カーブ。このあたり漁師は魚をとらずカキを採っているのかしら…と思える程です、海辺の大石に腰をおろして一服…カキ養殖のイケスのようなものに…小舟を横付け、あっちでもこっちでも、イケスの手入れしている漁師さん…。

湾曲した海をまたぐ国道、右手にとり残されたような小さな港。浅瀬にとり残されたような小舟たち…、よく見かける景色だなあ。（湾曲した海べりにある狭い国道の解決策として海の上を直線で橋のような高架道路を造るとこうなります）

右から2両の黄色い電車出てくる。深入津、コメリでジュース飲む。子の浦橋。「三津口発祥の地」碑。第二種安浦港…漁港、広くて小型船中心だが船数多シ。「カキロード・さざなみ海道」～というらしい。（本名・芸南街道？）

黒地トンネル ←

IHI運搬機工場、（安浦）バイパス東、安浦駅前（交）…北へ１００ｍ。呉市東安芸中（右）、ブラスバンドが鳴っています。安芸市民センター、野呂川・晴海大橋、三津口湾を覆うように右から大きな半島、１８５号とレールはここから少し山の中へ。山に向かって立派な道をグングン登る。のぼるにつれ右下に安浦の市街、野呂川の支流（中切川？）を挟んで大きな集落、しかし美しい眺めです。右、住吉神社東参道上ってみる。桜の大木ありて散りし無数のピンクの花ビラ。まるで地表に咲いた芝桜のジュータンみたい。ウットリ国道に戻って坂の頂上から少しずつ下る。

住吉神社 ←

紅白の花桃10本以上。おとぎ話のような世界、右下見下せば、広く明るい谷が広がって、程良い間かくで民家が並ぶ。桃源郷ってこういう景観かなぁ。

野呂山登山口 ←

ゆるやかな下り、犬をつれた散歩者、かわす挨拶も何故かお互いハニカミながらでえもいえぬい気分…やがて左カーブ、高架でレールをまたぐ。中切橋を過ぎ野呂山登山口♀。この先の「安芸川尻駅」近くからが登山のメイン道路ありだが…野呂山、このあたりでは断然高く、７４１ｍ、となりの膳棚山８４０ｍと並びスカイラインが通じている。７００ｍ台の眺望絶佳。国民宿舎やロッジがある…という。

安登（あと）←　←

三本松公園入口（右へ）、「減らして呉（クレ）！CO2（コッ）！CO2（コッ）！種をまき花が咲けば楽々、脱温暖化」

↑うまい。座布団二枚！左、レール2両が行く。「安登駅」♀右、みつとよ工場。

〈不思議なお店〉

不思議な店 ←

少し、山中で歩き飽きてきたころ、「あと」というおもしろい地名、あともうすぐ「あと駅」らしい。腹も空いてきたし…。少しためらったが、思い切ってふしぎな店に入った。こんな田舎にこんな店。特段の店構えもなく、ただ旧道そばに三すじ、ノレンをたらしていた。小さな勇気を出して入る。なんじゃここは、レストランというより服装飾店みたいだぞ。出てきたオバサン、奥の部屋へ…と。くつを脱ぎ上がり込んでビックリ。上の写真のような2部屋ぶっ通しの別世界！暇そうなオバサン。「趣味でやってます。1人も（客）来ない日もチョクチョクあるわよ。4～5人も来ればあーあ今日は忙しかった…」と。天童よしみ風の丸顔のオカミ。〝グリーンカレー、サラダ、デザート菓子、コーヒー〟などで1，000円。圧巻は、このオバサン私のとなりに座り、あれこれと話が弾み、私専用の接待係…もっとゆっくりしていって！とコーヒーの他、土地のミカンも出る始末…名残惜し

日本一短い県道 → ウグイスライン入口 → 川尻港 → 安芸川尻駅 → 安芸灘大橋入口 →

かったが「先が長いので…」と、なんとか店をあとにする。あれじゃ4～5人も来れば…という意味伝わった。すばらしい女性、おいしい料理「あと」は良きところじゃった！……文字通り「あと」を引く店でした。

安登駅前に「日本一短い県道」の碑があった。県道２０４号線。たったの１０５ｍのみ。「葵の国・安浦」、市こし入口、安登西。「たくましい安浦っ子、愛の手で守ろう。我が子も人の子も」ゆるやかに上って下って寒風陸橋（下にＪＲ線）、呉市川尻町、小用入口（交）、見下ろすと造船所・ドッグが左下の海辺にならんでいます。（大型船ドッグ多数）ウグイスライン東（交）…→前述の「野呂山ゾーン」への自動車道です。公園入口（交）。下って街中へ。

「川尻月の浦＝筆のまち」、川尻まちづくりセンターで小休止…このあたり、市や町の「役場・支所」の玄関は土・日であっても一部空いていて立寄れる。旅人には助かります…。実際は市民・町民の「〇〇教室」開催のため…と思うが。

「野呂山・山開き4月24日」との垂れ幕あり。川尻港へ出てきた。小型漁船が多数係留されています。野呂山（のろさん）へ９㎞。

川尻中学校前（交）…左・学校「ボランティア精神あふれる学校！」キャッチフレーズ掲出。右に安芸川尻駅（１００ｍ）。

この先、右にレールを平行して歩く、えびさき♀（広電バス）、歩道のない川尻隧道（１８０ｍ）安芸灘大橋入口（浦刈島を含め五つの島と橋でつながっています）小仁方、後ろ振り返ると大橋（吊り橋）が海を越えて島々へ。仁方町浜・上り坂ゆるやかな左カーブ下ると左下に入り江と造船所

仁方第二トンネル←
仁方駅入口←
JR広駅←

ドッグが見える。「アア!ブチ安、ガソリンジャンジャンセルフ」のスタンド。左へ、仁方湾、が豊かに広がるも大きな島（下蒲刈島）でふたをされている感じです。仁方第二トンネル４７０ｍ（歩道あり）をようやく抜けると、左に仁方駅への道を見送って更に進む。スーパーでリンゴ1ケ２１５円買ってカジリ乍ら歩く。（半分腐っていた）白石（交）から市街地らしくなってきた。「ヤマダ電機・ＭＡＸバリュー」東バス停、白岳山（３５８ｍ）入口…両サイドが地方中核都市を思わせる繁華になってきた。ツボヤキカレー（何じゃ？）白岳中学（右）、ようやくＪＲ広駅前到着。

15：49

ステーションホテルへ。朝食付きで6，５００円。夜はコンビニ弁当とし、缶ビール・ワンカップ×2を、部屋で燗して飲み、一日の疲れを胃袋に納めた。「呑み助は口から猪口に持ってゆき」。今日一日たっぷり歩いた。足も痛んだ。腹の調子もいまいち。苦しさもあるが、新発見の楽しみはそれ以上だった。「新発見メモせぬうちにもう忘れ」

広駅は呉市中心を成す一つの中心市街地です。

○今朝は6時てくてくスタートだから9時間半も歩いたか。良く歩けたもんだ。昨日は三原駅スタートする際、山陽本線沿い（山間ルート）にするか…と頭をよぎったが、海廻りの呉線に沿う芸南街道（国道１８５号線）を歩く事にして、結果的には成功だったと思う。〝瀬戸内海とその沿岸は豊かだ〟と実感。気候は基本的には穏やかだし、海の幸は申し分なく、古くから栄えた〝舟運〟は時代は流れても臨海工業地帯として富をもたらしている。この地域の人々は〝日本でも有数な恵まれた地勢にある…〟という事を知っておられるだろうか…私のように狭い日本ではあるが〝北から南へ、表から裏へ〟四季を問わず、放浪している身からすると、僭越ながら瀬戸内海の良さは特筆に値する…と思う。

JR呉線広↓　呉↓（音戸瀬戸）↓坂↓広島

平成28年4月10日（日）晴れ時々くもり

支所前～ひろ大橋～阿賀駅～休山トンネル～トンネル西～国道185号行く～市役所～本町一丁目～呉駅～四ッ道路～亀山神社～宮原2、3丁目～宮原8、9、11、12、13丁目～鍋峠～警固屋（ケゴヤ）～警固屋ドック・中学～丁亥望汐音（シオン）～「音戸瀬戸」（市営住宅～日新製鉄前～呉駅までバスで戻った。）呉駅～にこがわ（2級）～海岸1丁目～川原石～広島港湾空港・整備事務所～魚見山隧道～吉浦駅～吉浦トンネル～かるが浜駅～猪山隧道～梅木町・天応駅～呉ポートピア駅～福浦～天応桟橋～小屋浦駅ナフコ広島ベイサイド店～アサガミ物流倉庫～観音崎公園～水尻駅～坂南インター入口～坂駅～安芸南高（左）～矢野駅～自衛隊南（国道31号）～国道2号横切る～明神橋～海田市駅（右手）～安芸区役所～県道164号線広島海田線～国交省・中国技術事務所～ココス～向洋駅（右）～マツダ本社・病院～新大洲橋（府中大川）～広島バス大洲（営）～天神川駅～マツダスタジアム（右）～猿猴橋町～広島駅

7：10～17：40　正味10時間＝35km

今日は広島駅まで頑張るぞ！　「G7外相会議アンド慰霊碑参拝」というから何かと市街は不自由かも知れない。6：00宿提供の朝食、7：10宿を出る。足裏が痛み出すだろうから絆創膏を貼る。腹の具合完全とはいえない。何かあっても自分を信じて歩くのだ。（旅に病みそうでも夢は枯野をまだ駆け巡らないぞ！）

呉駅まで歩いたら、一旦海に突き出ている半島に添って音戸の瀬戸（音戸大橋）まで、片道歩く。（バスで呉駅まで戻る）…というオマケ付とする。歩いてきた芸南街道沿いは地形的には山々が海岸までせり出し、平地の少ない複雑な地形のうえ、海上に大小様々の島が並んでおり、わずかな平地に張り付くように港があって、漁港や島々との連絡船航路が出ている。さて呉市は地図で見ると、休山（約500m）のある半島をはさんで、市街が二つに別れているように見え、道路では休山トンネル、レールでは呉トンネルにより交流している。

広駅 ← 新広駅 ← 黒瀬川 ← 安芸阿賀駅 ← 休山トンネル ← 三差路左折 ← 本通一丁目（交）右折 ←

ビジネスホテル（駅広傍の）を出てすぐ国道185号に。公園入口、広、支所前と各交差点を進むと、左手に新広駅。呉まで7㎞、広島まで36㎞とある。（今日は全て予定通り歩くと40㎞は越えそうだぞ!!）片側2車線あり、歩道広し、片3車線区間もある。ここも呉市の一つの中心か…。と思う程堂々たるストリートだ。

広大橋（黒瀬川）、海近く幅は200mもありそう。「サイクルアンドバスライド」の国交省助成付きの駐輪場あり。小倉新開（交）、両サイドには10階レベルの高層マンション林立。左に安芸阿賀駅あり。駅舎の小ささが、逆に不釣り合いにも思える。南にも開ける海は呉湾（の一部）となるが、広い埋立地は工業団地になっており多数操業している。広湾、阿賀湾とのいい方もあるようだ。

休山トンネル東口（交）、この先、上り坂。右側の歩道を進んだせいかトンネルにスムーズに入れず、戻るように迂回して反対側に行き、ようやく休山トンネルの歩道に着く。〝休山悠路〟全長655m（全体は854mの表示もあり）。歩道幅3．5～4m、車道との境は上から下まで強固な素通しのアクリル板で完全区分。通過に24分もかかりました。

トンネルを出て深呼吸を2～3回してまっすぐ行き三差路を左折。このあたりバス停、広電バス・JR西バスだ。本町5丁目片2～3車線、歩道充分。スコヤカセンター呉入口、市役所入口（右）、アーケードのある立派な商店街が見える。前方に続いていています…。しかし人が歩いていないなあ…。右側一帯、呉の繁華街のようです。（パレス通り、商店街など）、本通り1丁目を右折。（国道31号へ）…この辺でなぜだか方向音痴になる。通りすがりの女学生に尋ねた。境川にかかる昭

→清水1丁目→万年寺→亀山神社（呉地方の氏神、八幡宮）→

和橋をこえ、進むと左側に（隠れるようにして）ビルに囲まれた、旧くて大きな呉駅があった。（ウ～ン、大分、貫禄はあるネ）　8：45着

駅前でケーキとコーヒーで一服600円也。～9：10

さて、気力を奮いたてここで広島方面に向かうのは後回しとし、海に突き出ている半島の西側を海沿いに進み「音戸の瀬戸」までを往復！に挑戦します。「バス通りに沿って中腹を行くか…景観でも眺めながら…ルンルン気分で…。」本通1丁目まで、先刻歩いた道、ここから右折。バス道路国道487号線を辿る気持ちで…ところが、まもなく急坂。清水1丁目、凄い上り坂。こりゃえらいこっちゃ！

万年寺（左）、ただあえぎ、後悔しつつ頑張る。しかし古い家並み、家は両サイドびっしり。よくもこんな坂道に。まっ赤っ赤の亀山神社宮原地区に入る。大変な上り坂、しかも歩道もなき所多く、クネクネ道路、右下に呉湾。海に突き出た埠頭群。

宮原地区←一丁目～十三丁目　山の斜面上に延々と続く勾配の街、宮原地区。なんと1丁目から「宮原13」まで確かあった。上ったり、下がったり。「挨拶でドンドン広がる世界の輪。」眼下に大型クレーン多数、造船ドック、係留埠頭、灰色の自衛艦も複数。…この景観、休山半島の西斜面下に展開する数々の施設、艦船、陸自、海自、そして製鉄工場…を現実に眺めていると、心の中にフツフツしたものが心を揺るがす。いわば、敗戦により、「侵略戦争の戦力・戦艦を送り出した最大の基地、軍港としての呉」、日本人は戦争を誤った戦争として反省するあまり、この呉を軍国主義の一つの象徴と見すぎてきてはいないか。単なる軍国主義の遺産では済まぬものがこの呉にはある。日本近代化の課程の中で戦後も含めて、呉の果たしてきたもの、今もこの地に息付いているもの…に我々日本人は、実際訪れてみたうえで、愛する者の為に戦火に消えた人々の心を想い、それに恥じないこれからの健全な日本をどう構築すべきか…を考え、実践していく義務を負っている…と思う。

（眼下の呉埠頭について）←

・大和ミュージアム、海事歴史資料館（1／10の大和の模型）
・呉海軍工廠（こうしょう）　・大和ひろば
・入船山記念館・呉鎮守府司令長官宿舎
・海上自衛隊呉資料館

←呉海軍工廠は日露戦争直前の１９０３年（明治36年）に誕生した東洋一の巨大工場で、造船、鉄鋼、科学技術等、戦前・戦後を通じ、日本の工学力、技術力などに多大な貢献を果たした。

〈音戸の瀬戸をゆくフェリー〉

←警固地区←「青葉終焉の地」←音戸の大橋 第二音戸大橋←レストラン汐音←

どうやら今、歩いている宮原地区のバス路線、やたらと利用者が多いようだ。バス停数も多いが、バス待ちの人数もあっちこっち多数。この道中、この坂…バスが頼りなのだ。マンションも多い。鍋岬、右下、大きな製鉄所だ。「殉国の塔」あり。ぐんぐん下って警固地区へ（1丁目～3丁目）〝護衛艦「青葉」終焉の地〟碑あり。警固中学、六地蔵。右前方、音戸大橋をみつつ階段を上る。そして展望台に達した。「汐音（シオン）・音戸海峡を見下ろすレストラン」でコーヒーとケーキ、対岸にスーパー「藤三」が見える。桜満開。軍艦キャラメル250円也。3ケおみやげに購入。

音戸の瀬戸は呉市警固屋（ケゴヤ）と対岸の倉橋島（呉市）の間にある、幅90mの海峡で、古来より瀬戸内航路の要衝であった。狭い海峡ゆえ潮流は早く、流れにのれば「櫓や櫂」なしで通過。逆流の場合は潮待ちするしかなく、

← 音戸の瀬戸公園 ←バス← （呉駅まで戻って）← 二河大橋 ← 川原石駅 ← 魚見山隧道 ←

江戸時代には、その寄港地として瀬戸町が形成され栄えたという。（歴史教本より）今では、海峡をひとまたぎする音戸大橋、第二大橋と二つの巨大な橋がかかっていました。（潮流は変わらねど）

展望台シオン（音戸の瀬戸公園）から、元来た県道をおりる。途中の坂に桜の並木。散った花びらが絨毯のよう。軽自動車がまき上げ乱舞させながら下りていった。下り切った道傍の岩壁で釣り人が5～6人いたよ。呉へは、海沿い（工業地帯）を行く路線バスに乗り、呉駅に戻ることにした。途中、教育隊前でバスを降り、大和ミュージアムまで歩き見学、そして呉駅に戻った。…

11：40

屈伸運動して、広島に向けウォーク再開。駅山側の国道31号に出てビル街を行くと二河大橋（にこがわリバー）（二級河川）。桜並木、美しい。河川敷などに女性のお花見グループあっちこっち。

三条3（交）左折、レールをまたぐ大陸橋歩けず、下を通って海岸1（交）右折…角に大きな寺あり…左に行けば、川の向こうが大和ミュージアムがあり、松山へのフェリー発着場アリ。

海岸1（交）を右折すると、昔の匂いのする街並み。海岸沿いプロムナードを進む。（左に川原石港）

「安心して暮らせる町、川原石」右に駅、「国土交通省・中国地方警備局、広島港湾空港セイビ事務所・海洋環境課（呉）」おっそろしく長～い役所。フェンスの中、ステテコ姿の職員？がホースで水かけマイカー洗車！いかめしい名前のわりにはリラックスした職員！（呉も平和になったのだ）

海岸4（交）右折、レールくぐってすぐトンネル。これは、長いぞ！魚見山隧道。フェンス付歩道あり。しかし長い、通過に10分はかかった。メートル表示無し?およそ８００ｍ位か。車道は片一車線、分離帯ナシ、怖そうなトンネルだ。（すれちがった歩行者1人、自転車3台）出たらホッとして深呼吸。

←吉浦駅←かるが浜駅←天応駅←呉ポートピア←

吉浦東町（交）、左にＪＲ。程なくして左側に吉浦駅。ビジネスホテル浦島、アーケード商店街あり、小さな半島をトンネルで越えるのかなぁ。

上り坂を５００ｍ程進むと、吉浦トンネル、約３００ｍ程あったが、抜けて少し右カーブで、今度は右手に「かるが浜駅」。

狩留賀町（交）、左側、海際を右カーブしつつ歩く。右側レールはトンネルを出たり入ったりか。

猪山（トヤマ）隧道（短い）。

梅木町、右手に凄くとがった山（烏帽子山？）あり。汐見町（交）、右手に天応駅。駅見たと思ったらトンネル（短い）。

一応ではあるが、商店は続いている。大屋橋北詰（交）左側に整備された伸びやかな公園、呉ポートピアという。細長いが桜並木。芝広場、休憩・売店あり。家族連れで賑わっている。お花見の人も多く、くつろいでいる。右手、公園と同名の駅あり。

江田島行？のフェリー発着あり。（天応桟橋）天応福浦町を過ぎ、坂町へ。左海、右レール。海は穏やか、陽射しは薄いが実にのどかなウォーク。目をひく程のものなし。左手に大きく横たわる島は、あの江田島らしい。瀬戸の花嫁を声に出して、口づさむ。誰にはばかることもなし…カキイカダ、小舟…、〝おおいなる、豊かな海辺の田舎道！〟とでもいうべきか。

小屋浦駅←

右、小屋浦駅。（な～にもない）道ばたに「1ヶ100円のミカン無人販売」で夏ミカンの倍もあろうか「安政柑」を買う。近くの道ぞいの小公園のベンチで食ス。皮がヤタラ厚くて見かけ倒し。ラッキョウを剥く猿の気分。（100円だからネ！）「海へ山へ緑の街へ（坂町）」…「安政柑」とは高知特産「ブンタン」の仲間かな～。

←原爆慰霊碑

左、ナフコ広島ベイサイド店、「Two―one―style」だって。右手のレールの傍に素朴な「原爆慰霊碑」ありて、老いたる男性が手を合わせていました。…この場所で何かあったに違いない…。

←観音寺公園

アサガミ、ツカサなど物流倉庫多シ（海際）、安芸地区衛生施設管理組合前（左）＝クリーンセンター。観音寺公園、右側にレール平行、しかしその右側にもう1本レールがあったのではないか。トンネルが廃道になっている所も目撃。このあたり単線？左側に海に沿って細長いが立派な長～い公園あり。フェンスで完全に仕切ってある。「オープンするのは夏のみ」の表示だが、今日は休日ということか特別オープン。私も中に入って海に沿って800mも歩いたかしら。行き止まりフェンスで出られず、なんと500mも戻りました。ドジなじいさん地団駄を踏む！（河島英五を口ずさむ）

←水尻駅

公園と向き合って水尻駅、しかし無人駅でなにもありません。

←坂駅

左、マツダスチール（株）、鳥越製粉、中国シャーリング、そして広島・呉道路の坂南インター入口。高架をくぐる、大きなショッピングゾーン出現。（食品スーパー、ヤマダ電機…）駅らしい駅。

← 矢野駅 ← 海田市（かいたいち）駅 ← 安芸区役所 ← 向洋駅 ← マツダ本社 ← マツダスタジアム ←

「坂」賑わってました。国道31号、左手は埋立ての新工場団地みたい。平成の浜中央公園方面、左に海を見て、右は山と住宅。左は空から見たら相当の工業団地だろうか、海洋センター、日野自動車、安芸南高校、運河のようなものを見て進むと右手に矢野駅、もうすっかり広島市郊外という雰囲気。

矢野川を渡って、痛んだ足先に堪え引きずりつつ歩く。左に自衛隊（陸自・海田駐屯所）、栄町。新海田、大正（交）国道2号横切り、瀬野川にかかる明神橋を渡る（県道164号線）、右に海田市（カイタイチ）駅らしい。

赤レンガの立派な建物・安芸区役所・左、中国技術事務所（左）、お腹ペコペコ。ココスに入る。「特製ハンバーグ、サラダ、ライス半分、生ビール」〆めて1，500円也。（子供連れのファミリーも多かったが、夫婦・子供でおよそ5，000円位の出費なのかなあ～と若いファミリー生活大変そうだと思う）、なぜか思い切って生ビール飲みました。ウマイ!!こんなうまいものを造った人、偉いぞ。（17：00前だったと思う）ニップラ・日本製鉄、入川（交）、堀越?左へ国道2号わける、右に向洋駅です。

「心がけよう愛のひとこと非行を防ぐ」巨大なマツダ本社（左）、巨大なマツダ病院（右）、マツダ労働組合。「笑顔ゆき交うこの道は私達の手で美しく」左側ずっとマツダ関連。府中町新地、新大洲橋（40m）高速の下を行きます。

「野球観戦の駐車お断り」だって。広島バス大洲（営）右へ行くと、天神川駅と広大な貨物ヤードをもつ「広島貨物ターミナル駅」があるようだ。大洲1丁目、右にマツダスタジアムの偉容。

広島駅←西蟹屋町、荒神町、大韓民国総領事館、留学生記念館、猿猴橋町（交）右折して大橋を越える。正面に新幹線とセットになった、例によって横長の箱のような無感動な駅あり。どうしてこうも、

ビジネス新幹線の駅舎は単純な箱なのか「芸がないのお！」18：30すぎ東横イン着、ヤレヤレ、疲れ果てま

ホテルへした。トホホ。（疲れ果てても自動的に足が前に出る悲しさよ。お前もよく一日頑張ったぞ）

正味　10時間30分　37㎞ぐらい。

G７外相会議関連で宿のゲットは大変でしたよ！

○「閑話休題」…先日、私のハイキング仲間と〝歩く旅〟について雑談をした際、その内の「仲良しの二人」が２〜３年以内にヨーロッパのお遍路道を歩いてこよう…と思っているという。フランスのルピーイからピレネー山脈の峠の一つを越えスペインのサンディエゴ大聖堂までおよそ1，５００㎞の巡礼路を歩いて来るのだという。このコースには巡礼者専用の宿泊施設が仏側にもスペイン側にも整備されていて、年間35万人もの世界中の人が歩いているのだという。また、この話を聞いていた別の仲間は、四国八十八ヶ所巡礼を完成させたいともいっていた。四国巡礼もおよそ1，２００㎞はあると聞く。なぜこう人々は1，０００㎞を越え、数十日（50〜70日）もかかる歩く旅に憧れ、実践してみよう…とするのだろう。私が今続けている進行中の旅は、「てくてく日本・一人歩きの旅」と称してそれ迄のいわゆるサラリーマン生活を卒業した「人生の一つの集大成」として始めたものだ。２泊３日、３泊４日、４泊５日…等々のいわばショートトリップを金も労力もつぎ込んで続けている。思惑通り実行できれば、歩く距離は5，０００㎞は越えるはずだ。…それまでして何故、歩き続けるのか…それは正直、今時点の私には…答えるものがない。これからも歩き続けることによってのみ、何がしかの答えのようなものが見えてくるのかも知れない。

広島 ↓廿日市↓宮島口↓大竹

平成28年4月11日（月）くもり・晴れ

広島城〜瑜華園〜空鞘橋〜本川橋のたもと〜舟八本町〜天満川〜新旭橋〜バイパス入口〜庚午三差路〜草津東二丁目〜草津病院〜新井口〜小己斐島〜八幡橋〜五日市駅南口〜広電楽々園駅〜県立廿日市高校〜廿日市駅〜極楽寺山〜宮内分かれ〜阿品駅〜宮島口駅〜前空駅〜おおのうら駅〜丸石漁港〜玖渡漁港〜大竹分駐隊〜大竹インター入口〜三菱レイヨン正門＝みどり橋〜西栄3丁目（交）〜大竹駅

8：00スタート　17：45　約30㎞＝9時間

広島駅

ビジネスホテル

昨日は大層頑張りました。広島駅南口大橋傍の「東横イン」に泊まった。朝食付き5，400円、ありがたい。このインはビジネスホテル最大手だが、設備よし、料金安い！で頼りにしています。昨晩で宿泊10泊ポイントとなり1泊無料となるのだが〝今日は休日二割引の日」で安いから、折角のポイントは平日使われたら〟…といわれ、次回活用する。（普通はここまでいってくれないよ。…「日本一女性が働きたい職場を目指して」いると黒田社長）

昨晩は駅前の混合ビル11階のレストランで「マグロ丼＋α＝1，200円」の夕食、今朝は7：00に1階ホールに下りて驚いた。サービス朝食待ちの人々で長〜い列、狭いテーブル、外国人も混ざって、大混雑。身体のデカイ欧米人が小さな椅子で気の毒に見えました。ともかく、こんな時は遠慮がちでは朝食にもありつけず…だ。（ここまで外国人が増えると様々な仕様のサイズを大きくしないと）身支度をして8：00前に再度フロントに来てまたビックリ、チェックアウトやらで、また、また大混雑。市街のビジネスホテル全てが、今朝はこうだとは思わないが、

噴水越しの広島城

やはりＧ７外相会議当日、ということで一般旅行者の他、サミット関係者などで満室なのだろう。

チェックアウトして外に出てホッとしました。空模様は、今日は薄ぐもりでも晴れてくる…との予報ですが風が強く寒さを感じる。１枚パーカーを羽織り、マスクをしました。川の向こう側、広島名物・広電のチンチン電車がうなり乍らゴトゴト走っています。

忘れものチェックよし！体調マズマズ！今日は宮島口を経て大竹まで頑張れるか…がＫｅｙです。

８：03スタート

上柳橋東詰、広島女学院（右）（交）…清潔な麗しそうな外観＝女の園か。門の外側傍のバス停まで洒落ています。

路面電車と交差。合同庁舎（城南通り）、そして右手、広島城。（噴水ごしにパチリ）ジョギングの人、散策の人、あっちこっちに。

ひろでん（広電）→広島城→相生橋→

ひろでん＝広島電鉄：1942年（昭和17年、私が生まれた年の前年）電鉄として分離独立。原爆投下3日後から早くも営業再開。復興に尽力。

全国の大手で不要となった車両活用。現在は省エネ型列車。ドイツのドルトムント、ハノーバタイプの車両も。低床式ムーバーです。一日15万人の利用あり。

この会社の社長さんと私は何かと親しくさせてもらった時期（日本バス協、副会長時代）があり、彼は広島商工会議所会頭を努める傍ら、ユニークな思想で経営をされ、マスコミにも、とり上げられていた。急死されたのは誠に残念でした。

〝走る電車の博物館・日本有数の路面電車王国〟といわれる広島っ子の自慢!!

広島城は、天守閣も含め1958年に再建。また、築城400年を機に「二の丸表御門」外が復元整備された。

元来、毛利氏が築城・広島湾に面し太田川舟運とも結びついていた。その後、福島正則を経て、浅野氏城下として栄え、海岸の干拓も広く行なわれた。明治以降、軍関係者の司令部がおかれ「軍都広島」となる。1945年、原爆投下…そして再建。平和記念公園の原爆ドーム（世界遺産）と共に、広島の象徴的存在。（時代は流れ、2016年の今日、先進七か国の首脳がそろってお参りをする）

東西に走るこの通りはキレイだ。中国・重慶市ゆかりの渝華園、旧太田川を渡る空鞘橋を越え、西詰を左折して川沿いに南下。空鞘稲生神社、相生橋（西詰）…この橋は原爆投下の目標だったという……。ここから川沿いの本川橋・西平和大橋…と進む。「G7外相会議メンバーの記念公園（川むこうの対岸）お参りの警護」のため、おまわりさん多数。極めてものものしい雰囲気です。

相生橋相生通りをチンチン電車が橋を渡っていく。警護中の巡査3人が私の方へ。やさしい顔で寄ってきて、旅行ですか?と聞く。大きいリュックを背負い、よそ者らしい私も警戒対象だ…怪しい奴でもなさそうなジーサン！とばかり遠ざかっていった。ヤレヤレ！

→ 旭橋（新旭橋）

舟入本町、中部管区機動隊…右折して国道2号に。市役所前（交）でチンチン電車とおさらば。元安川の新住吉橋を越え、天満川の新観音橋を渡る。右も左も前も後もビル街です。西広島バイパス観音橋入口、大竹まで29㎞。スタジアム入口を過ぎると、太田川放水路にかかる旭橋・新旭橋285m、川がやたらと多い広島市街でもこの川と橋が一番大きいか。バイパス入口（交）

→ 庚午地区

で左折して、国道2号（旧道）に入る。バイパスに車が流れ、こちらは静か。庚午北一丁目、二丁目、庚午中二丁目…片側2車線、両側中層の店・マンション・事務所多し。「床屋…大人1，500円　小人1，200円」とある。「1，000円15分のカットハウス」が参入してから、それまで通常大人3，500円の店がダメージを受け、大きく値崩れの状態だ。どの商売もきびしい！新規参入可、価格破壊歓迎で競争激化の嵐！競争に敗れ戦線離脱する人々にも幸あれ！

→ 草津地区 →

庚午三差路、庚午中3、変電所、草津地区を行く。小学生が団体で歩いてきて、私に大きなあいさつ。思わず私も返した。学校の先生の指導による子供の元気のよい挨拶だけれど…やがて成長して大人になると見ず知らずの人同士では、まず挨拶しない。〝子供にはしろと指導しても大人はやらない〟…永岡家住宅（看板あり）俄然、旧い家並みが目立つ。

高架（草津沼田道路）をくぐる。右に山が迫ってくる。中腹にマンション・病院のような大きな建物（草津病院）、アッ！右に広電のグリーンムーバー2両（3両？）が行く。

〈広電のグリーンムーバー〉

アルバータ巨大ショッピングセンター。広電のムーバーが3両編成停車しており、オッサンがブラシで洗車している。この車両は1両が通常電車の半分以下のサイズで、それがジャバラで繋がっている。（五つあったらやはり5両編成！というべきか）全体として新型車は色鮮やかでスマートだ。都会の街並みに似合う。

新井口駅（商工センター入口駅）→

高架橋をくぐると「広電」の「商工センター入口駅」とJR「新井口駅」があった。右にレールその向こうマンション、住宅多シ。

左にも住宅、通りは広々として明るい。右奥丘の上に高層のマンション群（鈴ヶ台住宅地区（？））石の店、小己斐島（井口、舟溜まりの防波堤・井ノ口明神2丁目）、すれちがう広電、結構乗ってます。レストラン「ちんちくりん」、広島工大付属高前（交）鈴峯女子大前駅（ひろでん）、→

←八幡川
←五日市駅（JR・広電）
←岡の下川
←餃子の王将（昼食）
←宮島口駅
←

大きな川です。八幡川にかかる八幡橋（土手～土手150m位）、歩いている国道横のすぐ右手も2本のレールの橋あり。手前の「ひろでん鉄橋」を電車が行く。なんと、あと1mで線路に川の水が!!充分承知されている事と察するが、高汐、増水、台風時など心配です。

五日市駅も手前に広電駅、後ろにJR駅。五日市港入口（交）、佐伯区役所前駅（広電）、そして、広電・楽々園駅（広電はJRに比べれば、ちっちゃな会社だが、駅間距離短く、JRよりも駅は多く、地元密着のレールとして機能している。そのうえ広島↕宮島間の客も輸送、駅には小さい乍らも駅ビル（商業施設）もあって頑張っている事が分かる。「岡の下川」にかかる海老（かいろう）橋。（写真に見る通り水面スレスレ）宮島街道を歩いている。西隅の浜、桂橋、のどかな気分だ。

創立百周年県立廿日市高校（左）、国道2号はレールと少し離れ海岸に近づく。廿日市港の一端が見え、クルーザー多数係留されている。ダルマ焼酎本社、榎浦橋「餃子の王将」で酢豚ランチ＋ノンアルコール＝1，300円、おいしかったよ。…（令和2年3月現在でも社長殺害の犯人未だ逮捕されず…）

宮内わかれ（交）、（二級）御手洗川（藤掛橋、50m）、鰆浜歩道橋、宮島の門前町風の賑わいになってきた。JR広島総合病院、海沿い高層マンション、阿品駅（右150m）を見送って進むと、2：40　宮島口駅着。海をへだてて宮島が見える。行き交う遊覧（連絡）船、頻繁にある。リゾートホテルも数棟。一服して再スタート。

前空駅←これから当分の間、海を挟んで左の宮島を見ながら歩く。しばらくはもっと近距離となり見当つけると600~700m位に見える?

「切り割り」を過ぎ左にグランドホテル、埋立て工事も目立つ。右にJR・前空駅、右水車あり。右上、ホテル。

大浦駅←宮島とはこのあたりが最接近か。パチンコ屋、倉庫群、小さな港…おおのうら駅。右、レール、左、一皮つづく店、住宅。左、100m位で海だ。廿日市市丸石、小さなドック3~4基。港に腰かけ、明日夜の宿(岩国)を予約できた。丸石漁港・歓迎宮浜温泉の碑。温泉には右に上る。結構ホテルありそう。左前方遠く、煙モクモク吐く大工場群見える。岩国か?(実は大竹でした)

八坂隧道←八坂隧道100m(1mの白枠歩道)、大竹市玖波漁港…ここまでの海岸線、単調で長かったなあ…。

広島西医療センター←恵川新橋40m、このあたりで振り返ると形のよい連山がそれなりにそびえている。経小屋山(=600m)、傘山(=650m)、忠四郎山(=600m)などだろうか。地元の山好きな人達はあの山々でハイキングしているだろうか?日本中どこにもハイキングしたくなる山はあるもんだなあ。

広島西医療センター、戸田工業、大竹分駐隊、広島西の玄関「人の和と専業の街、大竹」左側はなかなかいかめしい重厚な植込みと塀が続く。

三菱レイヨン←「親子なら悩みかくさずうちあけて!」左側は埋立地で「明治新開」という。右側は大規模な

みどり橋東詰（交）←

大竹駅について←

中層団地。大勝橋30m、大竹IC入口（交）、港町、中川製袋化工、小方交番前、「You・meタウン」（巨大ショッピングセンター）、晴海入口、市役所入口、小方港入口、新川橋、左に小学校の廃校、新町陸橋南（交）、三菱レイヨン正門入口（大工場だ！）、物流入口、国道と工場側の間に幅5m程の水路あり。コイや亀があっちにこっちにも。ヨシ（アシ）を揺らしかきわけ遊んでいました。ようやく大竹駅も間近となる。みどり橋東詰。ここで右折方向に駅表示あるも直進。北栄、西栄と、右手に駅貨物ヤードと駅舎を意識しつつ、駅に入る右折ルートがないので、通り過ぎた西栄3丁目（交）を右折し、踏切（線路）を渡って反対側に出る。駅を通りすぎているので、戻るようにして進む…と「駅広」があった。だがひと目見て驚きだった。何故って、あの煙を吐いていた工場群、間近かにも見た三菱レイヨンなどを思えば、それなりの元気さもあろうに…と駅広に期待もあったが、エッ!!これが大竹駅の駅広？と信じられぬ位、寂れた駅、駅広だった。駅広から北に往時の繁栄を思わせる通りと商店街はあるが、半数がシャッターを下ろしている。今時のビジネスホテルらしきものなし、それでも捜せば旅館らしき2軒はあった。広島や宮島、そして岩国が割と近くにあり割を喰っている面もあろうが、あの工場群で働いている人々はどう通勤しているのだろう。山側にあるマンション、戸建て住宅に住み、海沿いの工場へ自転車・マイカーでピストンしているのかも知れない。

日常の生活の買物は、車で巨大ショッピングセンターに行って用を足す…。普段の生活サイクルに「鉄道を使わない仕組み、駅前商店街に行かない仕組み」が出来上がっているのだ。「学生さんや遠距離出勤・旅行者」が頼りのレールなのだ。大竹以外でも目にしてきた光景だが、鉄道や鉄道駅が想像以上に寂れつつあって寂しい。大竹にとどめを刺された気持ち。

大竹駅構内に広大なコンテナ輸送のレールヤードがあり、その広いこと…。往時の1／3程までに減ってしまった！とも聞くが…。市の人口も今や3万人も割っている。あれだけの工場群があっても…。市の財政指数は意外に県下トップクラスの健全状態なのに…。落ち目のヨークシャー（英）、ピッツバーグ（米）のミニ版みたい。駅前の広いロータリーの真ん中に10mもあろうか、大看板あり。「買い物は大竹市内で」と訴えていた。

ビジネスホテル：素泊まり3，500円、安い！それもそのはず、部屋にバス、トイレなし、共同風呂、共同洗面トイレ、部屋にテレビあり。寝床はベッドでした。山登りが趣味の私は山小舎泊まりも多いので、バス・トイレなくても驚かない。しかし街中にあってはチト寂しかったなあ。

マスヤビジネスホテル ←

見つけたコンビニで夕食の弁当＋ワンカップ、翌朝のパンなど購入して食を確保する。屋根のある建物の中に泊まれるだけで「ぜいたく」というものだ。（お前さんは覚悟の上の「てくてく」なんでしょう？…と天の声）

この先、宿も見つからず寝袋で野宿する時があるかもよ…トホホ！（大丈夫。まさかに備えて、ツエルトと寝袋はリュックの一番下にいつも入れてあるから…）

大竹 ↓岩国↓由宇・錦帯橋

平成28年4月12日（火）くもり時々晴れ

栄町郵便局（交）～栄橋（小瀬川・ここから山口県へ）～和木（交・和木駅・右）～三井化学・装束内～第六潜水艇記念碑～新港4丁目～岩国港～港湾合同庁舎～岩国交通検問所～岩国市営バス♀～昭和端（交）～立石（交）国道188号へ～岩国駅～アーケード街～JR踏切（岩徳線）～新寿橋（今津川）～岩国航空基地～川下中学～門前橋（門前川）～南岩国駅～ココ壱カレー～平田川～東洋紡♀～藤生（発電所）～藤生（フジュウ）駅～黒磯湾・青木湾～跨線橋・保津♀～通津美ヶ浦公園～新町橋～天下御免田浦・大相撲発祥の地碑～通津（つづ）駅～長野尻（左、工場群）～バス折返し場～由宇川（千島橋）～由宇（Yuu）駅…電車で岩国駅に戻る。

8：10～15：00＋錦帯橋周辺1時間　計8時間弱　約25km

大竹駅 ←— 貨物ヤード ←—

マスヤビジネスホテルでお目覚め、お湯も無いビジネスホテルの朝5：20起き。顔洗いハチ合わせにならぬよう先ずトイレ。

テレビ見ながらコンビニで昨夜買っておいたパンを食べ水を飲む。これはこれで一つの旅スタイル！「侘しくなきゃ男じゃない——不自由を常と思えば不足なし」

国道186号を、左の駅とレールに沿って進む。（8：10スタート）、左折してレール踏切を渡る。駅舎やホームも落目の風情だが、構内にはおびただしい数の貨物ヤード（引込線）、錆ついた茶色の線路が十数本も見える。

最盛期は相当の賑いだったろう。今も海岸沿いに大工場複数あるも、貨物輸送の相当部分が（海上のほか）自動車輸送に移っているはずだ。

北口←国道186号線←踏切南側←国道2号←小瀬川（栄橋）←和木駅←装束町←

〈正確に数えたわけではないが、山陽本線沿いを歩いていると、旅客輸送の列車数と貨物輸送列車数は同じ位（夫々3本内外／1時間）あり、その貨物列車1本で40両前後の貨車がつらなっている〉ドッコイ、ＪＲ貨物には底力はあるのだ。

国道2号を行く、栄町郵便局、南栄2丁目（左1㎞臨海部に日本製紙工場）やや上り気味左カーブを行く。

栄橋北詰、土手～土手200ｍ位ありそうな小瀬川にかかる「栄橋」、そのうえから、左を見ると大竹の工場群から煙がモクモクと上っている。また、左後方にはやや遠く宮島の祢山らしき山が三角形にとがって見える。

（橋は建て替え中）、進行方向前方を見ると大竹と岩国の臨海工場群は連担した工場地帯に見える。川を越えると山口県に入り、和木町です。

「ようおいでました、山口」「五重の塔・錦帯橋のマスコットキャラクター」看板などが出迎えです。和木（交）、右500ｍで和木駅。町役場、右に「蜂ケ峯公園」：の標識、和木ゴルフクラブ。左の工場に向かってレールの引込線があったが（廃止？）。右、あけぼの橋。歩道に1㎞先「せいちよう」とある？

三井化学・大竹岩国工場、装束正門（左）とある。装束5丁目（交）、（セイチヨウ…とは、作業衣の店のこと…工事のお知らせと紛らわしい表示板）、〃Ｊｕｍ30〃とは、これも大きな建物でまさかパチンコとは…。パチンコ屋さんの店舗のスタイルここ30年位で大きく変貌したもんだ！

← 岩国港湾管理事務所 ← ホテルAZ ← 巨大パチスロ ロデオ ← アビック ← 昭和橋(交) ←

岩国市装束1丁目(国道2号)、「第六潜水艇記念碑」(小高い丘の上、右手)。装束小(右)。左を見ると工場モクモク煙吐いています。新港4丁目、岩国港(左)、岩国港湾管理事務所。

国道2号をこうして歩いていると、岩国市は工業都市そのものです。私のような他国者からすると、「錦帯橋＝岩国」でなにやら観光中心の街かなぁ…という無責任なイメージだったが…。岩国港湾合同庁舎、港湾橋、入江のような水路のような山裾にも続く小型漁船が係留されている(40~50隻以上ある)。国道2号線の左側に「ＨＯＴＥＬ ＡＺ」、シングル朝食付4，８００円、10階建て。デッカイビジネスホテルだ。ビジネスホテルにも色々あるが、このAZはチェーン店の一つ、駅前周辺には立地せず、離れていてもポイントとなる国道沿いにポツン…と立地している。完全に主要国道を通る車利用者をターゲットにしている。これも一つの戦略。(ルートインチェーンもこれに類する)今度は右手にまっ赤と黒、2色のドギつい巨大建物＝スロット ロデオ…新規開店では「よりどぎつく」、「より大きく。」一方、うち捨てられた同業の廃墟もめずらしくないパチンコ・スロット業界!

岩国市市営バス♀、見ると4路線あるが合計しても1日、6本しかない。これがローカル乗合バス業の実体の一つだ。立石1丁目♀、「目指す未来があります」…マルジン・スロットパチンコ店の掲出しているスローガンです。(２０２０年5月「新型コロナ緊急事態宣言。３密防止」の際でも、どうしてもパチンコ無しではいられない人の多さにびっくりしたなぁ)左側にａＢＩＣ(アビック)…あなたが選べる五つの営業スタイル…パチンコ低玉貸専門店(5階建、巨大)?左２㎞空港…立石地下道、昭和橋(交)、ＪＲ陸橋上からみると、ＪＲ・レール線を境にして、

〈岩国駅そば繁華街〉

立石（交）←国道2号線とわかれ国道188号線へ→岩国駅

左、海側は大工場群、右は繁華街とマンション群。相当大きな街に見えます。立石（交）で国道2号とわかれ国道188号で駅方面へ。JRの貨物ヤードは大竹駅も広かったが、岩国ヤードは更に広大です。（数十本のレール）

駅に近づくと、決まって見えてくるのが、ヤマダ電機の箱型の量販店＝〝あなたの暮らしにちょうどいい価格〟と大書きされてます。岩国観光バス会社…大型ハイデッカー車10台以上あるぞ…。（安全対策は大丈夫です…）

そして岩国駅、東口もあるようだが、西口が圧倒的に中心市街地。駅広ひろし。駅舎は取り壊し新築工事中。駅広内を一回り。バス乗り場に、岩国バス（株）運賃値上げのお知らせポスター目につく。（例・岩国駅〜錦帯橋・現250円→300円に。初乗り100円→120円になどなど）…地方バ

←三笠橋（交）←今津川←空港入口（交）海上自衛隊←米海兵隊AiR Base←門前川←門前橋←

ス経営は本当に厳しい。だが値上げするとまた、客が減る…分かっていても値上げせざるを得ぬ苦しさ！

駅広から先を急ぐ、三笠橋(右、市役所、警察)までは(国道188号沿い駅前繁華街ということで)、両側に高さ10mレベルのまことに立派なアーケード街（商店、ホテル、銀行…）…前頁写真参照。人口20万人以上の風格とみた。

三笠橋（交）も過ぎて、アーケード街も終わり。JRの非電化、単線の踏切渡る。岩徳線か？今津町2（交）を過ぎると、大きな川です。今津川にかかる新寿橋です。幅200m位あるか、水量たっぷりです。

この川の上流に錦帯橋があるのでは？「老ゆる程　左右の気配り　あせらずに!!」向今津⫯。

左側に山陽本線、車町（交）、空港入口（交）これを左に行けば「岩国錦帯橋空港」へ、海上自衛隊岩国基地、米海兵隊岩国基地（5／27伊勢志摩サミット出席後、広島平和公園訪問し、そのあと、オバマ大統領は、岩国基地へまわり兵士を慰問したあと、この岩国米軍基地からアメリカに帰国した）がある。

岩国市漁業協同組合、このあたり左1km程は基地の町だが、国道188号、レール沿いの両側は家並みは新旧の建てもの、畑も目立って来、工場からは遠ざかった。「育てよう　やめろといえる　心と勇気」川下中学校。門前橋北詰、また大きな川だ。見た目、200mもあり今津川以上の広さだ。海が近い、門前川です。（地図で見ると、今津川と門前川はおよそ1．5km上流で合流して錦川としてひとつになり、上流に錦帯橋が架かっているのだ！）

←岩国短大入口←高水学園←南岩国駅←ココ壱カレー店←東洋紡入口♀←岩国発電所（左）←藤生（交）←藤生（ふじゅう）駅←

渡って南詰、地方卸売市場。橋傍のバス停でオバアチャンとお話し。（千葉からハルバル歩いてきた、と話したら吃驚仰天して目に涙・私の手を取り御達者で、御達者でと励まされた）県道113号線を右にわける。畑や庭先にコバンのような新緑の柿の葉が揺れています。収穫する人もいないのかキンカンがたわわに道路に大きくはみ出しています。悪いとは思いつつ2～3ヶ失敬して口に頬張る。岩国市尾津、右愛宕小、尾津1丁目、また、市街地の様相。岩国医療センター、岩国短大、西京銀行（知らないなあ）、中学・高校・短大から成る高水学園のバス停過ぎると左にJR南岩国駅（有人）。海側は一面水田が広がっている。

「あいさつは　人の心の　身だしなみ」

「ココ壱カレー＋サラダ」、1，200円の昼食です。11：52

平田川15m、岩国南自動車学校、、Ｆｕｊｕ南岩国ショッピングセンター（なんでもあります）。市営バス東洋紡♀、このあたり郊外店舗甚だ多シ。「パチンコとスーパーとラーメン屋」があれば生きていけそうに思えてくるから不思議です。

南岩国3丁目、右：八幡宮様過ぎて、途端に「旧い町並み」。正面、岩国発電所のヤケにノッポの煙突2本。左に港・海を見つつ、右カーブ。藤生（ふじゅう）（交）。突如空にスゴイ豪音。陸橋下にはＪＲがゆく。丸子橋、沿線に「いちぢく」らしき木々の畑…いちぢくとは、こんなにも枝を切ってしまうものなのか。極楽寺、幼稚園、中浜橋7m。「すてないで、かけがえのないキミの明日！」

藤生（ふじゅう）駅…信号機はＦｕｊｕ、駅名は「ふじゅう」岩国市漁協藤生市場。左に港、小型船40～50隻は見える。

→ 保津（ほうづ） → 大相撲発祥地 → 通津駅（つづ） → 旭化成 → 朝日鉄工 →

左の海、飛行機空から舞い下り、埋立地に着陸。1分もしないうち、「エイ（魚）に似た型の飛行機」も正に着陸、腹にヒビク音を残して。中洋小（右）、この辺り、左側ずっと海沿い。堤防ありの漁港。10段重ねもある消波ブロックの階段、岸から50～100mあたりの海中にテトラポットのネットワーク…まるで、〝テトラに抱かれた港〟…の風景。小船の係留は数多くあれど人影なし。時ならぬ凄い音！ジェット機の轟音。離陸時の方が凄まじい。「新幹線のように静かな離発着は無理なのかしら」

JR陸橋左から右へ越えてグングン登ります。萩原口、保津（ほうづ）、高昭寺グリーンパーク入口、JR右から左へまたぐ。

通津（つづ）美ヶ浦公園（左）、右手の高台に一枚岩の大きな碑あり。新町橋15m。

このあたり通行する車のナンバーを見ると、軽は殆んど山口ナンバー。だがトラックは広島ナンバーが圧倒。

「天下御免田浦・大相撲発祥の地」の碑あり。マックスバリューショッピングセンター、右500m桜井戸、通津駅（ツヅ）。

左、通津沖工業団地、高架でJRまたぐ。左海側に大工場（旭化成？）あり。長野（交）岩国カントリー、桜井カントリー（右）長野尻、「なれた道、時間がかわれば、ちがう道」

バス折返し場にある無人の簡易トイレ！私の役にたちました、有難う！助かりました！

海側：東洋自動機・朝日鉄工の工場。右は畑か田んぼ（左、工場、右、お百姓！）蓮田で泥の中、ジーサンとバーサンがドロンコになって蓮を収穫している。とてつもなく大変そうです。お世話になります!!蓮の栽培って大変なんだなあ～。一声かけるのも憚られました。

由宇川←

由宇駅←

錦帯橋←

堀田（交）、由宇川、いい川だ。ざっと１００ｍ程あろうか。海側まで３００ｍ程かな。「はねる若ゴイ、カープタウン由宇」、ＪＲ由宇駅Ｙｕｕです。今日の「てくてく」はここまでとし、14：54、電車で岩国駅へ戻る。15：10着、時間があるので15：40バスで錦帯橋へ。（おまけ…です）5連アーチの木造の橋として有名。私も現役の頃、業務視察と称する出張旅行で2度程訪れている。今日、改めて1人旅という気楽さで訪問。岩国駅前から３００円也払ってバスに乗り、15分超で錦帯橋♀で下車。乗客の２／３位の多数が下車。土産物家角を左へ、すぐ右手に錦帯橋です。山口県内最大の川である錦川にかかる美しくも重厚な橋です。下を流れる清流に心が洗われる。トコトコ渡り始めて、後ろから呼び止められて、「有料だ」と気付く。外国人も多い。五つのカマボコを渡るとおみやげ店オンパレード。１６００年、吉川広家が岩国に入り、山頂の要塞は１６０８年完成。その後、わずか7年後「1国1城主義」で取り壊し。１９６２年再建、ロープウェイ3分で山頂、あと遊歩道5分。城に上ると絶佳。よくもまあ、こんな所へ城を造ったもの…と誰でも思う…。中級武士目加田家住宅、白蛇岩国美術館、吉香（吉川）公園、など、散策する。１６００年代当時、錦川はいくつにも分流していたそうで、それをほぼ今の形に一つにまとめ西方迂回ルートにし、堤防を築いたという。度々の台風などによる豪雨で橋は流され、１９５０年9月台風で崩壊。（２７６年間、保ったが全滅）１９５３年に現在の姿に再建。ソフトアイスを舐めながら橋の上にたたずみ、山頂の城を見上げ、また足下の清流を眺めるにつけ歴史の有為転変を感じざるを得なかった。

由宇 ↓周防大島↓柳井

平成28年4月13日（水）晴れ・くもり・そして雨

岩国駅からレールで由宇駅：由宇スポーツセンター（左）～千島ヶ丘NT分岐～高架左カーブ～潮風公園～浄念寺・有家港～ピーピーガラ街道～由宇歴史民俗資料館～田高多〒～尾田踏切～神代漁港～神代駅～公門所イッパチ食堂～これより柳井～宮岬団地（右）～神代橋～大畠観光センター～周防大島大橋～大島南詰～大島商船専（もどる、大橋わたりかえす）～大畠駅～大畠大師～大畠漁港・住吉神社～ふれあいタウン大島～妙円寺・郷土民俗資料館～栽培漁業センター～琴石山（右へ）～柳井港（左）、柳井港駅（右）～三本松（交）～総合卸センター～黒石山登山道入口～柳井食堂～柳井大橋～南浜（交）～ぐるぐる廻る～柳井駅北口～ビジネスホテルへ

8：20～16：00　計7時間30分　＝26km

由宇駅

午前7時過ぎです。薄日があります。予報では昼過ぎから雨になる…と報じています。ウーン、今回、防水仕様の帽子忘れてきたのだ。果たして何時？何処から雨になるのか？コンビニで買ったパン1ケ、オニギリ1ケをインスタントコーヒーで済ませ7：52電車に乗り由宇駅まで。３２０円也。オット！電車は急病人発生で7分遅れで到着。

8：20由宇駅前、ウォークスタート。

駅でのポスター「はねる若鮎、カープタウン由宇」にある施設は由宇川上流にあるぞ。不便なところだが、選手達は貸切バスで来るから支障はないよ…と駅傍に居たボランティアオジーサンのお話。

「名をなさずば再び見じとちかひたる故里の土病みてふみたる」
(昭和5年結核で倒れふるさと大島に帰った)…宮本常一氏

由宇町民憲章

一、互いに助け合い感謝と奉仕の心を持ちましょう
一、学習に励み、広い視野と英知を育てましょう
一、自然を大切にし、地球環境を守りましょう
一、スポーツに親しみ心と体を鍛えましょう
一、働く喜びを持ち未来に夢を広げましょう

銭壺山

高架道路を行く、左カーブ「銭つぼ山、大将軍山」へは右へ。(銭壺山は540m)そういわれてみると右の奥に形のよき山が峠をはさんで二つそびえて見下している。レールをまたいで「由宇不動尊の碑」と中尾やざえもんの碑。

潮風公園

「潮風公園Yuu」茶色っぽい砂浜でも、清潔で綺麗で気に入りました。公園の終わりにミニ漁港。有家○⊥浄念坊。前方ヤヤ左遠く、海に浮かぶ大きな島がかすんでいます。「周防大島だ!!嬉しいよ、宮本常一先生、とうとう私はここまで歩いて来ました!」

○宮本常一氏

周防大島の貧しい百姓の家に生れ、教師であり、農業指導者であり、民俗学者でありました。
戦前・戦後、そして高度経済成長期にかけての73年間で日本列島を、およそ16万km(地球4周分)を歩いた。

「その時代時代の日常生活や風景の中には、それが当時の人々にとってあまりにも自明のものであったがゆえに、記録される事なく消えてしまう数々の歴史がある。日本全国に隈なく残る宮本常一の記録したもの…それが柳田国男にも優る、最大の業績といわれる宮本常一氏の不滅の民俗学です。一日あたり40㎞のべ4千日、空前絶後の旅行者です。

…私も今回、大島の東南の端にある白木山山頂（３７４ｍ）に登り、松山城まで見える…という眺めを楽しみ、家の芳名帳に名を記したかったが、大島大橋を雨にうたれて渡ったあと、気力が挫け、そこまでは行かなかった。…後悔が残りました。

左に海を見つつ、単調な通りを歩く。右側民家が続き、植込みの垣根の枝が歩道にハミ出し、少し煩わしい。マサキの生垣が続く。

私が子供の頃は、「生け垣といえばマサキ」というほど住宅地に多かったが今ではめっきり減ってしまった。房州館山界隈では、マサキの新緑の葉を「ピーピーガラ」と呼んでいた。それは、まだ黄色く見える5月頃の新葉を1枚もぎとって、これを指先で３ｍｍ位の筒になるようにクルクル丸めて、これを口にくわえ、口笛よろしく吹くと、ピーピーと思わぬ音色が出て、悪ガキどもとその音を競い合ったもの。

…当時を思い出しつつ、丸めて吹いてみたが、子供の頃のようには、いい音色は出なかった。残念！

（ピーピーガラ）

由宇歴史民俗資料館 ← （広中教授） ←

〝陸にのり上げ、そのまま係留された古船？（オレンジ色の枠取りされたまっ白・三層の船）〟と思いきや「由宇歴史民俗資料館」でした。国道左側傍、早速寄り道です、まだ開館前で玄関ドアをガチャガチャ鳴らしていたら、掃除でもしていたのか、管理人のオジサンが出てきて、時間前だけどいいですよ！と開けてくれ、その上、一部屋、二部屋、案内説明をしてくれました。（時間前なのに鍵を開け、説明までしてくれたオッサンよ。それから元気にしていますか…この世は善意の積み重ねで成り立っているんだね。）

「由宇」は江戸時代、造船業により財力を得、酒造業、金融、織物、造船、海運産業が発達。…この歴史資料館には発達の歴史のほか、農業、漁業、教育、庶民のくらしを物語る資料約3，400点が保存されている。大正15年由宇町となり、平成18年、岩国広域8市町村が合併、岩国市となった。…資料館には、「船乗りにとって重要なロープの結び方」や文化勲章を受けた数学者・広中教授関連、由宇町民憲章5箇条…なども展示されていました。入館料大人100円也。

ピーピーガラはなつかしや
丸めて吹いても ガキの頃の
音色は得られず！

うまそうな
コロッケみたいな
小島がひとつ
歩くにつれて
大島にくっついた

霞む程
大きくにじむ
周防の島々よ

メモとれば
その分遅れて
息が切れます僕のてくてく

歩が進み
一つの島から
一つが子わかれ安芸の灘

神代駅（こうじろ）
←
サウザンセト・柳井
←
大畠おみやげセンター
←
大島大橋
←

1866年（慶応元年）、第2次長州征伐の際、由宇は幕府艦隊により砲撃された。

一尾田踏切・神代漁港、神代駅（無人）。大きな蘇鉄と昔ながらの赤いポスト…。なんと何もない駅広にタヌキの死ガイがあり、カラスがつっついていた。あわれ、タヌキに目玉はなかった。

公門所♀、イッパチ食堂、大波時通行禁止区間6㎞を抜ける。レールが下をくぐっています。

ヤレヤレ、雨が小雨ながら降り始める。近いのに大橋や大島が既にかすんで来ました。

〝Southern Seto YANAI〟これより柳井市、〝旬・魚・美味しい町へ〟コンクリートのすき間でも ドブの側溝でも、グレーチングがかぶっていても どこでも菜の花は芽を出したくましく黄色い花を咲かせ、風にゆられています。

広中さんのメモ（由宇町柏原出生・昭和6年）

京大・ハーバード大修得。「代数多様体の特異点の還元の研究」ハーバード大・京都大・ソルボンヌ大教授。

文化勲章、数理解析研究所長、山口大学長…世界に誇る数学者。

私にはちんぷんかんぷんですが、とにかく恐ろしく頭脳明晰な先生！

レールは左下に、そのすぐ左は海。あまりにも海が近く、大波となればレールは潮水をかぶってしまうだろう。何らの恒久的対策はしなくてよいのだろうか。目の前にいよいよ周防大島そして大橋せまる。宮本先生が生まれた島。山口県内で最もミカン生産の盛んな島。本土と結ぶ21世紀の大畠吊り橋がかかっている。橋の下をくぐって大畠駅側から右手のクネクネ道路を上る。橋のつけ根に大島おみやげ観光センターあり。

〈周防大島への「大島大橋（大畠瀬戸）」１０２０ｍ〉

周防大島←

小雨の中、大橋を歩く。左側に立派な歩道あり。グングン行く。海面からどの位の高さか20〜30ｍは楽にありそう。水の色、濃紺に見え、いくつもの荒々しいウズを巻きながら流れている。別名「周防の鳴門」といわれる渦潮の名所。橋の長さ1，020ｍ、渡るのにおよそ17分かかった。横なぐりのこまかい雨、結構濡れる。雨が風を呼ぶのか歩くにはとても寒い。渡り切って大橋南詰。左に行けば、はるかに伊保田港、フェリー乗り場へ。右行けばハワイ移民資料館。「大島商船高専」方面です。強まる雨の中、なんとか高専まで歩いたが、この先〃ぬれねずみ〃で不安となり、引き返して、大橋を渡って戻る。

大島商船高専（戻る）←

途中この大橋を渡る路線バスとすれ違う。〃あったのだ〃バス停見当たらなかったなぁ〜。物産センターからクネクネ道路を下り、国道188号にもどった。すぐ近くにJR大畠駅があった。駅前から大橋行が1日12本もありました（防長バス）。大畠薬師秀晃山。

→ 大畠（おおばたけ）漁港 → ふれあいビーチ → 妙円寺 → 大畠郷土民俗博物館 → 琴石山 →

ＪＲが下をくぐっています、単線なのか?もう一つのレンガトンネルがあってこちらは塞いであった。ゆるやかに坂を下りて石神（文）、大畠漁港に出くわした。漁協あり。住吉神社（左）、右・海原大明神、大きな常夜燈、左右に1基ずつ。その奥に由緒ありげな社あり。レアタウン大畠。大畠小入口、鯛の格好した公衆トイレあり。左にプールのような船溜まり。

（防長バス）。大畠薬師秀晃山。

「未来に残そう青い海、ふれあいビーチ大畠」気持ちよさそうな砂浜・渚…だけどロックされていて入れません。あれぇ…右側レールまた複線になってます。右カーブ「大島大橋」も見納めか。小雨にけむり遠去かっている。吹きさらしの国道から左に高いコンクリート堤防（その外はテトラ）があらわれ、堤防に囲まれるように民家もある。

「光明偏照十方世界」「念佛衆生摂取不捨」を両門として奥に大きな寺あり。妙円寺。

〝平成の碑「薩長土肥連合碑」維新１５０年〟月性展示館・大畠郷土民俗資料館白い土蔵づくり、何やら入口がわかりにくく、ずぶ濡れ姿なので入館を諦めた。右、長命寺。（ポンポンポン木魚の音が聞こえます）

「幕末勤王僧、月性の像」あり、「忠勇義烈」の碑、などこのあたり多数あり。

山口県内海事業部、栽培漁業センター。前方をすかして見るに湾内前方に発電所の巨大煙突？右奥「琴石山５４５ｍ」「三ヶ岳」方向を示す標識あり。海側に目をやると、左後方に周防大島の巨体。そして海（湾）の前方の左へ、海を挟んで、大陸のような、行手を阻むような半島が立ち塞がっている。広いのだが、なんとなく窮屈そうにも見える海だ。国道沿い左側、徐々に埋立地となり工場が並びはじめた。

←柳井港駅（やないみなと）←柳井西港←雨宿り←柳井食堂←北側に廻る←柳井駅北口

急に目の前に、区画整理し90％以上完成したかのような広々とした立派な街路となった。広い2～4車線の道路、10ｍもあろうかという歩道部分…。左柳井湾、右、柳井港駅（かわいい駅だ！）

柳井港東（交）、柳井海上保安署。

ポートビル、柳井フェリー、松山行、三新化学工業。

三本松（交）国道188号を左にわけ、レールに沿って右方向へ。柳井総合卸センター（交）レールにぶつかりそうなところを左へ、黒石山登山道入口。駅方向へ、大粒の雨。合羽に強くふりかかり、風も吹く。雨やどりします。よくもまあ〝止まずの雨の中〟ここまで来たもんだと、自分を励ます。水を飲む。

大畠製作所（例によって）ヤマダ電機・自動車学校、憎らしげにもイオン大ショッピングセンター。

片野橋、新市沖、そして右手の柳井食堂で遅い昼食。（てんぷら定食、生ビール、1，600円也）

柳井川（柳井大橋）やまぬ雨の中ヤケクソ気味に、歩く。高架の下を抜けてから駅が見つからない。雨と合羽で頭がボケたか。グルグルまわる。なんと学生に聞いても要領えず。踏切わたり北側に廻り込んで、北口広場着。どうやら南口らしきものは無いようだ。北口駅広はそれなりに小ぢんまりしていた。

16：00　柳井ビジネスホテル着

○広島から柳井まで…アラカルト！（追加）

・あこがれの大島に来て、現地の土産を…と娘の家に海産物宅急便で送った。ところが後日受け取った娘から「このワカメは中国産だよ」と指摘されビックリ。…大島町にガッカリ…との怒りハンパじゃなかった!!…大島大橋たもとの（おみやげ・物産センター）

・室町時代〜江戸時代の白壁の家多数。国の伝統的建造物群保存地域です。…柳井駅北口、５００ｍの長さの白壁家並み。（柳井川沿いです）

・甘露醤油（さしみ用）、金魚提灯（８月13日のお祭りには金魚ねぶたも出るよ）国木田独歩旧宅など、国重　文も多数。柳井は中世〜江戸時代にかけ瀬戸内海の主要な港町として商業も栄えた…という。

工場と基地と観光うまく
すみわけたね、岩国さん

宮島は海を
隔てた赤鳥居
もろ見えました
離れているから
有難い

G7 外相会議
の広島に
迷い込んだ怪しい僕
しばらくおまわりさんが
後についてきました

常一さんの
ふるさと大島
お邪魔します

通津（つづ）と知り
由宇（ゆう）と
覚えて大畠瀬戸を往く

「初めての土地へ
　　行ったら
　　　高みに登れ」
常一先生のお教え
守っています。

・昨日はおまけで錦帯橋と岩国城を歩きました。
大内氏、毛利氏、吉川氏…などについて、あらためて向学心に刺激を受けました。

・昨夜泊まった岩国駅そばの「ビジネスホテルα－１」５，６００円、食事はなしだが、清潔、気持ちよきビジネスホテルでした。全国チェーン店です。（東横インの上を行きたい…とカウンターレディ、冗談半分でささやきました。ライバルがいるから向上します）

柳井→光→下松→徳山

平成28年4月14日（木）くもり・晴れ

北口から南側へ～古開作（県道22号へ）～県立柳井高校～築出橋（左）～新庄西～耕地改良記念碑～くめ川橋、大波町（交）～東田市施小～配原第三踏切～天神（交）～田布施町郷土館～田布施駅～瀬戸（交）～観音崎～高架道（下、レール）～瓜迫～城南局～光市域へ～三輪（交）～岩田駅前（左）～慶見～立野（交）～立野橋（島田川）～レールまたぐ、慶周寺～島田駅（右）～光市上島田（交）～島田中学～林〒～領家（島田小）～鬼彦兵衛の墓（左30ｍ）～新日鉄住金ステンレス正門～国道１８８号～島田市（交）～島田川浅江千歳橋～浅江１丁目(交)～浅江神社～光駅(右)～虹ケ浜～周南下水道処理センター下松市域へ～中小企業団地（左）～ＪＸ日石エネジー(左)～ＪＲを陸橋でこえる(国道１８８号バイパス?)～大谷橋～切戸橋(交)～城山(交)～サンリブ前～末武中（交）～末武～大橋～荒神様～新幹線くぐる～遠石～八幡宮～青山町～防長交通本社～慶方（交）左折～銀南街～中央街～徳山駅

7：25～16：30　正味8時間30分　＝35km

○今朝は4：30に目覚め、そのまま起きる。雨も上がっており天気は回復した様子。思い切って、朝散歩ならぬやり残した宿題とばかり、駅北側にある白壁の家並みを見学すべく出掛けてみる。6～7分で柳井川の橋をこえると白壁の町並みが目に入る。看板等によると、柳井は中世には瀬戸内海の主要な港町として栄え、江戸時代に入ってからも岩国藩の御納戸と称される程、商業も繁栄したという。川を境にこえた北側一帯は「国の伝統的建造物群保存地域」となっている。（町並み資料館、松島詩子記念館、国の重文＝国森家住宅、やない西蔵（佐川しょうゆ）、小田家むろやの園（油輸送のため、50艘もの船を所有した豪商）、国木田独歩旧宅などなど、

カケ足ながら往時の繁栄の一端を、朝のさわやかな空気の中、汗をにじませながら、表面づらだけですが、約1時間15分もかけまわり、ビジネスホテルに戻りました。（速足で廻ってきただけでした）

それにしても、「安芸の小京都」と称される竹原市内の江戸時代当時の町なみ景観」「呉市胡(えびす)公園近くにある旧・澤原家建物群」そして「白壁の街柳川の伝統的建物群」を目の当たりにするにつれ、私の胸の中に一つの否定的想念が浮かぶ。それは今後百年後、今を振り返りこれが〝昭和〜平成を代表する町なみ建物群です〟といえるもの（建物）をつくっているのか〝没国民性、没地域性〟に埋没しすぎてはいないだろうか…という懸念です。あらためて、「伝統的なもの」について再認識をすべきではなかろうか。今の県庁や市役所、イオンのショッピングセンターや新幹線の各駅舎がまさか「伝統的建造物」と称されることも無かろうに。

更に話は、あとさきに走りますが山口から西に向い、下関手前に長府の街があり、こちらは長府毛利氏14代260年に続く城下町時代の町並みが、土蔵、白カベを中心に美事に残っており、心を震わせたものです。

瀬戸内沿岸は、日本でも古くから、産業、商業、漁業そして時代の政治の舞台として明らかに一大中心地となっていた。（こうした事柄に接する程「中世以降の日本は、関西以西中心に産業文化が発展してきた事」を再認識させられ、それに較べれば、関東・東北は明らかに後進国だった…と否応なく納得させられます。

それがあっての歴史景観である…と認識するが、後世の私たちにとって、その時代の繁栄を伝える遺産を目にし、触れる事が出来る事を有難いことだと感謝の気持ちでいっぱいになります。

柳井駅（ビジネスホテル）　さて、前夜の雨も上がり今日は4月なのに最高24℃まで上昇するだろうとの予報。徳山まで、33㎞以上もありそうだ。昨日は念願の周防大島にも足を運べたし、今日はどんな出会いが待っているのだろうか。頑張りましょう。7：25ビジネスホテルスタート

古開作(こがいさく) ←　駅南側にむかう（地下道）。北側は古くからの市街、南側は量販店などの大型施設多数。中電前（交）、

←柳井高校←土地耕地改良碑←八幡八幡宮←

古開作（こがいさく）（交）まっすぐ県道22号「ふるさとの明るい未来は道路づくりから!!」左・県立柳井高校、５ｍ程の築出橋。レールに沿って左カーブ、田んぼが目につきます。右レール、左小川が流れる。新庄、新庄西：ヤマト運輸（営）で15～16人社員が制服を着てラジオ体操してます。少し気合いが足りないぞ!!

出勤時間か県道マイカー多シ。汚水蓋＝〝白壁の街・柳井〟です。（岩国では、鉄蓋は錦帯橋でした）そうそう、周防大島近くの国道では「大島大桜」のフタもありました。

墓石専門・石河（いしこう）を過ぎると両サイド田んぼです、私のようなてくてく歩きには、この田園、山村風景が心のごちそうなのです。車が通りすぎ切れると、カエルのゲロゲロ、姿は見えねど合唱です。カエルはお百姓が田に入り、タノクロ作っていても、知らぬ顔して近くで啼いています。旧くて大きな1軒家にデカイ鯉のぼりです。鯉３匹とフキナガシです。男の子が３人もいるのか…いいなあ。（私は男の子の孫がいません！）（アッ…この2年後に恵まれました）

バス停防長バス、このあたり1日４本です。

道端に「耕地改良記念碑」３ｍの高さ、大石を組んだ上に碑。粂川橋（くめがわ）7～8ｍ、大波町（交）右手：門柱あり、コマ犬あり、階段あり、いかめしくもおごそかな八幡宮あり。

ともかく踏み切り越え上がってお参りパチリ。…大波野（おおはの）の神舞（かんまい）（県民俗）が当八幡に奉納されている。東田布施小、この辺り、カエルの合唱スゴイ!!

また、配原第三踏切をこえ、県道22号線に戻った。偏らのセブンイレブンで、オニギリ1ケ＋コロッケ1ケ＝１４５円パクついた。

← 田布施郷土館

波野（交）まっすぐ、天神（交）で右折（右に社あり）。田布施町郷土館。（岸信介・佐藤栄作兄弟総理の像）…当、田布施町出身です。

岸信介・佐藤栄作像（出身地）← 田布施駅 ← 岩田駅 ← 慶見♀ ← 伊藤博文資料館 ← 立野（交）← 県道144号線へ ←

田布施駅到着（一部2階建ての今風駅舎、駅広ありて閑散、有人です）

県道23号にもどり、右レール、左小川沿いを進む。瀬戸、納所、レールをまたぎます。田植を終えた田もあれば、水を張ったままの田あり。ドジョウはいない、ザリガニも見えず。聴こえるのはゲーロゲロ！左を流れる田布施川と共に右手のレールを越える。右、ライスセンター、そして瓜迫♀、右手に公民館、小学校。左の田布施川も流れ細くなり、ヤヤ山間をレールも道路もクネクネ。水源地♀、ここから左カーブ、下り坂、平になって三輪（交）、右にまっすぐ、町並みとなる。駅前(交)、左すぐに岩田駅。ここは光市域内です。山が開けている。末常、慶見と県道23号を行く。左レールを離れ、右の山間を上ると、慶見からヤヤ下る。東荷川を渡る。右に道をわける。この川沿いに上流（右）に進むと、2kmぐらいで、旧伊藤博文邸・伊藤公資料館がある…という。今でいう光市東荷（つかり）生れ、中国東北部ハルビンで暗殺されたため、伊藤公はこの邸の完成を見ていない…とのことです。慶見♀の少し先で右に伸びる県道159号線。2km足らずで伊藤公資料館があり、さらに道のり1km程で伊藤公出身地の「東荷（つかり）」地区がある。

小山、里山、田園を上ったり下ったりでようやく左カーブから下り気味に頑張ると東荷川は島田川に合流。立野（交）立野橋を渡らず左折、県道144号線を南下する。レールを高架で越える。慶周寺♀、田んぼ、畑、店舗、そして駅前（交）、右手に島田駅です（無人）。さあ、あと20kmも

島田駅←並ぶクレーンに鯉のぼり←領家←国道188号線←新日鉄住金大工場←千歳大橋（島田川）←清鏡寺←浅江神社←

あろうか。光市上島田（交）左上に立派な寺あり。〝感謝、慎み、助け合い〟右手ずっと遠く400m内外の連山。長々と続いている。上って右カーブして島田中学右、島田三尊碑、左カーブダラダラ下り、山間から海に向かっている気分で、街中へ。林○⊥更に右カーブダラダラ。売り物のクレーン車、10台ならべて小から大まで様々、立てたクレーンの腕の先に夫々鯉のぼり、10匹も泳いでいたよ。（どんな社長か顔を見たくなったよ。仲良しになれそうだ!!）グングン左カーブ少し上り。右手にレール、そのまた向こうに島田川の流れです。

「上れば下りの光みち！」島田小（交）、領家○⊥、鬼彦兵衛の墓（左30m）完全に街中です。歩車道分離された広い道路です。新町（交）、中央病院（交）、そして国道188号とぶつかった。左に行けば光市役所、「室積（むろづみ）新開」方面（象鼻ケ崎）です。

正面は、新日鉄住金グループの巨大工場玄関です。まるで森の中を入っていくみたい。森（植林）のむこうの埋立地に大工場だ。国道188号右折して進む。（交）の名前、「島田市（いち）」です。島田川にかかる千歳大橋が目の前。山口銀行、時盛建設、そして橋を越える。

海が近いせいか（1～1．5㎞）川幅広く、土手～土手200mもあるだろうか。水流幅は100mくらい。並木の桜が咲き残り20%ぐらいか。セグロカモメ。シロチドリが多いそうだ。

浅江1丁目（交）、右、清鏡寺（右へ200m）。

清鏡寺：裏手にある宝篋印塔（ほうきょういんとう）4基がある。羽柴秀吉の備中高松城水攻めで知られる当時の高松城主・清水宗治とその家臣の供養塔、宗治以下切腹。子の景治が後に父の菩提を弔った。

浅江神社あり（郷社）、清水宗治主従の供養塔、境内の石段、左・右に白と紅の石献花が満開だった。おみくじを引いたら吉でした。…〝おみくじって吉が多いよねって参拝の母子がいい〟

「一期一会美容ＣａＦｅ」？丸亀うどんに入り食ス。７５０円おいしかったぜ。下松８㎞周南17㎞の表示。

←光駅←

県立光ケ丘高校を示す表示。小川の東西に桜並木です。右手、ＪＲ光駅です。横長の平たく白っぽい駅舎、ロータリー広シ、タツノオトシゴ！のようなオブジェあり。

工場群の華々しさに比べ、駅前はヒッソリ、客待ちタクシー多シ。

←虹ヶ浜海岸←周南下水処理センター←下松市域へ←ＪＸ日鉱日石←日立製作所←笠戸島半島←

国道へ行くと程なく虹ヶ浜♀、松林の間から浜が見える。工場地帯とのイメージの中、忽然と青い海。浜辺におりてみる。

虹ヶ浜海岸・海水浴場から海岸線を見る。東のかなたに工場煙突が煙を吐き、江戸、明治の景観とは、よくない方向に変貌している。それでも現代らしい素晴らしい景観です。

ゆるやかな大のぼり、越えると左は海、正面に白いドーム。「周南下水処理センター」左の深い植込みの中、エンエンと続く。左に広がる青い海は周防灘。そして進行左側から大きく長く腕を伸ばすように半島か島か。笠戸大橋でつながる笠戸島というらしい。２５０ｍを越える山もあり美しい。やはりここは国立公園の一角なのだ。

左に水路が現われ、ここから下松市域、左10ｍ程の水路を隔てて、東海岸通り地区中小企業団地（ＪＸ日鉱日石、山陽三共…）左、工業地帯下松、まっすぐ下関・周南へ。右手山の緑は、まさに萌えています。ＪＲをまたぐ陸橋から見ていると、左側は日立などの工場群、その先、遠く、島が続いているのか。レールを挟んで右側はマンション多数。「島と入江と大工場。」レールを境に山側はマンション街！海の景勝地国立公園内に工業地帯を造成すると、こんな景観なのかし

188号←

バイパス←

切戸橋（交）←

城山（交）←

末武中（交）で一般道（県道347号線へ）←

末武大橋←

岩徳線またぐ←

遠石（交）←

遠石八幡宮←

ら。（矛盾?）山陽本線を右手に見ながら歩いてきたが、左に日立の大工場を見るあたり、国道188号線は山の手方向に、左から右へJRを越えていく。直進は県道366号線だが、元国道であったらしい。私はバイパス線ともいうべき山手中腹を行く。高架道のような国道188号線に大きく舵を切って進んでいく。左に下松市を見ながら、グングン行く。しかし暑い。陽は射し、汗が流れる。思わず小さな空地を見つけて、ヘタリ込む。上・下車道・歩道の3本の国道。下松市昭和通り切戸橋（交）、歩道は一般道に下りる度、一旦大下り、また、這い上がるを繰り返す。やっと周南出口へ。国道2号とぶつかり国道188号は左下へ。城山(交)、サンリブ南(交)、末武中(交)、ここで「国道188号と国道2号線」ともわかれて左折して徳山へ向かう。自販機にやっと巡り合いポケットの硬貨あさりポカリがぶ飲み。干からびた喉が鳴ります。アーうまい!生き返る!

末武大橋80m程あるよき川だ。川の流れを見るとほてった心と身体が涼を感じて、生き返ります。…（わかりますか、この気分…ワカンネダロナ…ブラックシマダ）

左上、八荒神社、単線のレールをまたぐ（岩徳線か）。左に櫛ケ浜・鼓海（コカイ）中小企業流通団地方面をわける。久米(交)、上空を新幹線が疾走している。県道347号線を行く。遠石交、

遠石八幡宮（右の小山。大きいぞ!!）

推古天皇の時代、宇佐八幡宮の神がこの地の沖の大石に降臨したとの由来をもつ。鐘楼は源平合戦の一端がこの地で戦われた時のもの（元応2年の銘あり）。合戦の兵玉に当たり音色悪くなった…。その他、由緒多シ。

防長交通←
本社←

鳥居をくぐり、本宮にお参り。立派なものだ、三猿〈見ざる、聞かざる、言わざる〉の像もあった。見下すとレールの海側に大工業地域、煙モクモク風向きにより八幡宮もケムタカローに!! 15：30、遠石旧（古道）道を行く。影光石、遠石1丁目通りには、ノッポなヤシの木の立派な並木続く。

〈虹ケ浜〉

青山町（交）、防長交通本社営業所、地方のバス会社としては大きい…近鉄系?慶万♀から左に入る。東川（流れよし）を渡り緑地公園。

○虹ヶ浜（山口県歴史散歩より）について

先端に象鼻ヶ岬をもつ室積から島田川河口を過ぎる虹ヶ浜までの海岸線の美しさは、間違いなく西瀬戸内風景の白眉といえる。全国各地を旅した江戸時代の学者、古川古松軒は「室積より半里・戸沖浦、一里野原、この間の海浜松原は、須磨明石などの松原より大いに勝り、白砂に浮根の松の大樹、数万本、筆に尽くしがたき風景なり、海内広きことにて、辺びの地にかかる勝景ありて、誰知る人もなく世に埋づもれてある事なり」と…絶景を評している。

親鸞上人像を左折、白とピンクの花水木の並木5分咲きでキレイです。

アーケード街に迷い込む。

アーケー←
ド商店街
徳山駅←

徳山がこれ程の商店街（アーケード）を持つとは、いささか驚き。

周南市は、15万人台の人口にしては、大きな繁華街を持っている。なんとか徳山駅前着です。

ただ今、駅舎工事中、駅広も充分、防長バスのオンパレードです。

<2012年3月>

	人口（千人）	財政力指数
下関市	278	0.54
山口市	194	0.66
宇部市	171	0.70
周南市	150	0.84
岩国市	144	0.61
防府市	117	0.83
山陽小野田市	65	0.71
下松市	56	0.88
光市	54	0.72
萩市	54	0.34
長門市	38	0.36
柳井市	35	0.53
美祢市	28	0.37

○玉井喜作

慶応2年、光市光井出身。シベリアとロシア約2万kmを1年半で単身踏破し1894年ドイツ着。その旅行記は有名。「海を渡った日本人」「シベリア隊商紀行」などに後世、描かれている。「シベリア漂流・玉井喜作の生涯」

光市光井沖場に、2．5mの「故・東亜主筆・玉井喜作之墓」あるという。

徳山↓新南陽↓福川

平成28年4月15日（金）くもり

駅前北口↓市役所前（交）左折↓新宿1丁目、3丁目〜江口〜浦山（交）〜富田川〜総合福祉センター〜永源山公園〜新南陽駅〜政所（交）〜市民病院〜新南陽庁舎〜南陽工業高校〜福川駅。……（200円レール徳山駅に戻り、千葉へ。こだま乗車〜さくら乗車（広島）〜ひかり（大阪）〜東京へ）

7：25〜9：32　正味2時間　＝7km

徳山駅　北口を出て、250m程行き県道347号線に出、左折する。朝ラッシュ時でもあろうが車の往来が激しい。周南市役所前、代々木公園、新宿1丁目（交）…まるで東京のような地名…。新宿（ビジネスホテル）3丁目「日本酒・白牡丹」中央分離帯＋ヤシ並木。新幹線くぐるとヤシ並木終わり。浦山（交）。

←県道347号線へ　両サイド郊外店舗ズラリ。左を見ると50mの高さもあるか大煙突が幾本も並び、煙をモクモク吐いている。右手山裾国道2号が走っている。「男の生き様、スロット道」、うどんの「ドン、ドン」、左カーブ、富田川（50mもあろうか）。山から海へ良き流れです。作業服「無法松」。周南市川手・

富田川←　左へトラックが多数臨海部に通じるJR陸橋を越えていく。ユメタウン新南陽、新南陽駅への道

新南陽駅←　路幅充分、並木もキチンとしているが、人影は恐ろしく少ない…。この駅構内にある引込みレール線は広大で全く驚く。新南陽市民病院(巨大)。100m程続く、楠の木の並木…仏壇・仏具の店。

楠の木並木←　周南西幹部交番（以前は警察署本署の建物だっただろうか、大きくて立派）。上って下ってゆるやかに左へ。周南市役所新南陽庁舎。左から工場群、右からレールと急接近。周南市福川、下関へ

福川駅←　96km……、名無し交差点、左が福川駅でした。9：32

今日のてくてくは短いですが、これから千葉に帰るのでここで、終了。

4月8日から8日間ウォークも無事終了です。（三原ー竹原ー広ー呉ー広島ー大竹ー岩国ー柳井ー光ー下松ー徳山ー福川）レールで徳山駅へ。そこから新幹線で帰ります。

○アラカルト

・周南地区、信号機のある交差点なぜか〝名無し〟が多い。
・よく歩き、よく陽に焼けた8日間唇ヒリヒリ！手の甲も・オデコも首スジも赤黒くパリパリ！（餃子の焦げた羽根みたい）
・やれやれ終わった8日間、孫宅へのおみやげ宅急便代金もバカにならず。（15，000円也）
・下痢腹は2日目〜3日目あたり。あとは、ビールも熱カンもチューハイ…もOKでした。
・桜は、ソメイ吉野は峠を過ぎ山の上で満開。平地では八重桜が見頃でした。
・胸の小さな女の哀しみ、くやしさは、どんなものなのでしょうか…？（イミ不明…男の私には…）
〈前日、めいっぱい歩いて疲れたが…印象をもう少し〉
・徳山駅周辺市街地・繁華街、想像以上の街でした。（柳井・光・下松・徳山・南陽地区を束ねる中心地のように感じた）
・レール・国道を境に、海側は活発な臨海工業地域。山側は住宅地というわかりやすさ。
・大竹、岩国もそうだったが、JR駅の貨物ヤード（引込線）が広く、過去から現在にかけ、JR貨物輸送は、それなりに活発だった。
・大工場群を抱えていると、公害などのマイナス面も大きいが、なによりも市の税収は豊かで、そのおかげで諸都市施設が充実。

・（私ごとだが）防長交通本社に巡り合ったのは私にとって一つの感慨であった。同じバス業界に身を置いていた者として防長の織田社長（親会社から出向？）とは、業界のヨーロッパ旅行に一緒した他、何かと会合で顔を合わせる機会があった。ローカルのバス会社の経営は大変。これからも頑張って地域を支えて欲しい。

〈熊本地震〉

○熊本地震について…4月14日（木）夜、9：26頃、徳山駅前ビジネスホテル「α－1」3階の部屋でのこと。頑張った一日の疲労を癒やすべく風呂に入り、食事も外出してレストランで済ませ、戻った部屋でビール片手に有料テレビ「竜三と6人の子分達」を観ていたら、突然あの忌まわしい緊急地震速報を知らせるケイタイ音がけたたましく鳴った。驚くと同時にテレビを消し身構える。どの位揺れるのか…5～6秒してから揺れ始めた。だが揺れは中程度、だが長い、やがて収まった。

遠くだ！遠くの方だ！何処だ！関西か九州か？NHKテレビをつける。九州熊本が震源地だという。震度7というではないか。あの3．11大震災と同じだ。被害は？津波は？…津波の心配はない…との報道で少し安心。続報により死者があり、倒壊あり、詳細不明…と伝える。不安な中、22：30就寝とするが容易に寝付かれず。原発は？新幹線は？（どうでもよい事だが、旅先の私には誰からも安否を尋ねる電話ナシ…）

更に、私が千葉に帰りついて、翌16日未明、熊本阿蘇に本震ともいえる大地震が発生し、大震災となった。命を失い、家財産も失い、今まだ救助を待つ人々を想うと、たまらなく申し分ない気持ちにさせられました。

平成28年5月1日（日）くもり

滝子山（1，590m）

この連休前半、5月1日を中心に山の遭難相次ぐ。北穂・奥穂・前穂・蓮華岳で5人死亡

この他、日光霧降で30代
奥多摩棒ノ折山で77歳　滑落死

JR中央線笹子駅～吉久保入口～中央高速陸橋～道証地蔵～すみ沢沿い～曲り沢分岐～鎮西ヶ浜～山頂（1610m）～男坂・女坂～檜平～藤沢川～藤沢集落～初狩駅

9：05～15：15　＝正味6時間

16年（平成28年）5月2日（月）夕刊

5月のGWともなれば現役時代待ちに待った連休…という事で、山登り、旅行、ゴルフ、家族サービス等々のプランで4月中からそわそわしていたなぁ。会社の中でも社員が連休間近になるにつれ、顔色もよくなって、元気づいていたように想い出す。今は72歳、まあ毎日が日曜日！なのだが、私の予定づくりも、このGWに何かと影響される。行楽地、交通機関、道路、いずれも大混雑という事で、この時期、年寄りはあまり出かけないのが得策…とわきまえてはいるが、そうはいっても10日間近く遠慮して家に閉じこもっているのもおもしろくなく、時に5月晴れが続くようだと、一日位はアウトドアに!!という気がムラムラ起きる。

こうしたわけで、山のガイドブックをパラパラめくり…近郊の低山はあらかた登ってしまったなぁ～と思いつつも、１日、それなりに歩き甲斐、登り甲斐のある山…として、駅から歩き、駅に歩きつく。しかも標高１５００m超…となったら「滝子山」となった。

・普通乗車券（往復）
千葉↔笹子2，２７０円
・特急券
千葉→大月1，３４０円
（片道）（特・自由）
大月→新宿９３０円（帰）
（特・自由）
・帰りの特急（かいじ）は
自由席大入り満員
立ちっ放しでした!!

４：15起床。一番バスでＪＲ千葉駅へ。６：38発特急あずさ3号「南小谷」行きに乗車。自由席へ乗り込み混雑はどうかな?との思いも、いつもと変わらぬ、楽チン。船橋、錦糸町での乗り込みも多くない。しかし、さすが新宿からは一気に満席となった。（新宿駅では、むこうのホームにハイカーの行列。これは「ホリデイ快速、奥多摩」行に乗車する人だ。凄い人数）立川、八王子で立席の人出る。大月で、富士急方面の乗り換え・多数。私もここで降り、後続の甲府行各停を待つ。乗るまで、駅ホームにあるトイレ、売店などで用足し。８：46乗車。９：01笹子下車。同駅での下車した人10人前後か。

９：10歩き開始。国道20号を戻るように15分歩き、吉久保入口〇で左折。ＪＲガードくぐり、高速道路をまたぎ、舗装された林道をグングン歩く。大鹿林道を大鹿沢沿いに、そして本格的な山道分岐「道証地蔵」に一礼して右折。平の沢沿いに登る。

新緑がまぶしい、右下の渓流も心地良い。前後して、若者2人組、中高年２人組、そして30歳前後の女性単独者。抜かれたり抜いたり。沢を右に左と渡り返しつつ高度を上げる。落差10m以上の大きな滝現われる。更に進むと左・迂回路、右・

難路とある。これは難路の沢沿いルートとする。成程、傾斜のキツイ沢沿いルートで、時折崩壊地も通過。そして、右手に20～30ｍもあろうか、一枚岩の美しい清滝あらわれる。トウトウ…というよりサラサラ！と途切れる事なき豊富な水が流れ落ちる。思わずうっとりする。これを過ぎる、相変わらずの沢沿いだ。曲沢分岐も見送る。時折ウグイスの澄んだ鳴き声、私も応えるように口笛で真似をする。江戸家猫八になった気分。清冽な沢水を幾度か口に含み、喉を潤す。実に爽快。やがて広い空間に出くわす。５～６名が休憩していた。その中に２人連れが大きな白い犬を同行させていて驚いた。

尾根上に出て、切り開かれた防火帯を行く。南大菩薩縦走路にぶつかる。

これは黒岳、ハマイバ丸などから南下してくるルートで、記憶もさだかでないが、今から40年も前に大菩薩峠から１人で南下してきたものだ。鎮西ヶ池、これからもうひとふんばり、尾根に出て、右へ上れば山頂だ。

〈山頂〉

山頂にはさすがＧＷ、10人近くのハイカーが弁当をひらいたりして絶景を満喫していた。標高１，６１０ｍ、12：15山頂、およそ３時間の上り。速からず遅からず。70歳にしてはまぁ…いいか。

南に三ッ峠が大きく、その上空に富士がかすかに見えた。北は、南大菩薩の山並みだ。しばし絶景を楽しみ、コーヒーを飲み下山へ。ひのき平尾根ルートへ、標高も２００ｍ程下ると、この辺りあっちこっちに紅紫色の三ツ葉ツツジ（ヤシオツツジ）が気品よく咲いて美しい。葉が出る前に花開くのだ…。小さな花弁を白く咲かせた小桜も咲いていた。「白とピンク紫」色で木々の葉も未だしげらぬ春の山腹を彩っていました。

高度を下げるにつれ沢の源流から小沢となり桜沢、藤沢の清流。上るにしろ下るにしろ「誕生したばかりの清流を道づれ」これは山歩きの醍醐味の一つだ。この沢音のせせらぐさまに会いたくて私は山に入るのです。私にとって、山深く入り生まれたばかりの源流をゴクゴク飲む…至上の癒しなのです。

藤沢集落

いつしか藤沢集落へ入ってきた。山間・山村の好ましい風情。どの家も庭は小広く、家も大きい。ツツジ、サツキ、フジ、ハナミズキ…麓の里は春の花盛りです。畑や猫の額程の小さな田の手入れをする人々…夫婦に挨拶を交わし乍ら、プラプラと私は下ります。ようやく痛くなってきた靴の中の足指や足裏を気にしつつ……。

藤沢集落入口に、大きなシャレた飾りの大看板…これから部落に入ろうとする人々に向け

> 掟：これより藤沢宿に入る。藤沢街道に入る方は、挨拶を欠かしてはならぬ。挨拶街道と称し、
> この宿の掟は破ってはならぬ。左様心得るべし。……藤沢育成会

とあった。…（あい、わかった。左様心得た。…と心の中で返答）

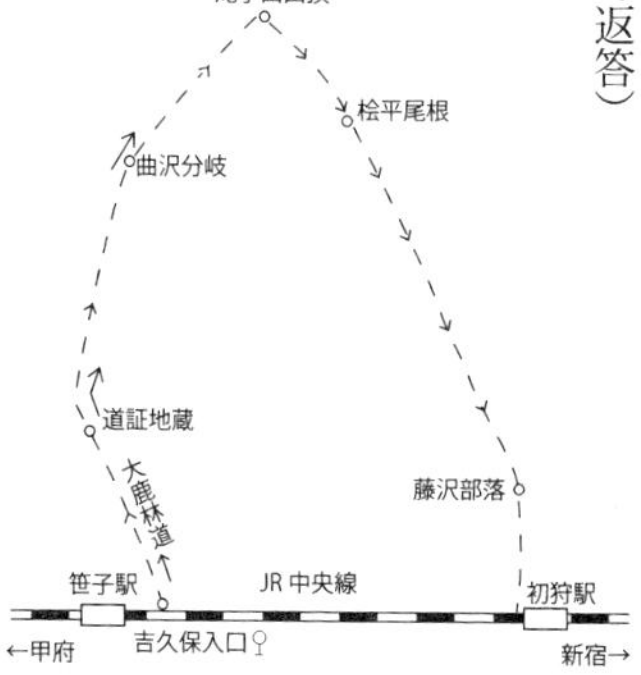

中央線（JR）に北からのしかかってそびえる滝子山は名山だ。大菩薩の山々の圧力を、独り踏んばって耐えているようにみえる…ではないか。

○追伸
熊出没

平成28年春先から〝月の輪熊〟の出没が相次ぎ、5月〜6月にかけ秋田では、山菜とりの男性が3人熊に襲われ命を落とした。そのうち1人はなんと、熊に食いちぎられ、あとでしとめられた熊の内臓から人肉が出てきたという。羆ではなく月の輪熊なのに。

秋田のみならず、関東でも出没ニュースは後をたたず、7／5には滝子山から10㎞程の都留市の里山でも、山仕事関係の男性が襲われ怪我をした…と報じられた。正直なところ、私のような単独行者にとっては、とても他人ごととは思えない。

福川→戸田→富海→防府

平成28年5月30日（月）くもり・晴れ

周南市新地口（交）～福川中学～九州鈴鹿運輸～西の端（交）～夜市口（ヤジクチ）～戸田駅～ソレーネ周南道の駅～湯野温泉口～苔谷橋～椿峠～富浦中・小学校～本陣～富海駅～県道58号線へ～隧道2ヶ所～大内（交）～牟礼（交）～国府中（左）～防府駅北口（稲毛海岸5：16～東京駅～岡山駅～新山口～鈍行でバック、福川駅～そして歩く）
14：00スタート～18：30 ＝4時間半 約18km

福川駅からスタートで、今回は4日間かけて下関まで歩こう…という心構え。雨が降る中、5時すぎに千葉の家を出た。

関東は雨、西に行く程回復する…との予報を糧として出発。ひかり岡山行乗車。歩きスタート予定の「山陽本線、「福川駅」に少しでも早く着くには一工夫。「ひかり＋さくら」と乗り継ぎ「新山口下車」。行き過ぎた分、在来線各駅で福川駅まで戻るのだ。それにしてもざっと7時間程のロングレールの旅…名古屋を過ぎて少し行くと車窓から、今が収穫時の黄色の麦畑が意外に広く長く展開。私にとっては、この時代珍しい景色（麦秋）だなぁ…と思いました。

尚、私は毎回、大人の休日クラブ（JR割引パス）を使い30％OFFで乗車するのだが、今回の新山口駅で、年間利用回数制限の20回全て使い切るので、今回の帰京時から定価通りの利用となる。これは痛いことです。新しい年間割引は10月にならぬと更新されない…節約、節約!!さくらに乗換えの為、岡山駅で20分待ち。ホームの弁当屋さんで500円弁当（一番安いやつ）を買い、レンジでチンしてもらってホーム片隅でパクついた。新山口から在来福川までは、古ぼけた4両の電車・670円払って乗る。

JR福川駅
↓
夜市口（やじくち）
↓
戸田駅（へた）
↓
ソレーネ・道の駅
↓

14：00福川駅から歩く。北口側からすぐ県道347号（山陽道）を左折して進む。山口のお酒＝勢力（セイリキ）。新南陽市の鉄蓋は水模様。周南市新地口（交）♀。左にレール、西町♀の先で高架橋をくぐって尚もレールに沿って進むと、市立福川中学（右）。「ふれあいと対話が築く明るい社会」

九州鈴鹿運輸前、〝おいでませ不動産〟西の端交番（交）、右から国道2号、合流。左の川は夜市川。日通夜市物流センター。片側2車線、歩道あり。夜市口♀。宮の馬場地下道（高速をくぐった）。〝夜市（ヤジ）の七不思議〟？

Two―one―style（マックスバリュー）ショッピングセンター、大きい。夜市いちや前♀。国道2号そば戸田駅。（駅舎覗いてみると、ツバメの巣が六つも七つも…ヒナが顔を出していました）パークアンドレールライドか、駅広マイカー駐車場のある無人駅です。国道つけかえたのか400m程、ダブル国道。

右大きくカーブする。戸田1号～3号地下道くぐる。下戸田♀〝ソレーネ周南道の駅〟左側に道の駅。トイレ、すませ一服。近在からの買い物客多シ。私は1ケ180円の巨大トマトを買う。ベンチにかけ、ムシャムシャ頬張る。ペロリ、美味しいなぁ。防府へ17㎞。

湯野温泉口♀、左側小川だが水量豊富でトウトウと流れている。このあたり、海の崖淵を南下して走るレールとわかれた山間部を歩く。S字カーブの大きな上り坂、頭上を高速への取り付き道。これを過ぎると右カーブ。また、登りかぁウワァー！1㎞以上は頑張ったかな、暑～い。汗ふきだし苦しいけど爽快感が混じって幸せ！

椿峠

苔谷入口♀、苔谷橋、10m。(右から左へ、高速の下くぐった) 椿峠、天野屋利兵衛・三佐衛門ゆかりの地。水ガメ多シ。峠の頂上廃屋ありて冷たい水あふれていた。助かりました。峠を一気に下る。右にパトカー2台、隠れていた!!(警察にも罰金収入の売上げ目標予算があるそうな…)右下30m、田んぼ、そして棚田。その向こう中腹を高速道。水田の水が鈍く光り、ビニールハウスに陽が反射してまばゆい。キラキラと光るその遠くない先に、瀬戸の海がゆったり青く、ポッカリ浮いた島と一体となって美しく見えます。大きくうねりグングン下がって、おお！久しぶり交差点、防府市富海中学・小学校(右)。歩道橋の階段に座り込み、足を放り出しながら水を飲み一服!!開放感抜群じゃ。相当長い峠の下りだった。

富海（とのみ）本陣の碑あり

江戸時代、山陽道沿いの富海本陣は宮市本陣と福川本陣の中間地点(宮市から二里、福川へ二里半で半宿)として栄えた。大名行列の休憩、長崎奉行外、比較的少人数の宿泊に使われた。また、富海は「飛船(とびふね)」の港として有名。(小型船であるがスピードが早く、幕末にはその機動性が活かされ、吉田松陰・周施政之助・高杉晋作…など多くの志士にも使われ、宿泊された…)

富海駅（とのみえき）←牟礼（交）←国府中学←車庫前←防府駅北口（ほうふ）←散策

飛船問屋、大和屋政助の船蔵跡あり。国道からわかれ県道１８９号に入る。左から海沿いを走ってきた山陽本線の踏切渡る。右に廻り込むと富海駅あり。平屋建て、スレートぶきの小さな駅。駅舎の軒下に今ではあまり見かけない、赤いあのポストがありました。駐輪多数。17：05レールを左に見て（海はレールの左すぐ傍に…）トンネルを二つくぐり末田（交）、県道58号線。右へ上りカーブ。山間に入る。ソーラー発電の家多し。牟礼（交）で県道58号線を左に見送りレールの山側を行く。前がひらけ防府の街がみえる。防府市内の繁華街に入っていく。国府中学傍から駅への近道を行く。車庫前○┴通過。痛む足を引きずりながら防府駅到着。日が暮れるまでの時間で駅周辺を散策してしまおうと最後のエネルギーを振り絞って、駅前バス案内所女子社員に道順を聞いて、急ぎ足で4ヶ所訪問する。北口をまっすぐ北へ、東山口（交）を右折。駅からのべ約３km程度の散策となった。

①毛利邸（毛利庭園）：旧萩藩主毛利氏の邸宅として大正5年に完成。４，０００㎡あるという。私の訪問は時間も遅かったので、早足で歩き回り残念ながら「来た！」だけに終わった。

②周防国分寺：全国に建てられた国分寺のひとつ。ここは創建当時の寺域をほぼ維持しており、全国にも例は少ない。楼門越しに本堂を臨むと、2層の巨大な建物（重層入母屋造）が偉容を誇っていた。県有形、国重文など宝物多数…後日、国分寺についてもっと勉強してみたい。

③防府天満宮：毛利邸を見て（入口周辺のみだったが）、駅方向に戻るつもりで右へ歩いていくと、国分寺を拝むことができた。更に、寺を背にして右方向に進むと、一しお華やかさを増した天満宮につく。石の大鳥居をくぐり長い階段を進む。

朱色の楼門があって日本三大天神に数えられる防府天満宮の前に立つ。（太宰府天満宮・北野天満宮）１１９５年建立であるが、過去３回の火災にあっており、現在の社殿は昭和38年（１９６３年）に再建されたものだそうだ。

④種田山頭火の生家跡…がありました。「山頭火小路通り」…もあった。生家跡に邂逅できて感激しました。（県道54号線佐波川手前右手の護国寺に、山頭火のお墓あり）↓石の墓前になぜか一升瓶が二本供えてあった。

この４＋αヶ所をあたふたと巡り終え、すっかり日の暮れかかった頃、防府駅前のビジネスホテル「スーパーホテル」に宿泊できました。

・歩けるうちは歩こう
・願いは〝歩きでっかち〟になることです
・２本の足の裏が大地と交信するのです
・私を〝放し飼い〟にしてくれて妻よありがとう
・〝新しい旅のスタイル〟に入れてくれるかしら
・歩けば丈夫になる、丈夫になるから歩く
・クモの巣が揺れて光った通り雨
・ヘソクリ貯めて一日一万円もったら、さあ行こう歩きでっかちへ

防府（ほうふ）↓大道入口↓大村神社↓新山口↓（山陽本線）本由良

平成28年5月31日（火）晴れ

佐波一丁目～開出～防府青果市場～泥江～佐波川～観音口～西高入口～大道駅入口～長沢池～レイクゴルフ長沢～吉南病院～大村神社～鋳銭司小～四辻駅～山口市西陶Ⓟ～榧野（ふしの）川～新山口駅～山頭火～赤坂～山口物流センター（右）～深溝駅入口（左）～佐山Ⓟ～本由良駅

8：00～18：00　正味9・5時間＝35km

○おまけ

「防府駅」：北口は横長の公園になっており、バス・タクシー・マイカーの導線も整理されている。噴水もありました。

南北2ヶ所にある出入口には夫々愛称があります。北口は天満宮にちなんで、「てんじんぐち」。南口は三田尻中開港にちなみ「みなとぐち」と呼んでいます。

「萩往還」：萩城下と三田尻（防府市）に至る53㎞の街道を指します。三田尻は赤穂と並び塩の一大生産地として栄えた。参勤交代路としても整地され幕末には多くの維新の志士達が往来した。また、三田尻御舟倉（跡）は毛利水軍の根拠地でした。往還の終点にある英雲荘（三田尻茶屋）は藩の公館として設けられ〝七郷落ち〟の三条実美らが一時、避難してた…と看板に書いてありました。入館には入場料がかかる。（私は外から見ただけ）

「てんじん口（南口）にあった山頭火の銅像」…説明書きによると…

漂泊の俳人と呼ばれる種田山頭火は明治15年（1882年）、防府に生れ、昭和15年（1940年）松山市（愛媛）で亡くなるまで、全国各地を歩いて旅しながら数多くの俳句を作った。山頭火の俳句は、自由律俳句で「雨ふるふるさとははだしであるく」「ふるさとの学校のからたちの花」などふるさとへの思いをつづる俳句も多い。市内の戎ケ森公園、アスピラート（防災センター）山頭火の小径、生家跡、護国寺（墓がある）などに句碑がある…とのことです。

○おまけのおまけ

昨日は午後2時福川駅スタートで頑張って歩いたのだが、防府駅着は17：30過ぎとなってしまった。でもなんとか防府駅北側1㎞程度の山裾に並んでいるかのような名所「毛利庭園、周防国分寺、防府天満宮」だけはたとえ一目なりとも、自分の目で見て、写真にも撮っておきたい…と念じ、駅前案内所で道順を聞く。往復3～4㎞はあっただろうか、歩きました。夕暮れにもさしかかっており、気もせく中、結果的には〝行ってみただけ〟に終わった感が強く少し残念。毛利庭園、博物館は有料ということもあり逡巡したのがミスだった。それでも、東側から、毛利庭園、国分寺、天満宮…と歩き、特筆すべきは、「山頭火の生家跡と山頭火の小径」を見て歩くことが出来、幸せだった。破天荒な人生を送った山頭火は、「乞食（こじき）物もらい！」と世間から見られ、その評価の定まったのは、比較的最近のこと…と聞いていた。果たしてこれが句なのか？と作品に接すれば誰でも思う作品なのに何故か忘れられず、また、幾日かたって読み直してしまう…。その山頭火に、殆ど偶然に出会うことが出来ました。このあと辿った新山口駅には「立派な像」もありました。

防府駅←県道187号線←開出（かいで）（交）←明林堂←右田ヶ岳←

8：00北口、ビジネスホテルを出る。（このスーパーホテル：部屋よし、朝食よし、受付よし、料金よしと受止めた。5：00起床、6：30サービス朝食）戎町（交）で左折。県道54号を行く。八王子（交）を地下道くぐって、県道187号に。（右手、マッターホルン風のトガった形のよい山がそびえる。（連山）。佐波1丁目（交）、高倉（交）、「UFO、since 2001年パーラー新世紀」、郊外レストラン、自動車販売店などならんでいる。開出（かいで）（交）、カラオケDAM、「コインランドリー〝洗っときます〟」、ビック（120回払だって）。華城（はなぎ）地区、小徳田〒。「BOOKs文具、明林堂」（下関の老舗本屋、打って出ました!!↓気持ちわかる。市街地での従来型本屋さん次々と消滅する中、座して死を待つなら打って出る！英断を支持しますよ！）

左250m、防府青果市場です。（岡山県がマスカット出荷日本一だって、山口県ではない？）植松(交)右手に益々、張り出してきた双子山、いい山だ！426mの右田ヶ岳か。楞厳寺山(370m）か…右田ヶ岳。（その姿が山水画を思わせる象徴的な山頂部は三角錐の岩山。防府市街、瀬戸内が一望でき気軽なハイキングコースとして人気の山…という）

左・サイバー（パチンコ）、左300mレールと右500m国道2号にはさまれた県道187号を歩いている。「古着屋・ニューヨーク」（山口資源、RC＝リサイクルセンター）泥江〒、右カーブして大河にぶつかる。土手～土手200mあるか。流れも100mあるか。一級河川（大きなボラのような魚が数匹、悠々と泳いでいたよ。海まで1km以上あるのだろうか…）〝良き川、良き山、佐波の流れ〟

佐波川←県中央部を佐波川は防府市域を貫流し、河口一帯に県下最大の防府平野を形成している。この佐波川流域には古代から近世にかけて各時代の質の高い史跡が豊富に残っている。古来から政治上重要な位置にあった。周防国の国府、国分寺がおかれ松崎（防府）天満宮の創建もあって宮市も発展。また、周防国が東大寺再建の造営料国となり、佐波川上流から木材も供給した。河口近くに発展した塩田は一大産地となり今も産業公園に復元。現在塩田跡地には大工場等建設され、近代的臨海工業地帯となっている。市の中央を流れる佐波川は防府の母なる川といわれており、鮎をはじめとした自然の恵みも豊かで市民の憩いの場として親しまれている。（主として、ＰＲ紙、防府観光ナビ、パンフに依る）。

山口短大・西高←佐波川大橋を渡り、ポツポツ郊外店を見かける、畑、民家、ガソリンスタンド…右から追ってきた山の末端をまわり込むように歩く。レールは、左から接近。観音口の地下道くぐる。左、山口短大。西高入口♀。右手寂しそうな山裾に校舎。バス停傍の公衆トイレに〝ヒワイな落書き〟２～３アリ…。（困ったもんだ！）

大道（だいどう）駅入口←周防往復自転車道あり。あまり利用されてないか、雑草おおいかぶさっている。岩淵観音入口(右)、大道駅入口（駅まで２００ｍ位か）10：20。

〝おみやげは無事故でいいのお父さん〟、「お笑いの里ワッハッハ」休業中。「ベルファミリー２時間３，０００円（18歳未満入室お断り）」？

←上り坂、エッチラ、コッチラ暑いぜ！峠越えかよ。三国重工業、山口オークション（左）＝山口県中古自動車販売店協会。コロニー前♀（バス５本／１日）。

長沢池 ← 大村神社（大村益次郎）← 市立鋳銭司(ちゅうせんし) ← 小学校 ← 四辻駅 ←

長沢池。吉本花城園（フラワーパーク）、ポンドというにはデカすぎないか。長沢池。

レイクゴルフ長沢。……レイクゴルフって何?なんと池の中に鳥居があって、上部1／3が水面から出ている。池の西側を廻り込むように1／4周ぐらい歩くと（国道から外れて）、池を見下すように5階白亜の大病院（吉南病院＝障害者用）が建っている。

その前を更に廻りこんで進むと、「大村神社＋郷土館」がありました。期せずしてあの幕末～新政府の動乱時期、日本国軍隊の基礎を構築した長州の英傑「大村益次郎の墓と神社」に辿りつくことができました。


〈大村益次郎〉

・山口市鋳銭司(ちゅうせんし)の村医者の子として生まれ、後、緒方洪庵の適塾で学び、藩の軍制改革の中心的役割を演じた。1868年上野の彰義隊の制圧にも尽力。東京の靖国神社境内に巨大な銅像がある。また、司馬遼太郎、大河ドラマ「花神」の主人公としても知られている。…（幼名：村田蔵六）
・長沢池畔円山の中腹に、大村益次郎墓（国史跡）があり、湖畔には大村神社、郷土館もある。
・郷土館で館員から簡単な説明を聞き、閲覧室で資料を見たが…「シーボルトの娘＝イネさんと益次郎」にかかわる話は一切ありませんでした。

国道2号にもどる。今宿東♀、今宿西（交）、高架2本くぐる。市立鋳銭司小学校（右）、上辻（交）、また地下道、四辻駅(よつつじえき)、立石♀、上に高架。下を歩いていく。東陶(ひがしすえ)（交）、市立陶小学校（右）。

（陶陶窯跡・国史跡）←「すえすえがま跡」江崎・陶線県道335号へ。西陶♀。この一帯に、平安時代の窯が100基以上埋もれている…と伝わる。昭和橋（摂野川）♀。左前方に小郡のビル群が見える。右手、バカデカイ・ハデハデ「GALAA（パチンコ・スロット）」土手〜土手100m位。流れは60m程か。中位のよき川です。（ふしのかわ）と手書きがあったけど合っているのかしら?）

摂野川←新幹線が上空を横切る。左折して駅へ向かう。（新幹線駅入口）

広々とした新幹線の新山口駅前。在来線小郡駅の南側に割り込んで来て、駅と線路がダブルになったのがすぐわかる。「まったく雲がない。笠をぬぎ（山頭火）」詩と銅像があった。駅舎ならびにある蕎麦屋「山頭火」で「カスうどん」650円を食ス。＋生ビールで〆めて1，180円也。（カス…とはうどんを打って出る余りもの…なども入れて客に出す…）

新山口駅←
新幹線
山陽線
宇部線

「山頭火」と何かとユカリのある店ですか?との私の問いに…適当につけさせてもらった!と、ソッケない返事でした。

（種田山頭火）←
・漂泊の俳人（1882〜1940年）、出身地の防府市に「山頭火ふるさと館」オープン。平成29年（2017）10月。
・生家・酒造り家が倒産し、〃石もて追わるが如く〃防府をはなれた。
・今まで地元に顕彰施設はなかった。
・「雨ふる、ふるさとはだしで歩く」オープンの日は雨降りだった。「てくてくの旅」を続ける私にとっては、他人とは思えぬ親近感を覚えます。
・「鉄鉢の中へも霰」「咳をしても一人」

上嘉川（かみかがわ）←
←幸之江川
←ふかみぞ
駅入口←

駅前「東横イン」前、県道２１２号線を進み、国道2号に出る。片側2車・分離帯・歩道付立派な通り。国道9号横切る。田んぼの中、３ｍ道路レールくぐって左折。右・浄福寺。♀赤坂（15本／日ある）。プリントカー「しんじゅ」…カラフル自由な塗装を施した軽自動車が10数台、客の注文にあわせ塗り上げるのか…時代は変わります…。免地川小学校、上嘉川♀…どうも方向があやふや。子供づれのオネエサンに道を尋ねる。（地理不案内な人が見知らぬ人に道を尋ねたら、もっと分からなくなった）

新山口駅前を出たまではよかったが、宇部に向かっては、新幹線を別にすると、山陽本線と宇部線の２線がしばらく平行して走っている。「私のてくてくは、出来るだけ海沿い…をモットーとしているので、宇部線沿いで南下したい」と思っており、県道３３５号（線路沿い）、嘉川（かがわ）小右、上嘉川、嘉川福岡（交）を過ぎ、宇部線に近づくべく左折して田んぼ道へ。

山陽本線踏切渡り、国道2号（国道１９０号）の下をくぐったが少し行って行き止まり。幸之江川沿いに、また、北上する。また、県道３３５号へ戻る。「幸之江橋」で左へ陸橋を越え（レールをまたぎ）国道2号（国道１９０号）をまたくぐる。（道に迷ったので書きにくい）。

岡屋♀、山口物流センター（右）、深みぞ駅入口（左）を見て坂をぐんぐん上る、。疲れたぁ〜。東佐山♀、川のような池のような70ｍの橋渡る。あっちこっち、畑や田んぼで農作業中だが、概して、年寄り風のオバサンが頑張っています。（田畑は老婆でもっている!!はいいすぎか）、佐山♀、県道25号の分岐。（土路石…交差点そばに巨岩のモニュメントの小公園あり）

土路石（交）←　これを右折する。県道25号線＝南部海岸道路を歩いている。右手に県道はずれて約1㎞で、山陽本線の「本由良駅」でした。

本由良駅←

（岩倉駅見合いとしての）　ここは、より海沿いを走る宇部線の「岩倉駅」とは、約1．5㎞程離れているが、明日は「岩倉駅」から歩くことにする。今日は10時間ぐらい歩きしかも迷いクタクタ。電車で新山口駅の今夜の宿「駅前東横イン」まで戻った…。結局、夕食も「山頭火」で天丼とし、宿でワンカップと缶ビールで一日の疲れを納めました。

アラカルト

「周防鋳銭司跡」：山口市鋳銭司は、大村益次郎の出身地であるが日本に於ける古代国家（9世紀前半～約150年間位）の鋳銭地だった。（貨幣）和同開珎に始まる皇朝十二銭と呼ばれる国産の貨幣を鋳造した。

貨幣の鋳造は最初近江の国（滋賀県）で行なわれたが、その後、産銅地に立地。下関の長門鋳銭司があったが、後、周防に移った。国府のある防府に近く山陽道の要衝に当り銅の流通にも適地であったといわれる。（山川出版、歴史教本）

「小郡駅」：今は新幹線が併設され、山口市南部の玄関として一新された感が強いが、それ以前、私の学生時代（昭和30～40年）には、小郡は社会科授業では、鉄道の要衝…と学んだ。宇部線、山口線、山陽本線と、諸々の引込線、待キ線の線路の数は、今でもおびただしい数だ。また、今ではなかなかお目にかかれないが機関車を円の中心に向け360度円形に並び、中心で方向転換させるなど（不勉強でうまく表せない）…の〝円形転回盤〟は今でもあり今日も、7～8両もの機関車が納まっていました。…現在は、「新山口駅」と名乗っています。

岩倉（本由良）↓きわ↓とこなみ↓宇部新川↓小野田

平成28年6月1日（水）晴れ

安地須～安地須浜～日本犬天覧場～ハイパーモール～東岐波商業団地前～岐波駅～宇部医療センター入口～東岐波市民センター入口～東岐波中学～丸尾駅～宇部興産中央病院～床波（交）～江頭川（二級）～亀浦（交）～則さだ（交）～松山町1丁目（交）～市役所前～真締側公園～宇部興産～藤川（交）～ココス～厚東川大橋～インター入口～山口労災病院入口～有帆川橋～新生（交）～小野田駅前………レールで宇部新川駅まで戻って泊。

7：45～16：10　正味8時間＝30km

今日から6月です。6／1の今日、朝1番のニュースは、プロ野球元スター選手、清原（覚せい剤・所持・使用で逮捕されていた）に対し、執行猶予付有罪判決が出た！という事。巨人の阿部選手が今シーズン初出場して逆転ツーランホームランを打った…等と報じています。

5：20起床、6：30サービス朝食・身支度を済ませて7：25東横インを出る。（東横インには泊まるとポイントが付き10泊10ポイントになると、1泊無料になる…昨夜は11泊目なので無料となりました。ラッキー！）

昨日は、新山口駅前を歩いて通過し、（手ちがいあって）山陽本線・本由良駅まで歩いた。よって今日のウォーク開始は本由良となるのだが、宇部線沿いを南下したいので、本由良駅見合いの宇部線岩倉駅から歩き始めます。よって200円払って新山口駅から宇部線岩倉駅まで行き、岩倉駅下車。ウォーク開始!!というわけです。今日も雨は降らないだろう。昨日、山口は32℃にも達したそうで、成程、暑かったわけだ。体調は幸いにも悩む程のトラブルは出ていない。少し痛む足指にはテーピングもしたし、爪切りで爪も切ったし…。新山口駅のあるところ、以前は小郡町と称したが２００５年（平成17年）山口市と合併したもので、本来の山口駅は、新山口駅から13～14㎞もはなれ山口線の駅で七つも離れている。小郡駅を新山口駅とするには、それなりに思惑があったに違いない。

新山口駅構内で、在来線改札と新幹線改札に連なるコンコースは一見の価値があります。コンコースの両サイドの壁全体が湿性植物で覆われ、時間に急いで歩く人々の心に安らぎを与えます…他ではめったに見られません。

岩倉駅 → 安知須(あじす)中学 → 共立病院 → サンパーク →

さて岩倉駅までは電車です。３両、ヨレヨレ車両、通勤・通学時間だが、ようやく座席いっぱいか。大部分高校生。無人駅が多く、窓外に麦畑（収穫期デス）が目につく。７：45岩倉駅着。単線・片面のホーム。申し訳程度の待合室。

キジが、グエ、グエ！と鳴いていました。さて山側に出て、すぐに国道１９０号にぶつかり左折します。

岩倉♀、13本／日あります。〝鍼灸・マッサージ受付24時間、50分3，２００円〟とある。

山口市安知須岩倉西、右へ行けばキラキラ浜、（まわり込んで海岸沿いに「きららあじす、きらら博記念公園」があるようだ。）ガード二つくぐります、ＳＣＵＢＡのダイビング教室、安知須中学（交）、10ｍ程の川を渡る（井関川？）。立派な国道です。左に5階建ての共立病院（宇部まで16㎞）。右：スーパーサンリブ、ヤマダ電機、10階建てマンション、サンパークオートバックス…駅でもなく、大住宅地でもないのに、この巨大ショッピングゾーンは何？…（「道路とマイカー」の時代、しかも一ヶ所で効率よくショッピング…となれば郊外の安くて広大な土地を

日本犬展覧場 ←←
開発して「大型ショッピングセンター」ということになるのが今の時代の常識ということか…）
日本犬展らん場（柴犬オンパレード）…まめ柴、黒柴、棚の中に愛くるしい柴犬がキャンキャン遊んでいました。…いずれ誰かに買われていくんだな、（幸せに…）。

宇部市域へ ←
左・海岸傍に丸い大きなドーム…「ベンフローク・アウトドアステーション（全国１６０店舗）」だって！これより宇部市域に入ります。

ハイパーモール ←
右・量販店・パチスロ・c／s・大店舗群。左「入れ歯相談」いろいろ。観光バス20台も止まっている。更に右にはオートレース・競輪・競馬。ハイパーモール、メルクス、ＭＲマトリックス、ザ・ビッグス…なんでもかんでもある巨大ゾーン。あきれてしまいます！それにしても横文字、カタカナの多いこと。東岐波商業団地♀…マクドナルド、山口銀行、西京銀行、カラオケ、ガスト…都会とも思えぬこのあたり一体、どなたが車でやって来て買いまくるのだろう…。左、傍

東岐波商業団地 ←
を単線ＪＲ線が、「こちらはいかにも落目です…」というようにトコトコ行きます。この時代の「世代交代の象徴」を見る思いです。…「法を犯さぬ限り経済活動は自由だ」これの行き着く先は、街やコミュニティの崩壊でした？
「緑と花と彫刻のまち、うべ」・前田（交）、〃抱っこダメ・チャイルドシートが僕の席〃〃運転はベルトを締めてケータイ切って〃変な彫刻「呼吸するとき！傾」。…近くを黄色い2両の電車トコトコ行く。「私たちの町にはいらないよ！乱れのもと、図書、ビデオの悪書追放！」岐波駅入口（左、１００ｍ。箱1コの駅舎）。家並みは、あるようでないようでソコソコあるってわけ。

岐波（きわ）駅 ←
お百姓さんの家はとび切り大きいよ。〃美容室・ベッピン〃３６５日毎日安いディスカウント

ショップコモス！植松川（2級）7ｍほどか…水面にデッカイ鯉5〜6匹、悠々泳いでいます。…こういう所（川）の川の鯉って幸せなんだろうなぁ〜。

丸尾駅 ←

宇部医療センター入口♀（交）、左、大きな石碑があるも字は読めない。キワ・ラ・ビーチ（左へ）、西福寺（右）、花ヶ池（左）、東岐波市民センター。小学校（右）、東岐波（交）、〝ボランティアロード〟…この道は私たちがキレイにしています。「風と雲の出会い！」彫刻…わかりません！中学（交）、「県立こころの医療センター」（左へ）、「一日一組の葬祭ホール」、山口の明屋（ハルヤ）書店（左）、丸尾（交）9：35左、丸尾駅、丸尾港。

宇部興産中央病院 ←

「定期往診します」波のりクリニック。宇部興産中央病院（交）、8階立てバカデカイ白亜殿堂。バス便も20本以上／日ある。西岐波吉田（交）、床波駅斜めに3㎞。柳ヶ瀬♀、たった1両の黄色い電車左側をトコトコ行きました。宇部西岐波（交）ドラッグストア・アルクスーパー・コンビニ・クリーニング・コインランドリー生活必需品ならなんでもあるよ！浜田♀、共産党県議が演説中。ひばりが、上空でチッチッチ。ホトトギスも負けずに近くで「トッキョ、キョカキョク！」と合唱。床波（交）、山村入口。左側、床波駅近シ。

床波（とこなみ）駅入口 ←

さわなみばし6ｍ。西岐波権代（ゴンダイ）（交）、両サイド俄然、建物増えてきたぞ。江頭（交）、二級江頭川、5ｍ。国道190号、広々し、歩道も充分！右、ときわ公園。

ときわ公園 ←

左へ宇部空港。レストラン多数あり。亀浦（交）、右・常盤公園・大観覧車もあり。池も大きいぞ。公園入口♀、則貞（交）…（そろそろ、この半島も先端まで来たか。これから右へゆるく廻り込むぞ！）

恩田運動公園←

「恩田っ子、今日もあえたね　その笑顔」国道左側に〝恩田小〟。レールを高架でまたいだよ。東芝中町（交）、松山2丁目（交）で右折。左海側は宇部港を中心にした大工場など産業地帯。右折して国道190号は、松山通り、大そてつの植込みが立派な景観です。見初小（右）松山1丁目（交）で広いヤシの木通りを横切る。（国道490号との分岐）、常盤通りとナル。左に沿ってアーケード街あり。（ハミングロード）

←市役所前

市役所前（交）、道路幅50mもあろうか、立派な街路。おみそれいたしました。真締川公園、真締川・川幅は50mほど、古い橋です。中央町（交）右斜めに行くと宇部新川駅があるはず。行ってみる。

宇部市は人口17万人前後、山口県内第3の規模ながら、私のような一見の者には、どこが市のへそなのか、わかりにくい。山陽本線に宇部駅、小野田駅もあるも、どうやら宇部線「宇部新川」がレールでの中心…ということか。官公商ビルなどは明らかに国道190号沿いに集中。ホテルなどの宿泊は、宇部新川駅界隈に多い。

←宇部新川駅

宇部新川駅は小ぢんまりした駅舎と広い駅広、それに市バス発着ターミナルと広さは充分なれど元気に欠ける。銀天街アーケードなども閑散としていた。

国道190号に戻って小野田方向へ歩く。左側はまさに「宇部興産」の街だ。関連会社も含め、延々と続いています。（興産本社前（交）〒もあったよ）。西中町（交）、宇部湾岸道路を右から左へとわける。国道190号は右カーブして宇部線レールと平面交差、街の繁華ぶりに比して、たった1両の列車がトコトコ行くも時代の流れであるにしても身に沁みる。あわれです。

←宇部興産←

←ココス←厚東(ことう)川大橋←有帆(ありほ)川橋←山陽小野田市役所←小野田駅

藤山（交）、太陽家具、「Ｔｗｏ－ｏｎｅ－ｓｔｙｌｅ」など店多シ。ココスで昼食・ゴハンの上に、豚肉キャベツがドッサリ乗ったものとドリンクバー＝1，０００円少々、ハングリーな腹にはうまかった!!（～14：15）

厚東川大橋：土手から土手３００ｍ近くあるか。海までは左に５００ｍ～１㎞程だろうか。厚東川大橋を越える。（厚東川は明治以降、工業都市宇部の発展を支え、生活用水としても市民を支えた。流域には厚東氏の遺跡も多い…という）渡って下ると、30ｍほどの水まんまんの水路（川？）を越える。これもいい感じでした。右、ｙｕｋ：ラッキー巨大パチスロ。開作、西割、流川（交）。宇部市上梅田、宇部興産専用道路のガードくぐる。インター入口。東須恵（交）、丸川内（交）、山口労災病院入口。ゆるやかで大きくてつらいアップダウン！左に小野田の町、見えてくる！ここは陸橋の上、下にＪＲと県道（？）がくぐっている。左下にホームだけの駅が見える（南中川跨線橋）。更に進むと水たっぷりの有帆川橋（１００ｍもあろうか）。手前下をＪＲが行く。１９０号線平場に下りたところに新生（交）、これを右折して小野田駅へ向かう。７００～８００ｍも行くと、繁華街という程もない町並みを行きつく所、小野田駅です。途中左側に市役所ありて「山陽小野田市役所」となっていたよ。駅前には、ＪＲバス、船鉄バス、サンデンバスの各バス停がありました。今日の「てくてく」は、ここ小野田駅着で歩き止めです。以下アラカルト。

アラカルト

○宇部興産

宇部興産は宇部市内に本社をおく日本五大化学メーカーの一つといわれ、従業員1．1万人、年商6，500億円の大企業です。主な原料の石灰石は山口県を中心にした国産でまかなわれている。セメントの道といわれる全28㎞に及ぶ宇部興産専用道路（私道）を持っている。宇部市海岸線の工場内から美祢市に至るもの。総重量117トンにもなるダブルトレーラーが行き交う。40トン積みトレーラーの連結車で全長は30ｍに達する。ナンバープレートもない…という。

○山陽小野田市

平成17年（2005年）、3月に小野田市と厚狭（あさ）郡山陽町が合併して山陽小野田市となった。小野田セメントは平成6年秩父セメント、平成10年日本セメントと合併し、今や国内シェア35％を占める最大手「太平洋セメント」として君臨している。（↓太平洋マテリアルへ）

○JR小野田線

宇部新川と山陽小野田間は、国道190号沿いを歩いたわけだが、見え隠れるようにして、超ローカル的なJR線が見えた。二度、全線乗車もしてみました。夕方一回、朝一回。両端駅を除いて、間に8ヶ所の駅があります。他に（行き止まりの長門・もとやま）2駅計10駅あります。乗車した時は学生利用の多い時間なのだが、15～20人の乗客、車両は古ぼけた1両運行。バスと同じワンマンです。途中駅は多分殆ど無人駅らしかった。片面ホーム、駅舎ナシ、待合室もなさそうな駅…。見た目では、まさに地元高校生のために維持されているように見えた。有り難いことです。頑張って欲しいものだ。（JR小野田線）

○宇部市

山口県内では下関市誕生に次いで、大正10年、2番目に市になった。炭鉱での石炭採掘、これに付随する産業で人口急増・大正10年・宇部村から一足とびで宇部市となった。

起点と終点が同じだが経由地の違う２ルートがある場合、通して、小野田⇔宇部新川間を乗車する場合は、どちらを利用しても同運賃であることは分かり易い。けれど２路線の路線の長さや駅の数などに差がある場合、途中駅で乗降する場合、その区間運賃をどうするか…“ケースバイケース”としても注意を要する？

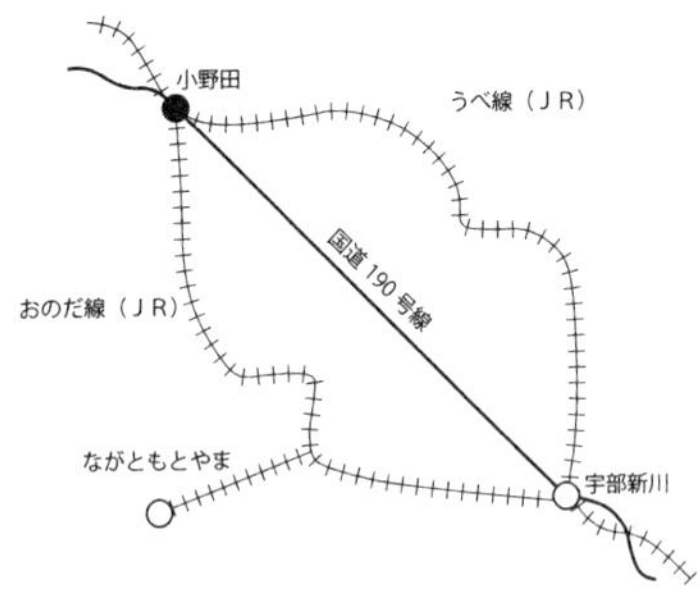

小野田⇔宇部新川＝２００円（どっちを廻っても）だが途中に２１０円区間もある。（先のり安？）

宇部新川駅
（手前に写っていないが…バスターミナルがある）

小野田↓厚狭↓小月↓長府

平成28年6月2日（木）晴れ・朝冷えた

高須～木嶋また兵衛誕生の碑～船越（交）～パチンコ廃墟～上後潟～厚狭川橋～厚狭駅～渡場（交）～吉部田八幡宮樹林～高架くぐる～沖野～厚狭ゴルフクラブ入口～津布田小～森本〒～埴生IC～前場（交）～西糸根～工領（くりょう）（エ）～（左）自衛隊～高速くぐる～三善支所前～小月（営業所）～小月大橋～小月駅～駅前食堂～千房（交）～神田橋～王司こどもクリニック～身守地蔵～才川（交）～（国道9号へ）長府駅（1：40）…（宿のある）下関までレール。

8：10～13：40＝5時間30分　23km位＋下関市内散策7km（2時間30分）

計30km

○昨日のこと　昨日は国道190号を辿って山陽小野田駅まで頑張った。駅も間近になった頃、通りに面した八百屋をのぞき、リンゴ2ケとトマト1ケを買った。リンゴは宿でかじるとして、1ケ150円のトマト（巨大）は小野田の駅舎でムシャムシャ食べ、とてもおいしかった。

八百屋のオバサンと娘さんに（店の中で）つかまり、質問責めにあってしまった。「どこから来たの?どこまで行くの?幾つなの?何の為に歩くの?私もそういう旅をしたい!一度でいいからいつか!男の人っていいわネ…」

小野田駅周辺で宿とれなかったので（宿のとれた）宇部新川駅まで戻る。

小野田駅からレール（200円）に乗り、宇部新川駅に戻り、コンビニでローソン弁当、缶入り水割り2ケ買いビジネスホテル「スーパーホテル」を捜し当て投宿。15：30

そして今朝は冷え込んだ。晴れ、パン＋インスタントコーヒーで朝食おわり。7：20ビジネスホテルを出る。

小野田行ワンマン電車に乗る。宇部線経由と、小野田線経由の2通りがあるが、駅員の無愛想で気分壊した。レールの客が減り。高校生の相手ばかりしているとこうなるのかな。ローカル線よ、へこたれるな！朝でも1両、自転車なみのスピードです。8：04小野田駅到着。電車内の車内広告0でした。高校生下車、先生方のお出迎え。生徒1人1人の改札出てくる学生に「おはよう、体調どう！元気！」などと声張り上げています。40歳前後の男の先生、女の先生です……（私）「いつもこうして挨拶で生徒を迎えるのですか↓具合の悪そうな子はいないかなど変化も見るのです。」（校門の前での光景は見たことあるけど駅頭で！）あらためて、気むずかしい年頃の生徒…先生の苦労を目のあたりにした次第。先生方ごくろうさま。さて、小野田駅から、今日の「てくてく」開始です。

小野田駅 ←
来嶋又兵衛

幕末の志士 禁門の変で 戦死

駅前を後にして、♀高須。「来嶋また兵衛誕生の地」の碑。♀神田…今、駅を背にして右折した旧道に居る。右は田んぼ、トラクターゴトゴト泥だらけで旧道を行く…「住宅と田んぼ」を過ぎ、船越（交）で国道190号と合流した。早くもジットリ汗ばむ…。カーブプラス上り坂、エッチラコッチラ…です。左・鈴秀工業のデッカイ倉庫のような工場。「トマト」へようこそ！（右側）…なんのことはない産廃工場か？

船越♀ ←

船越♀、下り坂へ。前方下方に麦畑と田んぼ広がっている。道は右側里山の裾をなぞるようにダラダラ下る。「巨大パチスロ、サンパレスの廃墟」潰れて放置されていく過程にどんな経緯があったのだろう……パチスロの一生！…ナ〜ンチャッテ。〝パチスロが一生終えても蛙啼き〟

〝金かけて、客が減ったら店仕舞！〟〝もちもちの里〟こちらも休業中。ガードくぐる。田んぼには一面水が張ってある。カエルが一斉にゲロゲロ鳴いている。（人間のやることは変わっても俺たちは変わりません。ゲロゲロ）

上後潟 ← 西高泊(にしたかどまり) ← 厚狭(あさ)川 ←

蛙さんは容易に姿は見せませぬ。「田んぼ・水・カエル・田植…で春出来上がり」「田を一枚植えてジーサン腰伸ばし」右手の山裾の土手には堰が隠れていそう。上後潟(うしろがた)♀。民家もあっちこっち、屋根ガワラ皆、一様に黒光している。おまけに棟ガワラの両端にシャチホコがついています。道端・手押し車のバアサンに聞くと「…好みだよ、シャチも黒もあり金もあるし、シャチではなくて鯛なんかの魚もあるよ…」との事です。「カーハッピー、車のレスキュアンド修理」児童公園にスベリ台ありて、なんとカラスが滑り台をすべり下りました。頭のよいカラスが子供の真似をした?信じられぬ。ここは小野田市西高泊。

〈小野田の開作〉

幕藩体制下、各藩とも米の増産に力を入れた。萩藩にても原野の開墾。干潟の干拓などにより新田開発に尽力。

新田開発のことを開作(かいさく)と称した。有帆(ありほ)川河口帯（高泊湾）、西ノ浜開作、厚狭川河口の後潟開作を造成。更に吉敷開作、そして小野田潟の干拓と進み、大増産がはかられた。いずれも厚狭川、有帆川、厚東(ことう)川河口付近の海を埋め立て造成しており、後の小野田市街、工場地帯出現への礎となった。…とのことです。

西高泊を過ぎると　アッ大きな川だ。厚狭川橋。１５０ｍ以上あるだろうか。この川を右（上流）に上っていくと、新幹線も停車する厚狭駅に至る。渡場♀（サンデン交通）、歩を進めると田園地帯、右に「吉部田八幡宮樹林」と称する神社と森が見える。

吉部田（きべた）八幡宮

高木、中木、草木が密生する貴重な自然記念物であると認定され、保護されている。鳥居をくぐり樹林のトンネル道を本堂へ歩くと、さすがに陽もさし入れず涼しい。

お宮の前の田んぼでおじいさんが1人で田に入り、クワで泥をすくい、いわゆる〝田のクロ〟造りに精出していた。カエルはそしらぬ顔のようです。すぐ近くでケロケロ鳴いていたよ。

「田のクロ造り、爺さんカエルが啼くから頑張れる」「ザリガニやドジョウはいません田のクロ造り」「爺さんと蛙と泥んこ畦づくり」「蛙さん気を付けろジーサンの後にカラスいる」

←吉部田八幡宮←沖野←

右から左へカーブして坂をのぼると高架をくぐる。道路にかぶさる真竹、藪、雑木を5人一組となって道路整備の業者が…1人は左右の車ウォッチング。1人は旗ふり、3人は伐採…と役割分担で汗かき整備していた。思わず、ご苦労さま!といって通してもらう。坂も登り切り左側に溜池。そして庚申塚、お地蔵様。沖野♀（下関行き、10本／日はあるよ）「空あくまで青く、緑は深く吸い込まれそう」「これで車が来なけりゃ極楽!」などと思う。

津布田小 ← 周防灘ひろがる ← 埴生IC ← 国道2号線合流 ← 海上自衛隊基地 ← 小月駅前 ←

右、厚狭ゴルフクラブ入口。左側、田んぼ一枚程度の広さながら、下る道路に沿ってダンダン畑が続いております。

山陽小野田市立津布田小学校（左）、海岸沿いにでました。

おびただしいテトラポットのグロテスクな群が視界へ。碑ありて「たび重なる台風　津波、高潮で被害、防潮堤防工事中！」とあります。

遠く下関方面まで見えます。この広大な海原はやがて本州と九州を隔てる関門海峡へと続く。してみるとこの左手の大海原は周防灘ということか。いよいよ本州西端まで行き着くのか。

テトラの傍に「入漁料、大人２００円、小人１００円」とあった。海に入って魚や貝を獲ることに対してだろうか。全国、どこの磯も世知辛くなったものだ。埴生ＩＣ（右へ）、左に続く浜は埴生海岸、埴生上市♀、はぶ中村、５ｍ程の川をわたる。前場（交）、海ぞい（左）に松林出てくる。青年の家の森か。東糸根、西糸根、干拓地も見える。「レストラン・みちしお」右側から国道2号（国道9号）が合流。左側は埋立てで出来た工領開作地。工領（交）。左、海上自衛隊小月教育航空基地。国道から別れ、右へ（県道33号線）に入る。レールを高架で越えた。西側田んぼ、三善支所前、右、学校。宇津井♀。右、大規模ショッピングセンター。小月（営）↓バスの営業所。木屋川（おづき橋）約１３０ｍ程の幅あったか。流水少ないがよき川だ。渡って京泊（交）国道４９１号へ。小月局♀。

小月駅があった。平べったい駅。広い駅広、有人駅です。４㎞北東方向、新幹線路を越えた向こうに高杉晋作の墓があるとのことです。

←駅前食堂←

小月駅前食堂（ひなびた）の暖簾をくぐり、「玉丼＋みそ汁」５２０円です。私がみすぼらしく見えたのか、あとから僕のお膳に小皿のおまけを付けてくれました。アメダマ2ケも更におまけ！泣けてくるぜ!!…このさびれた食堂に幸多かれ！「主よ、この食堂を守り給え！」

「みすぼらしき俺の　お膳に　おまけつく」

清末千房←

「一膳めしやのネーサンに情もらって玉丼ほろ苦」

「飯食って　また歩きはじめる　因果かな」

神田川←

国交省国道事務所、下関市、材木町♀、清末♀。

「清末千房」（交）、コスモスしまむらショッピングセンター。神田橋♀。（神田川、幅60m、流れ20m、小さいけど感じのよき川です）名なしの大きな交差点。王司ふれあい市場（あまりはやっていない）。大きな王司病院あり。王司こどもクリニック、「ララ薬局」なんとドライブスルースタイルです。

ララ薬局←

右、永冨先生の碑（ドクター）…ドブにはまって晩年落命したとか…

身守地蔵堂←

右、大きな鳥居の神社（宇部八幡宮？）あり。身守地蔵堂、中宇部♀、千鳥ヶ団地入口（交）、上り坂です。ＪＲを右から左へ跨線橋でまたぎます。

才川（交）←

左、下方国道2号沿いに量販店、ニトリ、Ｙｕｍｅ、大ショッピングセンター、どうやらやっとこ長府市街に入るか。

国道２号合流←

長府駅←才川（交）、ここで国道2号に合流吸収された。作業服の無法松、長府警察署、片側2～3車線、歩道も広い30m道路だ。下関市長府であるが、もとは長府市ではなかったか。国道沿いの商業は予想以上に活発。左側に広大な埋立工場地帯あり、長府製作所他が進出している。

長府↓下関間、レール使用240円

ボートレース・ふくーる下関。券売センターとレース場、長府駅到着　13：40。〈長府市内の散策は明日として、今日は、これからレールで下関へ向かう。そして時間の余裕を見て、今日のうちいっとき下関市内を散策する。〉14：30下関駅（西口）をスタート。ルートは市の観光パンフによる「下関駅周辺エリア」。西口を出て国道191号を行く。（…明日朝、長府に戻って、散策する）

○下関駅←周辺散策

早速右手に〝維新での偉大なる裏方…白石正一郎宅跡〝につく。荷受問屋として財を成し、自らも勤王商人としても志士を支えた。

←高杉晋作終焉地

次にやや国道を右カーブ気味に行くと、妙連寺の裏手あたり（右）に「高杉晋作終焉の地」があった。「高杉晋作終焉地」と刻まれていた（肺結核　27歳没）。厳島神社前（交）を右折して、右前方の高みを目指す。レールの下をくぐり、やや細い道を、坂をグングン上る。上り始めてわかったが下関はｕｐ、ｄｏｗｎが激しい。後悔しつつも、急坂を軒の下をくぐり乍ら、登り切ると、そこは日和山浄水場だった。その一角に「日和山公園」があり、まさに眼下に下関海峡がまる見えだった。息をのむ大景観だ。そこに、高杉晋作の大きな立像があり海峡を見下ろしていた。

←日和山公園←

グルリ見渡すと北方？にも、まんじゅう形の丘の上に浄水場が見えた。（高尾浄水場？）東にあたる関門橋の付け根の向こう側にひときわ小高い山があり、ロープウェイのある「火の山公園」だという。そこは明日のおたのしみ。

→関西小→市民センター→下関短大→桜山招魂社→ビジネスホテルへ

観光パンフを拡げ山陽線の西に〝桜山招魂社〟がある。高杉晋作の発案で建立された「日本最古の招魂社」だそうだ。〝高杉先生〟に敬意を表わすべく行ってみよう。

浄水場の急坂を西に向かってひたすら下る。地理不案内のところ、観光案内所のオジィーサンのくれた略図は、まさに省略が多く、坂の上り下りで迷ってしまった。関西小、市民センターのある中央町、左に下って向山町まで行き間違いを素直に認めて通行人の30歳主婦（子づれ）に聞く。「…ともかく、線路沿いに行き、シモタンを目指して！」と、シモタン、シモタンって何なの？と聞くとご自分の通った下関短大の事だそうな。その通りに、力をふり絞って、また、急坂をゼイゼイ呻きつつ上る。〝下短〟到着。見下ろすと、レールの向こう側に目指す「桜山招魂社」が見えた。吉田松陰を中心に維新に散った志士たち約４００柱が祀られていた。（桜山神社＝桜山招魂社）…不謹慎だが、アーリントン墓地風でした。それにしても３９６本の碑はあまりにも整然とし過ぎていて窮屈そうでした。

とにもかくにも、下関市街の山側は、尾道に優るとも劣らぬ急坂の町です。たっぷり疲れた身体を叱咤して今宵の宿に逃げ込みました。　17：00

長府→美観地区（主として毛利藩・遺跡）→壇ノ浦→下関

平成28年6月3日（金）晴れ

印内西（交）〜大乗寺（右）〜徳應精舎（右）〜法華寺〜正円寺〜本覚寺〜乃木神社〜覚苑寺本堂〜長府中学〜茶房・れん〜豊功神社〜長府庭園〜市・美術館〜関見台（鯨カン）公園〜関門医療センター〜壇ノ浦古戦場〜関門橋〜大砲五門〜火の山公園〜赤間神社前〜唐戸市場〜カモンワーク〜（左）水族館〜あるかぽーと〜三百目（交）〜入江（交）〜細江（交）〜海峡メッセ〜シーモール下関〜下関駅…（レール）…新下関…新幹線で帰京

08：05〜12：50　4時間40分＝16km

下関ビジネスホテル　下関・ビジネスホテル東横イン（5，460円）でお目覚め。昨夕食は800円のラーメン。部屋に帰ってワンカップ熱カンにして2ヶ飲みました。6：00起き、6：30サービス朝食。7：30ビジネスホテルを出て下関駅へ。新山口行各駅に乗車。座れません。240円、長府で下車。7：58。（電車は下関駅でて、しばらく広大な貨物ヤードです。旧国鉄時代の面目躍如…というところか、また、6両電車ながら、さすが通勤通学時、ほぼ満員！）昨日一度訪れた近代的建物の長府駅舎と駅広に再会。

←（レール）……下関駅

←長府駅　長府駅8：05ウォーク開始。すぐ右折。旧道（山陽道？）を行く。右手傍、電車が行く。左、戸建て住宅中心。その左は国道9号（国道2号）とブリジストン等の工場地帯（例により国道の下関にむかって左は工場＋海、右はレールと住宅地）こちらの下水桝のマークは「フグ」…なかなか可愛いよ。レンガ塀、白壁目についてきた。印内西（交）この交差点で国道2号を横断する。

←国道2号線横切る←

長府金屋町、俄然通りの景観が一変した。無電柱、街路灯、歩車道分離…美観地区に入る。右側に浄土宗の寺が続く。お線香よき香り、なにやら有難い気分漂うぞ。

大東寺、徳應精舎、お寺経営のこども園。法華寺(奥がひろ〜い)。アーケード商店街に入る。乃木(神社)さん通り、正円寺の大銀杏。「今日一日は恵まれたいのち、二度とない尊い一日」「さげもん造り」本覚寺、覚苑寺本堂。「武士(もののふ)は、玉も黄金もなにかせむ　命にかえて　名こそおしけれ」：希典さんの立像の脇。「長府中学」とあなどってはいけない、見事な土塀（白壁）に守られている滅多に見られぬ学舎です。

上っ面だけですが主たるポイントを廻ってみて、長府の歴史的街景観には圧倒されました。

・乃木さん通りに田上家墓所！偶然「田上菊舎」（江戸時代後期〜１８２６：女流俳人、旅の達人）の墓所に遭遇。

・乃木神社参道を上っていくと、忌宮(いみのみや)神社。そして乃木神社にぶつかる。

東に行くと長門国、国分寺跡へ。

覚苑寺参道まで足を伸ばすと、毛利家墓所！（菩薩寺の一つ）である覚苑(おん)寺へ。「田上菊舎」↓尼僧の俳人。↓「日々、一日が旅なり。」

・長府高校、長府中学（並みの中・高舎ではなく、お城のよう）。とおりてきて長州毛利邸の門前にたつ。毛利藩邸前を上っていくと国宝の功山寺の仏殿に至る。

この外、高杉晋作回天義挙像、菅家長屋内、侍屋敷長屋、などなど多数見どころあり。

美観地区 ← 長府中学 ← 乃木神社 ← 田上菊舎 ← 毛利藩邸 ←

茶房・れん←

「茶房・れん」にお邪魔して、おいしいコーヒーを喫ッス。70歳がらみの品のよい老婆とすっかりうちとけて話し、写真まで撮り合いました。大きなおいしいトマトもらう。…今回、長府の家並み、歴史景観を観、私が如何に驚き興味をそそられた事か!!（美しい街には美しくて円満な老婆がよく似合う）

国道9号線へ←

国道9号に出て下関へ向かう。左（海側）豊功神社、右、長府庭園市立美術館。

関見台公園←

更に関見台公園（左）、（鯨カン）左手、森の上に巨大クジラのモニュメント見える。

左…巨大な関門医療センタービル。ようやく海近づく。イオンのショッピングセンター。

左下…岩礁地、投げ釣りしている人あり。

壇ノ浦古戦場←

海峡の一番狭まったところ→早鞆の瀬戸（別名）、700mしかない。この地にかかる関門橋は全長1，068mだそうだ。ここで1185年、源平の一大合戦が行なわれて、平家破れ、滅亡へ。（ヒストリックバトルフィールド）

幕末の攘夷戦で外国船に砲撃した砲台跡（参・写真）もある。「みもすそ川」という川も流れています。

←関門人道トンネル←火の山公園←

関門国道2号線トンネルは全長3461mあり。車道と人道の二重構造。車道入口（下関側）は、1.4km内陸の椋野トンネル入口。人道トンネル入口は、「みもすそ川公園そば」に歩行者用の入口あった。エレベーターで降りて、海底約780mを歩く。ざっと15分足らず。歩行者は無料です。（昭和33年開通）…別名「青い国道」ともいう。

火の山の名は、その昔、外敵の襲来を知らせるため、山頂でのろしを上げた事に由来している…との事。標高は268mで、この周辺では一番高く、ミニ富士山スタイルの小山です。ここに、昭和33年完成のロープウェイあり。全長439m、高低差165mをあがる。山頂からは、潮流渦巻く（本当に渦を巻いていたよ）関門海峡を眼下に一望。絶景です。山頂には散策コースもあった。また、山頂に立派なレストランがあり。丁度、私が訪れた時は、外国人（アジア系）団体さんで満席でした。（ロープウェー往復500円也。）

「今ぞ知る　身もすそ川の　御なかれ　波の下にもみやこありとは」（長門本平家物語）

（二位の尼が安徳天皇を抱いて入水…壇ノ浦の戦い終り平家滅亡。当時を偲ぶ石碑、歌碑があった）。

これより武士の時代となり、以降、明治4年の廃藩置県まで700年間続くことになった。

身もすそ ← 川公園 ← 赤間神宮 ←

みもすそ川公園、ロープウェイで火の山公園を巡って、下山して、壇ノ浦町海岸線を更に西へ。左、すぐ海峡。急激に深くなっている様子。また、渦をあっちこっちで巻いている潮流もわかります。それにしても、本州と九州の境目は、たった700m、そこを潮が往来するわけだから、なかなか凄い！

小さな漁港見ながら歩いてゆくと、（この国道通りは下関市のメイン道路だ。ますます立派になってきた…）。赤間神宮です。

1185年、栄華をきわめた平家一門も源義経らにより壇ノ浦に追いつめられ、安徳天皇ともども関門海峡の海に没した。この安徳天皇を祀っているのが赤間神宮です。従前は阿弥陀寺と称していたものを明治初年の神仏分離により天皇社赤間宮となり、昭和15年官幣大社＝赤間神宮と改称。

安徳天皇陵、七盛塚、芳一堂（ラフカディオ・ハーン、耳なし芳一）が境内外にある。

「平家一門の無念の思いを甲羅にあらわした平家蟹」の伝承もある。

壇ノ浦を望む赤い水天宮は鮮やかな竜宮造り「海の中にも都はある」という二位の尼の願いか。（…波の下にも都ありとは）

亀山八幡宮 ← → JR下関駅

更に西に進むと「関の氏神」として市民に親しまれている亀山八幡宮は、859年に創建されたと伝えられる古社があった。山陽道の西端に位置し、大鳥居の周辺から九州へ渡航する船が出ていたといわれる。幕末には砲台が境内に置かれ、1863年アメリカ商船に攘夷の第1弾をうち込んだ。(亀山砲台)大鳥居そばに「山陽道」と刻まれた大きな石碑あり。古代からの主要な官道であった山陽道の基点であったことを伝えている。境内には林芙美子文学碑、世界最大という「ふく(ふぐ)」の銅像もあったよ!

国道はさんで反対側に、市の水族館「海響館」、唐戸市場、「カモンワーフ」などウォーターフロント施設が充実。また、下関駅に近づくにつれ、否応なしに目にとびこんでくるのが下関のシンボルタワー「海峡ゆめタワー」です。143mの高さ、シースルーのエレベーターで70秒、600円です。入江(交)、細江町(交)、豊前田(ぶぜんだ)♀、と繁華街を行くと、通せんぼするように斜めになっている「下関駅」着です。12：45着

13：10新下関行各停に乗る。13：25新下関着。13：33こだま(新幹線の各停)に乗る。※
14：52広島にて「のぞみ」に乗り換え、東京へ。(新下関~稲毛海岸13，500円、
新下関~東京(新幹線)7，460円　計　20，960円)(…二万円よサヨウナラ!)
(大人の休日クラブ3割引なら6，000円以上も節約できるのだが…20回分使い切ってしまったのでアウト・残念でした)

※新下関~広島(新幹線各停)
新下関◎→厚狭(あさ)○→新山口○→徳山○→岩国○→広島◎

〈火の山公園山頂から関門海峡〉

おまけ

ついに下関まで歩いたぞ。山も緑も豊かだ。海も川も水もおやかだ。いい国だよ、日本は。人間が多すぎるけど…。〈北海道・折檻されて行方知れずの小2男子、なんと6日ぶりに自衛隊施設で無事発見。というニュース飛び込む。水飲んでマットレスにくるまって…ともかく、とんでもない経験をしたんだね！これからはきっといいことあるよ！〉もう（九州か山陰に行くまでは）山陽新幹線とはしばらくお別れです。お世話になりました。今回のべ5日間、全行程雨ふりなし。恵みの長州路でした。広島から「のぞみ」に乗り、窓側に座ったらいささか、身体から力みが抜けてゆきました。缶ビールと水割りとイネムリ…頭の芯がなにやらしびれてきたゾ…のぞみは速いよ！ルンルン！「夢の中で、来し方、てくてくの思い出を反芻」しては〝白河夜舟〟でした。

～長府藩について～（山口県の歴史散歩より）

長府という地名は古代律令制下、この地に長門(ながと)国府がおかれていた事に由来。毛利氏の一族秀元に豊浦(とようら)郡が分封され長府に本拠を置いた事から、秀元を藩祖とする長府藩が成立。城下町が形成されていった。江戸時代の14代260年にわたって5万石長府毛利氏の治世が続いた。幕末には高杉晋作が功山寺に決起し、また、藩士を中心として結成された報国隊が活やくし、討幕維新への大きな拠点の一つとなった。

勿来↓植田↓泉↓湯本↓内郷↓いわき

平成28年6月15日（水）くもり・小雨

国道6号～四沢・県道56号線へ～錦橋（交）～支所前～鮫川橋～植田局（交）～植田町（駅入口）～東田橋県道20号線～金子平（交）～東中学入口～金山（交）～セベバレステロスGC入口～妙法寺～小名浜工業団地入口～南部清掃工場～八合（交）～泉橋～ガスト～国道6号わける～泉町（交）～泉トンネル～葉山団地（左）～（右）住吉神社参道～岩ヶ岡（交）～（二級）藤原川（下船尾）（交）～国道6号合流～交番前～関船町（交）～消防署～湯元駅（八仙団地入口）～石灰化石館～湯本傾城～車検場入口～馬頭観音石碑～堀坂トンネル工事中～一の坪（交）～内郷駅～病院入口（労災病院）～共立病院～御厩町～磐城一高～前田（交）～尼子橋～内郷御台境（交）～十五町目（交）（左折）～いわき駅

9：20～16：45　7時間25分（正味7時間弱）＝28km

私の「てくてく一人歩きの旅」は、平成25年6月の千葉県海岸線（銚子↓九十九里↓館山↓木更津↓千葉↓浦安）歩きから始まり、その後断続的ではありますが、東京湾、三浦半島、神奈川、静岡（伊豆半島含む）と東海道を進み、紀伊半島一周を経て大阪に至り、そして瀬戸内海沿いを西進し、平成28年6月、下関まで到達しました。これにより、千葉、東京からスタートした東海道、山陽道等の太平洋岸歩きは、歩いた足跡で繋がりました。

先ずは一段落とし、〝今後の「てくてくの方向は」、茨城、福島、東北の太平洋岸を歩く〟こととしました。（尚、銚子から茨城県太平洋岸歩きについては、平成27年6月～9月、8泊の日程で歩き終えております。別途その紀行は掲載します）

そうした事情から、今回は平成28年6月15日「福島県勿来駅～いわき駅」のてくてくからその足跡を記すことします。

東海道山陽道歩きは、6月初め、下関まで何とか到着。一つの区切りを終え、今後しばらく、東北方面に向かうのだが、こちらも既に、茨城県太平洋沿いを北上しつつ、平成27年9月、福島県の南端、勿来まで歩いているので、今回、この勿来（駅）からいわき駅に向けウォーク再開です。

5：10過ぎ身支度し家を後にし、京葉線稲毛海岸駅5：35電車にのり東京駅へ。小雨がパラパラ降っており、いささか、さえない出発です。東京駅で少し余裕がありすぎ、オニギリなど朝食を待合室ですませ、特急ひたちで勿来へ向かう。

常磐線の特急は全車指定席です。常磐線も進化して、従来は上野駅発着であったものが、今では品川、東京、上野と停車して茨城へ向かうのです。それ以前は東北の玄関といえば上野でした。今日は品川始発電車に、東京駅から乗車したけれど、品川よりも、東京よりも、上野駅から圧倒的に乗車してきました。（意外でした、なぜかな？）

土浦、水戸と過ぎるにつれ、雨足激しく、車窓のガラスに強く打ち付けます。…予報では「朝一時雨、のちくもり」…だったはずなのに。合羽を着て歩くことを覚悟しました。

・東京～勿来　特急指定2，200円。稲毛海岸・勿来　3，350円　合計5，550円です。

勿来駅 → 蛭田川 → 鮫川 →

9：00過ぎ勿来駅下車。上下雨合羽着て、リュックに雨用カバーを付け、9：20ウォークスタートです。駅前の国道6号を左に進む。四沢（交）で国道と別れ、左の県道56号線に入る。湯本まで21㎞とある。

（駅前マイカー駐車場、月極め4，100円、パークアンドレールライドだ！）

錦橋（蛭田川）、川幅＝40ｍ、流れ20ｍか。国道289号を横切る。（左へ行けば四時ダム方面）

錦中（右）、勿来支所♀1日5本程度。（バス停に常磐交通バス・復興支援バス！と大書きしてある）

〈常磐交通といえば思い出すなあ！日本バス協会、高速バス委員長を常磐交通の野崎社長が司っておられ、そのあとを、私が（高速バス委員長を）継いだものだ。

意欲的な社長さんだったが、お元気かなあ〜〉

大島（交）、左へ行くと錦小があり、その奥にあの3．11震災被害の双葉小、双葉中の仮校舎がある…。

大倉上町♀、ここから新道・立派な道です。

鮫川晩照の碑ありて鮫川橋です。鮫川橋架橋の碑あり。（昭和36年11月建立）

〝渡しにかわって、架橋は明治14年〟それまで船津集落は渡し場として栄えた。

立派な橋の上から、左上流を見ると、すぐ近くに常磐線の青い鉄橋。右下流に目を転じて見ると1㎞程先に発電所＝クリーム色巨大建物＋紅白模様の大煙突。（常磐共同火力発電所）

河川敷は広く、公園となっており、土手〜土手300ｍもあろうか。流れも100ｍ位。この河は地域に重要な歴史と存在感のある河なのだ…。

金子平 ← セベバレステロスGC ←

橋を渡ると、植田跨線橋。植田駅前方面を左に見送り、県道56号線から県道20号線に入る。植田町（交）、左へ行くと植田駅と商店街。右に無電柱化の市街あり。1～2階の建物ならぶも何だか寂しそう！（鮫川水系）渋川かさあげ工事中。左へ行けば双葉町役場いわき事務所へ。ようやく道は山間に入っていく。右手、発電所最接近です。左に右に大きくカーブしてダラダラ上る。長い坂だなあ～。のぼって金子平♀、こんなところに意外な程の住宅群。左に、植田東中をわける。ここは坂の頂上か。

「安寿と厨子王ゆかりの地・母子像の町」「ジットリと汗かき登りつめたらあっと驚くニュータウン！」平坦からヤヤ下り坂。依然としてシヤシヤ雨は続いています。いとワズラワシ！　ばかに立派なバス停〝早稲田♀〟なが～い…下り。

左・セベバレステロスGC入口。

60歳がらみのオバサン、反対側から坂を上ってくる。久しぶりの人間なので、挨拶をかわそうか…と思ったが、何を警戒したのか、すれちがい際3～4m私を避けるように背を向けた。そんなに俺が怪しいかよ！よきご挨拶を！とのささやかなプラン消滅！（私が汚ならしかったのかなぁ、ショック！）　右、妙法寺。「すばらしい人間環境づくりをめざして！」「がんばれいわき、ガンバレ皆んな！」↑変な看板！（ブロックベイ）

右、小名浜オーシャンゴルフ、小名浜工業団地へ。右手、奥の丘の上、住宅ビッシリ。

← 南部清掃工場 ← 釜戸川 ← 泉駅 ← 泉トンネル ←

名なし交差点…なぜだか名なし交差点のオンパレード。書きかえ作業中なのか、消してあるものもあるよ。右・いわき南部清掃センター。いわき南部憩いの家…大きな建物です。左・県企業局いわき事業所。「高齢者を守る一言、交差点」、トラスト環境センター（中間処理施設）・白煙モクモクスゴ〜イ。

下川の湯・アクアマリンフクシマ！　泉町八百（交）、薬師前歩道橋＝山の神♀。右前方遠く、小名浜工場群の煙突、幾筋もモクモク↑震災後、それなりに元気そうだが…。

二級河川、釜戸川（いずみ橋）幅30m、流れ10m。左、いわき秀英高校、泉浄水場。下川歩道橋、いわき市滝尻。

12：07、ガスト入店。昼めしです。カツカレー＋サラダ　1，100円也。午前中、ずっとシャシャ雨。合羽脱げない。泉駅入口。国道6号を右にわけてから県道20号でのトラックは激減。歩きやすくなった。名なし大きな交差点。（泉駅への泉町交だろう。消してある）コインランドリー「白熊くん」。滝尻歩道橋。左、カーベル（大型量販店）…但し店じまい？トンネル手前下に単線のレール（福島臨海鉄道らしい）。

泉トンネル２３４m、幅7．5m、高さ4．7m（２００7年拡幅）、トンネル出てゆるやか左、くだりカーブ。〝三州互製造マルエイ株〟〝トラック、ダンプの中古車展示場〟…チト、珍しいね。左側に大きな新しい住宅地（丘の上）があるらしい。葉山団地南入口（左）。極楽の湯入口（左）、道路の右と左に「寿限無」（くろぬり、意味がわかりません！）（命に限りがないこと。長寿を意味しているのかな？）前が開けて町一望です。

藤原川 ←――――― 古内 ――――――― 湯本駅 ←― 石炭化石館 ←―――

右・住吉神社参道へ。常磐岩ケ岡（交）…やはり消しかかっていた。このあたり内陸工場団地内を歩いているみたい。

二級河川・藤原川。下船尾橋。左、常磐銭田工業団地でした。

（左から右へ川が流れる。土手～土手80ｍぐらい。水流20ｍ程か。両岸、草だらけだが良き川だ…藤原川）

下船尾（交）で右から合わさった国道6号を行く。合流でトラック、どっと増える。やたら大きなアリ！踏んづけた！（ごめんなさい‼ナンマイダブ）古内・古内北（交）

〝にゃん子のホテル〟〝たまの家〟〝ポチの家2号店〟建設中…とアル。下霜尾♀（20本／日にバスふえたぞ！）

「東京から193㎞の標識アリ。〝幸せづくり、いえ　づくり〟〝あなたの幸せ守る119番〟（救急車に大書きしてある）美空ひばりの「塩屋埼灯台」右へ15㎞。常磐鹿島工場団地（右）、この先、湯本市内、幅3ｍ超車両通行不可…とある。常磐交番前、いわき中央警察署分庁舎前（交）、諏訪ケ崎、関船町（交）、右・21世紀森公園。消防署（交）、白壁の土蔵のある家2軒。

広野町応急仮設住宅（左）、レール左から接近。湯本駅14：37。温泉街は左のレールのむこう側。大きなホテル建物、看板が見えます。「パークアンドレールライド」のマイカー駐車場広シ！

吹の湯・新つた・古滝屋…なつかしいホテルです。平成5～6年頃、私はタクシー会社数社の社長をしていたが、新年会（松戸・柏地区タクシー業者の）は、決まってこの湯本でした。ドンチャン騒ぎをやり良き一時期でした。八仙団地入口（交）、頭上を「国道とJR」をまたぐ「温泉街側へのオーバーブリッジ」湯本跨線橋東（交）右、「石炭化石館」（市の施設）…機関車もあり。家族連れなどで賑わうのだそうです。…珍しい施設！

堀坂峠 ←

右側、調整池らしい。傾城♀(山坂を元気出して登ります)左に傾城山神社(稲荷)右カーブです。左に妙法寺(こりゃ大きそうだ!)、堀坂南(交)、ポリテクセンター南。車検場入口(交)右にわける。下っていく。(陸前浜街道というらしい)左、馬頭観音石碑(小さい)。右に堀坂トンネル工事中。ここは堀坂峠。下りつつ右カーブ、左のレールむこう側に大きな鉄工所の廃屋ズラリ。左・レール接近。一の坪(交)、左に内郷駅です。15：30　こざっぱりした近代的駅舎です。身体の不自由な6～7人の人達が電車待ちで、待合室にいました。

〈内郷駅〉

内郷駅 ← 労災病院 ← 磐城一高入口(交) ←

内郷支所前(交)。右、いわき翠の杜高。コミュニティ会館。内郷タクシー(マイクロバスもある…多分、地域のコミュニティバスを受注しているのだろう?)歩車道完備!無電柱化されたキレイな通りとなる。内郷跨線橋東(交)、福祉センター入口(交)。ここは東京から200㎞です。右、福島労災病院(交)、…盲人専用押ボタン(どうやるのか?)あり。バス1日50本もある。右、総合いわき共立病院(労災病院よりもっと巨大です…いわき市を代表する医療地区と感じた)御厩町1、御厩小、御厩町2(交)、赤い鳥居の稲荷神社。高架をくぐりました。国道49号をこえ磐城一高(右)入口♀。女子が7人バスに乗車。

尼子橋←前田（交）中央警察署前、尼子橋（新川）幅80m、流れ5m葦原です。右を見ると、いわき市街か、ビルがニョキニョキ林立しています。「安心は　心で注意　目でかくにん」。橋を渡ると右側すぐに、何かの慰霊碑と地蔵さま。

堂の前（交）←内郷御台境（交）、新町前（交）、長橋歩道橋、松ケ岡公園（左・500m）、性源寺（左、傍）、長橋町、堂の前（交）、労働福祉会館前、右：いわき市役所、合同庁舎。子鍬倉神社（ケンシャ）（左）。

十五町目（交）←児童公園前：平中町（交）、この十字路のどちらを見ても、レンガ模様のキレイな街路です。通りの名が「レンガ通り」でした。（官庁街？）十五町目（交）で国道6号とわかれた左へ行くと（メイン通り）いわき駅です。ビジネスホテル東洋着。16：45

常磐線いわき駅←ホテルのやたら多い街です。

〝いわき〟は交通の要衝であり県南東部の中心都市です。

ビジネスホテル東洋：テレビBSなし。それ以外大体の設備あり。部屋も悪くない。朝食付きで4，850円は助かる。

何軒もビジネスホテルある中には、競争力をうち出したこういうビジネスホテルもある。

駅前ビル3階のレストランで夕食。ソバレストランです。1，000円でOK。駅前がよく見えます。歴史的にはともかく、近代的駅前風景です。

一日、雨合羽姿だったが案外涼しく歩けた。リュックが軽かったこともあったと思う。

〇いわき市は２０１３年現在、その面積・人口について県下一です。昭和41年（１９６６年）五市四町五村の（全国でもビックリするような）広域合併が行われ、平仮名の「いわき市」が生まれた。記憶に誤りがなければ、当時全国一面積の広い市の誕生！ともいわれていた…と思う。人口は33万人余だが、なにしろ面積が広い（福島市や郡山市の１．６倍内外もある）ので人口密度は低く、人口減少も続いている…。県全体人口が長期減少傾向の中で、いわゆる２００４年からの平成大合併で県内90市町村が２０１０年には59市町村へと統合された。いわき市統合が成されて50年以上が経過…。平、小名浜、勿来、四ツ倉など、夫々の人々にとって、広域合併はどうだったのだろう。全国的に進められている広域合併だが、広域化の功罪はやはり、有るだろう…。

…てくて爺さまの手に余る事だけど…。

平成28年6月16日（木）小雨

いわき↓草野↓四ツ倉↓久ノ浜

大町東（交）～夏井川～東日本国際大学～平鎌田～風内（交）～平塩（交）～六十枚（交）～草野駅入口～国道草野～赤沼橋～民の町（交）～四倉病院～下仁井田～松葉橋～四ツ倉駅入口～舞子浜入口（交）～道の駅四ツ倉港～築港前～蟹洗温泉～田之網～波立（はたち）トンネル～波立薬師～クリナップトレイニングセンター～久ノ浜駅

8：10～12：15　約4時間＝16km（久ノ浜駅からレールで帰京）

いわき駅 ←— 平大橋（夏井川）←— 東日本国際大学 ←—

はっきりしない空模様です。予報では小雨↓くもり↓雨という。サービス朝食をすませ、身支度し、8：10ウォークスタートです。少し歩いて国道6号に出て、左折です。平大町・大町東・新川（交）。左・富岡町役所いわき支所。左・フラワーセンター、左・学校の跡地。正内町（交）、五色町（交）、平大橋・夏井川です。土手～土手約100m。流れは30～40m。なかなかよき川です。霧雨模様なので上流も下流もにじむように霞んでいます。川を渡って左の岡の東日本国際大学・レンガ色風の建物でよく目立ちます。短期大学も併設です。切り割りもこえ、平鎌田（交）、女子学生が目につきます。左100mあたりレールが走っている。

こんな旅を続けている私、決して、人から見て、好ましい格好には見えぬでしょう…けれどなぜか道路工事の整理員とか測量の人、ガソリンスタンドの人…などからは挨拶される事、多いです。現場作業員のような人に、汗たらして歩く私に親しみを感じるのだろうか?…「汗たらす、俺もお前も他人じゃねえ」…と。

塩 ← 六十枚入口（交） ← 草野駅 ← 国道6号線 陸前浜街道を歩いている ←

片側2車線歩道付のよい道路を歩いています。左・マルハン・ナムコ…パチンコ街です。…本当に日本人はどこへ行ってもパチンコ・パチスロです…。風内♀、両サイド郊外店と民家混じって続いています。ガソリンスタンド、スーパーの大型店も。平塩（交）、♀塩、日東電工、右側は国道近くが土手のように盛り上がっています。右側に夏井川が蛇行しているのです。前河原（交）。瀬戸入口♀（一日10本ぐらいのバス）。広くて立派な道路、目立つのはマイカーのみでトラック、ダンプなど、どこへ行ったのか、見当たりません。

♀神谷住宅入口、六十枚入口（交）、右から国道6号バイパス…いわきサンシャインロードが高架をかけて合流してきました。途端に大型車流入してきた。

バイパス完成の記念小公園・裸婦立像、ベンチなどあり。けれども残念、草ボウボウとなり…泣いてます裸婦が…。「草むらに裸婦像は気の毒蚊がとまる。」

JRバス関東の営業所の左に大きなインターチェンジがあります。右、巨大なN—1とだけ大書きした建物とダダ広〜い駐車場（…やっぱりパチスロでした）。下神谷橋5m。

「ここから36㎞区間、二輪車通行止」とアル。なぜだろう?草野中学入口（交）・県道15号と交差、左へゆけば草野駅（有人のようです）、草野県道橋。新舞子入口、出口、「国道・草野♀」。赤沼橋幅15m流れ5m。交通量、また、減りました。しかしトラックいささか多い。原高野交、東京から210㎞地点です。原高野橋10m流れ2m。

アシ繁茂。西濃運輸の広大なセンター、民野町（交）、四ツ倉自工、自由の女神が見えるぞ…マルハチ石材店の7m程の像でした。

クリナップ工場 ← 四倉駅入口（交）← 防潮堤防工事 ← 道の駅よつくら港 ← 太平洋健康センター ←

右、クリナップの大工場。左・クリナップの記念館（えらい人の胸像アリ）。四倉町川田（交）、右・四倉病院、左・仁井田運動公園。下仁井田♀、松葉橋、土手〜土手30m程、流れ10m。護岸改修中。右・デッカイお寺あり。仁井田浦入口（交）。この先ずっと平野です。北姥田入口（交）、ファミマに入りコーヒーで一服＋トイレ。四ツ倉中学入口（交）、四倉駅入口（交）。

10：38「ここから大震災・津波・浸水区間スタート」との表示あり。四ツ倉舞子浜入口。国道に沿うように右側に弓なりの美しい海水浴場があるはずが、大がかりな防潮堤防工事のため、見ること叶わない。それにしても凄い工事だ。旧い堤防の100m先に倍以上の巨大堤防工事中！「復興の店（宿）大八荘」、（工事関係者に安く提供し、賑わっているらしい）。

四倉町5、四倉町6。右側に道の駅「よつくら港」あり。大半が工事中。折から小雨模様で人出は今イチか。しかし物産売場には人だかり…私の親戚2軒に宅急便にておみやげを送ろう…としたが、店員の手ギワがあまりの横柄さに閉口し、購入を諦めました。残念！「道の駅も心の駅も未だ整備中オラが街。」左・奥に大きな寺あり。四倉築港前♀。右には堤防＋テトラ…高さも量も目をみはります。いわき蟹洗温泉。太平洋健康センター（大きな施設で賑わっていたが、いかにも荒波のすぐ傍。波をかぶるのは覚悟の上か。100台は駐車していた。10m先に荒波の海です。「滝の御前・稲荷大明神」、いわき市久の浜町田之網（たのあみ）。ホテルのある通りから一段（20m位）高いところに思い切って国道の付けかえ工事中。

現国道は津波、荒波をかぶり破損している。

「江の網防潮堤工事」
トンネルの前、右、今日も荒波うちよせ砕け散っている。
ミニトンネルあり。波立トンネル。125m、津波にやられた痕跡はなはだ多し。右、断崖。

「波立薬師」

古来、この海岸の玉砂利を持ち帰ると薬師如来のご威光にふれ眼病を患うと言い伝えあり。「オンコロコロセンダリマトウギソワカ」真言。

波立海岸・沖合50～100mにはりめぐらされたテトラ群…無残にも崩壊している。その内側に新しいテトラ群を構築している。

← 田の網(たのあみ) ←

更に国道6号を歩く。左側、崩壊寸前の土蔵あり。写真を撮るには恐れ多い雰囲気があり、やめた。左100m、レール走る。田の網、右・波立海岸、荒波の浜に二基の石碑あり。けれど判読できず。海べり、延々と堤防工事中。

〈道路でも、浜でも、住宅でも、店舗でも夫々が、**生活立て直し**中だという時期に、なんら建設的な目的も持たず、フラフラ、てくてく。俺は何様なのか。この先のルートでは更に、人々は厳しく戦っていることだろうか。〉

クリナップ・トレイニングセンター ← クリナップトレイニングセンター（右）、波うち際より20m程の高さあるか。左手に迫っている山肌を削り、波うち際を埋め堤防を造っていく。とにかく大工事なのだ!!

左から右へ高架で迫ってくる県道をレールと共にくぐる。ヤヤ下ると左にわかれる駅への道。これをたどり間もなく「久ノ浜駅」です。12：15着（有人）

久之浜駅 ← 40分程の待ち合わせ、濡れた合羽・衣類を着替える。駅の「ボッタントイレ」で用を足す。缶ビールを飲み干す。

今回は、これで終了し、今日のうちに千葉へ帰る。まず12：56発でいわき駅まで各停２６０円也。電車に乗る頃から待っていたように激しい雨そして雷、イナビカリ！4両ながら清潔な電車です。

今日半日、歩いてきた地形を端的にいうと、海側から「海↓波↓テトラ↓堤防↓旧国道↓新国道（工事中）そして山際」…こんな感じの海岸線を歩いてきた。（未だ大震災復興工事中）

いわき駅で特急に乗り換え、１，３００円の水戸光國弁当買って車中でパクつく。

○今回は短いてくてく歩きでした。太平洋岸を辿る…という私の中の初志は大きく揺らぎました。或る程度予期したことでしたが、いわゆる3．11の影響は殊の外大きく深かった。真に復興たけなわの最中です。久ノ浜から先、海岸線を歩いて旅する是非について考えました。鉄道・道路・堤防…などのインフラ復興工事、仮設住宅、仮設校舎や役所の現状等々、遊び心を胸の奥にひそませた私が、「興味本位でてくてく訪れることは〝差し控えるべき〟との判断をしました。

千葉に帰って、一息入れた後、「いわき市から夏井川の源流へと歩き、郡山へ抜けるルート」でてくてくを再開・続行しようと考えました。

東京湾舞浜（浦安）（旧江戸川）↓行徳↓松戸↓南流山

平成28年5月18日（木）晴れ

舞浜駅北口～ローズタウン前（旧・江戸川沿いへ）～堀江橋～右、堀江中～堀江排水機場～葛南土木事務所～堀江ドック～（右、790m清瀧弁財天）まっすぐ・リンド技師記念碑（近代測量の父）～堤防左下（川）に丸太の列～境川～東西線高架～当代島1丁目～島尻公園～今井橋～行徳橋～稲荷木（とうかぎ）～京葉道路くぐる～北越製紙～総武線と国道14号・京成線くぐる～里見公園～北総線くぐる～矢切の渡し～国道6号くぐる～JR線くぐる～葛飾大橋～松戸市緊急船着場～松戸有料道路～横六間川～松戸水門～筑波エキスプレス～マンション・アクアスイート～南流山駅（武蔵野線）

7：30～16：30　＝9時間　＝35km

舞浜駅（北口）　6：20自宅を出、7：15舞浜駅下車。北口へまわる。車の流れが多い国道357号辿ると一挙に高架でまたぐ歩道橋で北側の住宅地の傍に降りる。平日とあって、早い時間にもかかわらず通勤か通学者が多く行き交う。

↓

住宅地外周の「セブン」で、市街地図を！と思えど浦安市地図は置いてません…と。本屋さんなら間違いないのだが、本屋に代わるコンビニでは地図はあったりなかったり。〝便利の中での不便化〟といいたいところ。

新住宅地　↓

…オリオン、ウイラー、京成、JR、トート、富士急など様々な観光バスがTDLに向かっています。1983年にこの地に東京ディズニーランドオープンで、真に激変したところだ。右側には、高い植栽に囲まれて戸建て住宅が続く。いっときは億ション！といわれてた高級住宅地だ。

舞浜2丁目 ←

だが、いわゆる3．11大震災で震源地から200km以上もはなれているこの地でも、大きく揺れ、激しい液状化被害に見舞われた。家も街路も公共基盤も打撃を受け、評価を下げてしまった。舞浜2丁目で、川沿いの土手道に上る。右側には、堤防より10m程度低いレベルで住宅街。左手は江戸川（旧江戸川）で対岸（江戸川区）とは300m程の堂々たる水量。まさに河口のおおらかさだ。南に目をやれば国道、東関道、JRの幹線の大鉄橋。その先の（千葉県側）に、TDLホテル群がキラキラ陽を浴びて光っている。波が寄せる岸辺に3～4人バス釣りか釣り人がいる。対岸の江戸川区はマンション等、林立しています。

大三角（広大な埋め立て地の地形から） ←

「大いなる川、よき道路、よき住宅地」…何事もなければ気持ちのよき景色です。水路と大三角線陸橋を渡る。そして、また、土手沿いの道へ。使用済みのような水門が3ヶ所、取り囲むようにして、コスモスの黄色の花が一面に咲いています。（見明川と堀江橋）

右手、住宅地側は、富士見町から堀江地区です。「堀江排水機場」だ。…3階建ての建物。川の水は堤まで来ている。

堀江排水機場 ←

右手、住宅地側から川への自然排水が（住宅地側の地面が低すぎて不可能）出来ぬため、この排水機設備により、水位に自動反応して。排水している…のだとか。

堀江ドッグ、私は今、土手堤上の遊歩道を歩いている。その右側一段下（土手の中腹）にもう1本、幅3m程の道あり。そのまた下に、市道、県道が川沿いにのびている…。

その中段の3m程の道、自転車にはよいが、車はどうか?と首をかしげる道幅なのだが、そこもしきりにマイカーが走る。信号もなく、空いている…という事だろうが。本当に車はこんな所にも入り込んでくるのだ…。困ったもんだ…!

舟溜り ←——

ブツブツいいながら土手の高みに上ると、目の下に小舟20~30隻も入れる舟溜りがあった。地元で細々、漁師を続ける人達のいわば残された漁港みたいな感じだ。釣り船なども収容されている。オヤオヤ、屋台船もあります…。ミニ提灯を沢山飾り付けた遊覧船・納涼船もある。

境川西水門 ←——

右、「790m行くと清瀧弁財天」とある。まっすぐ行けば「リンド技師記念碑630m（近代測量の父）」

地下鉄東西線鉄橋 ←——

堤防左下（川の中）に太い丸太が等間隔で…延々と100本以上はあろうか。このあたり川幅は150mぐらいか。対岸にも小さな舟が横付けに並んでいる。

前方に地下鉄東西線の鉄橋が近づく。右から境川が合流（小さな川）、境川西水門。右、近くの桜の大木のもとに、リンド技師の碑がありました。鉄橋をくぐると（頭上を通過する電車、見た目、上り満員、下りガラガラが見てとれた）

浦安橋 ←——

今度は浦安橋です。大きな橋だ。

橋のまん中に島がある。妙見(みょうけん)島というらしい。ここで流れは島の右と左に一旦別れる。右沿いに行くのだが、橋の手前に蒸気河岸(かし)の跡あり。〝浦安の渡し〟といわれ昭和15年に浦安橋が開通するまでは、対岸の東長島と小型手こぎの伝馬船が往復していたという。対岸にも堀江の地名がある。（農地が川をはさんで両岸に存在し農民が舟で行き来したから…）

当代島 ← 「青べか物語の世界」 ← 浦安遊漁船共同桟橋 ← 新井水門 ← 今井橋 ←

境川・浦安橋・当代島。このあたり一帯は、かつて大規模な漁師町で海苔用のベカ船がひしめいていた所だ。山本周五郎の青べカ物語の舞台ともなった。

今でもこの一帯、おもかげ多数残っている。「吉野屋、釣り舟・乗り合船・船宿」山周の青べカ物語の船宿「千本、吉久」。例年6／18・19みこし渡御のコースで早くも西栄、岩田、当代島一丁目提灯がずらり、並んでいる。川口、相馬屋…このあたりは川の水の中にやぐら（パイプ）で、桟道が造ってあって、これを通って船に乗船・下船スル。釣り船、釣り宿は千葉県の方が大分多い。当代島水門。

浦安遊漁船共同桟橋（第一、第二）。川の流れを吉野屋の船が出ていった。

島尻西公園、右、ブライトシティー、マンション群。新井水門排水機場。新井川新井水門近くに市川市のコミュニティバスの♀が見える。アズキ色ボディのトランジットバス(株)が運行。また、案内標識あり…ねね塚旧跡（700ｍ）、香取神社（800ｍ）、常夜燈（3．3㎞先）…。また、右に600ｍで新井寺・延命寺、熊野神社。工場排水が空中をパイプで行く。正面に島のような三角州が迫ってきた。（江戸川区域）流れは大きく左直進と右カーブ（本流）に別れる。左直進は江戸川区内の新中川。右の大きな流れは江戸川。

広尾防災公園（東京湾から5㎞とある）、左「新中川方向」を見ると瑞穂水門（大きい！）や、二つの大橋など立ちふさがっているのが見える。右、本流にかかる大きな橋＝今井橋です。今井橋の右のたもと凄い水量の排水あり。欠間々3号水門。川は大きく右へ蛇行。

欠間々（かけまま）←前方にスカイツリーかと、間違えそうな塔（清掃工場?）。土手右下の道を高校生2人カバン持って駆けていく。（オイオイ遅刻だよ!）9:20

本行徳水門←「釣り人へ〝釣り針すてるな〟〝小便するな〟市川市」とアル。「水神宮まで400m、行徳祭礼河岸まで400m、常夜燈まで900m」とあります。押切水門、傍に水神宮、祭礼河岸あり。常夜燈公園、スーパー堤防まで300m。本行徳水門。川の反対側（江戸川区）に船舶修理中のドック3隻みえ、大型クルーザーなど造ったり、修理したりです。盛況のようです…更に屋台舟、遊覧船も含め修理待ちが何隻も…並んでいるのが見える。

見捨てられた船溜←中高層マンション屋上に右も左もソーラーパネル目立ちます。かたわらの堤防には高潮対策工事の実績が年度別に銘打ってある。「昭和43、昭和44、昭和45年等…主体：千葉県：延長粁：施工業者」前方に〝忘れられた舟溜〟とでもいうような堤防と小さな水門に守られた池のような港があった。壊れ放置された小舟の数々…見捨てられたような舟溜りに、リタイヤ組のオッサンが、程々の間隔をとって釣りしていた。そのうち60歳台位のオバサンの話…〝ここは舟の出入りはまずないよ。小舟の墓場みたいなところさ!手長エビが釣れるよ。テンプラにするとウマイ。夜だとウナギも釣れるし!!〟だって。15分も佇み、見ていたらガザミのような中位のカニが釣れました。

（常夜燈）

行徳橋（本流と合流）

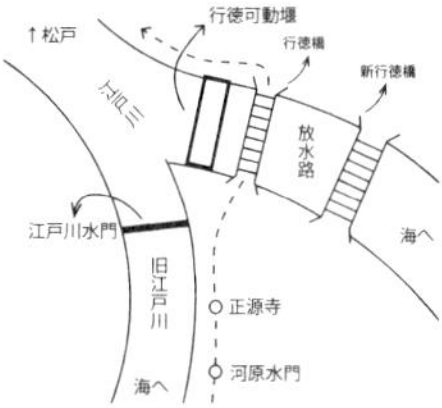

河原水門、正源寺、と進むと大きな河にぶつかった。江戸川放水路だ。この地点が、今日、今まで辿ってきた旧江戸川と、その放水路の合流（分岐）だ。旧江戸川側に「江戸川水門」、放水路側には「行徳可動堰」がある。これから渡る放水路には行徳橋があり、また、少し下流には新行徳橋がかかっている。放水路の川幅は３５０ｍはある大河だ。本流（旧江戸川）と放水路にある堰や水門は、〝これから上流へは海水は入れないよ〟と通せんぼしているかのようです。

行徳橋の下流側に交通量の多い新行徳橋がある。行徳橋を渡って北詰へ、右へ県道１７９号線を行けば田尻方向。ここは左折して県道6号を行く。（行徳街道＝市川・浦安線）左下、ゲートボール場、消防訓練塚。稲荷木（とうかぎ）（海から9．5㎞）、京葉道路くぐる。

北越製紙取水場 ← JR総武線 ← 国道14号線 ← 京成鉄橋 ←

ジェットアンドボートトライセンススクール（右）。水上バイクなど多数遊んで見える。水利・利用標識（工業用水など水の取水口）、市川橋まで2.4㎞。このあたり右の住宅は浦安地区と似て水面より低い。北越紀州製紙工業用水取水。

船付場（キレイに整備されている）。スカイツリーが西方真横に見える。正面、総武線鉄橋：ネックス、快速、鈍行が次々行き交う。桜堤公園、今度は国道14号をくぐる。

土手草刈り（トラクターで）のオッサン。止めて降りてきて、何するかと思ったら、刈りとる草ムラに〝鳥の巣〟をみつけたようで両手ですくいあげ、安全なところに移しましたよ。むくつけきオッサン、天晴れ!!国道14号橋の下にホームレスのシャツヒモにひっかけ5枚干してある。さて次は京成鉄橋、県道側に出て歩く。

そばや・昼食 ← 根本排水機場 ← 里見公園 ← 河川敷ゴルフコース ← 矢切の渡し ← 国道6号、JR常磐線 ← 外環道 ←

国府台（こうのだい）駅前、蕎麦屋に入り「上天ソバ1，050円也」…うまくねぇ〜。

また、土手沿い戻る。立ち止ってメモを書く。リュックおろして写真を写ス。私のてくてくは何かと時間を喰う。土手に上って上流を見ると、今までの灰色・都会風と景色は一変し、右は真間山の台地をおおう緑、そして広々とした緑の河原、青い空、ようやく都会から郊外の風景です。

水神宮、お地蔵さまの二体アリ。

根本排水機場。真間山崖下のサイクリングロード（左前方、江戸川河原眺めよし）。川に珍しくテトラあり。

右上の里見公園に登り小道を行く。噴水、満開のバラ園、総寧寺、天満宮を通り抜け坂を降りた。公園北口、河川敷に梨畑。柳原水門・排水機場、矢切取水場（上水道用取水）、１００ｍで北総線鉄橋（橋ゲタ下で若者数人がドラムの練習です）、スカイライナーが頭上を行く。左下のグランドで「投げる、打つのたった2人の練習！」（練習は嘘つかないぞ）左側、河川敷のゴルフ場・プレーヤーがいます。そしてあの〝矢切の渡し〟です。ゴルフコースを横切って左の岸辺に。あった！1人２００円全く素朴そのものです。あの名曲にふさわしいのかどうか、何ともいえません。野菊の墓記念碑。土手に戻って、右側に畑と田んぼが開ける。国道6号(水戸街道)の新葛飾橋ガード、常磐線鉄橋、それぞれをくぐり、さらに右カーブして今度は外環道（葛飾大橋・国道２９８号）もくぐって、国道6号の旧道・葛飾橋と平面交差した。河の向こう岸、都内葛飾区側にもゴルフ場。松戸市緊急船付場。灌漑用小山揚水場。右行けば戸定邸、海から19．５㎞。土手左側河川敷、土手も含めお花畑化してます。市のケアでコスモス風の花一面に咲いてる。

松戸有料道路←

（上葛飾橋・松戸三郷線）←

江戸川左岸←

河川敷スポーツ広場←

JR、筑波エキスプレス鉄橋←

JR、武蔵野線鉄橋←

県道流山橋←

松戸有料道路くぐる。ゴルフ場のようなグランドゴルフかコースがあり。年寄り系の男女20～30人います。古ヶ崎浄化施設、野球場、サッカー場、何面も続いている。緑の中洲を挟んで心に優しい二つの美しい流れが左手に展開しています。

松戸・野田・関宿サイクリング道路（ずっと一筆書きで続いている）

右、横六間川。左、緑の河川敷、アシ原、ヨシキリ、キジ、ウグイス、ヒバリ、かまびすしいが美しい自然。主水（もんど）新田、川の一里塚、松戸水門、坂川放水路、上水道用取水。今歩いているのは「松戸・野田・関宿自転車道路」です。江戸川の流れが都県境です。旧江戸川では東京都と、またこの松戸以北にあっては流れの中が、埼玉と千葉の県境です。江戸川は右・左とゆったりとS字カーブしながらゆっくりと流れており、時には、右岸側、時には左岸側と広大な河川敷がひろがり、沿線の市民にとっては夫々公園、スポーツ施設等、思い思いに整備されて誠に大きな河の恵みを満喫しているといえようか。スポーツによし、散策、ウォーキング、サイクリング、マラソン…など平日であっても汗を流している人々多シ。まずは幸せな光景です。

筑波エキスプレス鉄橋が正面に迫る。

これをくぐって土手の左側江戸川河川敷緑地帯、ガス管橋が河を渡っている。分譲住宅地工事中「アクアスイート355邸」。工事現場には「倒すな、落とすな、ケガするな」〝なれた作業も基本から…〟とある。

そして武蔵野線のガードです、これを越えると千葉県流山市と埼玉県草加市をつなぐ県道29号線の流山橋にぶつかった。その橋の袂の流山橋（交）を以って本日のてくてく、ここまでとします。右折して南流山駅に向かいます。

（武蔵野線）← 流山8丁目（交）を右折すると駅につきました。

南流山駅　汗ダクダクです。次回は、流山橋（交）から「てくてく開始」とし、関宿を目指します。16：30

私の「てくてく日本一人歩きの旅」は日本の海岸線（に沿って）を、ひたすら1人歩きする事を旨としている。

そんな中、郷土千葉県については、以前から心の中に「一つの想い」のようなものがあった。

それは、千葉県（房総半島）は、四面を水に囲まれた、いわば島のような環境にある…という認識だった。端的にいうなら、西側は東京都（一部埼玉県）と接しているものの、江戸川がその境を成しており、隣県のどこに行こうとも、橋を渡らなければいけない。また、江戸川が利根川とぶつかる関宿町から東に向かって、太平洋岸の港町銚子までは、隣の茨城県と接するものの、この大河、阪東太郎（利根川）にかかるいずれかの大橋を渡らなければ行けない…という特異な地形の中にある。（…四面を水に囲まれた房総半島）

現代なら、架けられた橋を、徒歩でも車でも、また、鉄道によっても、簡単に往来できるが、橋も満足にない時代…それもそんな遠い時代ではなく、１５０年か２００年程の前では、川を越える事は難事であり、大きな旅であったはずだ。

そうこう想いながら、房総半島の地図を眺めているうちに、一度は東京湾内から江戸川沿いに北上し、利根の流れとぶつかり、東進して利根川沿いを歩き、河口の銚子まで、私の足で歩かねばならない…と思いつめたものです。

浦安（舞浜）から、関宿までの江戸川、約60㎞。関宿から銚子までの利根川沿い約１２０㎞を歩かなくては…と意を決っしたわけです。

～北海道や沖縄県を除いた場合、千葉県のように海や川で隣県と隔てられている府県は、他にもあるのだろうか…などと思いつつ～

私のこの「てくてく記」（千葉県一周）ではいくつかの（対岸との）〝渡し〟について触れたが、メモとして触れなかった「○○の渡し（跡）」は実際にはもっと非公式も入れて沢山存在し、庶民の日常の足の役割を果たしていたらしい。

南流山↓「松戸・野田・関宿自転車道」↓川間駅と清水公園

平成28年6月26日（日）くもり時々晴れ

南流山駅〜南流山四丁目〜流山街道（突っ切る）〜流山橋〜流山水位流量観測所〜羽口の渡し場跡〜常磐道くぐる〜半割の渡し跡〜六兵衛の渡し跡〜新川第二排水機場〜尼谷の渡し跡〜運河河口公園〜野田南部排水機場〜深井新田の渡し跡〜玉葉橋〜野田高水位左岸第二渡し杭〜座生みはらし公園〜川間グリーンテニス〜東武野田線鉄橋くぐる〜国道16号線高架くぐる〜萬福寺〜川間駅北口……清水公園駅下車〜清水公園内散策（75分）

7：00〜14：00　＝7時間弱＝22km（75分の清水公園歩きも含む）

南流山駅 ←

梅雨の晴れ間を見つけて歩きます。今日は武蔵野線南流山駅から、5月18日ウォークの終点とした「流山橋」から土手のサイクリング道路に出て、江戸川沿いを北上、野田市域を歩きます。6：00前に家をあとにし、稲毛海岸↓南船橋↓武蔵野線南流山で下車。ウォーク開始です。7：00〜

松戸・野田・関宿サイクリング道 ←

駅広北口を出て（交）左折、南流山4丁目と進む。日曜日とあって郊外住宅地はひっそり。人の声、犬の声ともなく、たまに散歩者とすれちがう。（挨拶をしても返ってこない）。桜並木の大通りを行き左カーブ。流山街道（8丁目交）を横切って土手のサイクリング道に出る。江戸川の流れは幅100mを越えていそう。県道の流山橋、レールの鉄橋を背に土手沿いを行く。川はゆったり左カーブです。新緑の葉をしげらせた雑木。一面のヨシ、ススキ、それに花々。キジがギィーギィー「テッペン欠けたか」のホトトギス、の声が聞こえる。

流山揚水場←下水処理施設←羽口（はぐち）渡し場跡←常磐高速道←半割りの渡し場跡←

白いレンゲ（シロツメ草）…右は流山の住宅街。左側（川）を一段二段下って川の中にコンクリート製の古い橋脚の（ような）残骸。4～5ヶ所ある。橋があったのか、架けようとしたものか。「流山水位流量観測所」東京湾から27．5㎞地点。流山揚水場、取水施設。川の流れ二つに分かれ、まん中は緑の雑木に覆われた州。右手、住宅地からのドブ川は土手地下施設で川につながっている。「排水と取水」どんな仕組みなのかしら。川辺には、あっちこちらに釣り人が4～5人。波もない川面に何の魚か、タマにポチャッとはねます。この辺では対岸の埼玉側（三郷市）に広大な河川敷でゴルフ練習場（？）や運動公園が連なっている。流山大規模下水処理施設あり。対岸埼玉側に「越ケ谷ゴルフクラブ」の長～いコースです。

「羽口渡し場跡」…新撰組ゆかりの地区。そういえば少し手前、土手右下方向に近藤勇の陣場跡あった。利用しやすい間隔で渡し場はあったようだ。

◎←------1.4K------→◎←------1.5K------→◎　（渡し場の間隔）

（半割りの渡し場跡）----▶（羽口・渡し場跡）----▶（矢河原の渡し跡）

流山クリンセンター（右）、左に江戸川そして、河川敷ゴルフ場。たおやかな風景の正面、高架道路が江戸川を横切る。常磐高速道だ。これをくぐる。橋の下のわずかな日陰が貴重な休憩場所です。小さなお地蔵さまあり。

「半割りの渡し跡」…昭和20年代まで村人はこの渡しを使い対岸（の農地など）と行き来していた…という。

六兵衛渡し場跡←新川第二排水機場←尼谷（あまや）の流し場跡←利根運河←

そして「六兵衛の渡し跡」…こちらも昭和20年代まで対岸との行き来で渡し場を活用。

〝モンシロチョウ〟が乱舞…土手は左側も右側も雑草の天国のようなところ。放っておくと、幾種もの草がその丈も50㎝～1ｍにもなってしまう。それを河川管理事務所（県）が、定期的にトラクターで草刈り。刈ったあと花の種など（地元ボランティアが）を蒔いて、植える。そんなことから少々荒っぽいけど土手の斜面は自然いっぱいのお花畑になっている。バッタ、カナブン、ハチ、トンボ、チョーチョなど沢山。てくてく歩く私は年甲斐もなくワンパク小僧になった気分です。直射日光強すぎて仰向けに寝転ぶこともママならないけれど。

新川第二排水機場（内水排除とアル）。このあたり流山市上新宿新田デス。草むらのお花畑の中に、ユリのような日光キスゲのような、黄色のヤブカンゾウの花があっちこっち目立ってきました。ある意味、桃源郷のような雰囲気です。

「尼谷の渡し場跡」です。右下には自治会館、稲荷神社があるが、このあたり平方村新田という。この〝尼谷の渡し〟は廃止になるまで地元、平方村が運営し、最盛期には30人位乗船可能の舟を漕いでいたそうです。

堤防土手の除草作業中の看板。（河川維持工事の一環だそうです）。右下にⒽポート（ヘリコプター）あり。

河川敷は埼玉側が依然として広大で、相変わらずゴルフコース（越ケ谷ゴルフコース）が続いている。（吉川市域）右から水路が合流してきた。利根運河です。

運河河口公園　運河河口公園になっています。ベンチ、木かげ、コンクリートの椅子とテーブル、トイレ…などがある。サイクルライダー（私を追い越していった若者達か）が6～7人、チャリと共に思い思いに一服している。何しろ土手の上、遮るもの全くない炎天下。さすがヤングマンも、相当堪えているらしい。私も休憩です。ここはチャリダーにとっても「サイクリングロード三差路」です。利根運河沿いも立派なチャリ専用道がありで、半分以上のヤングは右折して運河ルートに向かっていく。

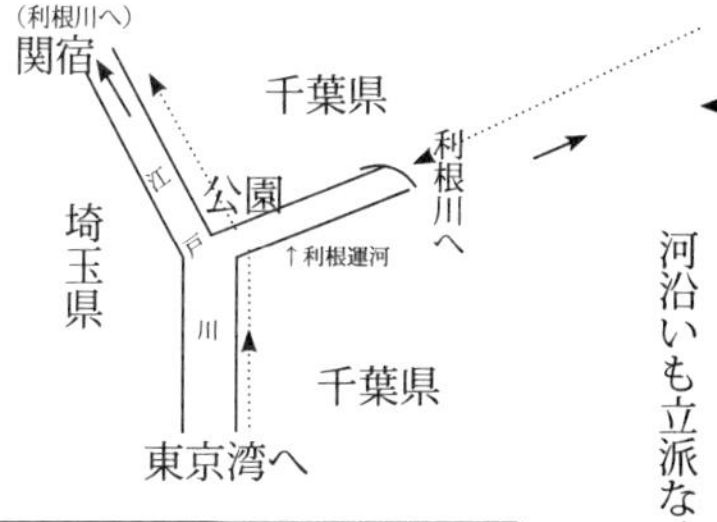

○利根運河

江戸時代、利根川は東北諸藩と江戸を結ぶ重要航路。関宿付近・冬の渇水期に浅瀬となり舟の航行は難渋。これを解決すべく、東京・千葉・茨城3県は短縮すべく運河建設陳情。1888年、外国人技師ムルデル設計、監督のもとで工事開始。1890年完成（全長8㎞、幅18m、平均水位1．6m）。これにより東京～銚子間は、関宿経由より38㎞短縮、東京～銚子間18時間で結び。最盛期には蒸気船が1日103隻も運航したという。1900年に入り、総武線、成田線、常磐線の整備が進み、衰退。今は洪水対策の役目も終え、市民の憩いの場となっている。（→今、両岸の土手は10m以上の高さがあり両サイドは、草花雑木に被われた花園です。流水幅は、見た目10m内外…自然の景観が美しい）。

運河河口公園で一服していたら、ヤングマンチャリダー5人軍団が運河側から、江戸川ロードに左折してくる際、スピードの出し過ぎで、見事スリップ転倒…ウワ！一大事！と思ったが、友人が駈け寄り助け起こし、チャリも一通り直して20分後にまた、全員でソロリソロリ走って行きました。

野田市南部排水機場
↓
深井新田の渡し跡
↓
玉葉橋
↓
野田橋
↓
東武野田線鉄橋
↓
萬福寺
↓
川間駅
↓
清水公園駅

野田市南部排水機場。海から35㎞地点。川幅は50〜70m位に狭まっている。「深井新田の渡し跡」↓江戸〜明治期、地元農民が耕作目的で使用（認可制だったという）。玉葉橋（県道326号線）、川がわずかに左にカーブするあたりから、右側、キッコーマン関連工場など多くなる。プールのような池（巨大なオケ）に茶色の水（液体）をくみ上げ空気に触れさせている。

野田橋（県道19号線）こえる。この先、両岸河川敷に大きな施設もなく見た目には優しい、緑の蛇行する河筋を、汗タラタラ流してひたすら進む。右に「座生(ざおう)みはらし公園」、桜の里分譲地（165㎡、4LDK…とある）。右下に公園のような釣り堀。ビーチパラソルの下で20〜30人釣りをしています。川間インドアテニスクラブ。ひばりがピーチク、パーチク舞っています。

今度は千葉県側に河川敷野球場、サッカー場の運動公園。正面レール野田線の鉄橋。6両電車、単線をコトコト渡ってゆきます。さすがに疲れた。汗が目にしみます。

ガード下で一休み。空(から)元気出して進む。今度は国道16号だろうか車の量が多いなあ。

金野井大橋という。水位観測所をすぎて右下に萬福寺です。大休止。

汗が目に入り、暑さがこたえる炎天下の「てくてく」は、ウーン今日はここまでとします。

川間駅まで歩いて戻る。そしてレールで2駅ほどもどり、清水公園駅で下車する。

そして清水公園内を約75分散策し、駅に戻り、帰路についた。

清水公園

東武電車の「清水公園駅」で下車。駅舎の地下道で南側に出る。地上に出ると、もう公園の門前町風です。広い通りを6～7分で公園入口に着く。入園の門のようなものはなく、無料入園です。園内は広く多様な施設があり、幾つかは有料です。公園面積は28万㎡もあるそうで、植物など自然観察も出来ますが、どちらかというとファミリー、若者向けの施設に人気が集まっていた。日曜日（梅雨の晴れ間）であった為か、人気施設ゲート前は長蛇の列でした。キッコーマンの茂木家の先人が造園した庭園が人々に解放され、後に拡張を経て今日に至っている。「民活運営」とのことです。一角に室町幕府足利時代の修行僧によって開山された慈光山金乗院がありました。

川間→萬福寺 自転車専用道(歩行者)→関宿城→関宿間内→境大橋→下総利根大橋→木間ヶ瀬南

平成28年7月1日(金) 晴れ

東武野田線川間駅~松戸・野田・関宿自転車道~萬福寺~平井(関宿滑空場)(左)~東宝珠花(ヒガシホーショハナ)~宝珠花橋~野田市西高野付近~56km地点~関宿橋~右下、昔の火のみやぐら~棹(さお)出し・史跡~59km地点~江戸川流頭部中之島公園~関宿城(博物館・にこにこ水辺公園)~境大橋~光岳寺~鈴木貫太郎記念館~実相寺~流山街道を土手の道へ~116.5km地点(銚子の河口から)~相ヶ作場排水機場~ゴミ焼却場?(右)~下総利根大橋(112km地点)~県道162号線へ~木間ヶ瀬南♀……バスで川間駅へ。

9:05~16:40 7時間35分=25km

6:48バス→JR稲毛→総武快速・船橋→東武野田線・柏行、柏で大宮行に乗り換えて川間駅下車 8:50。今日は平日、東武野田線は今はアーバンライナー線という。座席はいっぱい。通勤、通学時はほぼ満員だそうです。沿線の住宅開発は進んでいます。単線区間多シ。大都会周辺の鉄道経営は(全国的にローカル鉄道を見てきた私の目には)、幸せそのものに思えます。何しろ人が多く住んでいるのですから。

川間駅北口 ←

駅前(北口)(駅広整備工事中)を出て数分歩き十字路左折。左にレールを見ながら住宅地を行く。線路の反対側(南側)に行き、駅から10分足らずで、江戸川沿いの土手、サイクリングロードに這い上がった。やはり気持ち良い。流れは緑に囲まれゆったり流れている。両サイドの緑の土手が高いので、花も咲き鳥もさえずっています。対岸に、運動公園らしく、早くも20~30人ユニホームを着た人たちがランニングしています。

←萬福寺←岡田河岸←滑空場←東宝珠花（ひがしほうじゅはな）←宝珠花橋←

特筆すべき建造物も無く、うっとりするような水と緑の江戸川沿いを歩きます。平日ながら、チャリダーが2～3人追い越していった。うしろから音もなくあっという間のスピードです。車の往来が頻繁な国道16号高架をくぐります（金野井大橋）そして右下、6．26ウォーク終点の萬福寺があります。ここから、「今回初めて歩くコース」となります。

江戸川・右へカーブ。須賀神社（右下）。右・横にコンモリした森が見えます。確か過去にプレーしたことのあるゴルフ場だと思う。（千葉カン、川間ゴルフ）

岡田河岸、右、香取神社。右一段下に併行して道路。（江戸川左岸連絡道路？）

左下に草原状に刈り取られた滑走路にでも使えそうな整地。このあたり河川敷は千葉県側が広い。「滑空場入口」とある。右後ろから街道が近づいてくる。（流山街道）。右側、民家、商店等建物ふえる。日枝神社、東宝珠花（ひがしほうじゅはな）‥どんないわれのある地名なのか。

街道が土手そばまで異常接近。愛犬散歩中にここで犬の毛をとかしたか…残毛がやけに多いぞ。

右下、民家、ニワトリ、〝コケコッコー!コッコッコ〟と続いた。鯉のぼりの柱がテッペンに風車をつけたまま放置！モンシロ、キイアゲハが飛び回り、ハチのブーンも聞こえてくる。

県道183号が江戸川を越える橋が宝珠花橋です。その橋のたもとの東宝珠花（交）を横切って進みます。（左へ渡れば、埼玉、杉戸町方面）。右へ行けば関宿中央バスターミナル方面。関宿町は鉄道のない街で、バスが唯一の公共交通のようです。濃い緑一面の川床に、鏡のようなゆるやかな川面がゆったりくねり広大かつ美しい情景です。それにひきかえ土手の右側は畑を残してそれをとり囲むように密集した住宅が押し寄せています。

宝珠花橋 ←→ 野田市 西高野付近 ← 関宿橋 ← 火の見やぐら ←

…なんと暑苦しい景観だろうか！人間の住むところは窮屈でチョーチョやハチは楽園で遊んでいるヨ…。アシに混じってジュズダマが実を付けている。

細長く固そうな葉にミニカナブンがとまっています。ツバメが低空でビューン。中高年のチャリダー一人、ゆっくり通り過ぎた。たった1人で歩くばかりもチト、寂しいぜ。こんな楽園のようなところでは、ママチャリのジーサンもてくてくの俺も仲良くしようぜ。人類皆兄弟だ！いつの間にか、右近くのバス道路も、ずっと離れて遠ざかり静けさが戻ってきたよ。白と黄のモンシロチョウ、相変わらず多く、手で払っても離れがたそうに私にまとわりついてくる。雑草のような花々と蝶々に囲まれ幸せです。嘘みたい…。

…ヨシ、ネコジャラシ、ユリのような橙色のヤブカンゾウ、ヤブガラシ、クズ…わかります？ほんの一部です。右は田んぼ主体の景色に。海（東京湾）から56㎞地点です。前方遠く橋が見えます。右下、田んぼ、畑、住宅…と変化。

関宿橋は橋ゲタ七つほどの長さです。川も段々狭く、対岸の土手も近づいてきました。県道26号の関宿高架橋です。川を渡れば左は埼玉県内国道4号バイパス・杉戸方面。右へ行けば境大橋に至り利根川を越え、境方面（茨城）へ。

暑さたまらず、橋の下の日陰にもぐり込み、魔法ビンの氷水を飲み一息つく。対岸に大きな建物があって、壁に「はしの国、埼玉へようこそ」と大書きしてあるのが読めました。ふた昔以上も前の（今では珍しい）「火の見やぐら」が右土手下の集落に見えます。

右側に沿ってはしる県道17号線は、県道26号線とぶつかり、県道17号線として右へ直角ほど曲がって離れていく。「関宿、江戸町」というのか。このあたり。早くもススキの穂が出ているよ。（ススキではなく、よく似たオギではないか）前方になんと、関宿城がそびえています。

←棒出し史跡

「棒出し史跡」…江戸川、利根川、権現川の三川の水のコントロール（洪水対策）史跡。「流れの方向」「水量調節」（江戸時代）…看板読むも原理よく分からず。

地図で見ると、利根川との合流手前の江戸川に「関宿関門」がある。分け入って眺めようとすれどヨシなど繁茂していて川（江戸川）の流れさえ分からなかった。「59km地点」…東京湾からおよそ60km来たのだ。

←関宿城博物館

←江戸川流頭部中之島公園、関宿城博物館、にこにこ水辺公園、広い敷地・駐車場・憩いの広場・桜の広場・関宿城（博物館を兼ねている、入館２００円）天守まで上る。眼下に関宿の街並み、利根川一望。城の右手に物産販売所など。こざっぱりした公園です。

11：55大休止。

○東京湾から関宿まで60km。江戸川沿いを歩いてみて色々思うことも少なからずあったが、その一つが隣接県との「鉄道」と「道路」の橋の多さだった。60kmのうち、下半分は東京都と上半分は埼玉県と隣接なのだが、この60kmに10本の鉄道と16本の道路橋が架かっていた。鉄道10本のうち8本は東京都心と郊外を結ぶもので、千葉県と埼玉県を結ぶものは武蔵野線と東武野田線の２本だけだった。その昔は、渡し舟中心の交流であったことを思えば、今では（江戸川沿いの人は）南か北に２kmも行けば、いずれかの鉄道や道路が利用できて、対岸に行けるわけだ。

○関宿藩：江戸時代、関宿城は江戸の外城の一つとして代々譜代大名が配された重要拠点。関東平野のほぼ中心にあり、利根川、江戸川、常陸川など交わる政治的、経済的、軍事的要衝。江戸幕府は関宿藩を置き、洪水対策、新田開発、座学にも力を入れた。また、川の港町として日光東往還（日光脇街道の一つ）の宿場町として栄えた。関宿藩主23代のうち久世氏は10代にわたり関宿を治め「久世のお殿様」と領民から親しまれた。

浦安からここまで約60㎞。1600年代、家康が江戸に入って以降、利根川東遷事業の一環として整備が進んだ。

江戸川と利根川合流地点をつぶさに観たいものと期待していたが、現実、合流地点は広大な背の低いカン木と草原が拡がり…まあ、一面のヨシ原だったといえようか…空から見るしかない？（ドローンなら…）千葉県の地形で北西方向に鹿の角みたいに突き出た関宿をその突端まで辿り着いたので、これからは〝鹿の角の先〟をまわり、今度は利根川沿いに下り銚子を目指す。河口までざっと120㎞近くあります。元気を出してジーサン。レッツゴォ…。

← 鈴木貫太郎記念館 ←

公園をぐるりと廻って利根川沿いを行く。少し寄り道をして鈴木貫太郎記念館に向かう。民家庭先に2ｍもあろうか平和祈願とする「大きなガマガエル」あり。光岳寺(右)「為萬世開太平」(万世のため、太平を開かん）の巨大石碑、記念館（無料）↓終戦時の総理大臣。当地出身。昭和38年、旧宅となりに開館。81歳自宅で逝去。俳優・笠智衆がなぜか頭に浮かびました。今一度、最敬礼してあとにする。関宿中学入口♀そばに実相寺があった。

実相寺←再び利根川の←土手に戻る←相ヶ作揚排水機場←下総利根大橋←県道←川間駅（東武野田線）

本堂は江戸時代の関宿城主久世家の位牌所。累代藩主と正室の位牌が祀られている。幕末に官命に逆らい隠居させせられた庫裏がある。墓地内に鈴木貫太郎と弟孝雄（陸軍大将）の墓があった。

再び、利根川沿いの土手に戻りサイクリングロードを利根川河口銚子を目指して歩く。

さすがに利根川は江戸川とは比べるもなく5倍ほどの広大さだ。１１６．５㎞（利根川河口の海から）の標識あり。相ヶ作揚排水機場下の日陰に潜って一休み。とにかく陽を遮るもの何もなし。

右、ゴミ焼却煙突。行っても行っても川と緑とごくたま～に、チャリダー。汗ダクダクだが目と心にやさしい景観をもったいないほどたっぷり満喫。

下総利根大橋（岩井・関宿・野田線）下で休憩し、本日は疲労の度合いから、ここまでとして、一路土手を下り、県道１６２号線と県道17号を辿って川間駅まで炎天下約10㎞を汗と涙を流しながら帰路についた。喉も身体も干からびても…涙は出る…？誰か助けて…。

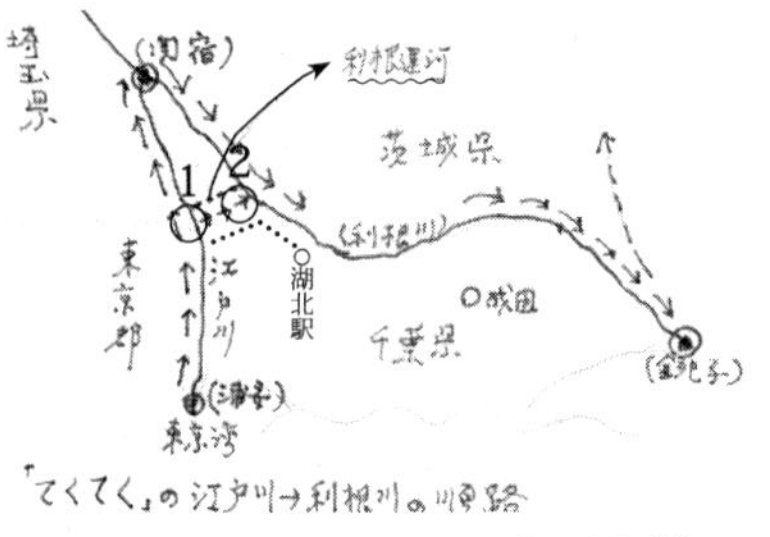

運河↓

運河（ふれあい橋）↓船戸山高野（利根合流）↓布施弁天↓湖北

平成28年7月8日（金）くもり

運河駅～ふれあい橋～（柏市）サイクリング道路～柏大橋～城の越排水樋管～植物保全施設～船戸山高野歩道橋～市立柏高校～宮本排水樋管～水堰橋～柏寿荘～利根川合流～船戸揚水機場～エキスプレス鉄橋～張間内排水樋管～七里ケ渡し跡～真大利根橋（右折）～布施弁天・あけぼの山公園～二階堂高校～中央学院大～国道6号ガード～電研坂上～相野谷橋常磐線陸橋～岡発戸（おかほっと）～国道356号～湖北駅

8：20～14：20 ＝6時間＝23km

「てくてく日本1人歩き」の番外として「浦安↓江戸川沿い↓関宿↓利根川沿い↓銚子」をひと筆歩きやっている。今日の「利根運河歩き」は、特別バージョンとして、運河の左端、東武線運河駅①付近から運河沿いを利根川出会い②まで歩くものです（上部図参照）。そして利根川沿いをしばらく下り湖北駅まで歩く。

8：05、運河駅を背に左へ。タイル張りのキレイな歩道を200m程で、運河沿いの土手（サイクリングロードとなっている）に到達した。（運河に橋がかかっており、ふれあい橋という）対岸に理科大のキャンパスがある。学生が橋を渡っていくのを見送り、右折して整備されたロードを東利根川方向へ進む。土手～土手150m位あるか、10m以上あろうかと思う深い土手下の水流は、狭く5m程度に見える。大木の桜並木。春は美しいことだろう。右手傍に「平佐エ門ギャラリー」がある。江戸川から4㎞地点。

「てくてく」の江戸川→利根川の順路

運河駅 ←

←オニヤンマ・ポケットパーク←柏大橋←植物保全運動←市立柏高校←水堰橋←

オニヤンマ・ポケットパーク
柏市サイクリングロードの碑。名なしの排水機場。オニヤンマのポケットパーク。大青田貝層化石（文化財）。このあたり、ウグイス、ホトトギス、ヒバリがかまびすしく、真に野鳥の天国だ。

柏大橋
横切る柏大橋（国道16号）は交通量多シ。土手〜土手１００ｍ程度に狭まる。「柏市船戸山高野〜大青田・サイクリング道路」土手の両サイドに人家もまばらで深い森というか原野化しているところあり。時々、戸建てとマンションが緑の中に。〝城の越排水樋管〟江戸川から5．5㎞地点、ガマ、ウグイス、ホトトギス、キジがギイギイ鳴く中を歩くのは贅沢且つうれしい極みです。

植物保全運動
「植物保全実施中」四角に囲い込んだ50坪程度の草原をかこって、各種、草花を保護育成しているらしい。アッチコッチでボランティアが努力中。どんな植物を保護しているのか、数か月ケアが滞っているようで草ぼうぼうだ。船戸山高野歩道橋（歩道橋とは珍しい）、１．５ｍ幅。橋脚は2ヶ所、少々頼りなげです。（運河を横切っている細い橋で歩行者専用のもの）

市立柏高校
右、白くて大きな建物。市立柏高校（垣根フェンスそばに30㎝位のお地蔵があり花が供えられていた。）「心・智・体・技」とある。グランド広く校舎も清潔そう。よき学舎に見えます。ナイター設備もあったよ。
この運河、土手周辺に見られる「植物、動物」↓桜・赤松・欅・シラカシ・杉・トンボ・コナラ・ムクドリ・小サギ・セツカ・オオヨシキリ・オナガ・ギンブナ・オイカワ・ウグイ・スズキ・ゲンゴロー・ミズスマシ・ザリガニ・アメンボ・マコモ・マゴイ…と書いてあります。

水堰橋
宮本排水樋管、紅白模様の送電線横切る。７㎞地点。水堰橋（交通量多シ）。大型の堰、水門あり。右は柏寿苑。

運河終了 ←	そのとなり焼却場、一挙に視界180度、利根川にぶつかったか！「利根川」の看板あり。運河と利根川の接点は雑木、草木で埋設してさだかならず。残念。黒いチョーチョとびかう草木の中にゴルフ場があるらしい。（河川敷ゴルフコースあり） 海（銚子）から96㎞の標識。ここからしばらく利根川右岸を河口を目指しつつ進みます。
常磐道（利根川橋）←	利根川水系右岸、処理水放水管。右側、広大な田んぼ。緑の田んぼの中、道路が一筋あるとみえて、数台の車が上半分見せて疾駆している。船戸揚水機場、左に迫ってくるはずの利根本流がまだ見えぬ。95.2㎞、数字がだんだん減ってくる。常磐道ガードくぐる。ようやく左茨城側に偏って本流見えた。
筑波エキスプレス ←	筑波エキスプレス鉄橋。5～6両のハイカラ車両が走る。ガードくぐる。10分間隔位か。上下本数多い。土手を歩きつつ、右側を見るとエキスプレスの駅か。高層ビル数本見える。新しい街が出来たのだろう。昼顔、カンゾウ、シロツメ草、ツバメ…ハチが飛んでチョウが舞う。まだ10：00。 〝火野正平・気分〟のチャリダー数人に追い越される。張間内排水樋管。（国交省守谷出張所）92㎞地点。右下すぐに古びたコンクリート塔。トラクターで畑耕作している。ネギ、サトイモ、インゲン、トマト。
七里ヶ渡跡 ←	七里ヶ渡跡（布施～戸頭(とがしら)間）↓幕府は水戸街道利根川に橋を架けさせなかった。幕府許可制の渡し船。往還の防衛のため…。
新利根大橋 ←	新大利根橋（茨城県守谷方面とつなぐ）。この橋の袂で土手とわかれ右下のサイクリング道をしばらく進んで、布施弁天に向かう。寺山坂下（一枚岩の大きな碑あり）が弁天の入口です。

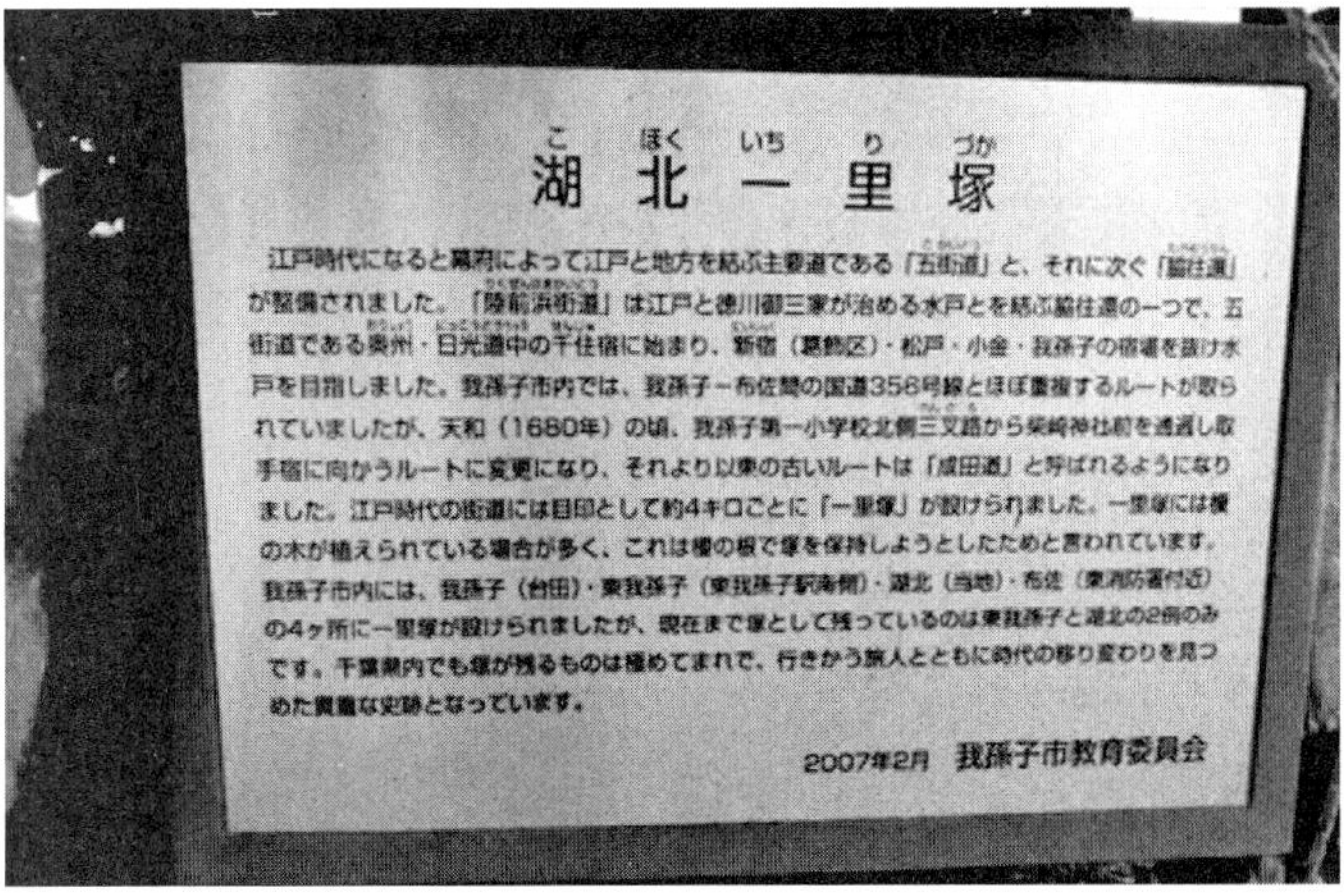

湖北一里塚

江戸時代になると幕府によって江戸と地方を結ぶ主要道である「五街道」と、それに次ぐ「脇往還」が整備されました。「陸前浜街道」は江戸と徳川御三家が治める水戸とを結ぶ脇往還の一つで、五街道である奥州・日光道中の千住宿に始まり、新宿（葛飾区）・松戸・小金・我孫子の宿場を抜け水戸を目指しました。我孫子市内では、我孫子ー布佐間の国道356号線とほぼ重複するルートが取られていましたが、天和（1680年）の頃、我孫子第一小学校北側三叉路から柴崎神社前を通過し取手宿に向かうルートに変更になり、それより以東の古いルートは「成田道」と呼ばれるようになりました。江戸時代の街道には目印として約4キロごとに「一里塚」が設けられました。一里塚には榎の木が植えられている場合が多く、これは榎の根で塚を保持しようとしたためと言われています。我孫子市内には、我孫子（台田）・東我孫子（東我孫子駅南側）・湖北（当地）・布佐（東消防署付近）の4ヶ所に一里塚が設けられましたが、現在まで塚として残っているのは東我孫子と湖北の2例のみです。千葉県内でも塚が残るものは極めてまれで、行きかう旅人とともに時代の移り変わりを見つめた貴重な史跡となっています。

2007年2月　我孫子市教育委員会

→布施弁天→とみせ→二階堂学校→中央学院大学→国道6号線くぐる→相野谷跨線橋→

「あけぼの山公園」、「日本庭園」、「紅龍山東海寺（柏市布施の名刹）」から成る…山門、多宝塔型鐘楼、赤い本堂の布施弁天東海寺（山門には長勝閣とある）です。湿性植物園、日本庭園、オランダ水車、チューリップ、ひまわり広場、とりまいて外灯（街灯）が整備され、それに〝富勢商店街〟の銘あり、懐かしかった。（あのゴルフ上手のイケメン社長〈富勢タクシーの〉は、その後、どうしているのかな。）ズンズン民家の通りを進む。野口家など、農家の豪勢な家、多シ。小さな森の木立の細道涼〜い。我孫子二階堂学校。我孫子二階堂高等技術専門学校。中央学院大学（紅レンガのキレイな校舎）。正門前から専用スクールバス発着。そして国道6号ガードくぐって進む。左手、電力中央研究所?柴崎陸橋渡る。阪東バス車庫、介護老人施設・葵の園（里）、名なし交差点多シ。相野谷橋で常磐線を越える。

・夏が来てます。僕のリュックに名残の藤の花びら2～3枚
・「挨拶の行き交う街に空き巣ナシ」
・アビコ・マークワンビジネスホテル、6，500円のところネット予約なら1，000円引き！とアル。…ネット予約だとなぜ安いのか（カウンター業務減るから？）

国道365号線つっ切るとホームだけの（駅舎ナシ、駅員0人）東我孫子駅（成田線）。信じられんな～利用客多いのに…。下ケ戸♀（サゲト）、岡発戸（オカホット）♀、湖北台団地入口（交）、湖北台西小入口（交）。国道356号を行く、このあたり両サイド、古い家のブロック塀が延々と続く。国道狭く圧迫感あり恐い。大邸宅の人々はいい気なものです。歩いてごらん!!

湖北駅着。14：20。今日はこれまで。駅界隈にレストランなし。スーパーでパン、ビール買い、14：48レールに乗車!!今日も暑かったなぁ～、お疲れさま。稲毛海岸の自宅に帰ります。今日の〝白眉〟は「全長8．5㎞の利根運河」の通過だったなあ。江戸川と利根川を直接結ぶ短絡運河だが、今は、使命を終え、舟の運航もなく、ただ〝あるがまま〟の自然の姿に戻っている。地元の方々、自治体のテコ入れがあって、まことに豊かな自然散策路でありました。

湖北↓布佐↓小林↓大鷲神社↓前豊橋↓滑河

平成28年7月14日（木）くもり・小雨

湖北駅〜日秀(ひびり)観音〜豊島運輸〜新木駅入口〜気象台公園〜栄橋〜北千葉揚水機場〜手賀排水機場〜住宅街（木下駅）〜取水場〜平岡官堤〜小林〜小林駅・レストラン〜国道356号に戻る〜安食卜杭(あじきぼっくい)〜大鷲神社〜ふじみ橋〜水と緑の運動公園（右）〜北辺田(きたべた)〜紀文工場（右）〜長豊橋〜排水機場〜新川水門〜排水機前（交）〜下総利根宝船公園〜滑河駅

9：00〜17：30＝正味8時間＝30km

寝坊しました。7：15家を出る。京葉線・武蔵野線・常磐線・成田線と乗り継いで、湖北駅9：00前着。

・今日の朝刊トップニュース。陛下が「お気持ち」を述べられ、生前退位！を投げかけられた…。

・中国、シナ海九段線戦略に国際司法裁が中国主張を退ける裁決出る！

・東京都知事選は、小池・増田・鳥越3氏による（事実上）決戦となった！

と報じています。

湖北駅
←

湖北駅南口風景1枚パチリ。9：00からウォークスタート。線路に沿って東へ。ホームの切れたあたり左折。市道にぶつかり門構えなど立派な農家2〜3軒みて左折。国道356号にぶつかる。中里地区、行政サービスセンター、庚申塚あり。湖北小入口（交）、右、湖北地区公民館（立派です）、巨大な石碑もあります。左、ジャンボランドリー「ふわふわ」

←

右、日秀（ひびり）観音、お寺見える。左・地蔵院（くだった坂の下?）、大型車少ない。交通量も多くない。…→コンビニ・レストランなかなか見付からない。コインランドリー「ドルフィン」（せんたくから、乾燥まで休まずやります！）

← 新木小 ← 新木（あらき）駅 ← 気象台公園 ← ケイヨーD2 ←

左、新木小。あらき園・養育センター。葺不合神社（左）、下っていくと見える。石の鳥居あり。右、豊島運輸本社（私がバス協会長時代、自由化・バス事業の規制緩和・を受け、新規参入してきた会社だ。やる気のある社長だったが…懐かしい!!）

新木駅入口（駅右）（交）、「従是東千葉県東葛飾群布施町」と刻んだ1間もあろうか、大きな石碑（石塔）あり。あらきの団地入口（交）

気象台公園：気象台公園とは珍しい。国道の左側、広い芝の広場を囲むように松林。ベンチ多数。犬の散歩など三々五々。気持ちの晴れ晴れする空間だ。ベンチに座り一服、水道で顔も洗い、ウガイもしたよ。ただ折角の公園に〝いわれ〟のわかる説明板などなかった。　新木野2丁目：Ds・ドラッグストアなどあり。

平和台病院←そして左、平和台病院。（メディカルプラザ、大きくて清潔そう！）民間救急マイクロ・アイリス・ケアリムジン。レストランステラは、残念ながら閉鎖です。消防署、右、布佐中学、竹内神社。右、宮の森公園。今日一番の下り右カーブ。たどって勝蔵院、左に大きな延命寺。右、ビジネスホテル、布佐。森田屋書店…残念、廃屋です。

栄橋南詰←陸橋くぐります。栄橋南詰、左の土手は利根川でこれを越える大橋です。土手に上ってみる。トラック等の渋滞です。土手上のサイクリングロードの一段下に、国道３５６号のバイパス…こちらに大型車集まっていた。（だから旧道が空いてたのか）利根の流れ１００～１５０m位に見える。（多分、実際はもっと幅広いのだろうか）水位低目ながら水量はあった。緑にあふれた両岸にかこまれた阪東太郎（利根川）は悠然としておりました。10：50。バイパスは上下夫々2車線です。

布佐駅入口←右側に1段下がって布佐の街並み（駅周辺の）が見える。都心から電車で約1．5時間の位置ながらベッドタウン化はここも例外でなく、マンション多数見られます。北千葉揚水機場。ここから印西市域へ。利根川大きく、ゆったり蛇行。今歩いている自転車ロードは「県道、佐原、我孫子線」だそうです。海から75㎞。

川めぐり船発着場←右下、大きな赤レンガ建物。川めぐり船発着場。水路手賀排水機場。「手賀沼土地改良・干拓事業」碑。昭和51年・高松宮殿下お手植の松。自転車ロードの土手を下り、少々で国道３５６号へ。

殿下お手植の松←木下（きおろし）に近く戸建住宅多シ。六軒川、六軒橋。このあたり手賀沼近く、手賀川・六軒川経由で利根本流とつながっている。

木下駅（きおろしえき）入口 ←

国道３５６号は印西バイパスと称し、木下駅南口をぐるりと迂回して走っている。南口からバイパス沿いに住宅及び新興商店街は移っている。私は北側の住宅地・そして県道4号線を駅に入らず歩く。（旧道国道）

平岡（交） ←

暑い中、グングン住宅街を行くと、木下東（交）で右からのバイパスと合流。そして平岡（交）。ここで国道３５６号は二つにわかれる。土手沿いは安食（アジキ）バイパス。右斜めは本来の国道３５６号。こちらをたどる。平岡地区、平岡官堤あたりから、右を見る。南一面の水田で緑一色５００〜１km幅あるか。尽きるところ里山となり民家。ＪＲ線（成田線）の列車も遠くに見える。チンチンカンカン5両が行きました。

亀が干からびた ←

道端に、手のひら大の亀が干からびて死んでいた。大きな食用ガエルも…。暑さに負けてノコノコ車道に来たのが運のつきか！ミミズも蛇も……。

将監川 ←

緑の田んぼを侵略するようにケバケバしい新住宅群が迫り緑の田んぼにのしかかるように張り出している。左手：利根と見間違えそうな大きな川：将監川です。（これはこの先安食で利根川と合流）緑豊かで水量豊富。キレイな水路（川）です。

小林駅 ←

「7／17、八坂神社祭礼・迂回せよ！」の看板。馬場入口。小林（交）で、国道３５６号とわかれて右、駅へむかう。12：30駅着（小林駅）

駅舎が超近代的で驚く。橋上駅舎、エスカレータあり。とてもド田舎（失礼！）の駅には想像外です。それだけ勤・学の利用者が増えているのだ。（新築オープンしたばかりか）炎天下、ノドの乾きと腹を満たすため駅前レストランに入る。こざっぱりした店だ。

駅前レストラン←

車線を引いた残りがあればそこが歩道です←

長門橋←

ナント！注文取りにきた店員…80歳位の身体の不自由なオジーサンだった。話す言葉も聞きとりにくく、面食らいました。（幾つになっても働くことはいいことです）。そういう時代でもあるか？と納得。リタイアして丈夫なのに「てくてく」歩き回っている自分はそれでいいのかな…とも思う私がいました。

食事も終わった頃、フラフラと私のテーブルに再度来て、震える手でサービスですよ！といって「アイス」を持ってきた。結局、コーヒーとアイスクリームおまけで計９００円也。心の中はまだまだ営業マインドだったのだ。反省させられました。

さて、猛暑の中、駅前ショッピング通りを抜け歩き出す。″印西市内全域・歩行喫煙禁止!!″とあります。地元北総交通のコミュニティバス車両は浦安のバス会社車両のお古でした。すずかけ通りから国道３５６号に出る。この国道…今までずっと歩いてきたが、ちょっと街中を外れると、在るか無きかの歩道部分に泣かされる。マイカーでも、トラックでも、飛ばしてくるのでとても危なっかしい。″車線を引いた残りが歩道″という川柳があるが、50㎝内外の白線も、覆いかぶさる草木で意味を為さぬ所もあり、もう少しなんとかならぬか。…（日本の道は車のための道であって、歩く人への配慮が、国道だというのに、国にも市にも、無いかのようです）

安食ト杭（アジキボックイ）（交）、長門橋（長門川）・橋１３０ｍ位、流れ１００ｍはある。水量たっぷり……いい川、いい水、よき橋…。右・傍をレールの昔ながらの鉄橋。５両だったり10両だったり、成田線ハイカラな車両がゴォッと音をたてていく。

そして安食（交）、左に行けば国道３５６号はバイパスと合流。右へ行けば県道18号で、間もなく安食駅そばを通る…。左折してバイパスと合流方向とするが、その前に交差点まっ正面にゆかしき神社がある。これにお参りしておこう。

大鷲神社 ←

「大鷲神社」…正門、おそろしく急な石段をおよそ50段上がると本殿があった。（上写真参照）〝千年前から沸き出る長寿の水＝御神水〟…とある。生ぬるい…蛇口の水で両手を洗い清めて10円、賽銭…お参拝にも金がかかります。

（川柳）：←

「神様はお金欲しい…とはいってない」（読み人知らず）

バイパスと合流 ←

さて、交差点を左折して〝うまい魚・金田屋〟の前を通り、ふじみ橋（交）で、左から土手沿いに来た国道バイパスと合流。丁度橋入口のヤヤ高いところ、左右から涼しい風が当たって気持ちよろしい。

栄町ジャイアンツ球場 ←

〝房総の村〟方向への右の道を見送り、土手上のサイクリング道にあがる。眼下に利根の雄大な眺めが広がる。公園になっていて、トイレ、ベンチ、四阿屋がある。河川敷に、ソコソコのグラウンドがあり、〝栄町ジャイアンツ球場〟とある。河口の銚子まで66㎞地点。水位レベル観測地点。

（対岸）大利根飛行場 ←

北辺田矢口排水機所 ←

紀文 ←

長豊橋（交）←

利根川の茨城側から突然、ゴー音！プロペラ機が都合4機適当な間隔で飛び立っていった。地図で確認したら河原に「大利根飛行場」とあって合点ゆきました。

また、目の前の河岸に、すっかり草（コケ？）で覆われた木杭が１００本近く水の中にたっていました。（何？）利根川下流河川事務所安食出張所（右）、何て読むのかな「蒲唐樋管」。また、「須賀スポーツ堤防」とあり右下に照明設備付きグランドあり。「北辺田（キタベタ）矢口排水機所」〝ここからスーパー堤防〟の表示アリ。先程から行く手、前方に、にわかに黒雲モクモクわきつつある。ウワァ！雷雨か？

右下に工場群が出てきた。それに沿って土手から下りて安全ルートもとれるが、思い直し、土手直進！このあたり左手の利根の流れ広くゆったりしています。前方に利根に架かる橋が見えてきた。右、国道の下に、工場が続く。10社以上あるみたい。どうしてこのような川の土手下に立地したのかな。アンドーパイル、セガ…とりわけ〝紀文〟の工場が大きい。やはり臭います。（食品工場らしい臭いです）日本食研というのもありました。62㎞地点。

見えた橋は長豊橋でした。さあ、ここで、また、思案です。ポツリポツリと雨粒当たる…この先、土手上で雷に遭遇したらどうしよう…。左から右へ利根の流れはゆったりカーブ？結局、当初の予定通り滑河駅を目指して土手沿いを頑張ろう！と決めました。右、成田市街への国道４０８号を見送り、国道３５６号土手道を直進した。竜台・根木名川にかかる新川水門、中通、新川揚水機所。頭上の黒雲が時々、細かい雨を落としていく。

国道408号線分岐← 気のせいか遠雷の音らしきものあり。国道356号（利根川水郷ライン）川沿いの道を行く。またしても排水機場前、右からの県道と合体。こちらも根木名川というらしい、右手に大成建設（?）の工場あり。頻繁に排水と揚水場がある。川はフック気味です。ドンヨリ黒雲は悪くもならず好転もせず、しかし今にもザァーと来そうだ。

排水機場前（交）←

下総利根宝船公園← 下総利根宝船公園、前方、大橋が見えます。常総大橋ではないか。あと少しか、雷雨にあわぬうちに滑河駅へ…。

滑河駅← 右からJR線が田んぼのかなたからせり上がってきている。ヤレヤレ駅方向へ細道を行き、無事駅に着いた。寂しく小さな駅が、こんなにも我が家に着いたかのような親しみを感じるなんて。なんとなくうすぐらい感じの中、17：30になっていました。（本当に川沿い土手道・国道とサイクリングロードは、一木一家もなく、風雨や雷雨にはヒヤヒヤものでした）

電車が来る前に誰も居ないのを幸に下着着替え、顔なども洗って、汗まみれをサッパリさわやかに手入れする。先ず到着した各停で成田駅まで。外は間もなく雷鳴とたたきつけるような雨。ヤレヤレです。乗り換えの成田駅では、成田空港からの上り快速電車、雷雨のため結局20分遅れて到着です。成田を出るころはスッカリ夜の気配で、混雑した車内で立ったまま…。稲毛海岸の我が家は結局19：15着でした。

「あの酷い暑さに、この雷雨」…直撃されなかったこと、感謝します。

（次回は成田線滑河駅から「てくてく」スタートし、銚子を目指します）

「あの雲がおとした雨で濡れている」…山頭火

「わがまままきままな旅の雨に濡れていく」…山頭火

滑河(なめがわ)↓常総大橋↓圏央道橋↓神崎大橋↓水郷大橋・佐原↓香取神宮↓香取

平成28年7月29日（木）晴れたり曇ったり

滑川駅～常総大橋（国道356号へ）・レールとしばしお別れ～小浮(こぶけ)入口～島・野馬込入口～圏央道橋～発酵の里・神崎～天の川公園入口～北総斎場～神崎大橋～神崎本宿口～揚水機場～側・道休憩～県営湛水防除本学～多田島～水郷大橋～新八間川揚～サワラシティ～駅入口～舟戸～（左）道の駅・水郷佐原～佐原・山岡線（交）～JRまたぐ～松浦（交）～香取神宮～香取（交）～香取駅

7：45～14：25　＝6時間30分　＝23km

（成田市）

滑河駅

（県道103号の）

常総大橋

国道356号線へ

滑河駅7：45ウォークスタート。有人の駅東側に出る。ローカル駅前1～2軒の店あるも早朝とあって閉まったまま。民家の並びを50mで交差点、県道103号線、左折（駅入口）（成田市高岡）。少し右カーブで高岡（交）を左折（県道63号）して、下を走る総武本線をまたいで進むと国道356号にぶつかる。常総大橋際（交）、まっすぐ大橋をこえれば茨城県の稲敷方面です。橋の手前で国道を川に沿って右へ。利根の流れは水量たっぷりに見え、ゆるやかに光って見える。緑や水の色は本当に人の心にやすらぎをもたらすものだなあ。

太平洋（銚子）まで45km標識（だいぶ減ってきたぞ）。右側は一面、広大な水田です。稲原の緑もやさしい。水郷米どころの一角を成しているのだ。ときおり、土手沿いにある民家から、ニワトリのコケッコッコーが何とものどか。朝のうちは、まだカンカン照りには早く、川風に吹かれ乍ら歩く。童心にかえった気分が甦ってきたよ。

小浮入口 →

コメツキバッタ、イナゴ、麦わらトンボ、シオカラトンボ…など夫々子供の頃からのお馴染みです。普段、忘れていた昆虫、トンボがなつかしい。ウグイスも鳴いていています。小浮入口（右）。カワラ屋根の民家多シ。右下に水神社？　島・野馬込（シマ・ノマゴメ）入口（右）。

圏央道橋（正式名前ないのかな？）→

丸紅建材リースの大きな建物（廃屋）。神崎町域へ。目の前、圏央道の高くて大きな橋です。右手に神崎インターです。すぐ左の利根川の流れ、この川のまん中が、茨城県と千葉県の境界のようです。圏央道早く全線開通して欲しい。（そのあかつきには、都心を核に、首都高、外環、圏央道という三重の環状線が実現し、交通量も分散しメリットは想像以上になるでしょう）

ここまで、揚水・排水機場・何ヶ所かあったが、名称・標識は見えるところにはなし。（江戸川沿いは1ヶ所ずつ看板・説明があった）このあたり、あるいは今まで歩いてきた土手や堤には雑草にまぎれて多様な花々が咲いている。昼顔もその一つ。一日しか花がもたない、昼だけ咲く…などのいわゆるヒルガオ（ヤヤ紅色が濃いめ）、コヒルガオ（小ぶりな花で色も「ウス紅＋白」）…どっちがどうだか、わからないが混ざっているようにも見える。雑草の花の中ではハットする美しさだ。うす紅とは対象的な、ヤヤ背が高く、月見草らしき花も目立つ。歩く旅ならではの醍醐味だなあ～。「身のまはりは草だらけみんな咲いている」山頭火

道の駅「発酵の里こうざき」→

圏央道くぐったすぐ右手に思わぬところに道の駅。真新しい道の駅あり。「発酵の里、こうざき」２０１５年４月オープン。千葉県内24番目の道の駅。発酵食品（日本酒、味噌、醤油…）等を揃え日本の発酵食品文化を発信、全国１０５９ヶ所道の駅の中で35の「重点道の駅」に選ばれている。

神崎（こうざき）大橋 ←

神崎神社 ←

「今、高谷入口」（右） ←

また、今年（２０１６年）７月16日から高速バス、シャトルバスの実証実験が始まっていた。稲敷市、阿見町。美浦村、神崎町、牛久市5市町村共通の課題＝広域公共交通機関の形成を目指すための高速バス実験です。（成田空港第一ターミナル起点の発着・バス停あり）

トマト、水、マンジュウ、オスシ…など購入し、休憩ベンチで大休止。左方向、絶滅危惧種のオニバスが咲くという自然公園＝天の川公園がある。松崎・向野入口（右）、右下に斎場。そして神崎大橋♀、海から49㎞。〝神東ふれあい（カントウ）橋〟…神崎大橋は、茨城県稲敷市と千葉県神崎町をつなぐ橋。橋の上から眺める夕陽は絶品という。

私も今少し若かりし時、ゴルフ仲間とこの神崎大橋を越え、茨城のゴルフ場に３～４回行ったことがある。橋を渡り国道１２５号にぶつかった先に大杉神社があり、行きや帰りにお参りもしたっけ。隣に圏央道が架かり、神崎大橋も少し肩の荷が軽くなるだろう。

更に土手沿いを行く。右手こんもりした森がある。…交通の神様を祀る神崎神社で国指定の天然記念物の「なんじゃもんじゃ」の大木（大楠）があります。森自体も天然記念物です。神崎本宿入口（右）、揚水機場あり。なんと大きな時計のついた中2階建て建物・2階部分に丸～るい時計。10：05を指していた。何の為の2階建物。なぜ大きな時計があるの？

左、ヤヤうしろ後方遠く、茨城県の名峰筑波山の双耳峰が見えます。香取市域に入りました。（銚子から）45．５㎞地点。右下に感じのよい社（やしろ）あり。しかしフェンスで土手下に下りられず。（水神社天満宮？）右手の水田は益々広大・豊かです。

それにしても、３～４㎞程の間なのに土手下（右）に水神様が、わかっただけで4ヶ所確認。

水神社天満宮多シ

多田島圦樋

右手に広がる豊かな水田。左には日本有数の大河の流れがあるにもかかわらず、この水神社のおびただしさは何を物語っているのだろうか。（対岸にも多数あり）豊かな水への感謝かしら、それとも…氾濫防止の願い……。遮るもの一木もない土手歩き、陽が射し耐えがたき暑さ。熱射病になりそう。強引に土手（道路をまたぎ）を下り、大きな民家の生け垣の日陰にもぐり込み、ひと休み。猛烈な暑さです。魔法ビンの冷水をゴクゴク！アメも数粒…。大きなカエルが民家の生け垣にはい上ろうとして幾度も失敗したのち、あきらめずついに越えて茂みに入っていった!!カエルが何か私に教えてくれた！

…さて、土手下の民家沿いの道を日陰を選びつつ進む。「県営湛水防除事業・万世排水機場」アリ。浅学の私、何の事かわかりません。　吉岡稲荷神社。「多田島圦樋」「旧樋管記念碑」銚子河口から42．３km地点。香取市多田島。

地図上で「多田島」という地名見付からず。左側、河川に「大利根自然公園」アリ。11：45。佐原大橋（水郷大橋）手前１km地点の排水機場下に潜り込んで休憩、水飲む。

水郷大橋南（交）→サワラシティ（佐原）→両総第一導水路→伊能忠敬記念館→

水郷大橋（佐原口）、川を挟んだ反対側（潮来市だと思ったけど香取市域だった…。利根川を越え常陸利根川まで千葉県香取市）にヤケにケバケバしい建物多数あり。（ショッピングセンターですか）佐原市街に向かいます。大きな水門あり。

新八間川橋、新黄金橋（大須賀川）を越えて進むと、俄然市街地へ。複合商業ビル・サワラシティ。冷房の効いたビルの中に潜り込む。洗面所で顔や腕を洗い冷やす。そして「カキ氷」を食ス。氷がツブツブで少々荒っぽいカキ氷でした。（冷たさに胃腸が大ショック…ゴメンネ、胃腸サン）

両総第一導水路にかかる寺田橋を越える。このあたり片側3車線ある立派な街路です。佐原駅入口（交）駅は右へ３００ｍ。香取市役所（左に8階建ての立派な庁舎、人口8万の市役所にしては分不相応の立派さ…のように見えましたけど…余計なお世話？）

レールを挟んで市役所と丁度、反対側位置に〝四千万歩の男・伊能忠敬の旧宅と記念館〟がある。55歳になってから10回に分け全国測量を行ない、3万5千km（ほぼ地球1周）を歩き日本で初めて実測による全国地図を作った。73歳没。「大日本沿海輿地全図」は国宝。

小野川にかかる北賑川をこえ舟戸（交）、左に道の駅〝水郷佐原‥水の郷・さわら〟あり。国道３５６号を行く。佐原山田線入口（交）、ここで右折して香取神宮にむかう。

香取神宮 ←

神宮本殿 ←

ＪＲ線を高架で越え〝松浦〟で左折。県立病院前を通り、県道55号線・佐原山田線を行く。ゆるやかな上り坂をカーブすると左にこんもりした森に覆われた香取神宮についた。門前市という程では無いが左右に店が並び赤い鳥居が出迎えてくれる。

幅15ｍ程もあろうか、左右うっそうとして空もみえぬ程の緑と玉砂利の参道を進むと朱塗りの楼門（国重文）があり、その奥に香取神宮本殿があった。（上の写真）。下総一の宮で東国の武徳の神として鹿島神宮と並び称されている。12年に一度式年大祭が行なわれる…という。

香取駅（ＪＲ）への最短ルートを玉砂利を掃き清めていた僧に尋ねると、やたら丁寧に地に箒で地図を書き、トウトウと5分も案内してくれた。たしかに細い道ではあったが、うっそうと、孟宗竹の茂る坂を下り、随分気持ちの良い道でした。

香取駅 ←

香取（交）、レールまたぐ。「あいさつは人より先に元気よく（市立津宮小）」

14：30香取駅到着。本日の日帰りてくてくはここまでとし、成田経由で千葉へ帰る。

以下雑感を記す。

○閘門（こうもん）

江戸川沿い、利根川沿いをてくてく歩くなか、排水機場、揚水機場など多数みてきたが、時々「○○閘門」との表示があった。「閘門」とは水位の異なる川と川との間に設置し、船が航行できるように水位の調節をし、また、川が増水した時には洪水が逆流するのを防ぐ機能を果たすもの。佐原には横利根閘門があり、現在も可動している。…（まあ〝バナマ運河の超ミニ版〟といったら不謹慎かしら）

○両総用水第一揚水機場

利根川に面した千葉県北総地域は、排水不良の水害に見舞われ、逆に九十九里平野一帯は水不足に悩まされていた。この二つの問題を解決するため、利根川で取水した水を上総へつないだのが両総用水の建設だった。国の事業として1943年（昭和18）に着工し1965年に完成。総延長78㎞に及ぶ日本有数の農業用水路である。

（昭和の代表的な、かんがい揚水施設で九十九里まで潤している）

○香取市

平成の大合併により周辺町村と合併し、香取市となった。

平成12年（2000年）の国勢調査で佐原市の人口は48千人。周辺町村と合併し香取市となってその人口は現在は83千人余。利根川が茨城・千葉の境界…との認識はあるが、たとえば、この香取市域については利根川をこえ常陸利根川までが香取市内となっている。〝水郷佐原〟ともいい、JR駅では十二橋駅も市内であり加藤洲（かとうず）十二橋も含まれる。

常陸利根川の隣の駅が茨城県潮来駅です。

香取→東関道→小見川大橋→笹川駅→下総橋

平成28年8月4日（木）晴れ時々くもり

香取駅〜鹿島線ガード〜側変神社〜水郷駅〜高速一之分　〜ココス〜小見川大橋入口〜小路〜小見川橋〜小見川駅〜西音寺〜笹川駅〜笹川諏訪神社〜別当内橋〜秀蔵院〜利根川大橋入口〜下総橋駅
9：20〜16：15　＝7時間弱　＝25km

一番バスを目指したが、寝坊して5：15起きじゃ無理でした。結局ミスが重なり家の前6：50バスでJR稲毛駅へ。千葉駅で成田行き30分待ち。成田で今度は40分待ち。結局成田発8：41の銚子行にのる。9：10すぎ香取駅着。おまけに平日ラッシュと重なり学生・通勤などで、簡単に座れない。小さなミスの重なりが大きなロスを産むことになった。反省!!自業自得!!

待ち時間が多くなると、私のくだらない雑感メモは逆に多くなりました。

・おまえさん、締める時には、締めないと、ミス連発するよ（なぜか）
・何歳だろうと、年寄りだろうと、外に出たなら、しっかりせんと！
・「今日も暑くなる、炎天下熱中症に気をつけよ。こんな日、年寄りは外出せぬように」とテレビはいうがそうしない。
・何事も挑戦することだ、心の垣根を越えよ！と私のハートが焚き付ける。
・じっとしていたら安全・外に出たら危険…当っているけど、そうでない事も多いよ、と口ごたえ。
・年寄りがヒイヒイ歩いて汗みどろ、お前さん馬鹿みたい、本人笑ってる。
・セミの声、きき、稲穂の臭いにむせて、歩いている、生きてる実感ってこういう事か。
・何の為になるかなど考えぬ、目先の自分の本能に忠実であれ。
・立ち向かって挑戦して、くたびれ果てて僕の一日。気力こそ全てを呼び起こす源泉だ…な〜んちゃって。

香取駅 ← 鹿島線鉄橋 ← 水郷観光バス会社 ← 東関道高架橋 ← 水郷駅 ← 一之分目揚排水機場 ←

9：20、香取駅（神宮と同じ赤い色）水を買ってスタート。「幸せを支える柱は思いやり」「挨拶はいつも欠かさず誰にでも」国道出て右折。「赤トンボが私の目の前で〝立ち泳ぎ〟しています。」このあたり「津の宮地区」です（香取神宮参拝者の船着場のあったところ）

ヘビが車に轢かれ、おまけに幾度も轢かれて骨だけになって舗装にめり込んでいる。（哀れ！）

国道沿いには、お百姓さんのデッカイ家が並ぶ（ローカルを歩いていつも感じることです）。先ほどから見えていた利根川にかかる橋はＪＲ鹿島線の鉄橋でした。（県道「津の宮架道橋」とありました）。右手に銚子行のレール併行。こちらは成田線です。（お百姓さんの家がでかすぎるのではなく、サラリーマンの家が狭すぎるのです…ハイ！）

玉田神宮・水郷観光バス会社。「リハプライド香取」（人生の先輩へ、リハビリと誇りを！）

右・側高神社入口、今度は高くて大きな高架橋くぐる。（何も書いてないが、東関東自動車道だ）

香取市立大倉小（左）（交）、「健康は家族みんなの笑顔から！」民家の大きな茅ぶきの家あり。大倉♀このあたりダンプビュンビュン歩道なきが如し。道狭く恐怖感じます。「一之分目」で「水郷駅」です。…ヤケにシャレています。無人だが、駅舎に観光案内所併設。（休憩によろしい）

国道沿い、相変わらず民家続く。しかもブロック塀連続、両側１ｍずつでもセットバックしてくれたらなぁ～。左・一之分目揚排水機場。私権は何者も犯すべからずか。

歩行者・自転車にとっては怖い国道です。高速一之分目♀（東京行）。右・大塚山古墳入口、それらしく盛り上がった地形が見えた。

←レストラン「ココス」←小見川大橋←水郷小見川←小見川駅←阿玉川←黒部川←鹿島セントラル遠望←

三分目地区。右・熊野神社で小休憩する。小見川北小（右）、左・富田渡船方向。右・「希典書とある4m大の1枚岩碑。」富田関♀、高速富田♀東京行、1日11便、2，050円だそうです。火の見下♀、浄福寺♀。

11：20レストランココスに入る。ステーキライス1，700円。下小堀。小見川セレモニーホール。左・遠くアーチ型の大橋見える。その向こうに鹿島工場群の煙突林立。分郷（交）、小見川大橋入口（交）、〝まだいるの、飲んで乗る人、飲ます人〟、八坂神社（交）。今、利根水郷ライン（国道356号）を歩いています。小見川橋・中央小前。

水郷小見川、傍にキレイなトイレあり。橋を境に、街路整然・歩車道分離・大根塚（交）、小見川駅入口。右折する、駅12：35

小見川は、このあたりでは一つの中心か、商店も駅前や国道沿いに少々有。駅は高校生が7～8人いました。国道に戻って歩く。青面金剛王の石碑（交）。右・夕顔観音・樹林寺。吉祥院、JR踏切渡る。ここは阿玉川。〝まいて安心、アタリヤ農園のタネ〟左に分かれる道あり。その先に橋があって黒部大橋というらしい。このあたり地名は阿玉川（あたまがわ）という。ゆるやかな上り坂・右に幾分カーブそして延々と直線。左下にJR線併行そして水田・大きな水路（黒部川）。そして水田のその向こうに利根本流があるはず。その先、対岸茨城側に白と茶色の大きいビル…たしかあのビルは「鹿島セントラルホテル」のはずだ。そこから右手、紅白模様の煙突群。鹿島工業地帯だ。東庄町（トノショウ・タウン）域へ。

笹川駅←　菓心あづきや。新切♀・右カーブ。駅入口。笹川駅です。この駅舎は平家建て質素なつくりです。

下総橘駅←（ここは有人）

8／6に東庄盆踊り大会予定。国道にもどると「笹川諏訪神社」です。大相撲出羽海部屋笹川夏合宿（毎年8月・当神社境内の土俵で夏合宿）7月に笹川相撲祭あり。（天保水滸伝ゆかり）諏訪神社の一角に「天保水滸伝遺品館」あり、天保年間に東庄で起きた笹川一家と飯岡一家の争いにまつわる遺品が展示されている。（有料でした）桁沼川をこえ別当内校（文）三叉路に時計あり。（左の写真）。湧き水もあり冷たかったよ。外出支援巡回バス停、一本松♀、秀蔵院（右）、高速バス停「橘」、利根川大橋入口。

下総たちばな駅（有人だがホームが半分しかない、さみしい駅。駅員はパートのおばさん。16：15駅到着。暑かったよ長かったよ。今日はここまでとします。

汗をぬぐって一息入れたら各停に乗って、千葉へ帰ります。ジャ、またね。次回の講釈を待たれよ!!

（天保水滸伝については次回に）

下総橘→新宮大神→椎柴→海上八幡宮→松岸→銚子

平成28年8月9日（火）くもり・晴れ

下総橘駅〜国道356号〜猿田彦上陸の地（碑）〜有料大橋〜新宮大橋〜椎柴駅〜西部院所へ（市役所））〜富士正食品〜芦崎町（国道356号分岐）〜海上八幡宮〜松岸駅〜市立5中〜西瓜贈る〜銚子大橋入口〜今宮橋〜駅入口（交）〜銚子駅

8：34〜13：20　5時間弱　＝18km

○天保水滸伝（縁の）墓・塚・諏訪大神

侠客笹川茂蔵と飯岡助五郎の確執から天保15年（1844年）8月6日の所謂「大利根河原の決闘」が有名。笹川勢が地の利を活かし助五郎を撃退。飯岡勢は代貸の洲の崎政吉が落命。笹川勢は用心棒剣客平手造酒が命を落とした。茂蔵は弘化4年（1847年）7月の夜、飯岡側に襲われて38歳で死す。茂蔵亡きあと、代貸・勢力富五郎以下、幕府勢力に追いたてられ東庄町小南で自刃して果てた。幕府探索に52日もかかり、いかに笹川一家が地元民に親しまれていたのか…がわかるという。

天保水滸伝…という名は、当時現地を訪れた江戸の講釈師、宝井琴凌が名付けたという。

笹川駅から、北へ数分で国道356号に出る。駅入口（交）すぐ右に諏訪大神、土俵、水滸伝記念館がある。駅入口（交）を国道356号をつっ切って進むと2〜3分で左側に義理と人情の男「平手酒造の塚（墓）」がありました。また、反対側（東）4〜5分で延命寺があり、茂蔵・平手・勢力の墓や碑がありました。（全体30分余り、ウロウロ歩いた）…汗だくながら墓や碑を巡っていたら、私自身〝剣客の気分〟になっていました。

○利根川河口堰

流域面積日本一といわれる利根川がそろそろ海水（流）が上ってくるこの地点に巨大な堰がある。（県道162号線の利根大橋と並んでいる）この堰は塩害から地域を守るとともに首都圏に用水供給もしている。（この橋は渡らなかった）

さて！

今日は日中35℃にもなる…という。熱中症になりませんように。一番バスで稲毛海岸を出て乗換え3度。8：34JR成田線下総橘駅です。（昨日は天皇が〝お気持ち〟を述べられた日です。今朝は、リオ五輪、柔道大野が金メダルのニュースです）

下総橘駅

↓

駅前スタートすぐ国道356号につき当る。つき当った所に星宮神社あり。石出（交）右折、山田酒店、地酒「5人娘」売り出し中。国道を銚子方面へ。「利根川水郷ライン」という名の国道365号、狭くて大型車多く、歩くのが切ない。「セブン」で一服し、右手のレール渡り、旧道へ逃げた。狭いけど打って変わって人情味のある道だ。右手広大な田んぼ。日よけとなる木々もある。

国道356号線へ

↓

右のレールを渡って旧道へ

↓

ミンミンゼミ仰向けに転がっていた。右・レインボーヒルズCC。「アジサイが咲いたままでドライフラワーに」なんだか肥し臭い町だぞ。東今泉地区です。「ドライブスルー洗車100円（左のガソリンスタンドで）」右、銚子観光バス会社3台、今日は休車？　左200m程で利根川です。

桜井スポーツ公園入口

↓

利根川の流れが近いようです。左、桜井町スポーツ公園です。もうこの辺は銚子市域に入っています、キャッチフレーズは「日本一初日の出が早く見える町」。豊里♀（高速バス停）、菅原大神…の消えかかった看板。左に下総豊里駅です。引き続き旧道を進む。

菅原大神

↓

下総豊里駅

↓

← 猿田彦大神上陸碑 ← お堂跡 ← 利根かもめ有料橋 ← 椎柴（しいしば）駅 ← 国道356号線へ ← 海上八幡宮 ←

もりとばし（5m）、小舟が岸に沿って5隻、舫っている。左手前方、利根の川幅、流れはこのあたり3倍位になったか…という位広く見える。「猿田彦大神上陸の路」の碑（搭）あり。国道356号を避けて、右手の旧道を歩いている。さかい橋（5m）、ヤブの中に小さな滝あり。忍町♀（1日4便）「イチゴ苗ハウス・牛舎（50頭もいたか?）」左、塚本町♀、青年館…国道356号に比べたら実に静か。時折、思い出したように地元の人の軽自動車が通る。お堂跡（木の下）に腰をおろし一服。とにかく暑い、暑い！道端や塀の側にスイフヨウの白い花が咲いている。セミの声も暑苦しいが、車の排気ガスにさらされるよりは幸せ！右側、少し離れて里山が続くが、その高台にプロペラの風力発電が3～4基見えている。（半年以上前に利根川の茨城側を波崎から神栖一帯を歩いた時、川を挟んだ銚子郊外の山波の上に、なんと20基を超える風力発電のプロペラが見えたっけ。そのうち3～4基が、今見えてます！）小船木（交）、（利根かもめ有料大橋は左）。直進して曲がって坂を上る。

小さな坂の上（左）椎柴小。野尻♀（交）、滑藤という元庄屋のような大きな家で凄い門構えです。新宮大神（左）…マキとタブの大木7～8本あり（小休憩）：風が涼しい。神社や寺は私のように歩く人にとって砂漠の中のオアシス！といえるような有難い存在です。椎柴駅（無人）店舗2～3あり。野尻町三叉路で（国道356号）イヤイヤ吸い込まれ合流です。

銚子市役所西部支所。（銚子まで8㎞）、左逆川地蔵尊、富士正食品。高速高田♀、この辺りから郊外店目立ちはじめる。芦崎、浜山崎橋（8m）。「海上八幡宮（神社）」境内100mの桜並木。良き緑、良き水、よき社！（大休憩）

〈海上八幡宮〉

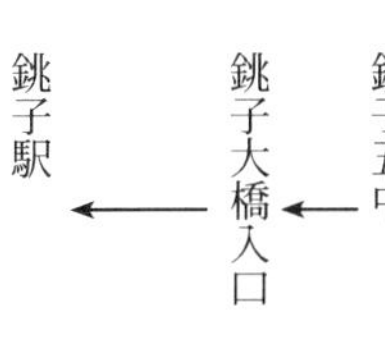

八幡宮を出てゆるく右カーブ。柴崎十字路で県道216号線と交差。突っ切って「セブン」を過ぎると駅入り口（交）、これを右折すると松岸駅（平屋、無人、自販機…）7：00～18：00は居るらしいが今は食事？

銚子大洋教習所、プラタナスの並木とナル。銚子五中。道端の八百屋で青森の友人にスイカ、宅急便で送った。（コツコツ叩きながらコリャ丹那甘いよぉ…ってさ）「銚子大橋入口」（交）、（銚子中学前）。国道126号線と交差。

右へ行けば飯岡漁港方面へ。左へ行けば銚子大橋を渡る（国道124号）。私は直進して今宮橋5m、「駅入口（交）」。これを左へ行けば銚子港日本最大級の漁港です。（交）を右折、広い街路300m足らずでJR銚子駅でした。8：30～13：20　5時間足らずではあったが、猛暑の中20㎞近く歩いたかしら。

〈駅前・魚レストラン「かみち」〉定食うまし。予期せぬコーヒーサービス付き（お客さんを話題に引き込むのが上手なおかみ気に入ったよ）、９００円＋税＋ビール！

・猛暑ですそんな一日大利根歩きのおバカさん。

・オバサンがよけて通るよ俺をみて（気持ちなんとなくわかるせつなさよ）。

・出る汗の3倍水のみ体重差し引き増えちゃった。

・「白角水割」ウォークおえて飲んで生きかえる安上がりの俺。

・浦安・関宿・銚子と歩いて１８０㎞。千葉県の上半分歩いたよ。結局千葉県はグルリ水に囲まれた県でした。

・「むせかえる暑さ、老婆草刈る畑かな」（何ともいいようなし。頭を下げます）

・セミ、カナブンさすがの暑さでうらがえし。人間だけじゃないよ。チョーチョもカエルもカメも猛暑の被害者です。

・パン喰って水割りのんで出来上がり今日一日の俺のてくてく、終わり良ければ総て良し！

・かすむ太陽・ぬるむ大利根、歩く私はもうろう！

東京湾の浦安市舞浜から江戸川沿いをさかのぼって約60㎞で利根川にぶつかる関宿へ。関宿から今度は利根川に沿って河口の銚子まで１２０㎞。合計でざっと１８０㎞。このルートの特徴を二つばかり記しておきます。

①全ルートを通して、ほとんどの区間「自転車（歩行者）専用道路」があり。全国的にもこの長さは凄い。

②川沿いの土手に専用道路があるので、大げさにいうと「一木も家一軒」もありません。てくてく歩くには快適ではあるけれど、炎天の直射日光も風も雷雨ももろに受けます。特に真夏の炎天下では〝行き倒れ〟の危険もあります。適当にルートを外し、休憩が欠かせません。私は仕方なく河にかかる橋桁の下に潜り込みましたが。…浦安から上ってきて、松戸・流山あたりからその先、関宿～銚子間の専用道路沿いの自然の美しさは折り紙付きです。

常磐線いわき↓磐越東線沿い↓夏井

平成28年9月2日（金）晴れ

夏井川（磐城橋）～平窪地区（平下、平中、平上平窪…）～赤井駅（左へ）～平（県立）養護学校～君ケ沢♀～幸寿宛～常磐道くぐって前原（交）～中芝関場♀～三島入口♀～大堰神社～小川新田♀～JRをくぐる～荒神橋（左）方へ～空木♀（県道41号へ）～（左）塩田発電所～加茂川（橋）成田山石碑～レールまたぐ～是より夏井渓谷～香後橋～一軒家（水）～篭場の滝～遭難碑～川前田門前～鹿のまた川渓谷（発電所）～川前小中～川前駅～ゆうゆうあぶくまライン～クネクネ登り～林道風～レールの下くぐる～小野町域へ～霧の中～小田代・棚木～左へ右へ迂回路風～レールくぐり直す～下り気味～人家あらわる（古民家も多い）～田村群小野町～両サイド1度だが人家～夏井駅

9：26～17：30　＝8時間約32km

AM3：40起床5：10出、5：35電車乗る。6：53東京駅でひたち1号乗車（切符3，670円＋特・指2，500計6，170円也）現在では常磐線特急は従来の上野駅起終点が東京駅始発（一部は品川駅発着）と変わっている。その分、上野のターミナル性は地盤沈下、東北、上越、長野、新潟方面も今では新幹線は東京駅発着だ!!渋谷、新宿、池袋、品川と副都心ターミナルが夫々繁栄続けているのに、歴史上由緒正しき上野駅周辺の〝落ち目〟を見るのは寂しい…。

○今回は3泊4日の予定。体調に特に悪いところなし。月曜帰宅予定。天候は晴れ一日、くもり2日、雨一日の予報です。いわき～郡山間約85km余。海岸沿いに歩くはずが、いわゆる3．11で途中から歩行不可。よっ

て磐越東線沿いを念頭に阿武隈山地を越え、郡山に大迂回です。一日、20㎞余、4日間で無事到達できるのでしょうか。

○9：26磐城駅東口コンコースを降りすぐ右折。階段掃除のおばさんが「おはようございます、どちらまで?そうですか、ご苦労さま。お気を付けて!!」と励ましてくれる。行き交うサラリーマン、サラリーウーマンとは何の会話も生まれません。更に200mで右折。右から左へ上りカーブでJRを高架で越える。赤い高架橋をくぐる。右、平和タクシー、胡摩沢♀、長源禅寺、大日堂、不動堂。二級好間川。左から右へ流れる。幅30m流れ10m好間第二小。関の上(交)、「いわき橋(夏井川)：100m幅・流れ30m」草も木もいい川、いい流れ。川上、左奥遠く標高700～800m程の大きな山塊。平・下平くぼ。(平市であった証か、この周り「平下平」「平中平」「平上平」と冠する地名多し)

「イチジク、栗、トマト…チャレンジャー店舗」味そ濃♀「スーパー・一二三。8：00からオープン」リンゴ4ケ380円買う。「ひろげよう、心のわ、人のわ」クリーニング・ビュティ…「キレイな仕上げが自慢です」中平くぼ地区、「おでんのおいしい季節となりました」(コンビニ)あぶくま牛乳をどうぞ!!県立平養護学校♀。高儘入♀。チョウチョ墜落死していた。

いわき駅 ←――

田んぼ早くも稲が頭を垂れています。ザリガニはいないかな？ようやく田んぼ沿い終り。君ヶ沢♀。上り坂山間に、沢村勘兵衛公の墳墓（左）。御殿♀。ダンプの風圧で帽子飛ばされました。アッという間です。幸寿苑という立派な老人施設。「この道を力強く前に！（安倍総理）」のポスター。

国道３９９号線 ←――

高架をくぐり長い下りです。梅ヶ作♀、二俣神社左。前原交差点（右、四ッ倉）。川の瀬音がドォッと聞こえ、大きな川面出現。夏井川・大堰神社です。（前頁写真参照）

好間川 ←――

７段の段々を１００ｍ幅近くマンマンの水が下ってくる様は清涼感いっぱい、実によき流れ。大きな石碑のもとに腰を下ろし、休憩です。（こういう予想外の景観に接し、うれし～い）。…足を水にジャブジャブつけて冷やした。（足湯ではなく足冷やし水・ふやけた10本の指が〝ありがとう〟ともらすのを聞いた）。

平下・平中・平上地区 ←――

国道３９９号（いわき街道）ここは三島入口（交）傍です。右に大きな寺安養寺？小川新田♀、左カーブ陸橋。５ｍ荒神橋。左・川向こう方向に「小川郷駅」あるらしい。下にＪＲを越える。小川小は右へ。小川中は左。国道は立派だが両サイドに一面の田んぼ。まさに黄金色です。

夏井川・大堰神社 ←――

右折する国道３９９号線とわかれ直進。左に夏井川を見つつ過ぎ右折して県道41号を歩く「空木♀。10本／日」です。片石田東♀（消防署前）。小さな水路はあるも、流れはホレボレする水勢です。

小川郷駅 ←――

野中の一軒家というべきか、ローソンポツリと在る。驚いたことに駐車場満杯。今時の（超）ローカルでのコンビニの存在感をみるようです。加路川（かろばし）。仲良しトリオのレールと県道そして夏井川。川も序々に渓谷の容相を帯びてきました。山間（やまあ）いとなりいつしかバス停も無いようです。左道ばたに「成田山」「古峯神社」の立派な碑あり。

県道41号線へ←今歩いている県道41号線は「小野・四倉線」「磐城街道」ともいうらしい。夏井川は一段と急流となる。右、山裾から落ちる沢水は冷た〜い。レールをまたぎ、下り気味。完全に山中で「阿武隈山塊越え」だ。県道も舗装した林道の雰囲気。これより「夏井渓谷」の看板あり。香後橋（5m程）深くていい沢だ。小峠のような山ヒダにつぶれそうな一軒家、そのウラ手に湧水から水が引いてある。明らかな生活用水だ。冷たい水で、喉を潤し汗を拭かせてもらった。右手かたわらに小さな赤い鳥居とご神体。賽銭を献ずる。（10円也）。

成田山の碑←

夏井渓谷←

一軒家←「篭場の滝」思わず息をのむ。トウトウとした落水。対面できただけで今日は得をしたと思う。この渓谷をもつ夏井川がなんで二級なの？左に遭難碑。「昭和10年10月27日遭難！」とある。国鉄仙台局12名、六つの仏像もあり（安らかに！）。左に元ホテル？の廃跡らしきあり。江田駅は右手に（通りすぎた）。JRを横切る。あたりの小滝の渦も凄いぜ！紅葉の季節の素晴らしさを想います。川前町川前です。関の沢踏切渡る。東北電力か鹿ノまた川発電所。鹿ノまた渓谷方面通行止。

篭場の滝←

江田駅←公民館の右手にすごい家（寺）、川前中・小学校（左、橋を渡ると）。直進して右、川前駅（無人）。角にヨロズヤあり。〝オーイオーイ〟出てきたバァーチャンから思わず缶ビール買う。誰も居ない駅でグイグイ飲む。アーアうまい。世の中全てに感謝します。

川前駅←これより夏井駅に向け、微妙に酒気帯びウォークです。ますます、杉木立を切り裂くように県道をユルユル登っていく。右へ「桶売地区」への県道をわけて上っていく。宇根尻の先でJRをくぐる。県道・レール・夏井川の三者が川に沿いつつ上になったり下になったり。右になったり左になったり。小野・四ッ倉線のこのあたり、「阿武隈越え」の最も秘境に近い核心部のようです。〝森

宇根尻←うっそうとした杉木立の中をクネクネ上るこの細い県道は天国に吸い込まれていきそうです。〝森

の精〟が見てるぞお！…「分け入っても分け入っても青い山」山頭火

時々、古い人家が現れる。生活の厳しさに思いを馳せつつ。川の向こうの高台を行く2両の電車(気動車）も見えます。よくもまあこのレールは維持されている…との感慨浮かぶ。やがて耕作放棄の畑や田がチラホラ目立つ中、レールと街道が平行しながら山中をひたすら頑張ると、人家が少しずつ現われ、前方が開け、両サイドに民家や商店が続くようになると、ようやくの事、左にある駅についた。もう17：00は大きく過ぎていた。

磐越東線 ←

夏井駅

○いわきから郡山への磐越東線沿いは、阿武隈山地主稜を分水嶺として、太平洋方向（いわき市）には夏井川が一本大きく貫いている。一方、山地から西の方向には川の流れは牧野川、大滝松川、桜川となって阿武隈川に合流し、大きく北上して大河となりやがて岩沼付近で太平洋に注いでいる。いわきから県道41号線（磐城街道）を夏井川沿いに逆上り、小野新田あたりから国道３４９号を登ると、標高５２０ｍの風越峠を越えていわゆる中通りに入っていく。

県道や国道は、山間を川沿いに或いは峠をトンネルに頼らず越えていく。最高峰１，１９２ｍの大滝根山を中心に８００～１，０００ｍ前後のズングリした大きな山塊が横たわっており、もしこれを北東方向に越えれば、あの3．11の大惨事の元凶、福島原発があるのだ。今回のてくてく歩きの途中、私は山中からの冷たい湧き水や水源に近い清らかな水をゴクンゴクンと喉を潤した。幾度かそうしたあと、フト思い当たることがあり些か考え込んだ。歩きながらだけれど……。「道を間違えたら、わかるところまで戻ることだ。そして考えて、方向を変え正しい道を辿るべきだ…と。社会が大きく変わるとき先ず現れるのは「思想家」次いで「技術者（科学者）」……だ。今の日本は思想が科学に追従している。…とは（故）司馬遼太郎氏の持論でした。

○阿武隈のような深い山中の除染作業は恐らく手が廻らずそのままだ。従って大震災発生から5年もたった今でさえ、アチコチに〝除染作業中〟の看板を目にし、実際作業中の現場にも一度ならず遭遇しながら。……湧き水といえども源流の沢水であっても地元の人は飲まないのではないか。それを私はゴクゴクと幾度も飲んできた。人体に影響を及ぼす程ではない…とわかっていても、傍らに除染作業を見る中では気分の良かろうはずはない。人々は畑で野菜を作る。田んぼには黄金色の稲が実る……引っ越すわけにも行かず「人体に影響は無いレベルのものだから」を信じて生活している人々……この日常、この覚悟を目の当たりにすれば、原発稼働反対！を唱える人々は正しい。全国の海岸線に50基もあるという原発。命にさらされ乍ら今日的繁栄にいた今の日本での政策は、我々の子供・孫の世代の将来を考えれば大変革させる事が今の大人の責任だと認識すべきだ。…と思うがどうだろうか。呑気にてくてくしてるけどドッコイ生きています。

○河川の一級、二級について

（平成27．9．16松坂～伊勢ウォークの項・参照）「国土の保全上または国民の生活上から特に重要な水源として国交大臣が指定した河川」を〝一級〟－国が管轄。それ以外の地域の重要河川は二級河川として都道府県が管轄…↓てくてく歩きで出くわす全国の河川という現地で〝これが何故一級なの、また、逆にこの川が何故二級なの？〟という素朴な疑問に随分出会います。

夏井川についていえば（河口から源流まで歩いた）私にすれば、一級でなくて二級の指定は素直に頷けなかった。この川の水量、流れ込む支流、渓谷の見事さ！全く私の予期しないところで驚きだった。こういう川にめぐり合うのもてくてく歩きの醍醐味でありますが阿武隈山地を越えてから現れた、牧野川や大滝根川などは、阿武隈川にそそぐ…という理由で一級河川です。

9月2日（夕）疲れた足どりでやっと夏井駅到着。今晩はこの周辺での適当な宿、見付からず、やむなく夕焼空の中、いわき行の2両電車に乗り、缶ビールチビチビやりながら磐城へ戻った。670円。駅前ビジネスホテル、「セレクトイン駅前」6，180円（含、朝食）ゆっくり風呂で疲れを取ったあと、駅ビル3階のレストランへ。上から駅前広場を、行き交う人や車、そしてネオンの明かりも見下ろしつつ、熱カン1本とおいしい蕎麦で夕食。今日一日の出来ごとや感情を地酒と共に腹に収め、中味の濃かった一日をようやく終えました。汗を滴らせて歩いた、緑と川と山と空のことを思い出しながらよく眠りました。

〈おまけ〉

NHK・BSで好間川（よしま川）に架かる赤い吊り橋を放映していた。好間川という名にかすかに記憶が残っていた。地図を開いてみる。ありました。いわき駅から国道399号をたどって夏井川沿いを郡山に向かう途中だ。いわき中心から、さ程遠くなく、北目町・北目（交）付近で夏井川に注ぐ支流の好間川の橋を（私のてくてくで）渡っていました。特段の注意をひく光景でもなかった。この流れ幅10m程の支流にサケがのぼってくる…というニュースにチトおどろいた。テレビの火野正平さんの実況で「好間一小」うらの、10m程の支流に沢山のサケが溯上し、産卵する姿にびっくりです。太平洋・舞子海岸に注ぐ夏井川。その河口から、およそ12km程かしら、川を逆上ってそして分かれる好間川。その先更に5km程も上流の川にサケが…と思うと、ヨソ者の私としては認識を新たにしました。

そこには小学校があり、集落があり、人が川を大切に守っている…良き姿がここにも残っている…と感じました。何故かヨシ!!と気力が沸いてきました。

おまけ②磐越東線の各駅（特急、急行はなし。）３泊４日の歩き…。

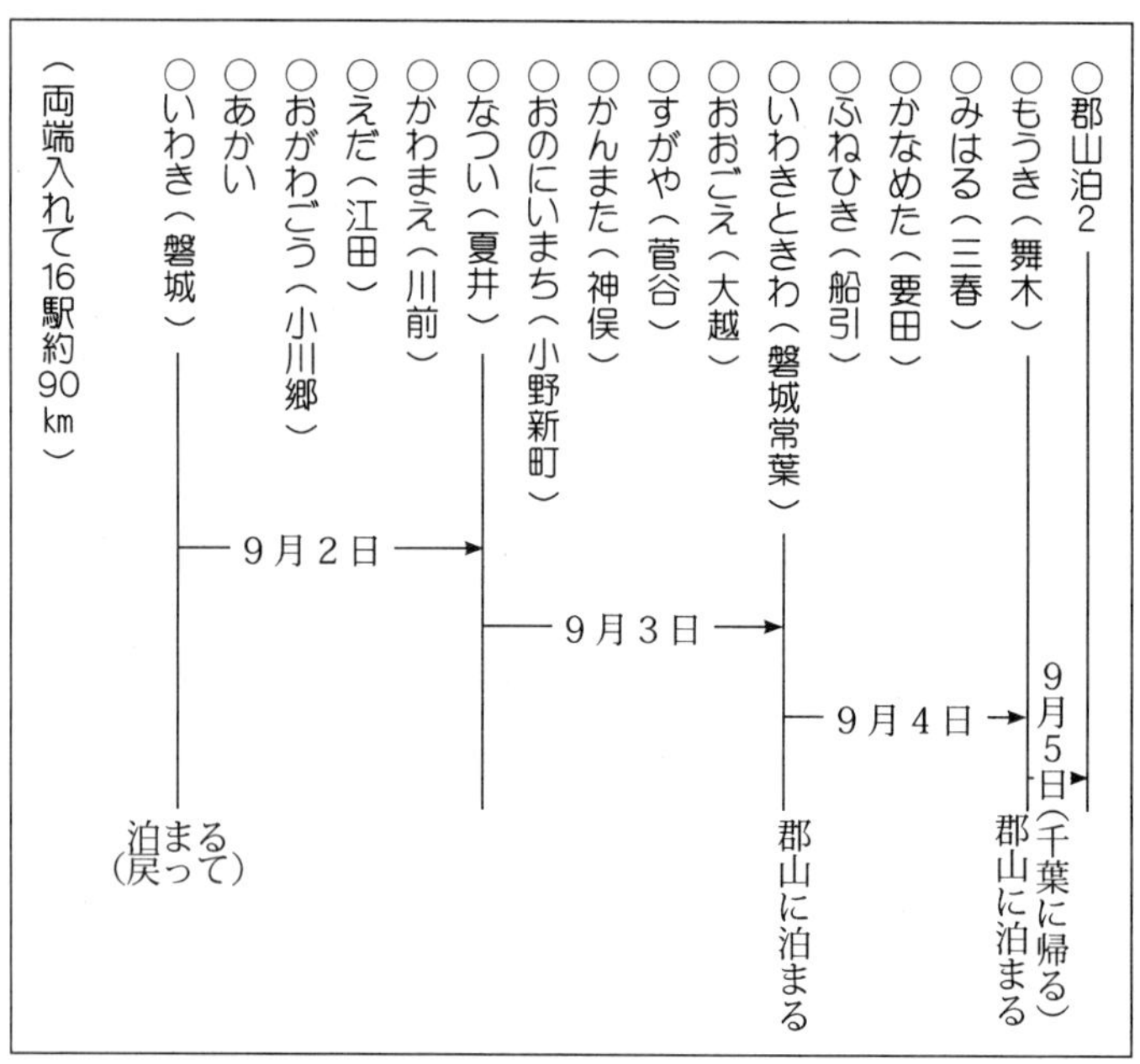

〈川と道と線路は、（てくてくの僕にとっては）同行二人ならぬ同行三人であります。〉

（磐越東線）夏井↓磐城常葉

平成28年9月3日（土）晴れ

（いわき駅～夏井駅）夏井駅～諏訪神社大杉大釜光明寺～八雲神社～キャラの名古木?～平野石材店三差路～小野射撃場～夏井橋（右へ）～神崎製作所～あすか年寄センター～太田旅館・宍戸旅館～小野新町駅～文化会館～福島交通小野（営）～中通り（交）～郡山信金～門番～小野橋～県立小野高校～アルパイン工場～東堂山（左）～飯豊神社～田村飯豊〒局～高柴山登山口～風越トンネル～永泉寺～工業団地～大奥寺～牧野川～行政役場～五斗蒔延命地蔵～片倉チッカリン工場～大越駅～大中学～牧野川～長源寺～水位観測所（牧野川）～常葉駅
7：28～15：40　8時間10分　＝30㎞

夏井駅 ←

今日は天気良さそうだ。早立ちのため〝朝カレーのサービス朝食〟を遠慮して、いわき駅6：44郡山行に乗車です。670円で、昨日のてくてく終着の夏井駅まで便乗。台風12号接近のニュースもあり、今日・明日なんとか遂行いたしたい。体調悪くなく、足指に念のためテープも巻いた。今日は気を入れて歩こう。駅舎もない夏井駅。写真も撮れない。

それにしても凄い朝モヤです。50ｍ位しか見えぬ。これといって何もない駅広だが、トイレは左端にあった。用を足し、洗面台で手を洗いつつ洗面台の流しの穴になんと小さな雨蛙が潜んでいて、私の方を見ていたよ。ここは田村郡小野町。駅前に県道、磐城街道（アブクマゆうゆうライン）。左折して歩き始める。街道両側は、寂れているとはいえ、昔ながらの商店街の雰囲気が残っています。〝ズボンの裾上げやります〟〝タバコ店〟〝毛糸屋〟さん。ぐるぐる廻っている床屋さん、電器屋さん…など。昭和っぽい香りです。

諏訪神社の大杉←

右「宇佐見神社」の大碑。〝ふくしま緑の百景〟「諏訪神社の大杉」↓推定樹齢1100〜1200年。神社の参道はさんで立っている。夫婦杉です。社殿に向かい右が翁杉、左が嫗杉です。幹周りは9.2m、9.5mもある。光明寺もすぐ隣りにあり、県道はさんで「諏訪の大釜」が鎮座していた。

←川除♀←

人かげも見えぬがこざっぱりしたひなびた街道風景だ。右に八雲神社。小さな自転車乗りの小学生らしき男の子が私に大きなあいさつ！私も負けずに元気よくお返しをしました。めったに見かけぬ小さい子供はこの町にとっても宝ものです。右側、街道沿い民家の庭に「めったにお目にかかれぬ」キャラ？名木がありました。両側が時には田畑かと思うと、いつの間にか杉並木。また、右側山裾をなぞるように細くなってきた街道はタンタンとゆるやかな勾配で登っていく。トンネルもなし。

←ホオズキ群落←

夏井川は幅15m、流れ10m幅ぐらいか。大分、狭まってきた。平野石材店・三差路。右：あぶくま洞11㎞・矢大臣山（965m）方面。左：県道・小野射撃場。太子堂♀、川除♀。川は二つに別れる。夏井橋（左へ）。神崎製材所。前方、開けて数軒の民家が見えます。

レールも左から出てきて川向こうを走っている。正面遠く丸くて大きな山が見える。700m足らず東堂山か。左に大きな橋2本かかっている。左・「あすか」お年寄りサービスセンター。

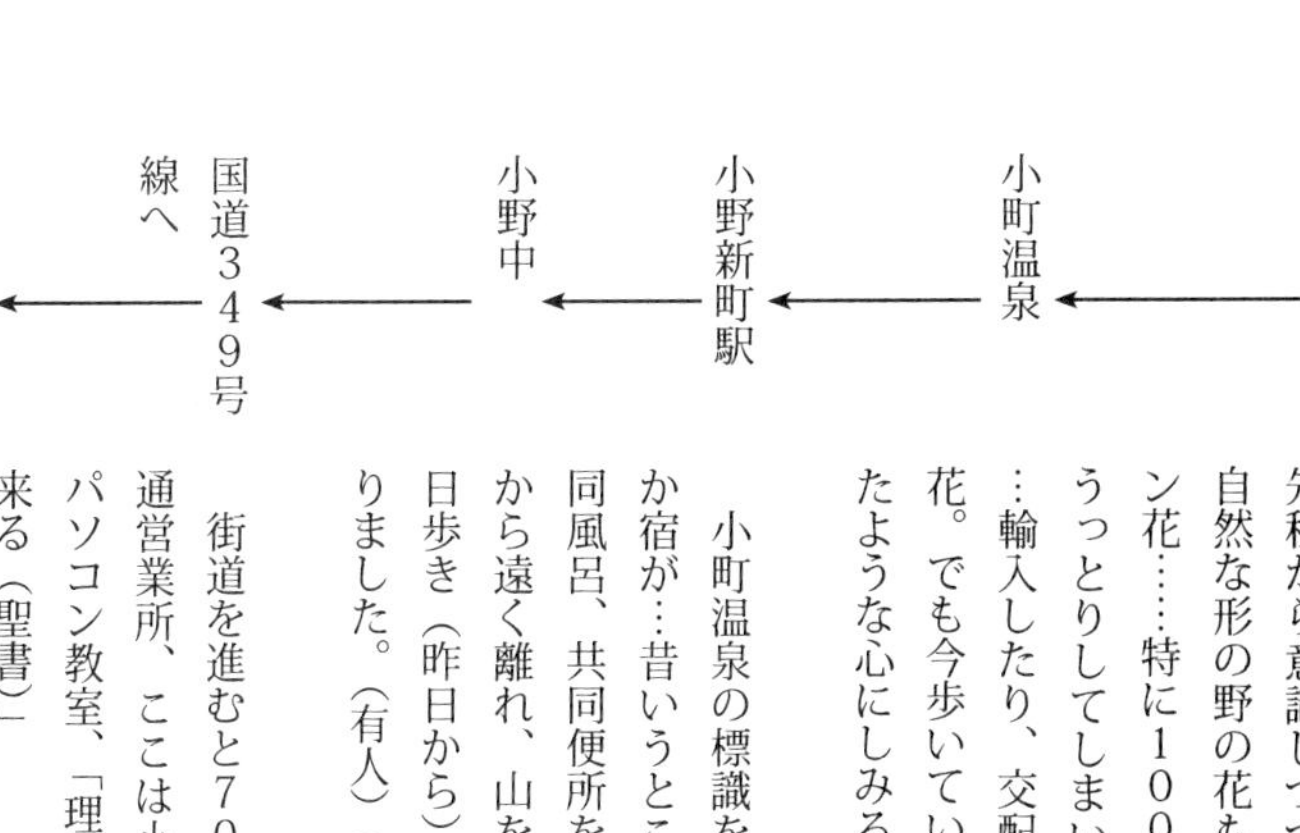

先程から意識しつつあるのだが街道両サイドには地味ではあるが、人の手による花壇もあり。自然な形の野の花もあり。各家の庭先にも…花・花・花。スイフヨウ・サルスベリ・菊・ヒガン花……特に100mも続いたJRレール土手の「赤くなったホオズキの群落」は見事だった。うっとりしてしまいました。西洋生れのコレミヨガシの花々より、数段心に焼き付きました。…輸入したり、交配された新種の花々は確かに美しいが、それは都会の花。シャレた住宅地の花。でも今歩いている村々の道や庭に咲く草花は何といったらいいのか、子供からの旧友にあったような心にしみる美しさがありました。

小町温泉の標識を見て左へ折れてレール踏み切り渡る。太田旅館・宍戸旅館…あるじゃないか宿が…昔いうところの商人宿といったところか。今でいえば名は「ビジネス旅館」かな。共同風呂、共同便所を想定してしまいそう。真新しい住宅も目立ってきた。どうやら、いわき市から遠く離れ、山を越え、今度は郡山市を向いて新築家屋も出てきた！というところか。丸一日歩き（昨日から）久しぶりに本格的商店街の様相になってきた。右側に「小野新町駅」がありました。（有人）（平屋・横長たてもの）（自販機あり）

街道を進むと700~800m商店など続いている。谷津作平館。小野町文化会館、福島交通営業所、ここは小野新町中通り（交）左・小野中。かっぽう旅館。つぶれたボーリング場、パソコン教室、「理髪カット1，000円の店」も！郡山信用金庫。「この世の終わりは突然に来る（聖書）」

〝よかったね、これで安心、ココチダム〟小学校入口♀、大東銀行、門番、右へ大きく曲る。商店街はまだ続く。右：鎮守神社。ぶつかって三差路左へ。小野橋50m。右に小野町運動公園の道わける。右、小山の上に保泉寺。（茶色の瓦のお寺）左・県立小野高校（バス1日5本）「あいさつがいい街つくる第一歩」右折、右後ろから来た国道349号に入る。左・磐越道、右・あぶくま高原道路ぐるっと廻って左へ。私はまっすぐ国道349号を田村方面へ。ゆるやかだが大きなアップダウン。ボディーブローのように効いてくるなあ。右側・体育館のような大きな建物。

○田村郡小野町は…四季折々の美しい風景・歴史と文化が交錯する街。阿武隈山系のただ中にあり、四方を標高700mを越える山々に囲まれている。町の中央部を太平洋に注ぐ夏井川が流れている。高柴山のヤマツツジ。矢大臣のアズマギクの群生、あの「小野小町誕生の地」として桜回廊もあります。
（磐越東線中間の一つの中心地）

風越峠（トンネル）←

　左・小野ショッピングセンター、ヨークベニマル、県道36号線右にわける。斎場（光輪）。八幡（交）左県道65号わけ国道349号線を行く。町民トイレ、飯豊小上りに入り磐城道の高架くぐって右カーブ。左・馬頭観音碑。高柴山登山口。右側に時折、磐越自動車道を見ながら辛い坂道をグングン登る。そしてようやく標高520mの風越峠（いわき駅から初めてのトンネル通過）です。右手の高速道路は「新風越トンネル」です。一方磐越東線と併行する県道19号（船引、大越、小野）線は、レールも県道もトンネル無しで越えています。（今の時代は国道も高速道路も最短でトンネル通過です）風越峠から稜線づたいに西に行けば標高884mの高柴山頂です。

工業団地←

　風越峠トンネル長さ368m、1.5mの歩道あり。ダンプ来てもノープロブレムでした。トン

大乗寺の桜 ←

牧野川 ←

片倉チャッカリン工場 ←

大越駅（おおごえ） ←

ネル内涼し〜い。出ると下り。途中左、永泉寺の桜を見て戻り、牧野橋（交）で国道離れて右、県道に入り「おおごえ駅」方面へ。田村市大越牧野工業団地、右へ大塚ポールテック、コアテック。右から左への下り坂をゆく。マラソン練習のお兄さん速い速い！照りさらし日射しの中、左に大乗寺。ここにもシダレ桜古木あり。左右２本、境内にヘタリ込む。寺の車庫にベンツとレクサスあり……「お坊さん、お布施を数えて何枚（何万）だぁ〜」（読み人知らず）

13：00、右奥に白ハゲの山あり。石灰採掘だろう。痛々しい。牧野川20ｍ（流れ10ｍ）左手、行政役所。右１００世帯程の宿舎か。行政役所の庭広し。自販キも土曜だからか電気が消えております。（徹底ぶり、お見事！）踏切渡り県道19号を左折。「五斗蒔延命地蔵と石仏群。」踏切近くの重厚な日本家屋は何なのか。線路の山側「片倉チャッカリンの大きな工場」このあたりで駅への道迷った。先入観によるミス。（頭もモーローとしてたしなぁ）14：00大越駅（おおごえ）

・永泉寺の桜

幹回り５．４ｍしだれ桜。成程大木でした。

・大乗寺の桜

こちらもシダレ桜。左右２本永泉寺より少しゴツイ。

ＪＲおおごえ駅。「躾と優しさ教える鉄道」（ＪＲ大越駅友の会）「生まれた時は皆んなまっ白。きれいに染める良い環境」この駅完全無人駅也。平成29．３．31を以って無人…となる！とのこと。駅近く、大手セメント工場あり（あのハゲ山から採石していたのだ！）。チャッカリンって、何？の大工場だろう。家々も結構あるのに、駅や駅前の寂しいサマは一体、何故なのか……住民がレールもバスもアテにせずマイカーに移ったからだ。絶対人口も減り、且つ高齢化…が進んでいる。→このまま朽ちてしまって良いのか日本は！14：30休憩後再スタート。馬頭観音・湯殿山の石碑、大越中学（左）〝話し合い一人で悩まず家庭の和〟。鳴神城跡（左２㎞）。〝田村っ子10のルール〟（挨拶など…）。左、丘の上に極めて立派な忠魂碑（参道付）。左県道57号線三春方向わける。このあたり、レールに近く、牧野川流れる（いわきの海からてくてくの友だった夏井川は阿武隈の稜線は越えられず、風越峠手前で消えた。分水嶺をこえて西に向けて嶺に沸いた源流は牧野川となって、阿武隈川本流に向けて西進する）ツツジレインボールート（左・三春へ）右、長源寺の大銀杏（町指定記念物）。右にレール平行。何もないまっすぐの道。汗を拭ってふり返ると、山半分削りとられた〝石灰の山〟はもうはるかに遠い。炎天下、こたえますねぇ〜。牧野川水位観測所。〝しっかりと守ろうルールとこの命〟（田村小）。そして県道１１３号線を左にわけると右に、磐城常葉（ときわ）駅でした。いわき・ときわ・ステーション。駅舎前にポツンと公衆電話ＢＯＸあり、無人。こざっぱりした駅舎です。15：40着。駅近くのシモタヤで生ビール買い駅舎の長椅子でグビグビ。あれれ…猫の鳴き声。ハジの長椅子にダンボール箱・子猫あげます！の張り紙あり。（箱の中で子猫ミャーミャー鳴いています）15：50発、郡山行にのる。今宵の宿は郡山です。

〈「躾とやさしさ教える鉄道」の大越駅〉

これで丸2日歩いた。一日目、二日目と天気よし。炎天下での歩行で厳しかった。いわき~郡山間、約90㎞そのうち50~55㎞歩いた。今回の3泊4日は、山中ローカルウォークが中心とは思っていたが、阿武隈山地は高くても800~1000m内外だが図体は大きく、山また山それに夏井川がメインで、「山間の所々(いわき街道沿い)に駅のある集落」…という繰り返し。国鉄時代からのJRも、客もはなはだ少ないのによく頑張っていると思う。何時廃止をいわれてもおかしくはない利用状況だ。しかしレールのないこの地域を想像するのは悲しい。利用客が減るにまかせて廃止への道を歩むのか……日本中にこんな状態の地域、レールは数多くあるのだが…。

（磐越東線）磐城常葉（ときわ）↓東線沿い↓舞木（もうき）

平成28年9月4日（日）晴れ

磐城常葉駅〜大橋（牧野川）〜クワコン（桑原コンクリート）〜台ノ前（交）〜リオンドール（大型ショッピングセンター）・大滝根川〜船引小〜牧野川渡る〜市役所入口（交）〜般若寺（右）〜船引パーク（右）〜宗像米花屋〜田村署（左）〜カラオケ喫茶パクパク〜岩ヶ作橋〜環境創造センター〜船引三番インター入口〜富岡町幼少中学校（左）〜西部工業団地入口（交）右折〜要田入口（交）〜熊耳♀〜田村署・合同庁舎〜亀井水〜北野神社（右）〜三春町交流館〜法蔵寺〜物産ミニセンター・踊り場（交）〜法華寺・広場〜日化工前♀〜八島川（太田橋）〜リオンドール（右）〜滝桜・三春ダム分岐〜看板（県庁を郡山へ）〜桜川（一級）〜アニマルシェルター〜JA福島さくら〜上舞木♀〜直昆神社（右上）〜舞木駅

8：45〜15：45　7時間＝25km

9月4日（日）5：00起き。7：00ビジネスホテルのサービス定食。8：00レール、磐城常葉まで電車。500円也。2両編成、客は40〜50人（2両で）。

8：45常葉駅ウォークスタート。左に牧野川とそれにかかる「おおはし」幅30m流れ20m、バカに濁った茶色の水（昨夜雨だったか）。ススキとコスモスの花の間をレールが走る。それに私の歩く県道19号線、その左に川…といったところ。家々の庭にとりどりの花々が私に微笑みかけてくれる。（一昨日も、昨日も、そして今日も…）天然の（自然体の）フラワーロードだ！桑原コンクリート（クワコン！）黄色い小さなチョウチョが上下にツンツンホッピングしながら花から花へ。工事用の赤い三角トンガリコーンの壊れたとがった頭から、なんと、ススキの穂が恥ずかしそうに出ていたよ。ナマコン・ローリ車の廃車の大きなイカのような胴体が葛のツルでグルグル巻きにされていました。のどかだなあ、静かだなあ…小鳥の声、水路をトクトクと流れる水の音。新道なんだが、車が来ないと平和な田園そのものです。

右のレールと左の田んぼに挟まれ進むと三差路で国道349号にぶつかり右折。台ノ前（交）、月電工業前、「レール・道路（市道）」も高架で越えた。田村市船引町へ。坂を下って左カーブ。巨大な建物アラジン（パチスロ）…本日9：00オープン！だって。左、久しぶりK'Sデンキ。複合巨大ショッピングセンターリオンドール。市陸上競技場（右）、何でもあります両サイド。早くも100台～200台のマイカー群駐車中（9：30）一級河川阿武隈川水系大滝根川。板橋大橋幅50m流れ8m。館柄前（交）左折して都路街道（国道288号）に入る。三春11km郡山23km。右・子育て大鏑矢神社。坂の上（右）に気持ちよさそうに戸建て住宅群（船引東部団地）、小雨が降ってきました。もとまち跨線橋（JRを越える）。左・船引公民館、体育館（日曜で車多シ）、左・船引小（校庭で既にスポーツをやっている）右カーブ橋を渡る。水量多シ濁っています。市役所入口（交）右800mで市役所。このあたり商店街続く、本屋もあります。大東銀行・東邦銀行。般若寺（茶色のスッキリ感のある寺）、中町（上りも下りもバス便5本くらい）ふねひきパーク、福島銀行、〝女性だけの30分フィットネス〟、宗像糀店、福祉センター入口（交）、左・奥にお椀を伏せたような目立つかたちの大きな山あり。頂上一帯雨雲がスッポリ。716mの曽根山かしら？左・祭りばやし（パチンコでした！）、船引橋（大滝根川、幅50m、流れ20m、ヨシが繁茂）雨が降りしきってきた。

ここは国道288号・都路街道だが、ヤケに立派だなあ。新道バイパスに入ってしまったか？幅広、歩道も広い。ただし山を切り開いたような上り一辺倒。雨中の歩行、面白くない。下り始め、左側に「カラオケ喫茶パクパク」

思わず店先のベンチにヘタリ込む。すると店内から若い男女の店員出て来て、私の「てくてく旅」を称えてくれ、冷たい麦茶を馳走してくれた。有り難かったよ。手を振って別れた。岩ヶ作橋64m、環境創造センター。左・コミュタウン福島へ。田村市ムシムシランド（虫）21km先。船引三春インター入口（交）、三春町方向へ左側の潰れたドライブインの軒下で雨やどり、パンと水で。降ってきたり、止んだりの繰り返し。15分一服のち歩行再開。左側台地に「3・11」で避難してきた富岡町立幼、小、中の三春校舎がある…大変なんだなあ、まだまだ。田村西部工業団地入口（交）で右折。どっちへ行っても国道288号。道ばたの民家の倉庫で雨宿り。今日は一日曇のハズだったのに、ずっと雨降り。南さん（NHK）のウソつきめ!!

　要田入口（交）…これを右へ行くとJR要田駅へ…寄らずにまっすぐ。今度は変わった名前「熊耳（くまがみ）（交）」ここにも右へ行けば要田駅へ（福島交通バス5回、三春町バス4回）うわあ!また、降ってきた。ビショ濡れ。思わず近くの民家軒下へ。すると突然飼い犬に吠えられ、踏んだり蹴ったり（こいつめ、毒マンジュウ喰わせるゾ!…と心の中でドクヅク）、福浜第一建設、ビショップ工業、太平工業団地♀♂、アグリセンター、横山でんでん、田村警察署（左）、三春合同庁舎…雨止み晴れ間出てきた。（雨あがる…トタンにルンルン!）歩道に出来た水溜まりに青空が写っているよ。田村消防署（三春分署）右上、三春病院（大きいぞ!）。右、光岩寺、道端に「亀井水」という湧き水あり（3・11以降どうなのかな?）ゴクゴク飲ませて頂きました、円やかな味です。鎖つきのコップあったし。北町、北野神社。〝三春駒〟の看板多シ。「三春町・まほら・交流会館」立派な場違いとも思える会館、どうやら三春は芸術、芸能指向の街らしい。長野市郊外の小布施と雰囲気似ています。会館内音楽堂にもぐり込みトイレ使用させてもらう。交差点を右折、キレイなプロムナート突き当たり法蔵寺境内の石段で小休止。車3台もあるお金持ちの寺らしい。三春駅へはまだ（方向違いで）1km以上あるようなので駅へは行かず。（後刻レールに乗り、通りかかったら、なかなか立派な駅で有人です）

境内を下りる。王子神社下♀（三春町バス10本）、三ツ角を右折。国道288号です。すぐ左側の物産センター（ミニ）で2軒17，000円分の宅急便を手配した。おまけに店番のおかみと話が合い、200円でカキ氷作ってもらい食した。踊り場（交）、県道54号線須賀川方向を左にわける。法ヶ寺広場♀、日本化学工場前♀、八島台、県立田村高校八島台寮。1～9丁目いくら行っても登り、道間違えた。立派な道に釣られてしまった。汗をたらしつつ戻る。国道288号へ戻れた。（往復1kmは損した。ヤレヤレ）一本松♀、左カーブ（上は国道288号線）高架くぐる。右カーブ下る。八島川（太田橋）幅10m流れ5m。〝ゆべしの「かんのや本店」（老舗？）〟あっちこっちで除染作業中!!とある。「ビジネスイン・パレット三春（プレハブのビジネスホテル）」、右・リオンドール複合ショッピングセンター。レールをくぐって左カーブへ、上り、すぐ高速高架くぐる。左、ダイエーエイト・ホームセンター。ゆるやかだが長い上り。ウーン、こたえるよ。メモする程のものはなく、ただ単々と上ったり、下ったり。道はよくなり市街地は通らず効率的だが味気なし。左・滝桜・三春ダム方向をわける。栗の実があっちこっちに落ちています。動物救護隊、上山田♀、自販機でコーラ1缶飲む。ジュワーときた。「福島県庁を郡山にもってこよう！」の大看板（移転を促進する会）。つばめ交通コーポレーション（タクシー会社＋観光バス5台？）、左道沿いに川の流れ、一級河川・桜川です。7～8mの流れ、時々小さなナメ滝あり。福島県動物救護本部。（何なの、これ？）三春シェルター（アニマルシェルター）。ハデな大きな建物、ZOO・パチンコ屋？廃墟です。下向田♀、12便／日、JA福島さくら、上舞木「直昆（ナオ）神社」（うっそうとした狭くて急な

階段のずっと奥にやっと見える、上まで行かず）

15：45　舞木（もうき）駅到着。無人、ホーム半分の駅。しもたやで買った缶ビール（自販機）を、ホームに直に寝そべって飲む。ランニング一枚になりクツも脱ぎ、誰も居ない事をいいことにして、仰向けになり、「青空と雲」の空を眺める。上空は風があるのね。ゆっくり雲が流れてるよ。どんな写真になるか、仰向けのままカメラで空を写した。静かな初秋の空。左足の親指が痛む。忘れていた、隠れていたものが身体が休まると出て来ます。歩けるかな〜、ダラシないけど、今日はもう勘弁して…。１９０円の切符（自販キ）買い２両電車に乗り、郡山の宿へ。東横イン２泊目、一風呂浴びて、６〜７分歩いて駅ビルレストランへ。今宵は「天丼＋蕎麦＋熱カン」１，５００円です。アーおいしかった。パラパラ落ちてきた小雨の中ビジネスホテルに戻り、足指などの手当を一本一本いたわりつつ充分やり就寝。一時間ほど寝つかれなかったが、その後ストンと朝まで眠りました。〝熱カンで今日も一日しまい込む〟オヤスミ！郡山の夜よ人々よ。…「熱燗は今日のご褒美。明日への点滴」

舞木駅

（磐越東線）舞木（もうき）↓東線沿い↓郡山

平成28年9月5日（月）くもり↓晴れ

舞木駅〜桜川〜岩江橋〜三春町公営住宅〜こはし（桜川）〜土橋♀〜小泉橋〜逢隈橋（阿武隈川）〜水穴♀〜富久山自動車学校〜リトルリーグ野球場〜日東紡積工場〜陸橋〜駅入口（交）左折〜日吉神社〜梅田ガード〜逢瀬川〜安積橋〜郡山駅

8：18〜10：30＝2時間＝7km

6：00起床　7：00朝食　8：00の電車で磐越東線を舞木まで戻る。

〈東横インについて〉

部屋・調度よし：朝食無料・内容よし：トイレ・風呂ともによし：スタンドよし：氷サービスよし：ベッドよし：絵もよし：コーヒー・カミソリよし。以上水準を超えている。価格もよし。

不足点：朝食会場狭すぎ：パジャマ・上下にしてくれ：ベッド頭の上に照明を！

8：18舞木駅スタート。

福内橋わたる、桜川がサラサラと気持ちよく流れている。トチの実がたわわに実っています。

国道288号に出て左へ。舞木名物〝ぞうりパン〟何これ？岩江橋♀、三春町公営団地舞木団地（右うしろ）、県道298号線左にわける。こはし（桜川）クネクネ川を横切る。土橋♀（15便／日ある）。川はサラサラ流れていてこそ川なのだ。…左の桜川の音を聞きながらそう思う。淀まぬ事により清い流れとナル（俺の人生もそうだったな…小人閑居して不善を成す…か）……小泉橋（6m）、逢隈(おおくま)橋↓阿武隈川に桜川吸い込まれる。久しぶり大河です。左（上流方向）にレール鉄橋2両がゴォッーと行きます。川幅200m弱、流れは80～90m。左から右へゆったり流れ、風が心地よいです。この阿武隈川は、遠く白河あたりを発し、延々とここまで流れて来、これから二本松・福島・白石・岩沼と地図で見れば北上し、やがて名取・岩沼あたりでついに太平洋に注ぐ、みちのくを代表する大河です。前方、正面、やや遠く、新幹線が横切って行きます。また、左手・郡山市街の高層ビルが見えます。まだまだ遠くです。水穴♀、富久山自動車学校（右）、郡山リトルリーグ専用球場。右側に広～い駐車場が続く。バス停でのバス待ち人数増えてきた。日東前♀、日東紡積の大工場です。日東紡テクノ工場、行き交う交通量も増加。新幹線高架目の前に迫る。左カーブの道を100m進み、少し間違えて戻ってガードをくぐる（在来線の上を渡って新幹線高架をくぐって）、久保田（交）を左折。リュックのチャックが半開き、ミカンが3ケコロコロとんでもない方向に転がってしまい、誰も居なかったが恥ずかしかったよ。（予期せぬ方向に物って、転がるんだね）。右、真言宗阿彌陀寺（立派だ）。今度は日吉神社（100

日吉神社

m程参道があり、上まで上がってみる。幾重もの赤い鳥居もあり、（前頁写真参照）なかなかおごそかな名刹でした）。梅田ガード（上空は磐越西線）。今歩いている道は、奥州街道（陸羽街道）です。一級河川・阿武隈水系、逢瀬川（幅40m、流れ20m）＝安積橋、そしていよいよ中心ビル街・左側に郡山駅。10：15トーチャコ!!3日前のいわき駅から約90㎞歩き終えました。東はるか遠く越えてきた阿武隈山地がグレー色に高く大きく横たわって見えます。今回は郡山着で「てくてく仕舞い」で千葉に帰ります。短かったけど、滋味の深い「てくてく」でした。磐越東線の村々よ人々よありがとうございました。

〝二度と歩く事もないかもしれぬ山々が遠ざかる〟（山頭火ふう）

次回からしばらく海岸線と大きく離れ、阿武隈川ともつれ合いながら福島・白石・仙台を目指しててくてく歩きます。

郡山↓東北本線沿い↓杉田

平成28年9月11日（日）くもり時々小雨

郡山駅（西口）〜駅入口〜咲田2丁目〜うねめ通り〜安積橋〜久保田〜行健小〜沼ノ下〜新日和田橋〜日和田日の1〜安積公園〜にごり池〜県農業総合センター〜村社・鹿島神社〜双葉町仮設住宅〜五百川橋〜4番札所（阿武隈川）〜本宮駅〜本宮橋（あだたら川）〜福島民報社〜日通NECロジスチック〜杉田薬師堂〜杉田川〜杉田駅

8：30〜14：55＝6時間30分＝22km

天候不順、それなりの自分の予定もある中、2泊3日ででも出かけて歩く…そんな今回です。グズつき天候雨も覚悟です。11日、早朝家を出たら、まず雨です。小雨とみて帽子で凌ごうとしたのがミス。15分駅まで歩いて、しっとり濡れてしまった。篠突く雨は曲者です。先が思いやられます。昨夜セリーグ広島カープが優勝し、東京ドームで胴上げでした。東京駅6：40やまびこ号に乗車。日曜のせいかガラガラです。大宮すぎて雨も上がったか郡山8：20着。8：30から早速てくてくスタートです。西に伸びるメインのさくら通りを行く。国道4号線も横断し、左に〝安積国造神社〟をチラリと見、おやおや上り坂だ。確かめもせずゆるく左カーブ…それにしてもここまで来ては来すぎだと気付き、富士火災すぎて交差点を右折、神明町、咲田2丁目、法現寺（左）先で〝うねめ通り〟に出て右折。分離帯のある広い通りです。左に斜めにのびる県道296号を見送る。若葉町(交)、国道4号線を再度横断。そして安積橋傍県道355号線に出て左折。…なんの事はない、大雑把なイメージで歩いて見事失敗。1km余無駄な遠回りしてしまった。どうしてこうしたイージーミスをするのか。安積橋を渡る。この逢瀬川にかかる橋は「9月5日に舞木〜郡山てくてく」の際歩いたところ。梅田ガード（磐越西線）くぐる。近くの草むらで〝ジーサン・自転車とめて立ちション目撃〟。久保田♀、日吉神社、阿弥陀寺（左）、稲荷神社、行健小（こうけん）、「地酒、雪小町の蔵」、（国道２８８号も横切りました。数分前に）…奥州街道（陸羽街道・県道３５５号）を歩いています。

〝ポイ捨ては自分を汚す第一歩〟。「富久山行政センター図書館」立派な施設。左に奥床しい豊景神社です。

ドングリ歯科、アップル歯科、寺の下♀、本栖寺（ほんせい）…キンキラギンの豪勢に見える寺です。寺門に大看板あり「足るを知って原発を全廃しよう！」とあった。寺にこの看板！ギョッとしたが〝物申す寺〟があってもいいではないか…とも思う。それ位、「3．11」は人々に深く傷を残しているのだ。このあたり福原、両サイドの家並みは、夫々道路に向け間口5～8間位、しかし奥行きは深く…細長く、豊かそうな家々が並ぶ…。須賀川・二本松線と称する県道３５５号線だが江戸明治を通じ、この街道は繁栄していたのではないか。黒ガワラ白い蔵も多い。環状道路を突っ切ります。沼の下♀、左に沼があるらしい。上ってみる、あったあった「宝沢沼」結構広い。散歩の人、数人見かける。水神宮あり。街道に戻り、牛ヶ池団地。右に牛ヶ池、東北線レールまたぐ。「悪い事する人お断り、日和田町」…わかりやすい看板だ。小島山入口♀、右に「こどもの森公園」への道わける。

前方遠く、安達太良山系が大きい。しかし上半分雲の中です。「軽い一杯、重い代償！」……てくてくで歩き続けると、市や町や学校それにボランティア組織のものと思われる「標語」に実によく出くわす。出来るだけ、私はこのメモにとり入れ記している。〝交通安全〟〝子供の情操〟〝あいさつ運動〟など啓蒙標語だ。結構これを読み、齢とともにタガの緩み気味な私の心を戒めつつ歩いています。…（子供たちに推奨していること、大人こそ実行していないよ！）

　日本電工♀、ＪＲ日和田駅は左方向。「日和田日の一」♀、そして八幡神社。またまた由緒ありげな茶色の瓦。左、日本一の寺、左、西方寺、夫々ご立派です。ここは日和田町北の入。三本松♀、（たしかに松が３本あったような…）。右に安積山公園…小高い丘、盆栽のような赤松の林、古木が美しい。東南面に運動公園、スポーツのかけ声しきり。芭蕉ゆかりの句碑もありました。私のてくてくも、ソコカシコで芭蕉と同じ道を歩いているようです。（時空を超え満更他人ではない気分…）

　突然「本日除染しました　9／10　0．18です」看板現れる。このあとも除染作業中の看板時々見かけます。にごり池♀、左４００～５００ｍあたりに、小綺麗な工場群が見えます。県総合農業センター♀（便数は1～2本／日）無きが如シ。高倉小、左、山清寺という大きな寺あり。高倉城址入口、村社鹿島神社（左）奥床しい杉大木と苔むした階段。その奥に社が南向きで見えます。
　右、県水道浄化センター、「双葉町応急仮設住宅（プレハブ）団地」…２００世帯分ぐらいありそうだが、ひっそり静まりかえっている。緊急的な応急仮設住宅だから止むをえないとも思うけど、３年たって５年たってもこの住宅で暮らしている事を思うと、もう少し部屋を広く、前庭をとるなどの配慮も欲しい…と思えてくる。世界経済３位の大国にしてはどうなのか。震災直後の体育館などでのザコ寝状態からすれば最低限のプライバシー確保もでき、有り難い住宅なのだが、3年~5年住むとなると息がつまりそうではないか。まして原発汚染からの避難であってみれば。少しでも身も心も癒せる待遇を東電（国）は成すべきと思う。為政者の心が貧しいぜ！

五百川（橋）、幅80m流れ30m程の川。稲の実る田んぼの中を行くと、右手パナソニック本宮工場です。酪王牛乳、「迂回路の大看板」連続して、右への道路を行き阿武隈山地を越えるに関する大迂回路を案内しているようだ。右、新昌寺、積達騒動記念碑（左）あり。12：05更に進み、両側の住宅も増え、旧い家も混じる。右手に4番札所あり。パラパラ雨、札所の軒下で休む。10分もして、ふと、裏の土手らしきものを上って驚いた。スグ裏に、阿武隈の流れです。大粒の雨、更に我慢しつつ歩く。そして商店も増えてきた町らしき通りを行くと、左手奥に本宮駅があった。明るい白とグレーのモダンな駅舎、駅広等の設備もよろしい。

阿武隈川（舞木→郡山近く）・磐越東線鉄橋

本宮市誕生十周年記念の音楽セレモニーに偶然出くわした。若者好みの生演奏もあり、賑わっている。出店も多く家族連れが楽しんでいた。左から安達太良川が阿武隈川に合流（安達橋）・もとみや橋、本宮市地域生活バス・荒野♀（各方面に夫々3〜4本／日）。〝ドアしめて、ベルトをしめて気も引きしめて！〟左手、一段高いところに立派な社あり。（まさか、安達太良神社？）左、カーブ川を挟んで対岸にも大きくて立派な寺あり。「福島民報他販売センター」百日川（幅10ｍ流れ８ｍぐらい、サラサラ流れています）、「ファッションホテル パープル（メンバースカードでサービス充実！）」↓ショートタイプ90分、２，８００円、ゆったりタイム３時間３，４００円（安いのか？）…「初ラブホテル、ポイントカード 彼女出し」（読み人知らず）

ホテル、ＣＨａＣＨａ！名なし㊋左は岳温泉へ。右は三春へ。大山字仲北。自販機・スプライトで一息いれる。１３０円也。13：55。

除染作業現場に遭遇。すぐ脇では野菜あり、黄金色の稲がある。安全確保内の数値であり、一安心しながら福島の人々は生活している。だが１００％信じ切っていない不安感を心の奥にしまい込んで生活している。左へ行けば国道4号線。日通ＮＥＣロジスティック㊨右手、奥の細道のゆかりの杉田薬師堂。霊泉湧き出ておりヒシャクもあるのに〝平成14年8月検査、飲めません〟と明記。残念ナリ。冷たい水が湧いているのに…。頂上まで登ってみました。薬師堂。浪江町応急仮設住宅地。３００ｍ先にも、仮設住宅あり。杉田川（杉田橋）幅50ｍ（流れ20ｍほど）。トウトウと流れていました。二本松市杉田小。左手はるか安達太良連山が高い。正面、小山の頂上に寺が見える。踏切2両がガラガラ通りすぎた。酒屋で缶ビールと水割り買い込んで無人の杉田駅着です。14：55

どうやら雨合羽着る程の雨にあわずラッキーでした。15：31発のレールで郡山駅までもどり投宿です。今日はなんといっても「除染中！」の現場に遭遇したことです。農産物を栽培している傍…で除染です。人体に害のない数値という前提の上で更に除染作業している…ということです。地元の人々の耐え忍ぶ心の中はいかばかりか。福島県民以外の我々に重い課題を突き付けております。東京の人は関係ないのか、千葉の人は…と。

○旧奥州街道

郡山駅西口の駅前大通りを西へ３００ｍほど歩くと中町交差点。ここに南北に延びるのが旧奥州街道。（県道須賀川・二本松＝県道３５５号線）

今回歩いた（県道須賀川・二本松線）この街道沿いに江戸時代に、宿場が開かれていた。

中町交差点付近を境に、南を上町（かみまち）、北を下町（しも）と称した。両端に木戸門が設けられ本陣、脇本陣、旅籠屋が軒を並べていた…という。

○日吉神社

奥州街道（須賀川二本松線）・久保郵便局手前（郡山駅方向）の角を左に入り、参道を１００ｍ進むと日吉神社があり。

　参道わきに16基の石造搭婆（いしづくりとうば）があり鎌倉時代末期のものという。〈伊東肥前守重信の碑〉あり…戦国時代末期、伊達政宗配下の武将で天正16年（１５８８年）郡山合戦の際、政宗の身代わりとなって戦死した。以後伊達家では参勤交代の際、必ず立ち寄り香花を手向けた……と伝えられる。俗に〝仙台佛〟といわれる。

○安積国造神社（あさかくにつこじんじゃ）

郡山駅西口大通りを西へ進み国道4号をこえ、さくら通りに入ると、まもなく左側にあった。この神社は坂上田村麻呂や源の頼義・義家が戦勝祈願したとの由緒あり。この神社の宮司の子・安積艮斎（こんさい）は昌平学の教授をつとめた。門人には小栗忠順・岩崎弥太郎らがいる。幕末・明治の動乱期に活やくした人々に影響をもたらした…と伝えられる。

○安積山公園

日和田駅から北へ1．5㎞奥州街道を二本松方向、右手にある。公園のある丘のような小山が安積山。枕詞として有名な「安積山」は「白河の関」「信夫」と共に県内で有名な枕詞。「安積山　影さえみゆる　山の井の　浅き心を　わが思はなくに」と万葉集にもうたわれている。松尾芭蕉と弟子の曽良は元禄2年。旅の途中、立寄っている。

○杉田薬師堂の霊泉

二本松市の農夫、齋藤太郎左衛門　延宝5年正月2日、霊夢を見る。山深く立ち入るも到達できず。ようやくにして尊体を見るに至る。尊体出土せる穴から泉が湧出。これを温めていただく。総ての病が治癒す。お堂をたてる→薬師堂開山、農夫は天心と名を改め、堂守として一生をおえた……源泉からひかれた霊泉はコンコンと湧き出てました。但し、平成11年3月11日、原発事故のためか飲料に適さず…との立札ありて。せめて、手を洗い、顔を拭って、涼をいただきました。（水質検査・県北保健所）

○積達騒動記念碑

江戸時代中期、寛延2年（1749）に二本松藩内で発生したただ一つの百姓一揆が「積達騒動」といわれている。稲作の大不凶、年貢の圧迫に耐え兼ね、農民1．8万人が集結。長百姓「冬室彦兵衛外」が中心となり、要求を藩に認めさせ、流血を見ることなく解散。昭和2年に「積達騒動鎮定の碑」が建立された。（本宮市教育委員会）

＜２０１２年３月＞

	人口（千人）	財政力指数
磐城市	３３８	０．６６
郡山市	３２５	０．７５
福島市	２８５	０．７１
会津若松	１２５	０．６１
須賀川市	７９	０．５５
南相馬市	６６	０５９
伊達市	６５	０．４２
白河市	６４	０．５７
二本松市	５９	０．４５
喜多方市	５２	０．３７
田村市	４１	０．３２
相馬市	３７	０．５５
本宮市	３１	０．６２

……２００９年～２０１１年の平均値

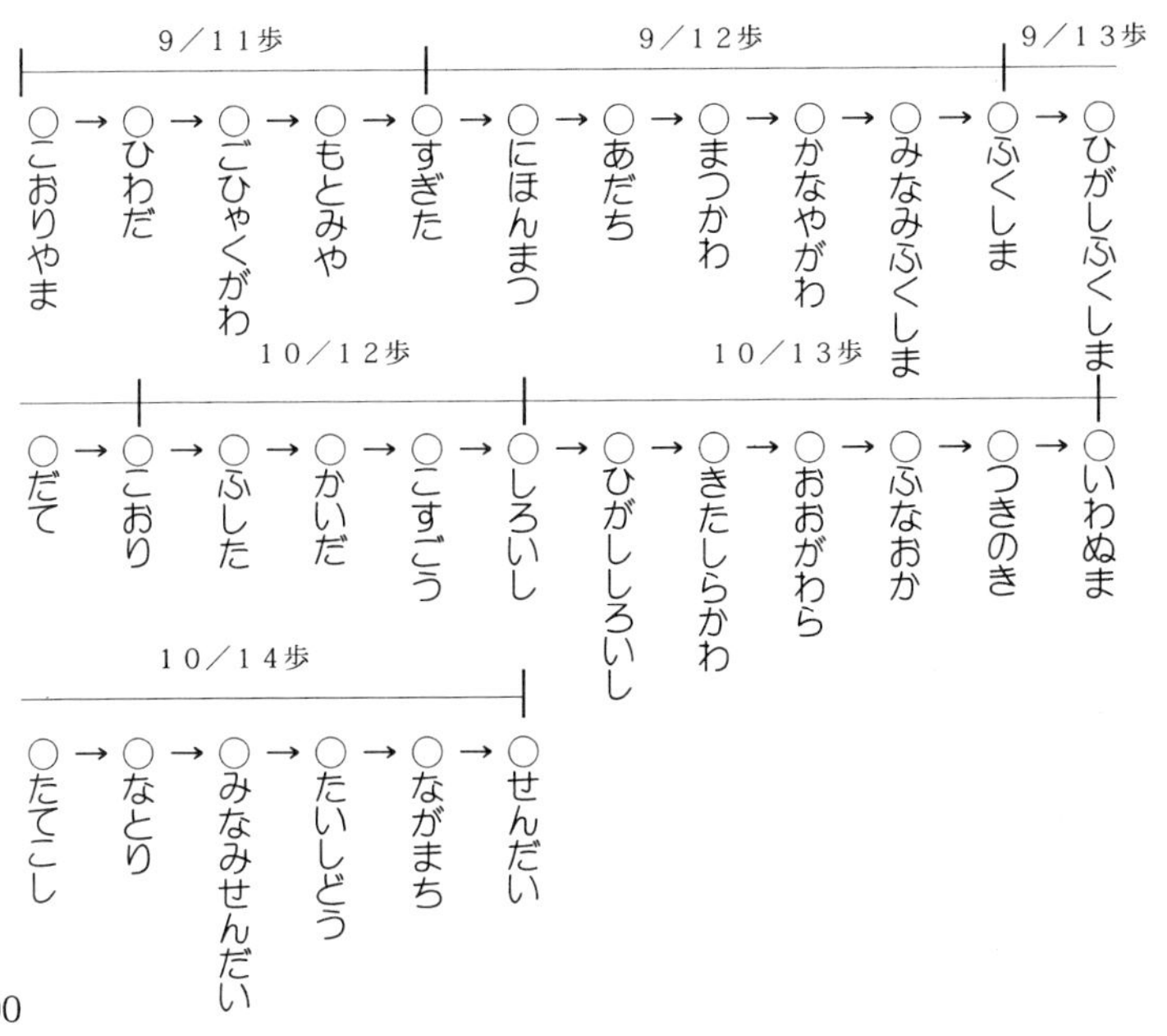

東北本線杉田↓

東北本線沿い↓福島

平成28年9月12日（月）くもり↓雨

ＪＲ東北本線・杉田駅〜国道４号交差〜福島ネオメタル会社〜二本松インター入口〜霞ヶ城公園〜成田町（交）〜若宮２丁目〜本町（交）〜郵便局前〜二本松駅〜二本松神社〜亀谷（交）・三差路〜蓮華寺〜郭内Ⓣ〜二本松工芸館〜竹田（交）〜大七酒造（株）〜鯉川〜智恵子記念館〜安達駅方向わける〜油井川〜二本松福岡長谷寺〜県道１１４号に〜右に松川駅わける〜安達工業団地入口〜ＪＲみちのく安達倉庫〜黒沼Ⓣ〜吉倉Ⓣ〜水原川・西光寺〜勝川橋〜郡山南体育館〜金谷川駅左にわける〜福島大学〜伏拝（交）〜（左）諏訪神社〜素利町〜日東紡福島工場〜大森川〜信夫橋Ⓣ〜福島駅東口

9：00〜16：30＝7時間＝25km

☆前夜は郡山駅前「東横イン」。今朝の予報では雨の確率は60〜70％です。雨降り覚悟、雨合羽覚悟！雨の時は雨なりにおとなしく歩こう！7：00サービス朝食。8：15ビジネスホテル出て8：30すぎ電車で杉田駅へ。（郡山駅ホームで着電車を見ている…須賀川方面からの着電車（4両）、福島から電車（4両）、三春方面からの電車（2両）、会津若松方面からの電車（2両）……いずれも朝ラッシュ、満員とはいえず7割くらいの乗車…厳しいなあ！（一番多いはずの朝ラッシュなのに！）

☆私のてくてく旅は他人さまから見れば、ジーサンの気ままな一人旅と見え気楽なもんだと思われ、また、少しはうらやましいと思う人もいるみたい。本人は、これでも結構大変なのさ。日程決め、宿を捜し、切符を手配し、身支度も整えて…などなど。たしかにそれなりの「金」「暇」「体力」の三拍手は欠かせない。そんなてくてく歩きを繰り返し繰り返し、実行出来ている私は幸せ者の一スタイルだろう。…謝謝！　でもネ毎日を無意味・自堕落に過ごさず！体力的なトレーニング（私の場合、プールとジョギング）もそれなりにやってますよ。「何事もやれるうちにやる、やるんなら日頃少しずつでもする」「歩くことが健康を呼び、健康が歩くことを後押ししてくれる」カミさんからするとしょっちゅう出かける私は、「亭主留守でルンルン気分」もある反面どっかでトラックに轢かれやせぬか…」の不安も大きいだろうか…。「宿六は今日はどこまで行ったやら」…「牛乳飲んでる人よりも、配達している人の方が達者です」…誰にいうでもないけれど愚痴っぽいネ。

杉田駅9：00スタート。新幹線が出来たとはいえ、東北本線は依然として大動脈。レールも上下の複線。よって、大抵の…利用者の少ない…駅でも跨線橋がある。利用者の多寡は駅のありようにも表われる。驚く程の数の無人駅に遭遇する。20年も前なら正社員の駅員がおり、それからＯＢの嘱託駅員となり、パートとなり、そして無人となったものだろう。大きな跨線橋に小さな駅舎。スイカのＩＣチェッカーのみが真新しい。二本松3中。国道4号と交差、道路側溝を作業中の除染チームに「おはようございます」と声をかけた。勢いよく返答がありました。左・福島ネオメタル会社。左・永田農村広場に「浪江町仮設住宅」。岳温泉、岳街道入口（交）、二本松インター入口（交）。左、霞ヶ城公園…ここは成田町一丁目。成田町（交）、両サイドは郊外店舗が並んでいます。若宮2丁目40便／日♀（4方面で）。交差点や側道にぶつかる歩道には必ず！というくらい、「一旦トマレのマーク」あり。交通事故対策です。…なんと道路に面している民家の玄関前にもこのマークありました。県道３５５号を歩いている。本町（交）、郵便局前、そして右に二本松駅あり。駅前に6階の立派なアーバンホテルあり。駅舎

トマレ

を背にして駅前通りを100m余で県道にもどり、そこに「二本松神社」が奥にあり参道が上がっている。

二本松神社…二本松の総鎮守。領民の守り神を上座に、二本松藩主自身の守り神を下座に祀ることで「敬神愛民（けいじんあいみん）」の精神が示されている。1805年築造された。二本松の提灯祭は日本三大提灯祭の一つといわれる。10月4日〜6日に開催。約350ヶの紅提灯を付けた7台の太鼓台（山車）が市内を練る。…私は2年前、この祭りを見るだけの為、二本松を訪れた。本町三差路交差点を（通行止にして）集結した山車は7層8層にも三角形に提灯を（やぐらで）積み上げ、陽も暮れる頃点灯し、上り坂を練って登りゆく様は幻想的でありました。

霞ヶ城公園…二本松神社前あたりから県道355号とわかれ、県道129号線に左折して入り、信号交差点を更に左に入ると、歴史資料館がある。更に急坂を上り（久保丁通り）切り通しを行くと正面に二本松城跡があり県立霞ヶ城公園となっていた。春の桜、秋には日本最大規模の「菊人形展」が開催（10月〜11月）される。霞ヶ城（二本松城）は。1868年7月29日戊辰戦争で落城した。

〈二本松福岡長谷寺〉

「お前（武士）の俸禄は人民の汗と脂のたまものである。領民を虐げる事は容易いが、天を欺くことはできない」の意の旧二本松藩戒石銘碑（国史跡）あり。…を見て、県道129号線、県道355号線に戻った。白壁土蔵造り＝蔵、多シ。本屋さんがまだ3軒もあった。亀谷（交）三差路…ここがあの提灯まつりの日暮れ時スタート地点だ。左の坂を上る。左に文化センター、コンサートホール、急坂右カーブ地点に蓮華寺です。亀谷1丁目♀、〝お祭見物に来た時は、まさかてくてくウォークで再度この坂を歩くことになるなんて…〟切り通し・左側に湧き水あり。冷たくはなかった。郭内♀、二本松工芸館、竹田（交）、無電柱化の広い街路、「大七酒造（株）」これはなかなか大きな造酒屋です。レンガ造り。

智恵子記念館

根崎（交）、鯉川橋渡って右折。左手廃屋から上り坂・鳥居を五つ六つ連ねた神社あり。左・「智恵子の生家記念館」・入館すれば410円也。木戸番のチャーミングのオネェーサンが是非！というのに、ふり切って歩く。右へ行けば安達駅方向。油井小前♀、二本松福岡長谷寺…奥の細道ゆかりの寺。小山の階段クネクネのぼると思いかけず大きな古寺あり。福岡長谷十一面観世音。「心をも　みがけばついにくもりなく　石も鏡になるわ　はせでら」の句碑あり。県道114号線を行く。右・松川駅4.4km。安達工業団地入口。黒沼♀、山の上り坂、雨にうたれる。民家軒下雨やどり・犬にワンワンほえられる。自分が落ち目のようでみじめな気分に。下り吉倉　、更に雨ひどくなる。完全武装に。

水原川（幅20m、流れ10m）、西光寺（左）、松川橋郡山南体育館に逃げ込む。（左・金谷川駅へ）

私はまっすぐ。左に福島大学。バス9便／日。国道4号合流。左・NEC会社。国道4号・福島南バイパス（山間部）・栗の実アッチコッチに落ちていた。ドンドン歩く。車はビュンビュン。歩道が広いので助かる。ひたすら歩く。伏拝（ふくおがみ）（交）で国道4号とわかれ、また、県道（奥州街道＝陸羽街道）を南福島駅めざし、グングン下る。新田♀の小やで小休止（雨やんだか合羽脱ぐ。左側に諏訪神社・坂を上ってみる。本殿の前にオッサン3人。10月の祭りの準備だそうだ。「3．11」で本殿のカワラがやられ、思い切ってトタンに葺き替え、柱も補強したそうだ。握手して別れる。素利（そり）町（交）、ヤクルト福島工場、日東紡福島工場、大森川（荒川橋）幅30m、（流れ8m）。左から右の阿武隈川に合流する。荒川（信夫橋、川幅100m流れ40m）、中町♀、更に進むとなんと南福島駅をいつの間にか通りこして、福島駅到着でした。16：00過ぎ着。（信夫川：地図では荒川？）

今日は小雨で下を向いてひたすら歩いたので、距離ははかどりました。本日は福島駅傍のビジネスホテルに投宿です。早く熱い風呂に入りたい。グーッと一杯やりた～い。

福島→東北本線沿い→桑折

平成28年9月13日（火）雨

福島駅前～国道4号～市役所（左）～競馬橋（右）～松川橋～八反田川～県道353号へ～大国屋～摺上川～姥川十字路～キッコウゲンしょう油～吉川紙業～諏訪神社～旧伊達郡役所～桑折駅
8：50～12：30　3時間40分＝15㎞

5：00起床。思わず窓から外を見る。雨は朝からの予報。街路濡れている。雨模様。気が沈む。最悪。雨完全装備でビジネスホテルを出る。今日はJRでいうと三つ先の桑折駅までを目標に、奥州街道＝陸羽街道沿いを歩く。昼すぎ終了し、今日のうち千葉まで帰ります。

福島駅舎を背にして国道4号まで歩き始める……（それにしても新幹線の停車する駅舎は例外がない位、一様に超横長の長方形BOX駅舎だ。新幹線の停車駅ともなれば、各地方で主要都市であり地域性もあるのだから今少し地域特性を表わした駅舎にならぬものか。歴史も伝統もJRの効率性、経済性のみに任せてよいのだろうか残念だ）

東口を出て、国道13号を横切り、福島テルサ前を右折して福島城跡に行ってみる。数百mで県庁となる。このあたりが城跡ときいたが城らしきもの見当たらない。（土塁、庭園あり）1702年（元禄15年）板倉氏が福島3万石を拝領以降、幕末まで板倉氏の所領。傍ら近く、阿武隈川が流れていた。半ば、ガッカリして福島テルサまで戻り、左折して国道4号に合流。左市役所（半分増築したか）立派です。「Fukushima　Horse　Raceコース」の巨大建物（右）、シトシトと降る雨、左手前方・信夫山が滲んで見える。手押し車を押して歩くオバアサンと話しながら10分も進む。（元気だネェーどこまで行きなさる?…などなど）、地元の人との会話は何故か、心に残ります。信夫山といえば私のような昭和20年前後生まれの人には、大相撲の技師、「名力士　信夫山」を思うが、こちらの出身ではないのか…福島県伊達郡の出身でした。小野川部屋。

信夫山（しのぶやま）…福島盆地の中央に位置し、２１６ｍ程の高さながら多くの文化施設等があり、市民の自慢のスポットだという。地図で見ると信夫山地域内に出羽三山の、羽黒山、湯殿山、月山などの名もみえる。美術館、文化センター、音楽堂、公園…などなど。国道沿いの赤十字病院の奥(左)にある音楽堂の一角に「古関裕而記念館」があった。……福島市出身、全国高校野球、夏の大会歌「栄冠は君に輝く」「巨人や阪神の応援歌」など多数手がけた。２０２０年春、ＮＨＫの朝ドラで古関裕而主人公の「エール」が始まった。出だし視聴率トップです！…岩谷下（交）で左にも右にも観音堂の案内あり。特に左に入り少し進むと、岩谷（屋）観音あり、…五十辺字岩屋に50体以上の磨崖仏が刻まれていて岩谷（屋）観音と呼ばれている。

松川にかかる松川橋、幅１７０ｍ位、流れ50ｍ、折からの雨か茶色の濁流が渦巻いていたよ。この松川は、右６００~７００ｍで阿武隈川に合流です。本内町♀（本数、系統数多シ）。八反田川幅25ｍ流れ８ｍこちらも濁流です。福島学院前♀、阿武隈急行線の下をくぐると分岐。右への国道4号とわかれ、県道３５３号線を行く。（頭上トコトコ2両の電車）。「瀬上島貫本家」重厚な旧い家（文化財・左側）↑大国屋という表札。弘法大師の台厳寺、龍源寺いずれも立派な寺。左・雷神社。国見福島線（県道３５３号線）をそのまま進むと阿武隈水系・

摺上川（一級）となる。幅180mもあるか、流れは50m程、左から右へ濁流。

「幸橋」を渡ると、伊達市域へ。姥川十字路、このあたり旧街道らしく由緒ありそうな旧い古民家多い。国道399号と交差。左へ行けば飯坂温泉（左）。伊達駅が左に近い。雨も小降りで、セッセと歩く。赤レンガの重厚な家「田中」蔵もある。ただ所有者ももてあまし気味か、生き残った怪獣のようにも見えた。桑折町域へ。キッコウゲン醤油（まぎらわしいぜ、キッコーマンと）…味噌、醤油・大きな蔵もあり。臭っている。左に全国高校野球で強豪の聖光学園高校あり。

左・曙ブレーキ工場…工場内敷地にリンゴ、栗、桃の木、多数。リンゴと栗はタワワに実っています。…経営者（工場長）の心音が伝わってきました。

福島と相馬を結ぶ大きな道路造成中です。続いて左・吉川紙業（株）…巨大な倉庫を思わせる建物で、人影見えぬ。

産ヶ沢橋…石の橋です。10m程、やはり濁流。

右に「安積寺」子育て＋眼病＋腰。「火伏不動尊。」安積寺の奥に「諏訪神社」

火伏不動尊

あり。丁度この日は御柱祭の終わったあとでした。800年の歴史をもつといわれ7月下旬の祭礼では豊作祈願して山車5台＋屋台1台が出る勇壮なものだそうな。（うす茶色の巨大な御柱たっていた）右手に諏訪神社を見て直進すると、T字路にぶつかり「桑折寺」があった。

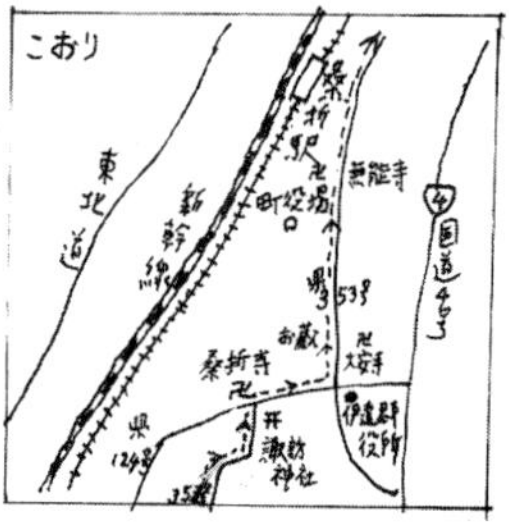

その、桑折寺正面の山門は西山城の（伊達家の居城の）城門を移築したものといわれ、切妻の唐破風が優雅に見えます。（なんじゃこの門は！といういい感じ）聖観世音菩薩・時宗の伊達12番札所とあった。寺の門傍を右折。すると右手に先程の諏訪神社正面参道が右に見える。そして、トイレのある十字路を左折（まっすぐ行けば国道4号）し、駅方向に向かう。右、大安寺そして左に「桑折御蔵」という〝おもてなし会館〟あり。更に進んで左に、無能寺入口あり。ちょっと入ってみると、門の左側に「明治天皇御巡世」碑あり（2．5m）。門に入ると樹齢450年といわれる明治天皇命名の「御蔭廼松（ミカゲのマツ）」があった。本殿は、寛永年間に無能上人再興の寺で（徳川家）葵の御紋が認められた。

◎旧伊達郡役所（書き忘れたが…）

トイレのある角の右に、前がひらけた広い敷地あり。この地には違和感を感ずる洋館（のような）が、スッキリと建っている。1883年（明治16年）建設された。「国重文の役所」。総二階建て。中央に搭屋を設け気品が漂う雰囲気。隣接して円山応挙、渡辺崋山らの作品を納めた美術館もあった。

しばらく駅方向に行くと、右側奥に広大な空地のような所があり。「福島蚕糸跡地」だとの事です。更に進むと角にラーメン屋のある三差路となる。右側は立派な街路で国道4号にぶつかっているらしい。斜め左に入る。小ざっぱりした桑折駅にぶつかった。近くの酒屋で缶ビールの小を2ヶとツマミを買って、ヤレヤレやっと着いた！と雨合羽上下、帽子、ザックカバー、スパッツなど脱ぎスッキリしてから待合室でチビチビ始めた。福島まで電車２４０円也。待合室で60歳すぎらしいオバサンが寄ってきた。手に1，０００円札を持っている。切符の買い方が分からぬから教えてくれ、とのこと。自販機傍へ一緒に行き丁寧に教えてあげた…「ついて来れない者はドンドン置いていく」…とばかりの効率追求の社会。「カードやスイカ無人駅」…となると、たまに利用するお年寄りにとっては、つらい社会だ!!ワンマン電車の座席に納まるまで付き添いしました。……「娘のいる郡山まで行ぐのだ」。という。なぜだか私は涙ぐみましたよ。12：50上りの、ワンマンに乗り、福島で13：17のヤマビコ号にのり千葉へ帰ってきました。「味噌カツ駅弁＋水割り＋ツマミ」で新幹線シートで一人慰労会です。汗にまみれたシャツ…少し臭っています。となりシートに誰か座りませんように…。

桑折（こおり）↓藤田↓貝田↓こすごう↓白石

平成28年10月12日（水）くもり時々晴れ

> 桑折駅〜異国の丘歌碑〜追分〜一里塚〜追分公民館〜久保八十番集会所（庚申塚）〜佐久間川〜丸芸青果食品（株）〜藤田南♀〜国見駅（寄らず）〜あつかし山展望台入口〜運動公園〜JR国見共選場〜国見町立県北中学〜皆様の休憩所〜奥州合戦古戦場跡〜大木戸応急仮設住宅〜厚樫山故戦将士碑〜東北道くぐる〜貝田駅〜安産ダルマ石像〜越河中央♀〜白石市越河将〜熊谷勇七君の碑〜「モシモシピット2km先」標識〜東レストラン昼食〜甲冑堂〜白石警察署〜碧水園〜市役所前〜白石城〜コンビニ〜パシフィックホテル（白石駅前）
> 9：00〜16：15 ＝7時間 24km位か

今回も予定の都合で2泊3日の歩きとなった。往復の電車賃を考えると1回10泊ぐらいすれば効率的なのだが…。まだ少し生身の人間関係一方的に拒否も出来ずウジウジしていると、2泊でも3泊でも可能な時は出かける…こんな実態です。まあ中途半端な男なのです。困ったもんだ！

3：45起床、5：10出。7：40東京発仙台行やまびこ号に乗る。1〜7号の自由席。上野、大宮すぎても精々座席半分の乗車率。東京は晴れています。しかし、福島方面は雲↓小雨の予報です。10月15日南房総館山で南総里見祭なので14日中、お祭り好きの私としては、なんとか帰着せねばなりません。よって今回2泊3日で、ざっと66km程歩くつもりです。順調に進めば、グット仙台に近づくはずです。

みちのくへ疾走する車窓からは、日光、那須、安達太良の連山が見えます。那須塩原駅ではハイカーの中高年が7～8人下車です。（那須岳に登り、今宵は「三斗小屋温泉」泊か、それもいいなあ…）。福島8：37着。山々がくっきりよく見えます。やっぱり空は秋模様。天が高い！

8：45藤田行各停に乗る。桑折駅下車。（通ってきた東福島駅舎は予想に反し、無人のように見え小さな小屋のような駅舎でした。伊達駅は木造で三角屋根のある趣あるよき建物）

桑折駅9：00下車。すっかり曇ってしまった。小雨に見まわれるだろうか。「献上桃の里」「異国の丘・歌碑」作詞家・増田さんの出身地、駅前広場の一角にあり。（9月13日の時は気がつかなかったなあ～）駅前が、奥州、羽州街道の「追分」です。羽州街道第一番一里塚の碑。追分公民館。左にレール。右、国道4号に挟まれた桃と柿畑の間の旧道を行く。半田譲芳小（左）、久保八幡集会場、庚申塚あり。右手遠く、阿武隈連山が見えます。あれを越えてきたのだ。あの山々の向こうが海…そして福島第一原発も!!両サイドどちらも柿畑、甘いのにまじり道端の大きな実の赤い柿は渋柿だろうか。佐久間川5ｍ。

左、丸共青果食品（株）、大谷石を積み上げた石蔵結構多い。桃、柿が途切れると、黄金色の稲の穂、見事な出来です。既に3割位は稲刈りも進んでいます。右手１００ｍのところ、陸羽街道の国道4号です。行き交う車のゴーゴーとする音がすごい。こちらは別天地です。左、4～5㎞先だろうか、遠いが形の大きな山が立ちはだかっています。シジマを破って〝トンガリ柿のようなコワモテの犬の大きな声〟私を感知したみたいです。（番犬にはかなわぬ。勿論柿の一つも失敬できません！）「どこまでも深くて青い空・地上に咲き乱れるコスモスの花・高鳴きする百舌のカン高い声・柿・柿・柿…これが桑折から藤田にかけての旧道の美しい世界です」……

何でもお金に換算したがる経済学者・新自由主義者共よ、換算してみよ、この桃源郷を、この世界を！（でも熟柿は臭いのお！）

今度はたわわに色付いて実ったリンゴです。よくもこんなに見事に。これはもちろんお百姓さんの手による手品です。一本の木だけでも幾つあるやら、圧倒的です。名無しの交差点、（角にサンクス）まっすぐ進みます。「第45回国見町文化祭11／5～6」と「藤田鹿島神社例大祭10／20～22……１２００年の伝統、山車・みこしの競演」の大きなポスター、あっちこっちに。藤田南〇⊥、〝がまだすぞ〟（何？）、郵便局、左に藤田駅（寄らず）、国見町役場…また、このあたり旧奥州街道が南北に通り、〝藤田宿〟の面影残している。鹿島神社、藤田小…また、このあたり１㎞位にわたり、側溝のフタ（コンクリート）１枚１枚に「10㎝×７㎝」サイズの動物の絵を描いたタイルが貼ってある。通学路を示しているものなのか町の姿勢がわかります。（ホッコリしました）。イチヂクあり、ザクロあり「何でも果物はあります福島は」国道４号に合流です。（東京から）２８８㎞地点の表示あり。国道沿いに７階のビジネスホテルあり。あつかし山展望台入口（4.6㎞左）

「奥州連合鳶さ組」、国見町森山、弁慶の碑石（左）、右・運動公園、ＪＡ国見共選場（右）。町立県北中学（柏葉祭まであと３日！）、屋上の大時計４：30で止まっている。左の山の中腹を40両ぐらいの貨物列車が見えた。「皆様の休憩所」国道４号の左と右に。（国道を行く車の休憩スペースでした）熟柿の臭いプンプン、手の届くところに鈴なり。左に赤い二つの鳥居大きな神社。阿津賀志山防塁。文治５年・奥州合戦古戦場跡（左、傍）。旧奥州街道中長坂跡。「放射線量モニタリング調査中」の人々に出くわす。……15人～17人で３ヶ所にわかれ測定。測量士に話しかけると「人体に影響ない数値だけど、定点、定期に行なっております。今日は！○×△でしたので安心ですよ。」応急仮設住宅（大木戸）、右・安養寺。岩淵遺跡、左カーブのゆるやかだが長い坂です。「白石まで14㎞、岩沼まで40㎞、仙台まで60㎞」（ウワッ白石まで14㎞もあるのか！）〝外気温・今・15℃〟柿とりんごの混在する農園が続きます。国道右下傍の農園の片隅。小広くなった所でオバアサンがしゃがみこんで何かしています。煙がくすぶって昇っている。焚火の傍で、アズキ豆をサヤからむき出しているところでした。オバーサン！と二度大声を出したけれど、振り向いてもらえなかったオネーサン…だったかも…。声掛けマズかったかなぁ…反省。「交差点　手をあげ渡る　良いこども」東北道をくぐった。

11：30忽然として貝田駅現る。左側一段高い土手の上がレール、そこに小さな駅はあった。僅かな斜面の空き地に自転車が20台位、車が5〜6台駐車していた。無人駅。かわいい待合室に入ってみると〝貝田駅身守り隊〟男女15人の夫々の写真が掲出されていた。「待合室での寝泊り禁止！」と貼り紙もあり…ギャフンデス。小雨ポツポツ落ちてきました。

「下紐（ヒモ）の石」「安産ダルマ石像」左。「歌枕史跡・伝説回廊」左。旧道（大下り）に入る。このあたりの古民家・趣きあるなあ。「越河宿（こすごう）」のありし地域だな。郷愁をさそう古民家も、あるがまま朽ちるがまま…が数件ありました。越河中央♀（白石市民バス）、越河小、保育園、レールくぐる。

「越河地区宝ものマップ」…道端にビニール袋モニタリングの調査表のなぜか忘れもの。「熊谷勇七君の碑」をすぎる。右にレールその向こう国道4号。この沿道に観光バス車両の中古センター（?）が3ヶ所もあった。（計50台ぐらいあったか）「モシモシピット・2㎞先」…これ何？左、旧道挟んで越河駅か。下り気味進むと視界が拡がり「馬牛沼」という大きな池あり。湖水のまん中に石碑が建っている。「鯉供養」とアル。「畑中勝永」の碑。湖畔のレストランで1，080円也の定食を取る。（東レストラン。体調イマイチのせいか食は進まなかった）。薄日はこぼれるものの…黒い雨ぐもが通る度に雨が降ります。13：30…〃雨は降る僕は濡れる。乾いたころにまた雨は降る〃（株）VICRew（ビークル）…立派な中古バスセンター（左）。右へ100mで甲冑堂（かっちゅうどう）（…通りから横目に見ただけです）萬行槽城址、奥州斉川孫太郎碑。左、大義寺。左、桜戸薬師堂。（かわいいサイズ）天下の4号線なのにこの辺り2km以上に亘って歩道無し…歩く人なんていないよっていわれているみたい。

「このあたり、熊が出没します。注意して下さい」の立て看板!!えっ熊が出るの?山が迫り民家の庭先は色づいた柿だらけ。木に登り柿の実を食べる熊のイメージを想像したら、急にすぐにでも出て来そうな藪も多いぜ。白石市斎川歩道橋。右、公共駐輪場。このあたりが東京から300kmとの標識あり。新幹線のガードくぐる……「藤田からこの近くまで新幹線は長～いトンネル…蔵王トンネルというらしい。旧道へ入って、白石市給食センター、警察署、「パパやめて!脇見、ケイタイ、飛ばし過ぎ」。左手はるか遠く高山あり（蔵王・船形山方面か）。左、法華経寺。「運転はゆったりハートにしっかりベルト」碧水園（伝統芸能）、田街（交）、右は白石蔵王駅方向。南町1丁目、市役所前（交）、白石城の神明社へお参りして、白石城内へ入る。天守閣にのぼる、300円也。城来路…シルクロード…だって。駅前に戻りコンビニで

〈ＪＲ白石駅〉

「ビーフカレーライス」をチンしてもらい缶ビール＋水割りを買う（夕食）。八百屋でリンゴ＋廿世紀ナシ＋カキ（＝450円）も買う。駅から徒歩1分のパシフィックビジネスホテルに納まった。素泊まり6，000円也、キレイな部屋です。カレー食べて、チビチビやり、フルーツも食って「日ハム～ソフトバンク」のクライマックスシリーズを観て、寝ました。てくてく歩くと芭蕉になり山頭火やって、疲れて宿に入れば日常のジーサンです。…これも一つの老後のスタイル！

〈阿津賀志山防塁・古戦場〉

厚樫山（あつかし）（289m）のすそ野周辺にある（国道4号左沿い）国の史跡です。源頼朝と奥州藤原氏が戦った奥州合戦最大の戦い＝阿津賀志山の戦い（1189年・文治5年）の跡（遺跡）です。防塁の延長は4kmにも及ぶという。防さい施設は平泉軍が短期間に完成させたもの。この国道4号北側では外堀が完全に埋まっているが内堀は良好に残っている。外、中、内堀の塁跡が、はっきり認められます。私が通ったこの日は7～8人の方々が草刈り、測量などの作業を盛んにやっていた。

〈白石城〉別名：益岡城

豊臣秀吉は伊達氏支配下にあったこの地方を没収し、蒲生氏郷に与えた。そして白石城（益岡城）を築城、その後、一旦上杉領となり、城も再構築させた。伊達政宗は関ヶ原合戦（1600年）直前、白石城を攻略。伊達領となり、家臣・片倉小十郎により大改修させた。以後、明治維新まで260年間片倉氏の居城となった。明治維新時には、奥州越三十一列藩同盟がこの城で成された。維新後は、兵部省兵隊所になった。明治に入り1874年の「明治の廃城令」により白石城は解体。1900年に本丸、二ノ丸跡が片倉氏から白石町に供与された。1987年大河ドラマ「独眼竜政宗」放映で復元運動が起こり、1995年、三階櫓（やぐら）、大手門が復元（全国でも珍しい木造により復元）。

白石↓東白石↓北しらかわ↓大河原↓船岡↓槻木↓岩沼

平成28年10月13日（木）くもり時々晴れ

白石駅～聖徳太子堂～アーケード街～国道113号～レール沿いの道～サッカー公園～県南食糧～斎川～七ッ宿ダム管理所～崖崩工事中～東白石駅～白石衛生センター～阿久戸踏切～復興ビニールハウス～田んぼ近道～白川中学～県立高等技術専門学校～高田川～金光山観音寺～北白川駅～白石川～サクラフローラ～金ケ瀬（交）～柴田農林学校～大河原駅～鬼平ラーメン～船岡城跡～千本桜～船岡駅～槻木駅～阿武隈川合流～金蛇水神社～日本製紙岩沼工場～市役所（左）～岩沼駅近く・ホテル原田着

7：35～17：05＝9時間30分＝33km

5：00起き、「コッペパン＋オニギリ＋お茶」の朝食をすませ7：35出発。見上げる空に一応、晴れ間ものぞいていています。なんと今朝、白石地方5℃まで下がった…という。このあたり蔵王山麓で冷えるのだ。ブルブル！（手袋忘れた、血圧のクスリ忘れた、…忘れたことも忘れていた、困ったもんです…）。駅前通りに聖徳太子堂あり、一礼ス。「ようこそ城下町白石市へ」を背に県道に出て、方向修正をしてレール沿いの道を行く。左前方視界が開け、雄大な風景です。左手遠く、蔵王連山、その右手、グッと近く「青麻山・800mか」が優美な2コブを見せて、街を見下ろしている。左・白石サッカー公園。「暴走族根絶重点道路（白石署）」。県南食糧、とにかくまっすぐな道です。

左・ATSUGI・大きな事務所です。正門傍に昔ながらの赤い郵便ポストあり。阿武隈水系一級・斎川（さい）。幅40m、流れ10m。ここから上り、そして田んぼの原っぱ。左手はずっと蔵王と青麻山がこちらを見ています。稲刈の終わった田んぼに稲ワラのトンガリ帽子が並んでいます。お百姓ごくろうさまです。七ッ宿ダム管理所。踏切り渡る、右から迫る山ヒダの山崩れ改修工事…「レール・県道・崩壊地」。

ポツンと「東白石駅」、周辺に民家一軒もみえぬ場所にJR駅、本当にな～にもない無人駅。（利用者はどこから集まってくるのか、マイカーと自転車が少々）。

駅舎らしき小部屋を覗くと「宮城県・蔵王36景・東白石駅」の掲示ある。成程、先ほどから私が見とれていた景色は評価が定まっているのだ。…あの山の麓、遠刈田温泉。10年も前、妻と泊まりし大きな宿。タライ舟の如く丸い露天風呂、翌朝は宿の車で登山口まで送ってもらい、蔵王連山を歩いたっけ。…ナツカシイゼ！

白石衛生センター、阿久戸踏切渡る。左に川のせせらぎ、１００ｍも川幅ありて水マンマンたり。近くを貨物列車が長々と過ぎていく。東北本線の今は「貨物は長く、客車は短く」…貨物列車は40～50両です。客車は2両、4両、たまに6両です。左側、長大なビニールハウスのオンパレード……あの「3．11」禍、「復旧・復興交付金事業」だそうです。県道は右へ大きく湾曲・迂回・私は意を決しレール沿いの田んぼの畦道を強引に突っ切って歩く。どうした事か、どの田んぼの畦道にも高さ20㎝、30㎝、50㎝の高さで田んぼを取り囲むように電線が張りめぐらされている。（変圧電流が流れており、近づくな！と注意書きあり）膨大な長さだ。敵はどこから？何？タヌキ？鹿？わかりませんが大変なことです。右手、田んぼの向こうの集落、そのまた奥の山の中を何と新幹線が現れて消えました。内親青木前○T、白石市民バス、朝1回夕1回のみ。右、白川中学、「おはようと朝の一声気持ちよく」。県立白石高等専門技術学校。枝マメも、トマトも、イモも、畑は電流線で囲んでいる。

高田川の橋渡る。幅30m流れ5m、県道50号を歩いています。（高田川、一級です。…高田川は阿武隈川の支流・白石川に合流する、いわば阿武隈川の孫河川ですが、国の区分では一級です）

右、キツそうな登り坂の奥に金光山観音寺。白川公民館広場（元気なジジ、ババがゲートボールに興じています。）来たる10月23日は白石市長選です！北白川駅10：10着。

集落は大きく、パン屋を兼ねた雑貨屋さんあり、無人駅です。待合室はキレイです。駅前有料駐車場・繁盛しています。一級河川・白石川。幅２００m近くあります。流れは70〜80m。よき川の流れじゃ、橋を渡る。川の上から左を振り返ると遠く蔵王です。右折して車の往来激しい国道4号に出る。一旦、蔵王町、そしてすぐ大河原町に入った。今度は右手に白石川を見つつ歩く。

川沿い桜の大木（古木）が並んでいます。サクラフローラ・結婚式場（右）。金ヶ瀬（交）。左、ケバケバしいK'sデンキ、アベイルショッピングセンター、グリーンホテル。洋服の青山…（店より看板の方が大きいぜ）（交）を右・県道１１０号線へ。左・合同庁舎・柴田農林高校（たしか新潟県に似たような名の農業高校あったような、あれは新発田だったたか）高校生が自分たちで収穫した梨や野菜を2人1組でリヤカーを使って住宅地やコンビニで現金売りしていました。１１０円で20世紀ナシ1ヶ、私買ったよ。「一目千本桜の町へようこそ」大河原駅：駅舎内にコンビニのあるモダンな駅。駅広・駐車スペース広い。ロータリー正門に元スーパーだったたか、３階の大きな建物。全体的に落目モードだが、町並みは大きいといえる。

一隅（駅広の）にある、質素な（失礼！）「鬼平ラーメン」にチャンバラ好きの私は、名前に惹かれて入る。チャーシューラーメン９００円也。ウーン、ソバはイマイチだったがヒゲの人懐っこい親父と話しが弾んだ。〝おれの兄貴は今年で72歳だが、あんたみたいに旅好きでさ〜〟〝原発再開問題は反対だ…〟と声をひそめて主張していたのが印象的でした。地元の人々は、表面的にはともかく心の中じゃ複雑な思いを抱えていると悟りました。

旧国道4号、大河原商高前（交）、バッティングセンター、〝菓子匠・萩の花〟の工場・事務所左に。「わたしの子供を叱ってくれてありがとう」、更に進むと「船岡城跡公園」にさしかかった。街道すぐ右の山が城跡。そこへは空中の高架橋で、「街道とレール」をひとまたぎして左側の千本桜堤へ移って…そこから歩いて上り、城跡まで5分程。原田甲斐で名の知れた「樅の木は残った」の碑。船岡城碑、伊東七十郎辞世の碑などあり。お花もキレイ。眼下の展望は南・西は蔵王連峰まで雄大に広がり、古木の千本桜並木も一見に値する。高架道をおりて川沿いの桜並木を歩く。

桜並木もいろいろ見てきたが、ここの並木はことのほか凄い。１００年以上の古木と見るが…（地元のジイサンに聞いたら、やっと百年ぐらいだ…、毎年幾本も倒れるよ！…だって）。散歩の人々も多い。船岡駅はすぐだった。駅前に7階のビジネスホテルあり。左

の流れは白石川（結構な大河です）。三本の橋が対岸にかかっていました。左カーブ地点で並木終了。草の道をかまわず進む。…白石川はあと３㎞程で阿武隈川に合流するよ。（でも2倍の川幅にはならないから不思議？）

右にリコーの工場。国道３４９号に出た、左折、白石川の白幡橋をわたる。川が波立っている。それなりに勾配があるのだ。そして槻木駅(つきのきえき)です。

ここの駅舎もモダンで立派です。但し、覗いてみると、立派すぎて使っていない部屋が2～3ある。コンビニの「Ｎｅｗ　Ｄａｙｓ」もＰＭ２：00～５：00の間は閉まっていた。レールの乗降はそれなりにいました。さあ、オロナミンCを飲んで、もう一踏ん張りして岩沼まで行こう。15：00～

「豊かな史話と花咲く町・柴田町へようこそ」槻木から岩沼へは国道4号に出るのがわかり易いと思い住宅地を突っ切ろうとして方向音痴になり迷った。もし、女学生に聞かなければレールを越え、県道52号線方向へ進んでしまうところだった。道を尋ねるにしても、人とすれ違うのもなかなか大変です。県道28号線で柴田町四日市場（交）で国道4号とぶつかった。左・仙台方向へ軌道修正。土手の上を行く。阿武隈川に出る。およそ２㎞以上先に大きな堰が見えます。そのせいか、この周りは川幅は広く水はたっぷり。雄大‼という表現がピッタリ。

下流方向に緑色に塗られた7連のアーチ橋。（近づいてわかったが太い水道管の橋だった）今、土手のベンチに腰掛け「来し方」の、上流を眺めている。この河はもとはといえば、白河・安達太良連山に源を発し幾多の支流（白石川も）を集めて、延々と流れてきたものだ。夕陽に川面がキラキラ光り、数百年の間、いやそれ以前も、この川がみちのくの流域にもたらしてきた恩恵に思いを馳せました。滅多にお目にかかれぬ雄大な景観でした。

更に15㎞（？）ぐらい下流に流れ、ついに太平洋に注ぎ、流れは終わる。名残惜しいけど土手を下り国道4号沿いを歩く。すごい交通量です。折角のいい気分も台無しだなあ～。陽が遠く、蔵王の山際まで赤く染まってきたぜ！岩沼市域に入る。左、金蛇水神社・グリーンピア岩沼。右手前方遠く、紅白の大煙突大群…4本はあるか…工場地帯です。右からレールがくぐります。常磐線ではないか。少し行くともう1本レールが下をくぐった。（これは引込線かな）。…右、日本製紙岩沼の大工場です。

ホテル小野（交）で、うす暗くなってきた。トヨペット（交）で左へ。岩沼市役所、6階建て立派な建物。そして17：05ホテル原田着。ヘトヘト…でも頑張った。今日は宿に1，500円追加で夕飯を頼んであるので安心安心…。シティホテルからビジネスホテルに転進したか、ロビー、カウンター、が広～い。部屋もいつものビジネスホテルより1．5倍広い。6，300円＋1，500円＝7，800円也。早速風呂にとび込み汗を流し着替えます。一日で一番リラックスするシーンです。ノーベル文学賞、残念！今年もハルキスト落胆。日本シリーズ、CSシリーズ、テレビが騒いでいるよ。私しゃ疲れたから寝るのです。おやすみなさい。

著者略歴

おだゆきかつ
１９４３年生まれ
千葉県館山市出身

京成電鉄（株）・京成バス（株）
勤務を経て
千葉県バス協会・会長
東京バス協会・会長
公益社団法人・日本バス協会
副会長歴任

Tomorrow is another day 巻2

あたらしい旅のかたち てくてく日本一人歩きの旅

（和歌山・近畿・山陽・常磐・東北　編）

2023年1月17日発行

著　　者　おだゆきかつ

発 行 所　銀河書籍

〒590-0965

大阪府堺市堺区南旅篭町東4-1-1

TEL：072-350-3866　FAX：072-350-3083

発 売 所　株式会社星雲社（共同出版社・流通責任出版社）

〒112-0005 東京都文京区水道1-3-30

TEL：03-3868-3275

印刷・製本　有限会社ニシダ印刷製本

乱丁、落丁本はお取替えいたします。

ISBN978-4-434-31534-3 C0026

文中には同じ語句であっても漢字・ひらがな・カタカナと様々な表記があります。これは著者が歩きながらメモ取りをし、その時々の状況により表記が違ったからです。この本ではこれらの表記をそのまま反映しております。誤字脱字・間違った表記など見づらい点がございましたらどうぞご容赦ください。

銀河書籍